The Management and Reform
of China's Public Expenditure

中国公共支出
管理与改革

张 通 ◎著

经济科学出版社
Economic Science Press

前　言

资源的合理配置及其有效利用，是一个国家、政府和公众共同关注的焦点。公共支出体系的建立即源于此。作为国家财政的一个重要方面，公共支出的规模和结构反映了政府活动的范围和内容，公共支出的管理与运用成为国家宏观经济管理的一个基本手段，关系到各级政府、众多部门或机构、广大民众的切身利益，其"牵一发而动全身"的重要地位使其成为一项异乎寻常的系统工程。但在现实中，经济发展与稳定、管理模式与技术变革、政治格局变迁、自然灾害等诸多因素都会对公共支出及其管理产生深刻的影响，进一步增强了公共支出管理的复杂性和困难度。因此，如何正确认识公共支出以及如何管好、用好公共支出资金，是一个永恒的话题。

新中国成立60年以来，与共和国发展同步，我国公共支出管理走过了一条极不平凡的道路。尤其是1998年建立公共财政的目标确立之后，公共支出管理与改革成为财政改革与发展的重中之重。公共支出的重点、结构开始发生显著变化，改变了计划经济时期"大包大揽"的传统做法，初步建成了以部门预算、政府采购、国库集中收付、"收支两条线"管理为核心的公共支出管理制度框架。公共支出的公共性、公平性、公开性、规范性、效益性等特征日益显著，为促进经济发展和社会进步，为社会主义事业不断开创新局面做出了重大贡献。

尽管如此，在欣喜庆幸之余，我们还应清醒地认识到，我国公共支出管理改革仍处于攻坚阶段，仍然存在着不少缺憾。如部门预算不够细化、编制方法与技术有待进一步改进，政府采购基础性配套改革未能及时跟进，国库现金管理尚处在试点阶段，信息技术的应用还需要不断扩大，公共支出结构需要继续调整和优化，公共支出绩效管理需要制度化、科学化，等等，诸多问题，不一而足。这些问题迫切需要通过进一步深化改革与发展予以克服和纠正。能否建立一个安全、规范、高效的公共支出管理体系，是衡量我国公共财政体系建设成败的重要标志，也是当前及未来一段时期我国政府与各级财政部门面临的一项重大任务。

　　本书围绕"公共支出管理与改革"一系列重大现实问题进行专题性研究。全书的总体框架包括：一是从基本特性、主要目标、制度框架、技术基础、职责分工与体制设计等多个角度，阐述建立公共支出管理的理论体系；二是从政府收支分类、部门预算、国库管理、政府采购、社会保障预算管理、国有资本（资产）预算管理、政府债务管理等不同方面，总结过去财政预算管理改革的经验，分析当前的现实问题，提出下一步改革的设想；三是从政府会计、财务报告、支出预测与规划、信息与通信技术应用等不同层面，论述公共支出管理的技术基础；四是从绩效管理、监督控制、责任分配与体制优化等不同环节，阐述构建公共支出高效运行的保障机制。

　　以先进的理论指导公共支出管理的进程，以改革的手段推动公共支出管理体系的完善，以制度的现代化保障公共支出管理的绩效，这不仅是公共支出管理与改革过程中始终需要把握的重要原则，也是构建社会主义公共支出管理体系的必由之路。经过长期的思考与探索，今天，笔者将这一专著献诸同仁，既是长期在财政部门工作的实践经验、心得体会，也是参与改革探索和学习借鉴国际先进方法的系统性论述。真心期望更多的公共支出管理实践工作者和理论研究者都来关注这一领域的研究，为推进我国公共支出管理与改革做出新的更大的贡献。

张　通

2010 年 5 月

目 录

Contents

第5章　政府采购管理与改革　/　79

第6章　社会保障预算管理与改革　/　110

公共支出管理的责任与使命

　　建立健全与完善适应社会主义市场经济要求的公共财政体系，是我国财政制度改革的目标。公共财政体系建设是一项复杂的系统工程，公共支出管理是其中至为关键的一环。在市场经济体制条件下，公共支出的数额、范围和结构在一定程度上反映着政府介入经济生活和社会生活的规模和深度，也反映着公共财政在经济和社会生活中的地位和作用。近年来，我国公共支出规模不断增加，支出结构不断调整，支出管理改革不断深化，为服务我国经济社会发展发挥了重要作用。但是，面对新形势新任务，进一步提高公共支出管理水平，建立一个更加科学、高效、透明的公共支出管理体系，是摆在各级财政部门面前的一项重大而光荣的任务。

一、世界范围内公共支出管理改革的兴起与推进

　　公共支出管理是现代市场经济管理的一个重要组成部分。其实质是按照市场经济的要求，遵循有关制度、法规、政策，对公共支出进行规范和监督，以确保其正确、高效地运用，为政府履行职能及时提供足额的财力保障。

　　20世纪80年代以来，随着新技术革命和经济全球化的发展，西方国家公共支出管理出现了改革与发展的新趋势。这种趋势本质上是政府管理制度改革和发展的一部分，是对信息革命和全球竞争所引起的社会、政治、经济、环境变化的一种积极回应。特别是在新公共管理运动的浪潮中，在政府公共管理理念、制度和技术基础转变的基础上，公共支出管理体现出一些新的特点。概括地讲，主要有四个方面的内容：

1. 推行以政府预算和政府会计为重心的新公共管理

以新西兰、英国、澳大利亚、加拿大等为代表的西方国家逐步改变了公共支出管理的"游戏规则"，建立和改进确保财政责任的制度与机制；转向多年期支出框架；采取新型的自上而下的预算程序；放松投入控制，采用以产出为基础的受托责任体制等。同时，政府会计制度的变革也发挥了重要的支持性作用①。

2. 从赤字预算向平衡预算回归

第二次世界大战以后，西方国家为刺激经济增长开始实施凯恩斯主义的经济政策，国家对经济活动的干预有所增强，公共支出的规模、结构都发生了显著改变，使得公共预算逐渐背离了平衡预算的原则，导致预算赤字不断扩大。20 世纪 80 年代以来，美、英、德等发达国家纷纷采取措施控制预算支出，试图通过减少赤字来实现预算平衡或盈余，政府预算原则重新向平衡预算回归②。如美国国会 1985 年通过《平衡预算和紧急赤字控制法》，试图实现预算平衡；1990 年通过《预算执行法案》，提出"量入为出"的要求；1997 年通过《平衡预算法案》，试图压缩医疗保险和社会福利支出来实现预算平衡。英国也从 20 世纪 70 年代末开始控制预算支出，包括国有企业的私有化改革、减少福利支出和公务员支出等，并在 1988 年取得了财政盈余；1998 年英国国会通过新的《财政法案》和《财政稳定法案》，提出了预算的"透明、稳定、负责、公平和效率"五项原则。平衡预算理念的重新回归对公共支出的控制提出了更高的要求。

---

① 这项改革主要受到两股力量的推动。首先是来自公众的强烈不满和期待。公众的不满在于：政府花费纳税人的钱财越来越多，公共支出、赤字和债务日益膨胀，政府机构越来越臃肿；另外，面对公众日益强烈的服务需求，政府的回应却常常令人失望。来自公众的不满和失望与如下事实密切相关：在 20 世纪整个 70 年代及 80 年代，那些长期奉行凯恩斯主义财政政策的国家普遍出现低增长、高失业和高通胀；伴随经济绩效恶化而来的是恶化的财政绩效：公共财政膨胀、赤字居高不下。有些国家则一直延续到 90 年代。基于对经济和财政绩效持续恶化进行的反思，人们开始认识到，传统公共财政管理模式的制度性特征正是问题的根源，这些制度性特征导致预算过程的参与者具有强烈的"向上偏见"（upward bias）：（1）公共服务的生产市场不发达，使得公共部门成为公共服务供应的垄断者和不断要求增加公共开支的痴迷者；（2）缺乏有效的控制市场，使公共部门的服务供应不受市场基础的监督和压力；（3）公共组织（政府/政府机构）目标复杂、不连贯且模糊不清，导致无法做出那些旨在将资源配置于最有价值用途的决策，政府会计核算的不清晰加剧了制定和实施最优决策的困难；（4）支出机构在公共资金管理和使用方面被赋予的权限过小，尽管它们比高层控制者与决策者拥有决策和管理所需要的更为全面的信息；（5）相对于较低级别决策而言，信息的不对称使得较高层级别的决策产生了严重的劣势。

② 日本的情况略有别于美、英、德等国。日本在 1974 年前一直坚持预算平衡原则。1975 年，因"石油危机"的冲击，日本政府通过特别法案，突破了 1947 年《财政法》的限制，规定在特殊年份允许有例外，从此开始了赤字预算。1990 年以来，日本遭受了第二次世界大战后最严重的经济衰退，赤字规模不断扩大。但从 1997 年度起，日本政府试图扭转这一局面。2001 年度，日本政府出台了将国债发行控制在 30 万亿日元和减少公共投资、减少社会保障支出、减少地方政府支出等政策。

3. 在支出管理方法上实施绩效预算

支出预算编制技术和方法是公共支出管理的重要组成部分。绩效预算的基本特点是将预算支出与绩效目标挂钩、绩效目标与政府职能及活动项目的成本挂钩，重新研究和确定部门服务的总目标、主要项目、行动方案和所需成本。通过这种方式给予部门支出的灵活性，也使部门授权和支出具有充分的依据，对部门支出的监督和评价更明确、客观。实际上，绩效预算的概念自 20 世纪 30 年代就已提出，但在 80 年代才真正得以兴起。美国、澳大利亚、加拿大、英国、新西兰等国的绩效预算改革虽然仍在不断探索之中，但这项改革体现出来的结果导向对于进一步完善公共支出管理的方向和途径具有重要的启示意义。

4. 通过建立新的规则加强支出控制

公共支出管理的基本功能是对公共支出进行有效控制，并在不同的领域之间合理分配资源，提高支出资金的使用效益。1990 年，美国《预算执行法案》将预算支出分为自主性支出和法定性支出，对年度控制的各类自主支出设置限额，对法定支出则严格实行量入为出的原则。1998 年，英国针对经常项目和资本项目分别建立"黄金规则"和"可持续的投资规则"，要求借款仅用于公共投资，将国债占 GDP 的比重维持在一个稳定的水平，将经常项目预算改为"资源预算"，同时将支出划分为部门限制性支出和年度管理性支出，并建立了对这两类支出的检查评估机制。此外，美、英等国采取多种方法加强对公共支出的内部监督和外部监督，并广泛推行绩效评估机制，根据支出绩效决定部门和机构是否继续存在、是否继续拨款和决定拨款多少，从而更加有效地分配和使用公共资金。

总的来说，从近四十年来西方国家公共支出管理改革不断推进的历程来看，公共支出管理日益呈现出责任制、透明度、可预见性和参与性等四大特征。充分借鉴和吸收西方发达国家的有益经验，结合我国的实际情况，选择适合我国国情的公共支出管理改革道路和方向，按照循序渐进、统筹兼顾的原则不断推进，就一定能够取得良好的改革效果。

二、我国公共支出管理改革的历程和成效

改革开放以来，我国财政管理制度经历了一系列深刻的变革，为推进经济的市场化和国民经济的协调稳定发展做出了积极贡献。与社会主义市场经济体制改革相适应，我国于 1994 年实施了分税制财政体制改革和工商税制改革，促进了财政收入的稳定增长，增强了国家的调控能力，规范了政府与企业和中央与地方的分配关系，初步建立起了一个适应社会主义市场经济要求的财政体制框架。

1998 年，我国正式提出建立公共财政体系的目标，这成为公共支出管理改革进一步推进的重要标志。通过推进部门预算、国库集中收付、"收支两条线"管理、政府采购等改革，同时加强财政法制建设，完善财政监督，公共支出管理的理念、方式、手段不断创新，法治化、规范化导向更加鲜明，科学化、精细化程度不断提高，对于转变财政职能、实现依法理财、民主理财、科学理财，起到了积极的推动作用。

1. 部门预算改革

我国传统的预算编制模式是按照收入种类和支出性质设计的，存在着预算编制较粗、编制不完整、编制方法落后、预算分配权不统一等弊端。为了解决这些问题，1999 年，财政部开始在中央部门实施 2000 年部门预算编制改革，并将教育部、农业部、科技部以及劳动和社会保障部的部门预算改革上报全国人大。2001年，部门预算改革试点部门由 4 个增加到 26 个，上报全国人大的部门预算范围不断扩大，预算内容进一步细化。财政部还选择原国家计委、原外经贸部、科技部等十个部门进行基本支出和项目支出预算编制改革试点，试行按定员定额和项目库的方法编制部门预算。2002 年，中央各部门按照基本支出、项目支出分别编制部门预算，进一步细化了中央部门预算编制。目前，与市场经济体制相适应的部门预算框架已基本建立。到 2009 年，编制中央部门预算的一级预算单位已达 168 家。同时，地方部门预算编制改革也取得了重大进展。据统计，截至 2007 年年底，全国36 个省、自治区、直辖市和计划单列市本级都建立了比较规范的部门预算管理制度，实行了综合预算；大部分省（区、市）制定了基本支出定额标准，建立了项目库；已有超过半数的省级部门向同级人大报送了部门预算；绝大部分省（区、市）开始向同级人大报送包括基本支出和项目支出具体内容的综合预算；全国2882 个县（市、区）中，已有 2585 个实行了部门预算改革，其中 2200 个全面推行了部门预算。

部门预算制度改革取得了显著成效。一个管理职责明晰、预算程序规范、编制方法科学、决策过程透明、技术手段先进，与公共财政体制相适应的部门预算管理制度体系和运行机制初步建立。（1）确立了部门预算的基本模式。建立了比较完整的预算制度体系和科学规范的管理模式。实行综合预算，统一了预算分配权，实现了预算编制的统一性，保证了预算分配的规范性和完整性；实行定员定额和项目库管理，避免了预算分配过程中的"暗箱操作"，有利于预算编制的公开、公平、公正；细化预算编制，提高了预算的年初到位率，增强了预算的计划性和严肃性；预算自下而上编制，使预算更加符合实际情况，便于执行。（2）转变了预算管理观念。部门预算改革推动了财政部门自身的革命，使财政部门得以把更多的精力由应付日常追加预算转到参与部门行业的发展规划、项目的选择确定以及监督资金使用等方面，有效促进了财政监督和管理缺位问题的解决。同时，实行部门预算，确立了中央部门的预算主体地位，要求部门必须担负起预算管理的基础责任，部门的作用得到了更加有效的发挥。（3）规范了行政行为。预算改革建立了一个科学规范的政府公共资源配置机制和分配体系，把所有财政资金进行公开、透明、公正的分配，而且经过部门建议、财政审核、政府和党委研究、人大审议等多个环节，保证了资金分配的科学、公正、合理，有效避免了暗箱操作。（4）增强了预算的法治性。在新的预算管理制度下，预算从基层编起、经过部门审核汇总、财政综合平衡、再报政府审定、人大审批，使预算形成的链条更加严密，增强了预算决策的科学化和民主化。财政资金的分配行为、管理权限及操作程序在政府、财政和部门之间的每个环节都有严格的规章制度制约，使预算的法治性约束大大增强，有效地规范了政府的管财行为、财政的理财行为和部门的用财行为。

2. 政府收支分类改革

我国原有的政府预算收支科目的分类方法，是计划经济时期参照苏联模式确定的；虽然后来做过一些调整，但其基本分类方法一直与市场经济国家存在较大差别。1999 年，财政部开始着手研究如何构建适合公共财政管理要求的政府收支分类体系。2000 年财政部提出了改革的基本思路。2004 年，财政部初步完成了新的《政府收支分类改革方案》的前期设计工作。经国务院批准，政府收支分类改革在2006 年经过精心准备之后，从 2007 年 1 月 1 日起全面实施。政府收支分类改革主要包括三项内容：（1）对政府收入进行统一分类，全面、规范、细致地反映政府各项收入。新的收入分类按照科学标准和国际通行做法将政府收入划分为税收收入、社会保险基金收入、非税收入、贷款回收本金收入、债务收入以及转移性收入等 6 类，为进一步加强收入管理和数据统计分析奠定了基础。从分类结构上看，收入分类在改革以后分设类、款、项、目四级（如税收收入—消费税—国内消费税—国有企业消费税），多了一个目级层次。（2）建立新的政府支出功能分类体系，统一按支出功能设置类、款、项三级科目，分别分为 17 类、160 多款、800 多项。新的支出功能科目能够清晰地反映政府支出的内容和方向，从根本上解决了人大代表多次提出的政府支出预算"外行看不懂、内行说不清"的问题。（3）建立新的支出经济分类体系，全面、规范、明细地反映政府各项支出的具体用途。按照简便、实用的原则，支出经济分类科目设类、款两级，分别分为 12 类和 90 多款。

2007 年的政府收支分类改革，是新中国成立以来我国财政收支分类统计体系的一次重大调整。新的政府收支分类体系有效地克服了原政府预算收支分类的弊端，基本实现了"体系完整、反映全面、分类明细、口径可比、便于操作"等改革目标，符合国际通行做法，又与我国国情有机结合，充分体现了在社会主义市场经济条件下建立健全公共财政制度的总体要求。

3. 国库集中收付制度改革

为了克服传统的以预算单位设立多重存款账户为基础的分散收付制度的弊端，1999 年财政部开始探索国库集中收付制度（也叫国库单一账户制度，下同）改革。2000 年，国务院批准了财政部的国库集中收付制度改革方案。国库集中收付制度改革首先在中央粮库建设资金和车辆购置税交通专项基金上启动。2001 年，财政部选择水利部、科技部等六个中央部门进行国库集中收付改革试点。在国库集中支付方面，截至 2008 年年底，所有中央部门及所属 12000 多个基层预算单位实施了改革；地方 36 个省、自治区、直辖市和计划单列市本级，300 多个地市，1900 多个县（区），超过 28 万个基层预算单位实施了国库集中支付改革；改革的资金范围从一般预算资金扩大到专项转移支付资金、政府性基金、预算外资金等。在收入收缴方面，截至 2008 年年底，所有有非税收入收缴职能的中央部门均纳入了改革范围，近 60 个中央部门以及 35 个财政监察专员办事处实施了改革。地方绝大多数省份的省本级、近 200 个地市、1000 多个县（区）、超过 18 万个执收单位实施了非税收入收缴改革，改革的资金范围已扩大到行政事业性收费、政府性基金收入、专项收入、罚没收入、国有资源（资产）有偿使用收入、国有资本经营收入、彩票公益金收入以及其他收入等八大类。

国库集中收付制度改革改变了传统的资金分散收付方式，适应了经济发展和财政体制改革的需要，取得了显著成效。（1）规范了财政资金收支，加强了财务监督。实行国库集中收付制度后，取消了形形色色的过渡账户，初步改变了预算单位多头开户的状况，从制度上规范了财政资金支付和收入收缴工作。财政部门在中央银行设立国库单一账户体系，在财政部门内部建立统一的资金账册管理体系。预算资金由原来的层层下拨给预算单位，改为由财政部门统一存放在中央银行国库单一账户进行统一管理，由财政部门给预算单位下达预算指标，同时由财政部门审批预算单位月度用款计划，资金由国库单一账户体系直接拨付到劳务提供者和商品供应者账户，改变了传统的分散支付制度所固有的拨款的随意性，规范了财政资金的支付程序。（2）提高了资金使用效率，规范预算执行。改革前的财政预算执行表明，层层拨付的预算资金很容易逃离财政的监督，难以控制挤占截留财政资金的行为，最终往往造成落实到具体项目的资金与原有计划数相差过大。实行国库集中支付制度后，财政资金集中由财政部门统一支付，减少了许多支付的中间环节，提高了财政资金使用效率。（3）有利于构建公共财政体制框架。发展市场经济，构建公共财政体制，迫切需要构建高效规范的财政资金收付制度。实行国库集中收付制度改革，保证了政府能够集中必要财力提供公共服务，保证事权和财权的统一性。此外，国库集中收付制度是预算管理制度创新的重要内容，为预算执行提供了强有力的技术支持和制度保障，同时也为其他一些公共财政制度改革扫清了障碍。

4. 政府采购制度改革

我国传统的政府采购制度始于 20 世纪 50 年代，由各机关和事业单位分散采购与管理。其优点是各机关、单位所需之物自买自用，较为方便，但由此引发的腐败现象等弊端也非常明显。1996 年，我国政府向亚太经济合作组织提交的单边行动计划中，明确最迟于 2020 年与亚太经济合作组织成员对等开放政府采购市场。我国在加入世贸组织后，还将面临签署《政府采购协议》的压力。在上述背景下，我国从 1996 年开始在上海、河北、深圳等地开展政府采购改革试点工作；到 1998 年试点规模迅速扩大。随着 2003 年 1 月 1 日《政府采购法》的正式施行，我国政府采购的基本制度框架初步确立。政府采购法实施 6 年多来，政府采购制度改革不断深入，管理体系日趋完善，采购规模和范围不断扩大，资金使用效益不断提高，财政部门、集中采购机构、采购人运转协调的工作机制初步建立，规范化管理进一步加强，采购透明度不断提高，社会影响力日益增强。

多年的改革实践表明，政府采购制度有利于节约财政资金、促进公平竞争、调节经济运行、完善公共财政运行机制。（1）节约财政资金。通过政府采购的规模优势，采用公开招标采购等方式，引入竞争机制，财政支出资金的节约效应非常显著（据统计，资金节约率为 10% 左右），资金的使用效益得到明显提高。同时，通过编制政府采购预算，加强了政府购买性支出管理的法制化和规范化。（2）促进公平竞争。政府采购遵循公开、公平、公正的原则，在竞标过程中执行严密、透明的"优胜劣汰"机制，促使供应商不断提高产品质量、降低生产成本、改善售后服务。（3）强化宏观调控。作为影响经济总需求的政府购买性需求，政府采购支出的变化对整个国民经济需求总量产生非常重要的影响。政府可以通过政府采购商品和劳务的数量、品种、频率，调节整个国民经济运行。政府通过弹性的采购计划，向市场表明其产业发展的政策倾向，诱导市场主体顺应调整计划，实现产业结构调整目标。（4）推动预算管理改革。政府采购预算编制要求采购项目要具体化，资金来源要清晰化，同时还要求列明项目预算的具体构成和资金分配情况。通过政府采购管理机关汇总整理，形成各类工程、货物和服务项目的单位平均市场价格，能够获取工程、货物、服务项目的单位价格信息，为审核同类项目的预算额度提供参考标准；同时也为财政部门研究制定预算定额，加强预算单位定员、定额、定标管理，编制同类物品的预算提供参考依据，有助于细化部门预算和提高资金分配透明度。

5. "收支两条线"管理改革

由于我国传统预算制度中将政府预算划分为预算内和预算外分头管理，造成预算不完整，管理不统一。为了加强对预算外资金的管理，国务院在 1993 年就提出实行"收支两条线"改革。所谓"收支两条线",从收入的角度讲,主要是收缴分离,规范预算外收入收缴和减少部门、单位资金占压,将预算外收入纳入财政预算或实行财政专户管理;从支出的角度讲,主要是收支脱钩,执收单位上缴的收费或罚没收入不再与其支出安排挂钩。由于涉及各部门的切身利益,此项改革进程艰难而缓慢。1999 年财政部、监察部等五部委颁布的《关于行政事业性收费和罚没收入实行"收支两条线"管理的若干规定》,对"收支两条线"管理办法做出了更为详细的规定,从而使这一制度走上了规范化、制度化的轨道。2001 年,财政部进一步提出《财政部关于深化"收支两条线"改革进一步加强财政管理的意见》,并采取了多项措施,不断加大"收支两条线"改革力度。自 2004 年以来,财政部已分批将 194 项行政事业性收费纳入了财政预算管理。目前,中央审批的收费项目约90% 已纳入预算管理,政府性基金、罚没收入已全部纳入了预算管理;土地出让收入从 2007 年起全额纳入了预算管理,彩票公益金从 2008 年起纳入了预算管理。同时,在制度上明确规定,依法新设立或取得的非税收入要一律纳入预算管理。

实施"收支两条线"管理,对于促进依法行政和公正执法,整顿财政分配秩序,从源头上预防和治理腐败具有十分重要的意义。(1)从源头上治理了腐败。实行"收支两条线"管理,从源头上预防和治理乱收费,促进了依法行政和公正执法,从制度上铲除滋生腐败的土壤。(2)理顺了政府收入分配秩序。实行"收支两条线"管理,一方面有效地解决了大量财政性资金体外循环的问题,进一步提高财政资金管理的透明度;另一方面,执收部门和单位的支出列入部门预算,由财政部门按照批复的预算予以核拨,彻底改变了执收部门和单位收入与支出相挂钩的状况,基本解决了由于收费与执收部门和单位利益挂钩带来的分配不公问题,进一步规范了政府收入的分配行为。(3)规范了执收单位银行账户管理。实行"收支两条线"管理,取消执收单位的所有收入过渡户,改变过去执收单位银行账户设置过多过滥的状况,规范执收单位银行账户管理,防止产生"小金库",有效杜绝了执收单位发生的截留挪用、坐收坐支财政资金等违纪行为,更好地确保非税收入及时解缴国库或财政专户。(4)提高了财政资金运行效率。政府预算外收入按照规定分别上缴国库或财政专户,杜绝了征收环节上的"跑、冒、滴、漏"行为。同时,加快了财政资金缴拨速度,缓解了国库资金周转压力,进一步提高了财政资金的运行效率。(5)促进了公共财政体系建设。实行"收支两条线"管理,通过编制综合财政预算,可以全面客观地反映财政资金收支状况,有利于预算内外资金的统筹安排,为提高部门预算编制和执行质量、推进国库收付制度改革、政府采购管理制度改革创造有利条件,有利于促进公共财政体系建设。

6. "金财工程"建设

财政部自 1999 年下半年开始着手规划建立"政府财政管理信息系统"(简称

GFMIS)。GFMIS 首先在预算编制和国库集中支付改革中试运行。2002 年年初，国务院决定将财政部建立的"政府财政管理信息系统"定名为"金财工程"，并把"金财工程"列为国家电子政务十二个重点工程之一。"金财工程"是利用先进的信息网络技术，支撑预算管理、国库集中收付以及财政经济景气预测等核心业务的政府财政综合管理信息系统。"金财工程"规划建设期为 2003—2008 年，按照"试点先行、稳步推进"的原则，分两期建设。2006 年 4 月，国家发展与改革委员会批准"金财工程"（一期）建设项目立项，计划在三年内初步完成一期工程。在国家信息化领导小组的领导下，财政部全力推进金财工程建设，相继组织开发应用了财政核心业务处理、数据集合及统计分析、信息查询等各类信息系统，并在应用中不断完善，有力地支撑和促进了财政改革与发展。经过多年努力，信息技术较快地融入了财政核心业务中，为加强财政管理的科学化、精细化提供了有力的技术支撑，为各项财政改革的顺利完成提供了重要保障。

经过十多年的努力，公共财政管理框架下的我国各项公共支出管理改革，取得了显著的成效，推动了整个预算制度的创新，提高了政府的整体运作效率。但是应当看到，由于具体国情的约束和传统管理模式的惯性影响，我国公共支出管理改革尚处于初始阶段，与市场经济国家较为成熟的公共支出管理相比还有不小差距。公共支出管理的范围有待拓展，公共支出的法治化、完整性、公开性与透明度仍需改进，公共支出效率也有待提高。从发展的眼光看，我国的公共支出管理改革在完成了一系列的基础性工作之后，需要加大力度通过更深层次的制度优化与体制调整，最大限度地实现公共支出的最优配置，发挥财政资金的使用效益，为我国经济社会发展奠定更加坚实的基础。

三、新时期我国公共支出管理改革的责任与使命

（一）我国公共支出管理改革的责任与使命

公共支出管理是整个公共财政管理的重要组成部分，也是国家宏观经济管理的一个重要手段。在新的形势下，强化公共支出管理，继续推进改革的任务十分艰巨。就目前而言，我国公共支出管理改革主要肩负三项使命：

1. 合理确定公共支出规模

公共支出管理的首要任务就是科学、合理地确定公共支出总量水平，使之与财政收入水平相适应，也与国民经济发展的需要相适应，并为国家财政运行的良性循环和长期可持续发展创造条件。总的来说，公共支出的总量水平在一定程度上决定了政府参与国民收入分配的程度，既要满足政府提供公共产品、公共服务的需要，

又不能损害市场经济本身资源配置的机制。因此，必须结合特定历史条件的经济社会发展水平来确定。

需要说明的是，控制公共支出、加强财政管理虽然不能增加财政收入，但是可以节约财政资金，提高资金使用效率。因此，当今市场经济国家，控制公共支出已经日益成为其财政管理的一项重要任务。这是适应宏观经济运行的一项重要政策选择，同时对于改变财政困境、压缩和控制财政赤字也起到了重要作用。

我国是一个发展中国家，与西方国家相比，经济实力和财政收入能力相对较低，贯彻落实科学发展观，构建和谐社会，方方面面的经济社会发展都需要财政更大的支持与更好的保障。因此，公共支出总量水平既要兼顾经济社会发展的需要，又要考虑财力的可能，更要强化管理。最根本的取决于两方面的努力：一是统一财政，集中财力，提高"两个比重"，提高财政保障能力，推动基本公共服务均等化；二是切实改进和强化财政支出管理，建立科学高效的财政支出管理机制。

2. 调整和优化支出结构

所谓支出结构即公共支出的内部比例关系，这一比例关系影响和决定着政府施政的重点、方向，影响和决定着整个国家积累与消费的比例关系，也在很大程度上关系到能否充分发挥财政政策宏观调控的职能作用。

理论研究表明，支出结构的发展变化与经济发展阶段密切相关。美国财政学家马斯格雷夫在对不同国家不同发展阶段的支出状况进行大量的比较研究之后提出，在经济发展的早期阶段，对公共资本的比例要求较高；而在"起飞"实现之后会暂时有所下降；当经济步入"成熟"阶段时又会上升。其增加或下降的程度主要取决于特定的收入阶段及它对资本的要求。

我国正处于经济的起飞阶段，改革和发展的任务都很重，调整和优化支出结构势在必行。因此，要合理界定财政支出范围，严格控制一般性开支。要充分发挥市场配置资源的基础性作用；要从我国经济社会发展阶段的实际出发，结合深化行政管理体制改革和继续实现政府职能转变，合理细化和界定政府与市场的作用边界；要推进事业单位分类改革，加大对公益性事业单位的保障力度，支持具有经营性质的事业单位逐步走向市场；要根据社会事业发展规律和公共服务的不同特点，立足我国基本国情，按照"广覆盖、保基本、多层次、可持续"的原则，稳步推进基本民生保障体系建设，建立健全改善民生的长效机制；要根据公共服务的层次性，调动中央和地方两个积极性，整合各种财政资源，增加对公共服务领域的投入，优先保障和改善基本民生；要重点加大对"三农"、教育、就业、社会保障、医疗卫生、住房等方面的投入，并完善相关保障机制；要坚持勤俭办一切事业，努力节约一般性开支，降低行政成本，推进服务型、节约型政府建设。

3. 提高公共支出效益

效益是现代经济活动的核心。公共支出没有效益或效益低下，实际上就等于浪费公共资源，国家履行职能也会受阻。国际货币基金组织的一项研究表明，支出效益的改善有赖于支出管理，两者存在密切关系。财政支出效益是包括支出管理在内的种种努力的最终结果。同时人们也普遍相信，一个好的政策必须依靠好的管理才能发挥好的作用。因此，在完成特定目标的整个资金流动过程中，支出管理起着关键性作用。

当然，公共支出效益与微观经济效益存在重大的差别。政府追求的是整个社会的最大效益。所以，在提高财政支出使用效益的过程中，政府需要处理极为复杂的问题，以实现公共支出效益的最大化。

我国的公共支出管理改革始终把加强财政资金管理与提高财政资金使用效益作为重要抓手。但是，应该看到加强财政资金管理与提高财政资金使用效益是一项长期而艰巨的工作，即使在成熟的市场经济国家，这也是一个需要不断探索解决的问题。所以，我们应该充分借鉴国外先进的理念和方法，不断加强公共支出管理，提高公共支出效益。

（二）新时期我国公共支出管理改革的基本方向

1. 以公共治理的理念指导公共支出管理改革

在新的历史时期，知识经济的兴起以及随之不断增强的经济全球化趋势，向公共支出管理提出了更高的要求。要适应我国社会、经济、政治、文化背景的变化，在积极学习和借鉴国外先进的公共支出管理理论、技术和方法的同时，以全新的思维方式，从更新、更高的视角对公共支出管理行为进行包括管理理念、管理重心、管理制度、管理组织以及管理战略等全方位管理的变革和创新。其中，管理理念的变革和创新是推动改革的关键性因素。要将公共治理的理念带入公共财政管理改革中，特别是要将公共治理的关键性要素（如受托责任、透明度、可预见性和参与性）与公共支出管理改革的实践结合起来，全面提升公共支出管理水平。

2. 确定高效的管理目标

公共支出管理作为政府公共管理的核心，其目标的确定应体现科学性、前瞻性、经济性、先进性、协调性和可操作性。为此，根据我国具体国情和公共支出管理的客观实际，我国公共支出管理的目标可以确定为良好的运作管理。结合我国的实际，在目前及今后一段时间内，公共支出管理的重心应是进一步完善部门预算制度、国库集中收付制度、政府采购制度等的改革，加强项目细化和绩效评价工作，提高公共支出管理水平，以推动支出控制和资源配置的改善。

3. 建立清晰的财政约束与公开透明的运行规则

强化财政约束的重要性在发达国家的预算与财政管理系统中一再被强调。包括强化总额财政纪律、改进战略性资源配置、加强预算准备、增进财政透明度和政府承诺的可信度等。总体讲，目前我国的财政约束力度相当薄弱，对预算准备的指导性还不强，有必要确立一套基本的财政约束要求。因此，重新修订《预算法》，提高相关法律法规的立法档次，完善财政预算法律法规体系，是当前深化公共支出管理改革的一项十分紧迫的任务。

4. 通过改进投入预算增进预算绩效

投入预算的基本特征是控制预算投入的数量，包括预算设定的支出总额和单个项目支出的数额。与产出预算不同，投入预算直接指向控制公共部门的投入，即对支出总额（包括分类的支出总额）和项目进行预算控制。这种预算控制机制在最近的几十年中发生了变化，许多发达国家的政府预算模式已从投入预算转向产出预算。我国目前预算控制的主要形式仍然是投入预算，需要尽快实现模式的转变，以最终实现产出预算。在投入预算中，以发展标准（支出）定额制度来控制开支水平是非常重要的。对投入的严格预算控制有助于促进公共机构削减成本，提高运作效率。因此，通过改进投入预算以提高公共机构运作效率，仍是我国预算管理改革的重要课题。

5. 夯实管理基础

政府会计和财务报告制度是制定政策、落实责任制、加强财政管理和监督的基础和重要工具。我国现行的预算会计和报告系统虽然进行了较为全面的改革，但与市场经济发展和财政改革的要求还有很大差距。因此，为了更真实、全面、系统地反映政府的财务活动情况及财务状况，提高政府财务信息的质量，应首先改进政府会计基础，要由收付实现制逐步改为修正权责发生制，使政府会计对象除了反映当期预算资金的运动情况及结果外，还能完整反映整个预算资金连续运动的过程及累积结果，使政府财务信息更加真实、完整、可靠，为有效落实财政责任制、沟通政府与社会公众的信息交流、加强监督提供可靠的依据。同时，要积极采用信息与通信技术加强财政管理。公共支出管理改革没有信息系统的技术支持，是绝对不可能顺利推进的。因此，加快完善我国的政府财政管理信息系统，既是应对信息全球化和加入 WTO 所必需，更是实现国家公共管理现代化，促进财政改革和发展的迫切要求。

第 1 章

公共支出管理概述

1.1 公共支出的基本特性与管理难题

公共资源的分配及其有效利用是政府和公众共同关注的焦点。建立公共支出管理体系有利于实现公共财政资源的合理分配与有效使用。因此，如何有效地分配和利用财政资源，成为公共支出管理的核心问题。然而，在实际经济生活中影响公共支出的因素又是复杂多变的，如战争、政治运动、经济增长与稳定、管理变革等因素，无不对公共支出产生影响。如何管理好公共支出，是一个永恒的话题。

1.1.1 公共支出的基本特性

收入和支出是财政的两个重要方面。与收入相比，支出流经环节更多、资金链条更长、管理难度更大。从本质上讲，公共支出管理是一种工具，是国家宏观经济调控的一项核心政策工具。因此，公共支出管理是财政管理的重要内容，也是贯彻国家政策意图、充分发挥财政宏观调控职能作用的重要手段。

1. 公共支出职能的重要性

从资金运行的角度看，在公共支出管理过程中，财政部门面临着两大根本任务：一是如何科学合理地分配预算；二是如何有效地管理和使用预算资金。通过财政资金的分配与使用，为国家的政治、经济与社会管理提供重要的资金保障。

2. 公共支出运行上的复杂性

公共支出可以被看做是一个长长的价值链，起始于预算编制，通过采购和工程投资等预算执行，终结于向公众提供公共产品与服务。在这些阶段中，行政管理、会计、审计、采购、工程承包等专业知识，都起着广泛的作用。每一部分都是总体中的一个环节，任何环节发生错误，都会妨碍已确定政策的实现。更重要的是，各项目标通常需要通过许多环节才能最终实现。因此，公共支出在实际运行中总是面临着十分复杂的管理重任。

3. 公共支出预算最大化的可能性

根据西方经济学的观点，每一个使用公共支出的部门、单位和个人，都有将支出预算最大化的倾向。财政部门是政府理财的执行者，而各政府部门及其公共机构是财政资金的最终使用者。由于公共支出涉及众多单位和人员，公共机构花纳税人的钱不像个人或私人企业使用自己的资金那样谨慎等原因，从事具体事务的人员往往倾向于扩大在这些事务上的支出，难以做到支出最小化和使用上的精打细算，从而形成了事实上的公共支出难以控制的局面。

4. 公共支出的易受影响性

公共支出是实现国家职能的资金保证，其资金总额、支出结构、支出效益又受到政治、经济、社会发展等因素的制约。政治成为影响公共支出的首要因素；经济增长与发展改变了公共资金的运行环境，对公共支出的规模、结构具有重要的影响；公共支出也易受市场力量、管理科学、技术进步等因素的影响。因此，正确处理政府与市场之间的关系是公共支出管理中始终要遵守的一条原则；而管理科学的发展则有助于改善公共支出管理；技术进步尤其是信息网络，已成为整合公共支出管理的重要工具。

1.1.2　公共支出的管理难题

财政资金是政府行使职能的重要物质基础。为了更好地行使政府职能，有必要加强公共支出管理。然而，公共支出的重要性、复杂性以及难以控制性和易受影响性等基本特性，决定了公共支出在管理上必将面临诸多难题。

1. 如何实现有限财力与政治愿望之间的协调

预算过程显见较强的政策性，数字包含着政治意向。是提高还是降低公共支出，是制造轰炸机还是为贫困者提供医疗保健……不同的决策体现着不同的政治主张。然而，财政资金总是有限的。如何用有限的资源最大限度地实现政治愿望，是一个既现实而又重要的难题。

2. 如何兼顾并实现公平与效率之间的平衡

公共支出作为政府公共经济活动的最重要部分之一，必须兼顾公平和效率两个方面。过分公平，可能导致效率低下；提高效率，则易妨害社会公平。如何实现两者之间的和谐，是公共支出管理中必须思考与解决的问题之一。

3. 如何保持公共支出控制中的约束力与灵活性之间的平衡

从管理学的角度看，通过资金的分配和使用实现对行政行为的约束和控制，是公共支出管理的重要职能之一。但事实上，在控制、约束政府行为时，又必须赋予资金使用者一定的灵活性，这样才能实现公共支出的最大效益。因此，理想的公共支出管理模式应具备一定的约束力与灵活性。在实践中我国"一控就死，一放就活"的现象说明，保持约束力与灵活性之间的平衡绝非易事。

4. 如何以最小的成本解决支出管理中的"公共悲剧"

所谓"公共悲剧"，是指人类社会中存在的群体行为悲剧。如在资金分配过程中的"跑部（步）钱（前）进"、资金使用过程中的"有钱花光、无钱借债"等，绝非个别人的行为，而是带有普遍性的公共行为。如何从制度安排上约束这种行为？需要通过建立科学的公共支出管理体系，将财政支出的每一笔严格纳入管理，并突出支出绩效原则，尽量实现"少花钱、多办事"、"小成本、大收益"，以避免"公共悲剧"的发生。

总之，在公共支出管理中面临着诸多难题。如何解决这些难题，是摆在各级政府面前重要的任务。

1.2　公共支出管理的背景与目标

1.2.1　公共支出管理的政策背景

公共支出管理是政府管理体系中的一个重要组成部分。政府宏观政策构成了公共支出管理的外在环境。按照传统的定义，总体经济政策的主要目标包括增长、公平和稳定。从长远来看，这三项目标是相辅相成的。经济增长为减少贫困提供所需的资源；但如果没有充分的稳定和公平的政策加以保障，则经济增长将不具有可持续性。不稳定的经济和财政状况将损害经济的增长，而贫困人口则首当其冲，受害最深。反过来讲，以经济持续萧条和贫困现象普遍存在为代价实现的社会稳定也不是我们愿意看到的结果。然而，从短期来看，这三项目标又可能互相冲突。因此，我们在制定政策的过程中需要找到正确的解决办法（因此也需要一项健全的机制），从而确保三项目标能够得到很好的协调。

作为政府公共经济活动的一项核心政策工具，公共支出管理必须兼顾三项总体经济政策目标。社会稳定需要财政加大对社会保障等方面的投入，同时要想实现经济增长和社会公平，正确地在各部门之间分配公共资金是其中的重要一环；上述三项目标的实现需要我们在经济运行过程中对资源加以高效、科学、合理的利用。

对于我国这样一个经济快速发展的发展中国家来说，一方面面临经济快速发展的契机，另一方面经济秩序和社会公平尚不完善。因此，要通过经济政策的制定，特别是发挥公共支出的作用来促进经济增长、保持社会稳定和维护社会公平，促进经济社会的全面协调可持续发展。公共支出管理是国家经济管理的重要方面，在制定公共支出政策的时候，必须考虑整个国家经济发展的战略。也就是说，政府制定的公共支出政策应当能够配合整体经济的发展，以促进经济发展目标的实现。

1.2.2 公共支出管理的目标

公共支出管理的目标必须服从宏观政策意图的需要。总体经济政策的三项目标可以在公共支出管理过程中转化成高效公共支出管理的三项主要目标，即支出控制、根据政策重心配置资源和良好的运作管理。其中，良好的运作管理需要节俭（成本降至最低）、效率（每单位的产出最高）和有效性（实现产出所预期的成果）三项要素。同时，对法定程序也同样需要加以关注。

总的支出限制对于良好的公共支出管理是必要的，但却是远远不够的，仅仅是自上而下地实施这种支出限制可能会导致资源配置失当和管理运作低效。如果孤立地实施自上而下的限制，而不去注意公共支出体系内部运作，其结果很可能使那些效益更高且价值更大的项目缺乏足够的资金。反过来说，在不实施严格的支出限制的情况下去改善支出体系内部运作系统也是不可想象的。同样道理，如果各部门的支出规划不当，或与总政策不相吻合，则再好的部门间协调机制也难以发挥作用。一般情况下，要想提高管理与运作效率，必须具备良好的财经纪律和合理的资源配置这两项大背景；而优质高效的管理本身也能对这两项大背景的形成发挥关键性作用。

1.3 公共支出管理的制度框架

现代财政理论指导下建立的政府预算制度，为破解财政支出管理难题提供了有效的工具，并逐渐成为公共支出管理的基本形式。政府预算制度产生于英国，在

1215 年开始萌生，1782 年政府采购制度开始形成，1787 年国库单一账户制度首次得到应用。经过数百年的发展与完善，政府预算制度现已流行于世界各国；在具体形式、技术手段、运作模式、管理框架等方面都已臻于完善；部门预算、政府采购制度、国库单一账户制度等已逐渐成为政府预算制度的核心元素，也成为国家管理公共支出的不可或缺的制度工具。

1.3.1　公共支出管理的基本框架

公共支出管理是政府预算管理的重要内容之一。在实践中，一般从时间上把每一个预算周期划分为四个阶段，相应的，公共支出管理也由这四个阶段构成。第一阶段是预算编制。对未来财政年度内的支出进行概算，通常从下达预算编制通知书开始，由各预算单位按照通知书中规定的基本方针，考虑计划采取的政策、行动、购买对象及其价格编制预算。第二阶段是预算审批。从政府向立法机构递交预算草案之时开始，至该预算草案被通过为止，是规范使用财政资金的保障。第三阶段是预算执行。即预算方案付诸实施的过程，包括购买、投资、支付等内容。第四阶段是决算。确认政府部门及其预算单位的预算执行情况。

从资金流经环节来看，公共支出管理主要包括以下内容：（1）分配环节。预算管理者及政策制定者决定一般的支出程序和具体的支出，并将支出权从政策制定者下达给执行部门。（2）使用环节。各预算单位具体负责使用资金，在资金使用过程中负责支出控制的官员还要对支出进行及时的监督检查。（3）支付环节。现在通行的做法是大部分资金由财政部门集中支付给商品或劳务供应者或最终用款单位，少部分资金在财政部门授权下由预算单位自行支付。

从资金管理主体来看，公共支出管理主要涉及以下人员：（1）预算者。由他们决定钱花在何处。（2）执行者。负责监管具体的购买、转移等支出决策的实现。（3）国库官员。负责资金的支付行为。（4）审计者。对财政支出的数额、款项进行审核，以保证支出的合规性。（5）会计。对所有财政收支进行记录，衡量政府活动的成本与效益，确保财政资金不被滥用。

从资金管理基础来看，公共支出管理主要建立在以下基础之上：（1）经济预测。对宏观经济形势与财政收支状况进行预测，是编制部门预算、制订用款计划、确定政府债务发行计划的基础。（2）定员定额管理及项目库管理。标准化的定员定额是编制部门预算、核定单位预算、考核预算执行情况的重要依据。严格管理各专项资金的申请、立项、使用、决算等情况，是管理、使用专项经费的重要前提。（3）预算收支科目分类。对预算收支科目进行分类，是科学分配、有效使用、正确拨付、审查核算、管理监督财政资金的重要基础。（4）账户管理。严格政府账户管理，控制财政支出管理的源头，建立国库单一账户体系，是部门预算、政府采购、支付管理的重要基础。（5）会计核算。全面、及时地记录政府所有活动，是衡量成本与效益，有效控制财政资金的重要基础。（6）信息化管理。建立财政管理信息系统，及时记录、收集、整理、分析各环节的资金信息，是财政支出决策、控制、监督的重要基础。

综上所述，公共支出管理以预算分配、预算审批、政府购买、国库支付、支出监督等为主要内容，以宏观经济预测、定员定额管理、项目库管理、预算收支科目分类、会计记录与核算、国库单一账户体系、财政管理信息系统等为基础，共同构建形成一个完整、科学的管理框架。

1.3.2 公共支出管理的核心制度

完善、科学的公共支出管理框架，是充分发挥公共支出管理职能的前提与基础。在整个公共支出管理体系中，部门预算制度、政府采购制度、国库集中支付制度占据着核心地位，发挥着关键性作用。

1. 预算编制与部门预算制度

预算编制中需要解决以下问题：一是编制预算的依据，是经济现实及其预测，还是政治意图及其愿望？二是由谁编制预算，是自上而下，还是自下而上？三是编制预算的形式，是按功能编制，还是按部门编制？四是预算金额的分配，是采用基数法，还是其他方法？五是如何衡量编制出的预算绩效，是依投入，还是依产出？

国外的实践表明，为解决上述问题，政府预算在不断变革中逐步完善起来。在19世纪晚期之前，大多数国家的预算编制缺少强有力的中央控制，没有固定的程序，面临着腐败行为大量增加的危险。为此，当时的预算改革者主张详细记录政府收支活动、落实财政资金使用责任制。此后，为加强对支出的控制，产生了分条目预算编制方法；为提高预算的效率和效果，产生了绩效预算编制方法；为更好地实现政府的政策目标，产生了项目预算编制方法；20世纪70年代后，又出现了零基预算编制方法和新绩效预算编制方法。截至目前，部门预算已成为世界各国加强财政支出管理的一般做法。

所谓部门预算，是政府部门依据国家有关政策规定及其行使职能的需要，由基层预算单位编制，逐级上报、审核、汇总，经财政部门审核后提交立法机关依法批准的涵盖部门各项收支的综合财政计划。按照部门分类编制预算，预算在部门下又根据部门行使职能的不同安排不同的功能支出，具有明显的优点：一是可以使预算在形式上更加完整；二是可以使预算在内容上更加全面；三是可以使预算反映的内容更加细化。具体地说，从编制范围看，部门预算涵盖了政府所有的收入和支出；从支出角度看，部门预算包括部门或单位的所有支出，可以全面地反映各项资金的使用方向与具体规模；从编制程序看，由基层单位编起，不存在上级代编现象，可以准确地反映政府对财政资金的真实需要；从细化程度看，部门预算既细化到具体的预算单位和项目，又细化到按照预算科目划分的各项功能，既反映出本部门的收支预算总额，又反映出具体的结构安排。

2. 政府购买与政府采购制度

如果以公共支出是否与商品和服务相交换为标准，可以将全部公共支出分为购买性支出和转移性支出。购买性支出直接表现为政府购买商品和服务的活动，包括购买进行日常政务活动所需的或用于国家投资所需的商品和服务的支出。因此，政府采购是公共支出管理的重要方面。政府采购要回答三个基本问题：一是买什么，即确定购买需求，计划购买所需要产品和服务的成本花费；二是怎样买，即购买这些商品和服务的具体过程和程序；三是采购成本与效益，即以最低成本获取需要的商品和服务，并发挥出最大的政策、经济与社会效益。

政府采购制度就是围绕以上三个基本问题而制定的有关政府采购的一系列法规、政策和制度的总称。其基本内容包括四个方面：一是政府采购法规；二是政府采购政策；三是政府采购程序；四是政府采购管理。建立健全政府采购制度，有助于实现以下基本目标：一是为政府购买最佳价格性能比的物品或劳务，提高财政资金的效益；二是避免挤占、挪用、滥用资金，从根本上消除滋生腐败的温床；三是充分发挥购买性支出对经济的影响作用，促进国民经济的健康稳定发展。

国内外实践表明，政府采购制度在政府财政及整个经济生活中发挥着非常重要的作用。实行政府采购制度，按照法定程序和统一方式通过市场公开招标采购物品或劳务，能使政府得到物美价廉的商品和劳务，也为细化预算创造了条件；实行政府采购制度，将支出管理由价值领域延伸至实物领域，实现了购买环节与支付环节的分离，扩大了支出控制的范围，增强了支出控制力度；建立完善的政府采购制度，增强了政府采购的公开、公平和公正性，使政府采购过程处于公众的监督之下，有利于从根本上防治腐败，树立政府的良好形象；此外，还为企业的公平竞争创造了条件，促进了经济效益的提高，而且对整个财政资金分配的合理化都会产生积极的影响。

3. 资金支付与国库集中支付制度

资金支付是最终将预算落到实处的重要一步，对财政资金周转速度、财政支出控制、财政资金运行信息的收集等，都发挥着重要的作用。支付环节所要解决的根本问题，就是为政府购买的商品、劳务或其他服务向其供应者付款。从形式上区分，资金支付可以分为两种：一是分散支付，即财政部门把资金拨付给预算单位，由其向商品或劳务供应者直接付款；二是集中支付，即财政部门将预算单位的应付资金直接支付给供应者。从手段上区分，可以分为现金、内部转账、支票、银行转账、付款承诺等多种方式。不同的支付形式、不同的支付手段具有不同的影响和意义。

分散支付意味着政府账户的分散设置，资金拨付要经过财政层层向预算单位的拨付与预算单位向供应商的付款两个阶段，资金在实际支付行为发生之前就已流出国库，容易滋生腐败与导致财政资金的大量流失。集中支付与其恰恰相反，在统一政府账户管理的基础上建立国库单一账户体系，减少了资金拨付环节，提高了支付效率，对财政资金的使用实施有效、全程的监控，从根本上遏制腐败的产生。因此，世界上许多国家都已建立了国库单一账户制度实行国库集中支付，即大部分支付行为由财政部门进行，在财政支付比较困难的地方可由预算单位先进行支付，再由财政报销。必须用现金购买的商品和服务、紧急情况下的支付等，由预算单位先执行，在最后支付之前要由财政部门进行必要审查（财政确认），并做相应的会计记录，才能将资金支付给商品或劳务供应商。这样做既科学又灵活，有助于保护供应商的权益与规范资金使用者的行为。在具体支付手段的选择上，绝大部分资金采用银行转账、支票等先进的支付手段，尽可能缩小现金支付的规模与范围。

实行国库集中支付制度的本质是实现支付和购买两个环节的分离，其优越性非常明显。首先，可以使财政部门或国库部门监控财政资金的流向，加强预算执行管理；其次，可以使财政部门及时掌握财政支出的全部信息，能够有针对性地进行政策调整；再其次，可以使预算单位将更多的精力放在事业发展上，提高其财务管理水平；最后，可以使财政分散存放的资金集中起来，有助于资金调度，有助于减少政府债务。

1.3.3　三项支出管理制度之间的关系

部门预算制度、政府采购制度与国库集中支付制度，分别在财政资金的分配、采购支出管理和资金支付环节具有不可替代的地位与作用，构成了财政支出管理的三项核心制度。这实质上意味着财政部门从预算分配到资金使用、资金拨付、银行清算，直至资金到达商品和劳务供应者账户的全过程，都实行了有效监控。正是因为这三项制度互为因果，三项支出制度的相互融合、协调是支出管理有效实施的根本保证。

1. 部门预算制度是实行政府采购制度的前提与基础

没有预算，不能采购，编制政府采购预算是实行政府采购制度的前提。政府采购预算的编制实现了采购项目具体化、资金来源明晰化等目标，详细列出采购项目的具体构成及其资金分配情况。只有在编制政府采购预算的前提下，政府采购管理机构才能够对本级政府的采购支出有着基本的了解，可以更好地配合好政府采购工作的开展。政府采购预算编制的方法就是将部门预算确定的购买性支出，按照《政府采购目录》规定的品目，在编制部门预算的同时再编制一份采购预算。政府采购预算随部门预算一起布置、一起下达。在审批后的政府采购预算基础上，再按照政府采购的具体需求，编制详细的政府采购计划，用于指导日常政府采购工作。

2. 政府采购制度是提高预算编制科学性和合理性的重要手段

政府采购品目及相关标准等基础数据是编制部门预算的重要依据，是提高预算编制科学性、合理性的重要手段。通过政府采购的具体组织和实施，以公开、公正、公平的竞争方式形成政府采购合同，获取到工程、货物和服务项目单位品目的中标价格信息，经政府采购管理部门整理，可以形成各类工程、货物和服务项目的单位平均市场价格等综合信息，为财政部门审核同类采购项目的预算额度提供参考标准；同时也为财政部门研究制定预算定额，加强预算单位定员、定额、定标管理，为编制同类物品的预算提供参考依据，有利于部门预算的细化、资金分配透明度的提高与资源优化配置。

3. 国库集中支付制度是实行政府采购制度的重要保证

从分散采购转向政府采购，意味着采购支出管理的科学化、规范化，必然触动少数人的既得利益，推行起来也会有不小的阻力。通过建立国库集中支付制度，财政资金不再下拨到用款单位，而是将资金直接拨付至商品和劳务供应者账户，这样就大大减少了推行政府采购制度的阻力，有利于政府采购制度的不断推进。

4. 政府采购是实行国库集中支付制度的重点领域

政府采购制度以改革和规范政府采购资金使用方式为主线，要求早编、细编预算，改变传统的资金拨付方式，将政府采购资金由财政直接支付给商品和劳务供应者，加强财政控制与监督，与国库集中支付制度的改革取向一致，是推进实施国库集中支付制度的重要动力。政府采购工作的进一步开展，有助于加快建立国库集中支付制度的步伐。

5. 部门预算制度是实行国库集中支付制度的基础

国库集中支付制度依赖于部门预算编制与有效执行。推行国库集中支付制度，要求各部门、各单位在发生每项经济业务时，要根据当年年度预算向财政部门按照用途、进度提出用款申请，经财政审核批准后，从国库直接拨付给商品或劳务供应者。可见，部门预算是预算单位编制用款计划的依据，也是国库部门拨付资金的依据。同时，为保证国库集中支付制度的顺利实施，需要在合理的政府收支分类体系基础上细化预算编制，将部门预算细化到项目，并准确而全面地反映各类财政收支活动，使所有财政资金的支付建立在明晰的预算基础上。

6. 国库集中支付制度是优化部门预算制度的依托

通过实施国库集中支付制度可以使财政部门及时掌握财政资金的运行状况，对财政资金运行的信息及时做出整理、分析，可以以此为依据对整个财政形势做出准确、全面、客观的判断。同时，过去一年的财政资金运行信息还是编制下一年度预算的基础。预算部门可以对这些信息进行分析，对某些支出项目进行追踪调查，决定下一年度预算项目的取舍。国库集中支付制度要求各预算单位提前编制分月用款计划，按月预测下一个月的现金需求，在此基础上财政部门可以更为科学合理地确定政府债务的发行时间、数量，调整短期国库现金存量。这在一定程度上有利于进行国库现金管理、削减政府开支、减少预算调整行为的发生，可以更好地确保预算的有效实施。

综上所述，可以得出基本结论：管理好财政支出不是一件容易的事。政府预算管理制度由此应运而生，并逐渐形成了以部门预算制度、政府采购制度、国库集中支付制度为核心的管理框架。无论从理论角度看，还是从实践角度看，部门预算、政府采购、国库集中支付等三方面既存在重大差别，又存在密切联系。因此，我国财政支出管理制度改革不仅要推行部门预算、政府采购、国库集中支付等三大改革，而且还要建立部门预算、国库集中支付、政府采购改革之间的协调机制，以利于形成完善的现代政府预算管理制度，不断提高政府预算管理的能力与水平。

1.4 公共支出管理的技术基础

公共支出管理目标的实现离不开各种现实的技术工具。其中，政府会计、政府财务报告、公共支出规划与预测、信息和通信技术等构成了现代公共支出管理的技术基础。

1.4.1 政府会计

根据国际会计委员会的定义，政府会计是指用于确认、计量、记录、报告政府及其预算单位财务收支活动和受托责任履行情况的会计体系。在政府预算和财政管理活动中，政府会计是制定政策、落实责任制、加强财政管理和监督的基础与重要工具。

良好的政府会计对于公共支出管理、责任制的实施以及政策的制定等有着至关重要的意义。从理论上看，会计系统的基础分为现金收付制、修正现金收付制、修正权责发生制和完全权责发生制四种。无论会计基础如何，会计系统应该具备如下特征：（1）完备的簿记程序，系统的交易登记，严密的安全体系，与银行结算单进行系统的对比；（2）所有的支出与收入交割都应按统一的方法记录在案（包括预算外资金的支出）；（3）采用统一的标准将支出按功能类别和经济类别进行分类；（4）要求明晰、完备的会计程序；（5）定期编制报表；（6）在支出周期的各个阶段（承付、审核与支付）跟踪拨款的使用情况（"预算会计"系统）；（7）预算的融资运作及复核要有明确的程序，并须对有关情况（"盈亏结算"）进行充分披露；（8）对支持性文件（包括电脑记录）的保留、公开查阅和安全等事宜应做出明确的安排。

我国从1998年开始对现行的预算会计和报告系统进行了较为全面的改革，在会计分类、会计语言、会计要素、核算内容、会计基础、会计报表等方面积极向国际惯例靠拢，尽管取得了很大成绩，但与市场经济发展和政府预算管理的要求还存在着不小差距，改革任务依然艰巨。

1.4.2 政府财务报告

政府需要向利害关系者[①]报告其所需要的财务信息，而政府财务报告就是政府（报告机构或政府控制下的实体）与其利害关系者之间进行沟通与交流的工具。包括所有在财务会计系统和报告系统中可以找到的数据，比如财务报表、预算中反映的财务信息、财政计划、支出估计数以及关于单项规划或活动的绩效报告。政府财务报告的核心是财务报表，但其他方面，如预算报告和绩效计量系统中也包含有财务信息。

政府财务报告需考虑各不同群体（立法机构、公众、预算管理人、政策制定者等）的不同需求。按照国际上流行的做法，良好的政府财务报告需要具备以下要点：（1）关于预算管理情况的报告：显示各拨款项目和各预算项目的全部活动情况（分配，补充估算，预算调剂等）；（2）向立法机构提交责任制报告；（3）财务报告：广义政府的合并账户，拖欠情况报告，债务及或有负债情况报告，贷款情况报告；（4）评估预算政策及各部委与机构执行情况的报告。

应该看到，政府会计和政府财务报告是联系在一起的。会计记录的目的就是为了向与公共资源的征集和使用相关的利害关系者报告他们所需要的信息，这些信息帮助他们做出最有利于自己的决策（或选择）。更一般而言，政府会计和财务报告系统是实现良好的预算管理、财务受托责任以及制定政策决策的关键因素。政府会

---

① 利害关系者包括立法机关、管理者、决策者、金融机构和一般公众等。

计与政府财务报告的一般关系可表述为：政府会计的最终成果体现为政府财务报告。

1.4.3 支出预测

为了有计划地安排政府预算收支，财政部门要对计划年度和未来几个年度的预算支出进行大体的预测，这是确定预算支出规模、编制政府预算的必要步骤，也是政府经济预测工作中的一个重要组成部分。公共支出的预测，一般是在预计和分析年度预算执行情况的基础上，参照历年支出规律和结合计划年度经济、社会发展趋势，预测计划年度和未来几个财政年度可能达到的程度，以及支出需求情况，匡计预算支出的总量，为科学编制政府预算打好基础。这也是加强公共支出管理的一项重要的基础性工作。

公共支出的预测是以经济计量技术的改进、其他新技术的出现以及预算、会计、审计等财政管理系统综合运用来进行的。根据财政支出预测方法的发展历程，可将其概括为两大类：一类是传统的预测方法，包括基数法、系数法、比例法、定额法、综合法；另一类是现代预测方法，包括时间序列预测方法和因果分析预测方法等。

1.4.4 支出规划

编制滚动的多年度支出规划有助于年度预算上限的设定，也有助于提高部门管理的预测能力和公共支出的效益，因此能够改善预算编制水平。在国外，涵盖所有部门未来几年的详细支出情况的正式规划被称为"中期支出框架"。这是一种包括一切政府支出的全政府支出框架，其分项水平和预算案相同，其数据和执行方面的技术要求很高。对于广大发展中国家来说，在条件不成熟的情况下引进这种框架体系，容易在执行过程中处理不当，甚至造成巨大的浪费。但发展中国家可以采取一些局部性的方法来实现多年度远景规划的目的。这样做，除了能够在短期内改善预算程序外，还能帮助各发展中国家发展本国的技术力量，为全面引进更加综合的多年度支出规划打下必要的基础。

进行局部中期规划主要有两种方式：第一种方式是将所有的政府支出体现在某一具体部门当中，通常称为"部门支出规划"。由于"部门支出规划"这一方式只涵盖某一个部门，因此有必要在编制此类规划时根据宏观经济框架设定一个严格的财政限制。第二种方式是将某一主要的类别分摊到整个政府各部门中去，这种规划方式通常适用于"投资"，我们称之为"公共投资规划"。公共投资规划通常是滚动型的，规划期一般是3～4年。一项编制合理的公共投资规划能够改善公共支出管理，加强控制支出的能力；如果编制不合理或者执行不当，这种规划会变成罗列项目愿望的清单，会损害公共支出管理程序。

1.4.5 信息与通信技术

信息与通信技术给公共支出管理领域带来了新的机遇和挑战。信息与通信技术是一项工具，有助于提高管理水平。但必须对某一特定的信息和通信技术更新所需付出的成本及其可能产生的实际效益加以现实的评估与比较。同时，信息与通信技术和公共支出管理应相互协调，不应孤立运作。现代通信技术的发展使大幅度改善公共部门运作效率成为可能。但是，在应用现代技术提高公共支出管理水平的过程中，要注意相互协调，否则可能付出高昂的代价，或者丧失大规模改善公共服务质量的大好时机。

应该看到，信息与通信技术不能替代良好的管理和内部控制。信息和通信技术的普及应用或许给人们一个支出控制已经加强的错觉，而事实上，政府支出系统的很大一部分是在信息系统以外运行的。而且一体化程度更高的公共财政管理信息系统会相应地带来更大的潜在风险。信息系统如果开发不慎，缺乏充分的核查、控制、安全以及防病毒措施，最终可能导致数据不实，甚至危害财政管理系统的完整性。最后，信息和通信技术的应用并不必然减少腐败现象。事实上，信息和通信技术仅仅能使那些完全不懂新技术的人失去徇私舞弊的机会，但同时又为那些充分掌握新技术、可以熟练操作新系统的腐败分子提供了新的途径。

毋庸置疑，信息与通信技术的发展给我们开辟了可喜的前景，能够帮助我们改善公共支出的管理现状，加强政府工作透明度和参与性；能够提高公共部门运作的效率和有效性；能够拓宽用户获取公共服务的渠道；能够将信息向公众传播，并及时从利益相关方和服务用户那里获取反馈信息，大力协助预算分析与规划工作，并提高预算信息的及时性和透明度。

1.5 公共支出管理职责的分工与协作

公共支出管理是一项复杂的系统工程，涉及众多部门、单位，需要各相关主体共同发挥职能作用，才能实现公平、有效的管理目标。在通向公平与有效的公共支出管理之路上，在公共支出管理的各个环节或各个相关主体之间合理划分相应的责权利，形成既明确分工又相互协作的良好局面，是做好公共支出管理工作的体制性基础。从理论上看，公共支出管理职责的划分首先是在政府层级之间的划分，其次是在不同部门或预算单位之间的划分。

1.5.1 纵向的政府层级之间公共支出管理职责的划分

在公共支出管理过程中，支出责任在不同政府层级及不同管理部门之间进行合理分工，是国家通过各级政府以及同级政府各个公共部门提供公共产品或服务的必然选择，有利于各司其职、避免扯皮，提高行政效率，也有助于发挥各级政府及各相关主体的积极性与主动性，使公共资源实现更加合理的配置，从而提高整个社会的经济效益。

政府间公共支出职责划分的依据是政府间事权的划分。中央与地方政府的职责划分应该符合两个标准：第一，政府职能分工层次标准。即根据政府在市场经济中的职能来划分中央与地方政府的职责，这种事权的划分是合理划分财权的基点。政府在市场经济中的职责主要有促进资源的合理配置、收入的公平分配和促进经济稳定与增长。根据这一标准，凡是具有调控性、全国性意义的职责应该由中央政府承担，而地方性的事务则应该由地方政府承担。第二，公共产品受益范围标准。即根据公共产品的受益范围来确定公共产品的提供主体，谁受益谁提供。这两个标准既互相独立、又互相补充，前一个标准是按政府职能来划分中央与地方政府的职责，后一个标准主要是侧重于政府职能中资源配置职能在中央与地方之间的划分。

在我国，中央与地方财政公共支出的划分是分级财政体制的主要内容，它不仅关系到政府间财政收入以及转移支付资金的合理分配，也关系到各级政府的财政收支平衡、政府提供公共产品的水平与效率、地区间财政经济的均衡发展以及宏观经济稳定，还关系到公共支出管理是否有效的问题。1994 年实施分税制财政体制改革以来，虽然在中央与地方、地方各级政府间的事权划分上有很大进展，但目前中央和地方在职责划分上仍然有不合理、不清晰的地方，在一定程度上造成政府职能的越位与缺位，也影响了地方政府的积极性。为了更好发挥政府在市场经济中的职能作用，应该根据政府职责划分的标准，进一步清晰界定各级政府的职责。

1.5.2 横向的部门之间公共支出管理职责的划分

从横向看，公共支出管理需要财政部门、各支出部门、各预算单位以及中央银行、代理国库的商业银行的共同努力。在公共支出管理中，存在着多层委托代理关系。从组织外部看，可分为公众—立法机构、立法机构—政府（以财政部门为代表）、财政部门—财政资金使用单位等委托代理关系；从组织内部看，可分为管理者与被管理者、上级与下级的委托代理关系。

在公共支出管理过程中，众多的参与者主要划分为两方：一方为申请预算的用款单位；另一方为审批预算的职能部门。其中，财政部门是公共支出的决策主体、审批主体与管理主体，而各支出部门及预算单位则是公共支出的用款人及执行主体。从委托代理理论看，决策主体或管理主体具有决策优势或权力优势，而执行主体或最终消费者具有信息优势。在有限理性和机会主义经济人假设下，执行主体与审批主体的利益未必一致，他可能去追求个人利益而把决策者的利益放在次要位置甚至以牺牲决策者的利益为代价，产生逆向选择和道德风险。在现实中为形成良性的博弈格局，客观上需要各相关利益者的动机或偏好的充分表达，需要在决策者、审批者与执行者之间建立良好的信息结构与传导机制，需要进行集体的公共选择。只有这样，才有可能避免最坏结果的发生。因此，各相关部门应从手段创新和业务模式再造上提高工作效率，加快信息化建设步伐，在信息共享的基础上，建立部门间公共支出管理的总体战略框架及协调机制。

国内外经验告诉我们，公共支出责任一般按照下述原则进行划分：（1）政府中枢并不参与实际的支出预算的编制工作，但在预算过程中扮演重要角色。政府中枢确保有关部门按照既定原则实施预算；对于预算参与各方可能出现的冲突进行仲裁和协调；确保有关利益方参与预算编制过程。（2）财政部门在支出预算编制与管理过程中发挥主导作用。财政部门需要足够的权力确保在各阶段综合考虑财政目标和政策目标。（3）政府各职能部门负责提交并实施其所在部门的支出政策并承担相应的支出管理责任。（4）下属预算单位应在其主管部门规定的指导原则下编制支出预算与实施支出管理。

1.5.3 在公共支出管理职责划分基础上实现良性协作

1. 清晰界定各级政府、各部门的事权和支出责任

在纵向上，各级政府公共支出职能或支出范围的界定应当依据公共产品和服务的受益范围来确定。在市场经济条件下，提供社会公共产品是各级政府共同的基本职能，但提供公共产品的性质和覆盖范围不同。越是高一级的政府提供的公共产品越具有全局性，受益范围越大。因此，应按照公共产品和公共服务受益范围的层次差别，明确划分各级国家机构在管理经济社会事务方面的责权，使之分工负责、高效地向社会提供公共产品和服务，并根据事权划分，相应划分各级政府的财政支出责任。总的来说，凡是受益范围较大的公共产品，其相应的支出责任应归属上一级政府的职能范围；相反，则应归属下一级政府的职能范围。其中，受益范围涉及多个地方的，各地方政府间的支出责任划分应规定具体、明确的比例和参考标准。

在横向上，理顺政府各部门在公共产品和服务提供方面的责权关系，能够避免权力争夺和互相推诿，提高行政效率。

2. 以制度创新减少信息差别，提高透明度

建立内容全面、及时、完整的财政管理信息系统，是增强公共支出管理信息透明度的根本途径。通过建立公共支出信息采集机制、信息传导机制以及信息评估与分析机制，使得公共支出的申请方及执行主体难以做到虚假申报支出预算，也使审批人不必对信息甄别付出较大成本。同时，在公开、公平、公正的环境下，公共支出的申请方也没有必要虚假申报，只要如实申报资金需求，就可以如愿以偿地得到必要的经费保障。运用信息技术，从源头上收集和掌握关于各部门预算单位的信息，大大提高信息的透明度，还可以减少决策者和各部门及预算单位之间的时空间隔，有助于降低交易成本和提高公共支出管理绩效。

3. 加强公共支出绩效考评，完善约束与激励机制建设

构建有效的公共支出绩效评估体系和完善的监督机制，对于加强与改善公共支出管理具有重要的意义与作用。公共支出绩效评价机制要求制定既通用可比又简单适用的支出效益评价机制和考评标准，对公共支出绩效进行定量及定性相结合的评价，并编制年度绩效评估报告。责任追究机制则要求对于审批人违规审批而造成国家财政资金损失的，要追究有关当事人的责任；对申请人虚报多报的，通过建立事前监督和事后惩罚机制，提高虚报高报的曝光概率，加大此类活动的行为成本，强化监督与约束，规范公共支出管理。此外，还需要建立有效的激励机制，重点是加强对公共资金申请人及执行主体诚信行为的鼓励，强化正向效应，调动与发挥各部门各预算单位的积极性与能动性，提高公共支出管理的水平。

总而言之，公共支出管理在国民经济和社会发展中占有重要的地位。加强公共支出管理，发挥公共支出管理对国民经济和社会又好又快发展的促进作用，是当前各级政府和各有关部门应当努力去做的一项重要工作。

第 2 章

政府收支分类与改革

政府收支分类是对政府预算管理对象进行科学系统的划分，是政府各项预算管理活动必不可少的前提条件和基础。通过对政府收支分类，把名目繁多的政府收支，按照各自的内在性质和逻辑联系，进行科学、系统的归并和排列，并根据政府预算管理的统一需要进行分类设计，明确反映政府收入来源和分配去向，对于加强政府收支的统计分析、促进预算管理的科学化规范化、增强预算管理透明度，具有十分重要的意义。

2.1 政府收支分类的含义和原则

2.1.1 政府收支分类的含义

政府收支分类，是对政府收入和支出进行的类别和层次的划分。在此基础上形成的收支科目，则是编制政府预决算、组织预算执行以及预算单位进行会计核算的重要依据。

作为预算管理的一项基础性工作，政府收支分类在预算管理中发挥着十分重要的作用。

一是能够确切反映政府的活动范围和方向，有利于反映国民经济和社会事业发展状况，为国家调控经济提供重要依据；二是能够在一定程度上反映国家政策的制定是否符合实际，从而为进一步调整和完善相关政策提供建议；三是通过将各类错综复杂的政府收支项目分类归口，明确不同类别收支管理的权责要求，有利于促进和加强预算管理；四是有助于建立统一规范的收支科目，有利于比较分析和有效组织预算编制、执行、决算、收支统计、会计核算等财政工作。

2.1.2　政府收支分类的原则

好的政府收支分类主要考虑的是如何更好地理解政府和立法机关的意图和目的。为此，政府收支分类必须结合每个部门与预算单位预算管理的实际需要来科学合理地设计，要将每个部门的每个类别的收入支出全部记录在特定的政府收支分类科目下。这不仅能够满足立法机关的需要，也可满足决策者与管理者的需要。分类的标准应统一、一致，使收入支出部门和单位在执行任务时易于理解和便于执行。此外，政府收支分类必须易于管理，详略得当。

具体来说，好的政府收支分类应坚持四项原则：

1. 全面准确原则

政府收支分类必须全面、准确、系统、完整地反映政府各类收入的来源和支出的去向，体现政府的政治、经济职能和政府筹集使用预算资金的方针政策。政府收支既要包括政府预算内收支，也要包括预算外收支以及行政事业单位自行组织的各项收支。全面准确的原则是进行科学预算管理和有效宏观调控的重要前提，所有政府预算单位均应使用统一的政府收支分类，政府的所有收支活动都必须在政府预算中得到反映。

政府收支科目是各级财政部门、税务部门、国家金库，以及执行预算的各部门、各单位统一财政收支数字项目的基础，涉及面广，涵盖总预算、部门预算、单位预算；要适应预算、会计、财务、统计等的不同需要。因此，政府收支科目的设计，要在全面掌握预算、决算、缴拨款、会计核算、财务分析和统计等各项工作的基础上，统筹兼顾，全面安排，科学设计，以满足各方面需要。

2. 部门归口原则

政府预算虽然都由政府编制，但主要由政府各部门具体组织执行。因此政府收支特别是支出应按部门分类，以利于将政府预算收支的具体责任落实到各部门，贯彻经济责任制，加强监督。这样也便于系统反映部门的预算收支结构、彼此之间的比例关系，反映经济建设、文化建设、国防行政之间的比例关系，反映国民经济的发展动态，从而为国家制定相应政策和调控国民经济提供依据。

3. 规范细化与力求简化相结合的原则

一方面，为了适应预算管理规范化、法制化的要求，政府收支分类要对所有政府收支进行科学划分和合理细化，增强其经济分析功能，提高财政透明度，为政府宏观经济管理水平的提高创造条件。另一方面，由于政府预算收支活动是纷繁复杂的，它涉及财政、税收、国库、银行、会计、审计、统计等众多预算执行部门，有必要在满足不同部门和不同业务需要的前提下力求简化，便于操作，避免过于繁杂。

4. 稳定性与可变性结合的原则

收支科目要保持一定的连续性，相对稳定，以便对政府不同时期的收支情况进行纵向对比，评判和监督政府行为。但收支科目的设置涉及各行各业，与财政、财务、预算、税收等经济制度都有关联，因此，当政治经济形势发生变化时，为了适应管理和改革的需要，必须及时对政府收支分类进行适当的补充、修改和调整。

2.2 政府收支分类的方法

2.2.1 政府收入的分类方法

我国的政府收入是在预算年度内，按照国家有关法规，通过一定的形式和程序，有计划地组织由国家支配的资金。它是各级政府行使职能的资金保障。

政府收入分类是从不同角度，按照一定标准对政府收入进行科学系统地排列和组合，分类的目的是满足预算管理的需要。其包括：对收入的结构进行分析，全面认识和把握收入体系，加强收入管理；掌握各种收入形式的实际效果及对预算收入的影响，揭示预算收入增长的特点和趋势；检查收入政策制定和推行中的问题，为完善收入政策、制度服务。

政府收入通常分为具有强制性的税收和非税收入两大类。除此之外，收入还可根据法律基础进行分类，也可根据负责征收的行政机构分类，还可考虑按照经济效应或税负归宿情况分类。联合国国民收入和生产核算账户把收入划分为直接税、间接税、财产收入、规费和其他有关类别。其中，直接税由个人负担，不向前转嫁。这是按照税负归宿划分的结果。但是，目前对税负归宿与转嫁问题的认识是不明确的，且不统一。因此，许多国家与国际组织往往详列收入项目，而不是简单地遵循联合国的分类方法。美国、英国和许多发展中国家的实践表明，详列收入项目比按照直接税与间接税的分类方法更可取。

实际上，收入分类还有一些难题亟待破解。比如，国有企业收入是采用总值法还是净值法计算？总值法说明企业提供的服务总值，净值法则缩小了具有重要经济意义的因素，低估了政府预算相对于国民经济的总规模。但是，总值法也会高估收入。因为并非所有收入最终都作为政府的收入。此外，政府的对外援助可能更为复杂，因为有些是以实物提供的。实物援助采用什么价格基准、适用何种汇率都会产生较大差异。

国际上最著名的收入分类是由国际货币基金组织在 1986 年发布的《政府财政统计手册》（GFS）中进行的分类。GFS 把财政收入分为税收和非税收入，经常性收入和资本性收入。经常性非税收入按照其性质分为财产收入、销售收益、收费和罚没收入等。资本性收入包括固定资产的变卖收入，以及非政府部门的资本性赠款。

我国传统的政府收支分类是适应计划经济体制下财政管理的需要建立起来的。一般按国民经济部门构成、所有制构成、收入形式、收入性质、预算级次进行分类。随着改革开放的深入和社会主义市场经济体制的逐步确立，这种分类模式不能全面准确地反映政府收支活动，不能满足决策者、管理者和经济分析者对政府预算管理的需要。因而需要及时地借鉴国际经验，进行改革与创新。

2.2.2 政府支出的分类方法

1. 支出分类的一般方法

政府支出分类可采用多种方法：一种是按照支出用途分类。如我国将财政支出划分为基本建设支出、各项事业费、行政管理费等。再就是按照功能，也就是按照政府职能分类。如一般政府服务，包括一般公共管理、国防、公共秩序与安全等；社会服务，包括教育、卫生、社会保障等；经济服务，包括交通、电力、农业和工业等；其他支出，如利息、政府间转移支付等。还有的是按照支出性质划分。如购买支出，包括商品服务支出等；转移支出，包括对个人和家庭的补贴、对下级政府的转移支付等。

2. 传统支出分类及其发展与变迁

国际社会和许多国家为改善支出分类做出了不懈努力。传统支出分类采用的是"分项列举法"，按照支出部门和支出目的分类，以满足向立法机关申报预算以获得资金的需要，并为支出控制提供基础。传统支出分类的突破发生在 20 世纪 40 年代末和 50 年代初美国按照功能和规划分类实施绩效预算的时期。这是美国第一届胡佛委员会建议的结果。即预算分类的改革，应该通过把政府事务分成"功能"、"规划"和"活动"三类来实现，预算编制应作为审查绩效的基础。1950 年美国国会通过了《预算和会计程序法》，对建立在政府的活动和功能基础上的联邦预算作了详细规定，为实施以功能和活动为基础的预算做了准备。需要申请的预算资金，必须按照规划和支出目的分类以及按照资金来源确定，按照支出目的分类（如工资）只作为第三级分类。

为了满足日益增长的预算管理需要，20 世纪 60 年代后期，有些国家将支出分类按照功能、规划、活动和成本要素来划分，以满足不同目的和需要。功能分类是最主要的分类，旨在明确地揭示政府服务的功能领域；规划分类是功能分类的细化，主要考虑按机构来划分，必要时再为成本/效益分析制定独立而具体的规划。70 年代，由于对经济影响的估计越来越重要，按照功能分类强调预算的规划、活动和政策要求，而强调预算对经济的影响要求采用经济分类，这样许多国家在其预算文件中逐渐采用了经济分类。

我国传统的支出分类主要采取按政府职能、经济性质、支出用途、使用部门、预算组织体系等标准进行分类，与国际做法存在明显的差距。随着市场经济体制的逐步确立与政府职能转换的深入，改革传统支出分类的要求也越来越迫切。

2.3　我国的政府收支分类改革

随着我国公共财政体制的逐步建立和各项财政改革的不断深入，我国原政府收支分类科目体系的不适应性和弊端日益突出；有必要进行政府收支分类改革，建立一套包括收入分类、支出功能分类和支出经济分类在内的完整规范的政府收支分类体系；以利于全面、准确、清晰地反映市场经济条件下政府的收支活动，合理把握财政调控力度，进一步优化支出结构，提高财政资金效率，促进部门预算、国库集中收付、政府采购等各项改革，增加预算透明度，强化财政监督，从源头上预防腐败，逐步建立与国际接轨、高效实用的财政统计分析体系，不断推进国际合作与交流。

2.3.1　我国传统政府收支分类存在的主要问题

我国传统的政府收支分类基本框架，是 20 世纪 50 年代依照苏联财政管理模式建立的。几十年来虽作过一些调整，但基本框架一直没有大的变化。改革开放后，我国政府管理经济的方式发生了很大变化，如扩大企业自主权，实行分税制财政体制改革等。变化的结果是各类预算外资金和各项基金不断扩大，政府的活动范围发生了很大的变化，政府收支科目不能涵盖政府所有收支活动的范围，不能全面完整地反映政府所有的收支活动。特别是随着我国市场经济体制和公共财政框架的逐步建立，以及对外开放和国际交往的迅速扩大，传统的政府收支分类体系的局限性日益突出。主要表现在：

1. 支出科目不能直观、明晰地反映政府各项职能活动

我国原有的政府收支分类体系是从计划经济时期沿袭下来的，虽然在不同阶段做过一些调整，但仍然带有较强的计划经济和生产建设型财政的色彩。如排在前5位的支出大类科目分别是基本建设支出、企业挖潜改造资金、地质勘探费、科技三项费用、流动资金，显然与市场在社会资源配置中起主导作用以及政府提供公共服务、弥补市场缺陷的职能转变不相适应，加上支出大类科目主要是按经费性质设置的，也就是把政府各项支出划分为行政费、事业费、基本建设支出等等，这虽然便于财政资金的切块分配管理，但同时也有一个很大的缺点，就是反映不出政府履行某项职能总共花了多少钱。

我国财政改革的目标是建立公共财政。公共财政，就是聚公众之财，办公众之事，讲究公开、透明，而按照原科目编制的政府预算很难体现这一现实要求。比如，通过原科目，看不到完整的教育支出。因此，从政府的角度讲，这种不能集中反映政府职能的支出分类方法，对合理转换政府职能、不断优化支出结构、进一步完善宏观调控等，是十分不利的，需要进行改革。

2. 缺少一套完整、统一的支出经济分类体系

按照国际通行做法，政府支出要通过两种分类反映。一种是反映政府职能活动的支出功能分类，如教育、农业、国防等；再一种是反映政府支出的经济性质和具体用途的支出经济分类，如工资、办公费、会议费、装备购置费等。支出经济分类体系是政府预算编制以及单位财务会计核算的重要依据。

我国2001年以前的预算支出科目在支出类、款、项之后附设了基本工资、公务费、业务费等12个支出目级科目，即基本工资、补助工资、其他工资、职工福利费、社会保障费、助学金、公务费、设备购置费、修缮费、业务费、业务招待费、其他费用等，类似于国外的支出经济分类，但并不构成一个完整的支出经济分类体系，涵盖范围有限，只能反映行政事业单位的部分经费支出，比如基建支出项目就无法反映，而且科目设计较粗。在实际执行中，部门和地方虽然可以增设一些节级科目，但由于口径不一致，给统计分析和财政、财务监督都带来了不小的困难。

3. 涵盖的范围较窄，不能准确反映政府收支活动全貌

原《政府预算收支科目》只反映预算内收支，没有包括应该纳入政府收支范围的财政预算外收支。这就给政府收支的全面反映、总量控制、结构调整等带来较大困难。

4. 统计口径与国外有较大差别，不利于宏观分析和国际比较

改革开放以来，我国货币信贷统计核算体系、国民经济核算体系都按照国际通行标准作了改革。由于各方面原因，政府预算收支科目体系一直未作相应调整。受政府收支科目涵盖范围和分类标准的影响，我国财政统计口径与国外存在较大差别。财政部门和统计部门每年要做大量的口径调整和数据转换工作。尽管如此，还是难以保证有关数据的准确性以及与其他国家之间的可比性，不利于宏观分析决策和国际比较交流。

2.3.2　我国政府收支分类改革的基本原则和主要内容

1. 我国政府收支分类改革的基本原则

我国在 1999 年年底启动了政府收支分类改革方案的设计。经国务院批准，政府收支分类改革在 2006 年经过精心准备之后，从 2007 年 1 月 1 日起全面实施。改革主要遵循三个基本原则：第一公开透明。确保按新科目编制的预算符合市场经济条件下公共财政的基本要求，既要让财政部门自己说得明白，也要让一般老百姓看得懂。第二符合国情。既要合理借鉴国际经验，实现与国际口径的有效衔接与可比，又要充分考虑我国的实际情况，尽可能满足各方面的管理需要。第三便于操作。科目在内容和层级设计上既要充分满足管理的要求，又要尽可能简化，不能太复杂。

2. 我国政府收支分类改革的主要内容

（1）对政府收入进行统一分类，建立新的收入分类体系。改革后的收入分类要全面反映政府收入的来源和性质，不仅包括预算内收入，还包括预算外收入、社会保险基金收入等应属于政府收入范畴的各项收入。从分类方法上看，改革前收入分类基本上是各种收入的罗列，如各项税收、行政事业性收费、罚没收入等。新的收入分类按照科学标准和国际通行做法将政府收入划分为税收收入、社会保险基金收入、非税收入、贷款转贷回收本金收入、债务收入以及转移收入等；这为进一步加强收入管理和数据统计分析创造了有利条件。从分类结构上看，改革前收入分类分设类、款、项三级，改革后分设类、款、项、目四级，多了一个层次。四级科目逐级细化，以满足不同层次的管理需求。原来的一般预算收入、基金预算收入及社保基金收入和预算外收入等都统一纳入政府收入分类体系，并进行了编码，形成了一个既可以按一般预算收入、基金预算收入分别编制预算，又可根据需要统一汇总整个政府收入的统计体系。

（2）建立新的政府支出功能分类体系，更加清晰地反映政府各项职能活动。从分类方法和结构上来看，原支出分类科目主要是按经费性质设置的，如基建费、科技三项费、事业费等。作为补充，还有几十个按经济性质设置的目级科目。新的支出功能分类不再按基建费、行政费、事业费等经费性质设置科目，而是根据政府管理和部门预算的要求，统一按支出功能设置类、款、项三级科目。类级科目综合反映政府职能活动，如国防、外交、教育、科学技术、社会保障、环境保护等；款级科目反映为完成某项政府职能所进行的某一方面的工作，如"教育"类下的"普通教育"；项级科目反映为完成某一方面的工作所发生的具体支出事项，如"水利"款下的"抗旱"、"水土保持"等。新的支出功能科目能够清楚地反映政府支出的内容和方向，有利于解决人大代表多次提出的支出预算"外行看不懂、内行说不清"的问题。

（3）建立新型的支出经济分类体系，全面、规范、明细地反映政府各项支出的具体用途。支出经济分类体系主要是对原来的支出目级科目作了扩充和完善。按照简便、实用的原则，支出经济分类科目设类、款两级，分别为12类、90多款。类级科目具体包括：工资福利、商品和服务支出、对个人和家庭的补助、转移支付、基本建设支出等。

新的政府收支分类基本实现"体系完整、反映全面、分类明细、口径可比、便于操作"的改革目标。改革完全到位后，新的科目体系与部门分类编码和基本支出预算、项目支出预算相配合，在财政信息管理系统的有力支持下，可以对任何一项财政收支进行"多维"定位，清清楚楚地说明政府的钱是怎么来的、干了什么事、最终用到了什么地方，从而为预算管理、统计分析、宏观决策和财政监督等提供全面、真实、准确的经济信息。改革自2007年起全面推行以来，虽然牵涉面广、环节众多，但经过从中央到地方各方的实际检验，运行情况良好。

3. 我国新政府收支分类的特点

（1）收入分类的基本特征。与原收入分类设类、款、项三级相比较，新的收入分类设类、款、项、目四级，四级科目逐级细化，以满足不同层次管理的需求。与原政府预算收入分类相比，新的政府收入分类主要具有以下三个特点：

一是扩展了涵盖范围。新分类在原有一般预算收入、基金预算收入和债务预算收入之外，增加了财政预算外收入和社会保险基金收入，从而形成了完整、统一的政府收入分类。

二是规范了分类标准。主要是从大的分类框架和分类涵盖范围方面采用了国际通行做法。

三是增强了分析功能。如新分类对增值税、消费税等主要收入按具体税目设置明细科目，从而为强化税源分析创造了更为有利的条件。

（2）支出功能分类的基本特征。新的政府支出功能分类设类、款、项三级，与原支出科目相比，新的支出功能主要有以下五个特点：

一是分类范围完整。新分类涵盖包括预算内、预算外和社会保险基金在内的所有政府支出，从而改变了预算外资金长期游离于政府收支分类体系之外的状况。

二是分类标准规范。即统一按支出功能分类，确保集中、直观反映政府职能活动。如过去政府用于教育方面的支出，分散在基本建设支出、企业挖潜改造资金、科技三项费用、教育事业费、行政管理费等几类科目中。新的分类体系对教育单独设类，可全面反映各项教育支出。

三是科目设置明细。充分体现了预算细化、透明的要求。比如，"医疗卫生"类下设置了"医疗服务"、"疾病预防控制"、"妇幼保健"、"农村卫生"等款级科目；在款级科目"疾病预防控制"之下又设置了"疾病预防控制机构"、"重大疾病预防控制"、"突发公共卫生事件应急处理"等社会各界普遍关注的支出事项。

四是便于比较交流。我国支出功能分类中的类级科目与国际货币基金组织（IMF）功能分类中的类级科目相比，虽然粗细程度有所区别，但总体框架和分类原则是基本一致的，这就为同口径下的国际比较分析创造了有利条件。

五是充分考虑国情。为了更明细地反映我国政府经济活动，新的分类将国际货币基金组织进行总括反映的"经济事务"科目拆分为"交通运输"、"农林水事务"等几个大类，这样处理能给有关方面的管理与改革提供较大便利。

（3）支出经济分类的基本特征。按照简便、实用的原则，支出经济分类科目设类、款两级。类级科目具体包括：工资福利、商品和服务支出、对个人和家庭的补助、转移支付、资本性支出等。款级科目是为适应部门预算编制和单位财务管理要求对类级科目作的进一步细分。与2001年以前的12个支出目级科目相比，新的支出经济分类主要具有三个特点：

一是自成体系。原来的目级科目只是挂在支出类、款、项科目下面的几个明细科目，是一个局部的、片面的概念，新的支出经济分类除将原目级科目的人员支出、公用支出两大块进一步充实、细化为工资福利、商品和服务支出、对个人和家庭的补助三大类外，还补充了资本性支出、债务支出等内容，形成了一个完整的体系，可以独立反映所有政府支出活动。

二是充分细化。如原目级科目中的公务费，在新分类中被细化成办公费、差旅费、邮电费、租赁费、水电费、维修费、会议费等多个款级科目，充分满足了细化预算编制、加强预算单位财务会计核算和经济分析等方面的要求。

三是运用广泛。原支出目级科目只能反映行政事业单位的部分经费支出情况，而在新的经济分类中，除这一块内容用"工资福利"等类科目继续反映外，原目级科目不能反映的基建支出项目能通过"基本建设支出"和"其他资本性支出"明细反映。此外，有关债务支出的内容也在支出经济分类中得到了细化反映。

总的来说，新的政府收支分类能够有效克服原政府预算收支分类的弊端，基本实现"体系完整、反映全面、分类明细、口径可比、便于操作"等具体改革要求。任何一个功能分类科目支出都能通过经济分类的相关科目进行分解；任何一项经济分类科目支出也都可以通过有关功能分类科目分解；两种支出分类反映的政府支出总量是一样的。从财政信息系统的角度看，对任何一项支出，都可以进行部门属性、功能属性、项目属性、经济属性等多种属性定位。这样，政府收支分类体系就能充分发挥其"数据辞典"的作用，为预算管理、统计分析、宏观决策和财政监督等提供全面、真实、准确的经济信息。从现阶段财政管理与改革的角度讲，构建新的政府收支分类的重要意义还在于，它为尽快建立科学、民主的现代预算管理制度，进一步完善公共财政体系提供了十分必要的基础条件。

4. 新的分类科目设置方法

（1）收入科目设置方法。新的收入科目设类、款、项、目四级。类级科目按照收入形式设置，如税收收入、社会保险基金收入、非税收入、贷款转贷回收本金收入、债务收入。在类级科目下，税收收入的款、项、目，为原来的类、款、项科目，如增值税、国内增值税、国有企业增值税等。社会保险基金收入的款、项科目，主要按照基金名称和收入形式设置，如基本养老保险基金收入、保费收入。非税收入下款级科目按照收入形式设置，如政府性基金收入、行政事业性收费收入；项级科目，政府性基金按照名称设置，如养路费收入；行政事业收费按照部门设置，如交通行政事业性收费；目级科目按照收费名称分预算内外收入设置，如车辆通行费。贷款转贷回收本金收入为新增科目。类级科目下按国内、国外设款，如国外贷款回收本金；款级科目下按照来源设项，如外国政府贷款回收。债务收入为原债务预算收入科目，款、项科目设置与原科目设置大致相同。

（2）支出功能分类科目设置方法。新的支出功能分类科目按政府职能设置，分类、款、项三级。类级科目设置了一般公共服务、外交、国防、公共安全、教育、农林水事务等科目。款级科目对类级科目细化，如一般公共服务设置了人大事务、财政事务、税收事务等科目；教育类下设置了教育管理事务、普通教育、职业教育等科目；农林水事务下设置了农业、林业、水利等科目。项级科目是对款级科目的进一步说明，如人大事务下设置了行政运行、一般行政管理事务、代表培训等科目；普通教育下设置了小学教育、初中教育、高中教育等科目；林业下设置了行政运行、林业机构、森林培育等科目。

需要说明的是，功能分类不是部门分类。部门分类是机构分类，重在明确支出的责任主体；功能分类是职能分类，着重说明政府在做什么。因此，对于"教育"这个职能科目，除反映教育部门的支出外，其他部门所属具有教育职能的单位，也应纳入教育的职能分类，不归入相关部门的职能。同时，对一些兼有多项职能的单位，也应尽量按照不同职能进行归集，确实不能细分的，才归入主要职能或支出数额占较大比重的职能中。

（3）支出经济分类科目设置方法。支出经济分类是对政府交易性质的划分。按照构成，政府交易包括两个部分，一是外部交易，二是内部交易。外部交易表现为货币流出政府，流入家庭、企业和社会非营利机构等。内部交易表现为政府与政府、政府各预算单位之间货币的流进流出。对政府与家庭的交易，支出经济分类设置了工资福利支出、对个人和家庭的补助等科目。对政府与企业、社会非营利机构的交易，设置了办公用品、邮电费等商品和服务支出（经常性支出科目），房屋建筑物、办公设备、专用设备购置等资本性支出科目，以及对企事业单位的补贴、贷款与产权参股等科目。对政府间交易，设置了同级政府间转移支出、不同级政府间转移支出等科目。

根据我国国情，支出经济分类中设置了基本建设支出科目。基本建设支出本身并不属于对政府交易的分类，设置该类科目，仅是为了管理的需要。在现阶段，基本建设投资还是促进我国经济发展的重要手段，单独反映，有利于统计分析。

第 3 章

部门预算管理与改革

3.1　我国部门预算改革回顾

部门预算是以政府部门为单位编制，经财政部门审核后提交立法机关批准，反映部门所有收入和支出的预算，即"一个部门一本预算"的政府预算制度。部门预算能清晰地反映政府各部门的财政收支状况。

我国实行部门预算改革是以编制中央部门的预算为突破口进行的。中央部门预算改革比地方先行一步。1999 年 6 月，全国人大常委会和审计署都对改进和规范中央预算编制工作提出了明确要求。全国人大常委会要求财政部在向全国人大提交 2000 年中央预算草案时，要报送部门预算。财政部在深入研究的基础上，于 1999 年 7 月向国务院报送了《关于落实全国人大常委会意见改进和规范预算管理工作的请示》，提出细化预算编制，实施部门预算的构想。经国务院批准，财政部出台了《关于改进 2000 年中央预算编制的意见》，决定从 2000 年财政年度开始，实施部门预算。1999 年下半年，在财政部的具体指导下，中央各部门开始试编各自的 2000 年部门预算。教育部、农业部、科技部及劳动和社会保障部等四个部门作为报送部门预算的试点单位。1999 年 12 月，九届全国人大常委会第十二次会议通过了《全国人民代表大会常务委员会关于加强中央预算审查监督的决定》，要求细化预算编制，加强对中央预算的审查监督。2000 年，财政部不仅向全国人大报送了传统的功能预算，而且报送了试点部门的部门预算，由此迈出了部门预算改革的关键一步，并推动和引导地方部门预算改革。

3.1.1　中央部门预算改革

改革开放以来，我国对财政制度进行了一系列重大改革，但是改革的重点主要集中在收入方面。在支出方面，我国传统的预算编制制度是在计划经济条件下逐渐形成的，由于种种因素制约，一直没有进行根本变革。支出预算编制是公共支出管理的核心环节，传统编制方法的缺点严重影响了财政管理效率，已不能适应我国建立公共财政体制的需要。因此，需要改革传统的预算编制方法。十年来，中央部门预算改革由易到难、由点到面逐步推开，取得了重大进展。改革的主要内容可归纳为六个方面：

1. 改变预算编制方式和范围，逐步提高预算编制的准确性和完整性

一是改变预算编制方式，明确预算编制主体。传统的预算是自上而下编制，预算层层代编，随意性较大。部门预算改革后，中央各部门的预算从基层预算单位开始编制，逐级汇总，所有开支项目落实到具体的预算单位，预算层次进一步延伸，预算编制主体更加明确，避免了代编预算的随意性，提高了预算编制的准确性。

二是调整预算编制范围，编制综合预算。传统的预算编制范围只反映预算内的收入和支出。改革后，部门预算涵盖了部门所有的收入和支出。部门每年需将其所有的收入和支出，包括预算内收支、预算外收支、经营收支等，汇总在一本预算中，并统一向财政部申报；财政部批复预算时，也将部门的所有收支批复在一本预算中。实践证明，"一个部门一本预算"，有利于部门统筹使用资源，加强人大对各部门职能履行情况的监督，强化了预算的严肃性，提高了财政资金的使用效益。

2. 完善预算编制程序，提高预算编制的规范性

一是制定"二上二下"的预算编制规程。在传统的预算编制方式下，不同性质的经费实行切块管理，预算编制程序和编报途径各不相同，编制要求不尽一致，不可避免地出现预算编制时间不统一，编制内容和形式不规范等问题。部门预算改革后，财政部出台了统一的"二上二下"的预算编制规程，明确了财政部、中央各部门、各部门所属各预算单位、财政部内部各司局在部门预算编制和审核过程中的职责，加强了中央部门的责任，形成了中央部门和财政部良性互动的机制。

二是不断延长预算编制周期。充裕的预算编制时间有利于保证部门预算的编制质量，提高部门预算编制的准确性，从而提高财政资金分配和使用的科学性。部门预算改革之前，中央部门编制预算一般从11月份开始，预算编制周期为4个月。随着部门预算改革的推进和部门预算管理水平的提高，预算编制时间不断提前：编制2000年预算时，预算编制时间提前到9月份；编制2002年预算时，预算编制时间提前到7月份；编制2008年预算时，预算编制时间进一步提前到6月份，编制周期为9个月。

3. 细化预算编制内容，提高预算编制的公正性

一是推进预算编制细化工作。由于各种主客观条件的限制，改革前中央部门为所属预算单位代编预算的现象比较普遍，即财政部将预算控制指标分解下达到各中央主管部门后，主管部门并没有将预算控制指标再进一步分解下达给所属单位，而是代所属单位编制预算；这往往导致代编预算不符合单位实际情况，直接影响财政资金的使用效益。为解决此问题，财政部不断推进预算编制细化工作：首先是明确规定预算从基层预算单位编起，严格控制代编预算行为，并通过编制软件实现有效约束；其次是将预算细化时间由"二上"前延长到全国人大批准前，为部门细化预算创造条件；再次是将预算执行中的细化视为预算调整，要求部门报财政部审批，提高代编预算的难度。

二是引入定员定额管理方式。在传统的预算编制方法下，部门支出是按照"基数法"管理的，即根据各部门的历史支出水平核定。由于各种主客观因素的影响，各部门的历史支出水平畸高畸低，差异很大，在此基础上按基数法编成的预算，往往没有考虑各部门的实际工作需要，导致一些部门资金过于充裕，而另一些部门资金不足，影响了部门职能的正常履行，也容易造成部门间争基数，相互攀比。部门预算管理改革后，部门预算按具体支出因素逐项据实核定，克服了"基数法"存在的问题，避免了部门之间的相互攀比，初步实现了公共保障均等化。

三是控制预算申报规模。部门预算编制改革初期，为了尽量争取财政资金，部门或单位报送的项目越来越多，提出的资金需求也越来越大，甚至出现竞相"报天书"的情况。财政资金是有限的，预算"报天书"，只会增加财政部和主管部门的工作量。为此，从 2004 年起，财政部开始对中央部门预算申报规模进行总额控制，除特殊情况外，部门提出的申报规模原则上应控制在本部门上年度已安排项目支出预算总额的120%之内。相应地，中央部门也对下属单位的预算申报进行控制。通过几年来的实践，部门项目预算"报天书"的现象得到了较好控制，重点支出得到了较好保障。

4. 加强资金统筹使用力度，提高预算编制的科学性

一是推进"收支两条线"改革。按照国务院《关于深化收支两条线，进一步加强预算管理的意见》，加大"收支两条线"改革力度，推进综合预算管理。首先是将行政性收费纳入预算管理。2002 年，将 5 个部门按规定收取的 11 项行政事业性收费全部纳入预算管理，收入全部缴入国库，支出由财政部根据其履行职能的需要通过预算予以安排；2003 年，将 30 个部门的 118 项行政事业性收费纳入预算管理；2004 年，又将其他有收费收入的 26 个部门的 76 项行政事业性收费纳入预算管理。截至目前，中央审批的收费项目中，90%已纳入预算管理。其次是将主管部

门集中的收入纳入预算管理。比如，2005年对某单位集中的广告收入部分地纳入预算管理，2006年起全部纳入预算管理。再其次是实行"收支脱钩"管理，编制综合财政预算。2002年起，对28个中央部门的预算外资金（不含所属院校的收费）实行收支脱钩管理；2004年起，又新增7个部门为试点部门。对试点部门，其预算外收入缴入财政专户，财政部按核定的综合定额标准，统筹安排该部门年度财政支出，编制综合预算。最后是对国税、海关系统实行"预算制"。改变国税、海关系统按收入比例提取经费的办法，按照部门预算的统一要求核定经费支出。

二是加强财政拨款结余资金管理。分散在各个部门的结余资金是财政资金的重要组成部分。部门结余资金的形成，有些是部门加强支出管理、厉行节约的结果，有些则是管理不严等原因造成的。比如有些项目没有严格按执行进度安排年度预算，执行中预算下达较晚、资金拨付较慢形成结余，等等。中央部门存在适量的结余资金是合理的，但大量的结余资金沉淀在部门，当年不能形成实际支出，则直接影响财政资金的使用效率。同时，结余资金随着长时间的累积，数额越来越大，情况越来越复杂，管理的难度也越来越大，再加上相关制度建设没有跟上，造成结余资金使用和管理中随意性较大，经常成为审计问题。因此，从2004年起，财政部开始将规范和加强部门结余资金管理作为部门预算管理改革的一项重要工作来抓，并取得了初步成效：一方面，初步掌握了中央部门财政拨款结余资金的规模和结构；另一方面，研究制定了消化财政拨款结余资金的制度措施。比如，要求中央部门在编制预算和执行预算时，应优先动用本部门结余资金，结余资金不足以安排时再向财政部提出申请增加预算。目前，结余资金规模不断膨胀的趋势已得到扭转。2006年累计结余资金规模首次出现负增长。

三是加强行政事业单位国有资产管理。行政事业单位国有资产主要是由财政资金形成的政府资源，是各级行政事业单位履行职能、保证各项事业顺利发展的物质基础。由于行政事业单位国有资产具有管理分散性、形态多样性、价值消耗性等特征，国有资产管理的难度很大。长期以来，行政事业单位国有资产管理存在着资产家底不清、贫富占有不均、管理混乱浪费等问题，影响了政府资源的使用效率和效益，也严重制约了预算管理水平的进一步提高。为此，财政部从2004年起加大了行政事业单位国有资产管理的力度，明确了行政事业单位国有资产管理的主体和相关各方的权责，确立了资产管理与预算管理相结合、资产管理与财务管理相结合、资产管理与价值管理相结合的原则。2006年，财政部全面实施行政事业单位国有资产清查工作，初步解决了"资产家底不清"问题，向提高行政事业单位国有资产使用效益和效率迈出了实质性步伐。

5. 开展绩效考评试点，提高预算编制的有效性

重投入、轻产出，重分配、轻管理，这是预算管理方面长期存在的问题。将企

业管理中的绩效管理理念引入到政府预算管理中，由注重投入转向注重产出，不断提高财政资金的使用效益和效率，是国际上政府预算管理改革的通行做法，也是我国深化预算管理改革的必然要求。按照这一要求，财政部从 2003 年开始加强绩效考评工作，探索提高财政资金使用效益的新途径。

一是加强绩效考评制度建设。2005 年，为了加强对绩效考评工作的规范指导，结合绩效考评试点情况，财政部研究制定了《中央部门预算支出绩效考评管理办法（试行）》（以下简称《办法》），为绩效考评试点工作的开展提供了制度保证。在职责分工上，该办法确立了由财政部统一领导、部门具体组织实施的绩效考评分工体系，即财政部负责制定统一的绩效考评规章制度，指导、监督、检查中央部门的绩效考评工作，并视情况对中央部门的绩效考评结果进行检查；中央部门负责组织实施本部门的绩效考评工作。这种制度安排，有利于调动各部门开展绩效考评工作的积极性。在考评对象上，该办法规定考评范围包括所有的财政支出，突破了以前制度办法只对项目支出进行考评的限制。

二是稳步推进绩效考评试点工作。按照《办法》的相关规定，财政部从 2006 年起选择部分项目进行绩效考评试点。2006 年选择了 3 部门的 4 个项目，2007 年选择了 6 部门的 6 个项目进行试点，2008 年进一步加大了绩效考评的试点范围。财政部在《关于编制 2008 年中央部门预算的通知》中明确提出：中央各部门应积极创造条件进一步推进绩效考评试点工作，2008 年原则上每个中央部门都要选择一两个预算项目进行绩效考评试点，垂直管理部门选择试点的项目原则上不得少于三个。2008 年"一下"时确定对 74 个部门的 108 个项目进行绩效考评试点。

三是探索绩效考评的公开途径。从 2008 年起，财政部要求各部门将绩效考评试点项目情况在部门内部公开，逐步推进绩效考评工作的透明度。

6. 推进政府收支分类改革，提高预算编制的科学性

一是推进政府收支分类改革。传统的收支分类体系是计划经济时期建立并延续下来的。随着社会主义市场经济体制和公共财政的建立和完善，这个体系逐步暴露出来一些问题，主要是体系不够完善、分类不够科学、反映不够明晰等，外行看不懂、内行说不清，这对提高预算透明度，从源头上防治腐败十分不利。为此，财政部从 1999 年年底开始研究政府收支分类改革方案，并从编制 2007 年部门预算起全面实施。新的政府收支分类体系克服了旧科目的弊端，较好地解决了政府收支的规范反映和明晰反映问题。

二是扩大报送人大审议的中央部门预算的范围。在传统的预算管理方式下，财政部只向全国人大报送按功能汇总的全国预算草案，人大代表不了解各部门的预算情况。部门预算编制改革后，财政部按照全国人大的要求，加大了向全国人大的信息披露力度。一方面，预算草案的内容不断细化，教育、科技、医疗、社保等与人

民群众根本利益相关的重大支出单独报告说明；另一方面，除继续报送全国预算草案外，开始报送分部门的预算，让人大代表了解中央部门都在开展什么活动，从而更好地进行监督。近年来，中央部门预算的报送范围不断扩大，已经从 2000 年的 4 家扩大到了 2008 年的 50 家，基本涵盖了国务院所有职能部门。

3.1.2　地方部门预算改革

地方部门预算改革是在财政部的统一领导和部署下实施的，首先在条件较好的河北、江苏等省份进行试点，取得经验后在全国推广。

1999 年 8 月，河北省制定了《改革预算管理，推进依法理财的实施意见》，按新模式编制 2000 年省级预算。由此河北成为我国首个实施部门预算改革的省份。2000 年 4 月，财政部在河北召开了全国预算编制改革座谈会。这次会议之后，全国各级地方财政预算编制改革的步伐明显加快，出现全面启动、稳步推进、不断深化的良好局面。目前，地方各级政府基本上都推行了部门预算。地方在遵循部门预算改革的基本方针、基本方法的同时，勇于探索，大胆实践，形成了一些各具特色的做法和经验。

1. 改革传统功能预算编制形式，实行部门预算

已经开始编制部门预算的地方，基本上以各个部门作为预算主体，将部门所属二级单位全部归口到部门，并从所属基层单位开始编制预算，逐级审核、汇总、核定、审批。部门年度的全部收支项目都编制在一本预算中，较为清晰地反映了政府各部门的年度收支面貌。

2. 参照中央部门预算编制办法，分别编制基本支出预算和项目支出预算

将维持行政事业单位正常运转、保证其职能正常发挥的支出，如人员支出、日常公用支出及对个人和家庭的补助等，编入基本支出预算。将大型修缮、购置、会议等行政事业性专项支出，以及基本建设、科技三项费用等建设性专项支出，编入项目支出预算。一些地方还进行了更细致的划分。例如，河北省将预算单位的支出分为人员经费、正常公用经费、专项公用经费、专项项目支出和其他支出等几个部分，分别编制预算。

3. 改变预算编制内容，实行综合预算

各地基本做到：将单位的所有收入如财政拨款、预算外资金、事业收入、事业单位经营收入、其他收入、上年结余，以及安排的各项支出等，全部纳入部门预算统一管理，取消了预算单位预算外资金批准留用政策，不再保留预算外收支项目。

4. 改进预算编制方法，统筹安排支出

各地打破传统的"基数加增长"的预算编制方法，根据部门的职能和任务要求以及公共资源的配置情况，将各预算单位进行分类分档，分别确定支出定额。在此基础上，按照有保有压、确保重点的原则，分别轻重缓急，统筹安排各预算单位的支出。

5. 细化预算编制，强化预算约束

各地部门预算基本上都细化到基层预算单位；预算科目细化到类、款、项、目；项目支出细化到具体事项。按此编制的部门预算，提高了部门预算编制的完整性、准确性和规范性，提高了预算编制的透明度，也便于地方人大对部门预算的监督审查。

6. 完善预算编制程序，实行标准周期预算

为了给细化预算编制、提高预算编制的科学性、合理性提供充足的时间，各地大都按中央部门预算编制办法，提前编制预算，有的地方已实施标准周期预算。

7. 加强制度建设，强化预算编制管理

为了保障部门预算改革的顺利进行，各地纷纷出台政策法规，对部门预算编制的程序、格式、方法、内容、支出标准等作了详细的规定。

8. 拓宽向人大报送预算的覆盖面，提高向人大报送预算的完整性，主动接受监督

随着部门预算改革的稳步推进，各地逐步将省级各部门的预算全部报送人大审查，同时开始向人大报送完整细化的包括基本支出与项目支出明细项目情况的综合预算。

9. 重视信息化建设，改善预算编制手段

随着"金财工程"建设和财政管理业务软件的推广，地方财政系统信息化水平不断提高。各种信息技术的使用提高了预算编制的准确性，提升了预算编制的效率，逐步拓展了部门预算的覆盖面，而且为预算执行的审查监督和追踪评价打下了良好基础。比如，江苏省为编制好部门预算，对部门既有资源、收支状况、所属单位和人员编制情况进行了全面清查，建立了省级各主管部门、预算单位财政供养人员的基础信息库，并实行了滚动管理。河北、云南等省开发了应用人事管理系统和基础信息系统，减轻了部门预算编制的工作压力。

据统计，截至 2008 年年底，陕西、广东、四川、湖北、江苏等 25 个省（直辖市）已在所有县区实行了部门预算编制改革。全国 2800 多个县级单位中，全面推行部门预算改革的达 2400 多个，占总数的 86.6%；选择部分单位实行试点改革的有 300 个，占总数的 10.5%；两项合计占 97.1%。

3.2 我国部门预算管理的现状分析

3.2.1 部门预算改革成效显著

部门预算改革以来，在许多方面取得了丰硕的成果，为财政管理改革做出了重大贡献，为公共财政体制建设奠定了坚实的基础。这项改革，适应了建设公共财政的需要，解决了计划经济向市场经济转轨过程中出现的预算管理问题，使我国的预算管理水平迈上了新台阶。

1. 预算的计划性显著增强

按照部门预算的要求，预算单位的所有收入和支出都要严格按照规定的标准和相应的科目编制预算。预算一经批准，必须严格执行，做到"先有预算，后有支出"，"有多少钱，办多少事"，"每项开支都要有经过预算管理部门审核批准的预算作为依据"，"一切开支都要纳入部门预算，一切支出都要控制在核定的部门预算之内"。这些改革促使预算单位必须按照职能和工作计划编报预算，保证预算能够真实、全面地反映部门行使职能的需要，大大增强了预算的计划性和严肃性。

2. 预算管理的规范性明显提高

所有财政性资金都纳入政府预算管理是建立我国公共财政框架的基本要求。部门预算改革体现了统一预算管理权的要求。这种预算管理权的统一主要体现在以下三个方面：一是改变了传统的资金切块分配方式，将分散的财政管理职能交还给财政部门，增强了财政预算部门的综合调控能力。二是改变了按经费性质设置财政部门内部机构的做法，将部门分别归口到财政部的一个业务司局，避免了财政部门内部相互交叉管理的弊端，保证了预算分配的规范性、统一性和完整性。三是加强了政府公共资源的统筹使用，在测算预算单位经费需求时，不再仅仅局限于当年的财政拨款，而是综合考虑预算单位的预算外资金、国有资产使用和处置收益以及财政结余资金。

3. 预算资金分配的规范性显著提高

部门预算改革不仅促进了各部门预算管理水平的提高，而且也推动了财政部自身预算观念的转变和管理水平的提高。部门预算改革同时也是"财政自我革命"，使财政部门开始从"重分配"向"重管理"转变。部门预算的基本支出按定员定额核定，改变了预算分配方式，初步做到预算分配的公平、公正和规范。定员定额的实施减少了预算分配存在的主观随意性，促进了财政预算管理观念的转变。部门预算改变了过去层层"留机动"的做法，减少了资金滞留，提高了预算的年初到位率。财政部内各部门预算管理司加强了对部门预算资金使用过程的监督和使用效益的考核分析工作。

4. 初步建立起优先保障重点支出需要的机制

编制部门预算，要求各部门要根据国务院确定的财政支出结构，结合部门工作任务与事业发展目标，科学、规范地分配资金。首先要确保国家已确定的重点项目，然后再安排专项业务项目，最后按照项目排序安排其他项目。这种新型的预算分配机制，可以确保国家重大政策的贯彻落实。同时，通过引入项目清理机制，将前三类支出项目确定为延续项目，直接列入下一年度部门预算，初步实现了项目的滚动管理，有效保障了重点支出的需要。

5. 预算管理的公开性和透明度不断提高

部门预算改革后，财政部门积极创造条件，为人大审计监督提供便利条件：一是加强预算管理规章制度建设。预算编制程序、基本支出管理、项目支出管理、结余资金管理、预算外资金管理、资产管理、绩效考评管理等方面均出台了管理办法，为审计监督提供了切实可行的依据，加强了审计监督力度。二是按照国际通行做法和结合我国实际进行政府收支分类，实行按功能分类和按经济分类双维度反映政府支出的具体用途，使政府预算的可读性得到了很大的提高，顺应了当前建立民主、透明、高效的预算管理制度体系的要求。三是向人大提供的预算数据不断细化。除继续提供按功能分类的总预算外，还提供分部门的部门预算，为人大监督各部门履行职能情况提供依据；同时，提供报送全国人大审议的部门预算的内容不断细化。中央财政将用于教育、科技、医疗、社保等方面涉及人民群众根本利益的重大支出总量和结构情况报全国人大审议，对不能列入部门预算的项目的详细安排情况，也向国务院报告并转送全国人大备案。

6. 预算编制的责任主体更为明确，使部门预算真正成为部门自己的预算

中央部门通过填报本部门的基本支出和项目支出预算，理清了所应承担的责

任，能够使预算安排与本部门的工作特点紧密结合。一是设置专门机构，从组织上给予保障。各部门在普遍调整内设机构的基础上，设立了专门的预算管理机构，推行预算改革，进行和指导部门预算编制。二是加强了人员、资产核实等内部基础性管理工作；各部门针对项目预算改革中暴露出来的诸如项目储备不足、项目安排缺乏长远规划、"临时抱佛脚"等问题，建章立制，加强了项目库的建设和管理制度的制定。同时，为满足预算编制基础工作的需要，许多部门根据本部门的实际情况，加强了制度建设。三是根据部门的职能、工作计划编制预算。由于部门预算提高了预算细化程度，部门开始注重按职能、工作计划编报预算，以保证预算能够更为准确地反映部门行使职能的经费需要。

3.2.2　部门预算改革任务艰巨

客观评价部门预算改革，是为了更好地促进改革的深化。与部门预算改革前的情况相比，部门预算改革成效显著；但是，与现代预算管理制度相比，部门预算改革仅仅是开了个头，与规范、安全、有效的目标尚有不小的差距，改革的任务还很艰巨。从目前情况看，部门预算改革还存在一些问题，需要在以后的工作中逐步加以解决。

1. 部门预算编制需要进一步完善

（1）综合预算仍需改进。在实行部门综合预算的过程中，对预算外资金的管理还存在一些问题，各类财政资金仍未整合使用。例如目前，对单位的预算外资金实行"收支两条线"管理，但由于牵扯到单位的切身利益，推行起来阻力较大，有的单位仍然存在"坐收"、"坐支"预算外资金的现象。有的预算外资金虽已列入部门预算管理，但支出仍是分资金来源自求平衡，未能统筹使用。预算单位将行政性收费、罚没收入等仍视为自有资金，在分配中随意性较大。由于大量的收费、基金、罚款的存在，尽管强调"收支两条线"管理，但财政对预算外收支的预算管理偏松，不少单位因预算外超收而增列支出项目，不仅形成收支挂钩，而且有些超收项目的安排透明度不高，没有形成真正的部门综合预算。

（2）需要继续改革预算编制方法。为了编好部门预算，各地普遍对部门既有资源、收支状况、所属单位情况和人员编制状况等基本情况进行了全面清查，为制定科学、合理的定员定额标准提供准确数据。但制定科学、合理的标准在实践中存在很多困难。在基本支出方面，公用经费定额的确定不够科学合理。很长一段时期以来，我国一直存在财政部制定的差旅费标准过低、与实际情况出入太大而在实际中无法执行的问题。实行部门预算改革后，虽然部分省区对这一问题有所改进，适当提高了差旅费的标准，但中央部门以及全国大部分省区仍存在着标准脱离实际的问题，给部门预算的真正贯彻执行留下了后患。由于长期没有一套科学、合理的定员定额体系，形成了各部门、各单位人员经费水平不一等状况。因此，在部门预算编制中，目前还不能完全摆脱传统的"基数加增长"的预算方法，难以完全做到客观、公正。

在项目支出方面，对部分支出实行项目化管理是我国财政管理的一个进步。其意义在于，它明确了政府是办事机构，而不是养人机构。这一观念的确立为进一步改革奠定了基础。按规定项目支出要根据事业发展计划，按项目逐项核定，分类排队，实行项目预算管理。对事业发展和生产建设专项支出，即教育、支农、挖潜、科技三项费、社会保障、社会稳定、城市维护费等专项支出以及政策性亏损补贴等，要抛开往年基数，重新按项目审核编制；要结合经济和社会发展计划，区别轻重缓急，制订滚动项目发展计划，将年度预算编制到具体项目。为编制好项目支出预算，各地正在探索建立支出项目库。主要做法是：预算单位根据轻重缓急，将项目排序纳入项目备选库，由财政部门内部各业务主管单位根据资金情况和投放重点，筛选纳入预算库项目。项目预算一年一定，续建项目实行滚动预算。项目支出预算编制的质量在很大程度上决定着部门预算编制的整体水平。目前，在项目支出预算中存在的问题主要有：

一是基本支出预算与项目支出预算之间缺乏具体的界限标准。两类支出的界限过于原则，使各部门在编制预算时不好掌握，有的支出两边都列，虚增了支出项目，也给预算的审核工作带来困难。对有些费用，例如课题研究费、调研费、专司检查职能的部门或单位的专项检查经费等，应列入基本支出预算还是列入项目支出预算，具体实施中很难划清。预算单位实际操作的做法是：能申请到项目的列项目支出预算，不能申请到项目的由基本支出预算列支。有些费用在基本支出和项目支出中都存在，导致在两者之间出现了人为调剂空间。例如，在基本支出中安排差旅费，在有些项目支出中也安排差旅费。这样，具体到一笔特定差旅费时，有时很难确定应在基本支出还是项目支出中核算。

二是项目经费难以做到准确和完整。目前部门预算要求提前进行编制，但下一年度的工作任务、目标计划等，上级部门尚未进行布置，收支计划和许多项目支出由于目标任务不具体而无法细化，预计不准。而且由于国家和省、市新出台政策以及执行中政策发生变化等因素出现不可预见性的支出，也造成预算的可变性，导致执行中要求调整预算，而部门预算中不可预见性支出的编列则缺少可靠依据。此外，基本建设等支出因项目储备库不健全、项目论证不充分，年初预算分配只能"切盘子"，项目还没有细化，执行中调整较大。

三是预算编制缺乏前瞻性。我国的预算编制只是在既定的收支之间安排资金，没有很好地将预算编制与经济预测结合起来，没有通过对经济周期、产业结构的发展变化来确定预算收支总体水平的发展变化及收支结构的调整，缺乏科学的分析预测。

（3）需要加强预算编制过程的广泛参与和论证。按照《预算法》的规定，财政预算编制严格实行"两上两下"的编制程序。由部门编制预算建议数上报财政部称为"一上"；由财政部与有预算分配权的部门审核部门预算建议数后下达预算控制数称为"一下"；由部门根据预算控制数编制本部门预算报送财政部称为"二上"；由财政部根据人代会批准中央预算草案批复部门预算称为"二下"。

在部门预算改革过程中，尽管预算由下级单位自己编制，主管部门不再代编，不少预算外资金也被纳入预算进行统一管理，但由于触及了部分部门的既得利益，有些单位对编报部门预算有抵触情绪，个别地方甚至出现了不报或迟报预算的情况，部门预算改革存在一定的阻力。此外，部门预算的社会参与度有待提高。预算程序上缺少一个由多方面人士参加的协调论证的环节，使预算编制这一与经济、社会发展密切相关的政府重大活动显得过于简单，既影响了编制的科学性和预算的约束力，也使预算内容很难得到社会各界的普遍理解与知晓。

（4）需要继续延长预算编制时间。预算编制是一项复杂的工作。充足的编制时间是保证预算质量的重要条件。目前，我国部门预算改革，将预算编制时间由过去的4个月提前到预算年度开始前的10个月左右，并按法律规定时间及时批复预算。虽然预算编制的时间延长了，但对相对复杂的预算项目来说，时间仍然比较紧张。项目预算的编制没有充分的时间进行周密的论证。目前编制部门预算（一上）的时间在7月底，而各部门、各单位往往要到年底甚至下年年初才研究来年业务计划，许多单位在编制预算时还不能确定来年的主要工作任务。这种业务工作计划与财务预算的脱节增加了预算编制的主观随意性。每年10月财政部门将预算控制数下达给各部门之后，全国和各省在年末召开经济工作会议时，可能还会制定出新的政策，这不仅影响了预算的编制进程，也弱化了预算过程的约束力。

（5）需要改革中期财政计划。虽然我国已经开始定期编制中期财政计划，但是由于财政部编制的中期财政计划只是一个财政部门内部的指导性计划，对年度预算几乎没有任何实际的约束力。《预算法》及其实施细则也没有明确中期财政计划的法律地位。因此，并不能保证在中长期的范围内财政活动的有效性。另外，由于没有中期预算，重大工程项目的资金计划无法在一个相当长的计划中通盘考虑，这就无法保证被挑选的项目总是最急需的项目，也无法有效避免在未来预算中的资本项目支出挤占经常项目支出所引起财政风险的可能。

（6）需要继续推进绩效预算改革。随着新公共管理浪潮在西方的兴起，有些国家以提高决策质量和公共部门的效率为改革的主要目标，提出以"绩效管理"为框架，细化部门预算。预算编制由过去的"投入法"改为"产出法"，强调部门所提供服务的效果和效率。部门预算、绩效预算、绩效评价作为一个整体，相辅相成。财政部在2005年制定了《中央部门预算支出绩效考评管理办法（试行）》，并开始选择部分中央部门进行绩效考评试点。在绩效考评试点工作中暴露出了不少问题：一是项目绩效考评制度建设进展缓慢。指标体系的确立等关键性技术问题尚未得到解决，将考评结果与下期预算分配相挂钩的机制亦尚未建立。二是制度不统一。目前虽然财政部的一些部门预算管理司制订了一些分类绩效考评管理办法，但由于各司分别制订管理办法，对绩效考评的范围、财政部和中央部门的职责定位、考评经费的来源等方面规定不完全一致，影响了制度的规范性和严肃性。三是绩效考评出现了走偏的苗头。现行的考评指标偏重于反映项目本身的管理状况和财务状况。一些考评对象没有弹性，不管考不考评都得安排资金，失去了考评的意义。这就容易使绩效考评变成对预算支出的财务评价或者对项目的竣工验收。

2. 明确部门预算管理的责任分工

（1）明确各部门是预算的编制主体。通过部门预算改革，各部门利用财政资源与履行职责的关系进一步清晰。各部门在财政部下达的预算控制数额内，根据部门的实际情况，在目级科目之间自主编制预算，使部门预算更加切合实际，也增强了各部门从严控制预算、提高资金使用效益的自觉性。各部门下属单位的单位预算过去通常是由该部门按资金性质的不同代为编制的，数据的估算具有相当的盲目性和随意性。部门预算改革后要求每个部门预算的编制由下而上进行，由基层单位逐级编制、逐级汇总，提高了预算编制的准确性和合理性。要进一步明确中央各部门所应承担的责任，促使各部门、各单位提高主人翁意识，更好地从整体和长远出发考虑本单位、本部门的发展问题。

（2）理顺预算分配权。在我国除财政部外，还有其他几个部门也拥有一定的预算分配权。而发达国家的预算分配权一般集中于财政部。在多个部门拥有预算分配权的情况下，容易扰乱预算编制规程，而且使一些预算职能被肢解。因此，要尽快理顺预算分配权，明确由财政部统一分配预算。

（3）继续推进组织机构改革。为了适应中央部门预算改革的需要，2000 年 6 月，财政部改革了内部机构设置，将原来按预算收支功能设置的机构，调整为按部门预算管理要求设置，基本理顺了财政部内各司局与中央各部门之间的对应关系。此外，一些中央部门也根据自身的职能和工作对象调整了内设机构，有些部门成立了预算处，集中统一管理本部门的预算工作。

随着各级机构改革的展开，各省、地（市）、县（市）的财政系统积极参照财政部机构改革的模式，剥离了以前综合业务过多的预算部门的部分职能，重新对财政内部各机构涉及预算职责的部分进行了调整，相对集中到新设立的预算部门，从而保证了预算编制的权威性和独立性。各地在具体进行预算改革时，统一由新设立的预算管理部门全权负责政府预算计划的编制，统一掌握预算编制政策与标准，审核部门预算，编制综合财政预算，为今后进一步深化预算改革打下了牢固的组织基础。

虽然从中央到地方都在进行机构改革，但从总体上说，我国机构改革仍然滞后，地方政府部门内设机构还未形成统一管理预算的部门。尤其是部分地方政府各部门与下属各单位预算编制能力薄弱，财政部门预算管理职能未能从"重分配"顺利过渡到"重管理"，预算编制也未能从以投入为标准转变为以绩效为标准。

3. 进一步完善预算管理法规

1985 年 7 月 27 日，国务院发布了《中华人民共和国国家金库条例》，并由财政部和中国人民银行联合制定了《中华人民共和国金库条例实施细则》。1991 年10 月，国务院颁布了《国家预算管理条例》，1994 年 3 月 22 日，第八届全国人民代表大会第二次会议审议通过了《中华人民共和国预算法》。1998 年，财政部发布了《财政总预算会计制度》、《事业单位会计准则》、《行政单位会计制度》，对预算会计制度进行了改革。《中华人民共和国预算法》、《中华人民共和国国家金库条例》及一系列会计制度的颁布和实施，有效地解决了长期以来在预算编制、审批、执行、调整、决算以及监督等方面存在的问题，增强了财政预算的约束力，使我国财政预算开始步入法制化、规范化轨道。但是《预算法》是在我国实行社会主义市场经济体制改革初期制定的，随着各地预算编制改革的发展，国家相关的法律、法规没有及时做出修订，使部门预算的编制缺乏法律法规依据。如《预算法》中没有提出编制部门预算的具体要求，使财政部门在具体编制部门预算的过程中缺少法律的支撑。随着经济体制改革和政治体制改革的深入，特别是积极推行的部门预算、细化预算编制改革，以及各地在预算管理过程中的创新如"乡财县管"、"省直管县"等，这一系列可行的做法需要用法律的形式固定下来。形势的发展要求修改与完善《预算法》、《国家金库条例》等相关法律。

4. 进一步完善部门预算管理的相关配套措施

（1）认真解决部门预算编制方法与现行会计制度和财务管理制度的矛盾。实施部门预算改革以后，行政事业单位的会计制度、财务管理制度并没有进行相应地调整，在会计科目的设置、核算内容等方面都存在与部门预算要求口径不一致之处，增加了预算编制的难度。比如，现行预算会计制度无法为部门预算编制提供准确的会计信息。在"基数法"预算编制方式下，预算决策时不需要过多的部门会计信息，传统的会计核算基础存在的弊端也没有显现出来。但在部门预算方式下，要根据各部门的职责、占用的经济资源、人员配备等客观因素确定部门的资金使用额度。由于我国的预算会计主要侧重于财政资金的收支核算，对各单位长期占用的大量资产关注不够，固定资产的建造和使用在管理上脱节，固定资产要在办理竣工验收交接手续后方可在行政事业单位账簿中登记和反映。同时，固定资产入账后，按照现行制度规定不计提折旧，从而无法真实反映固定资产的使用情况，虚增了资产价值。此外，行政事业单位资产核算中存在的账目不实、价值虚增等问题，不能真实、完整反映各部门占用的经济资源及使用情况，无法为编制部门预算提供清楚的"家底"。

（2）进一步推进政府采购制度和国库集中收付制度改革。部门预算、国库集中收付制度和政府采购制度是我国财政支出管理改革的三个主要内容，三个方面有机联系。在国库集中收付制度下，所有的财政性资金全都纳入国库单一账户体系管理，有利于解决预算外资金和基金等各项收入纳入部门预算难的问题；国库集中收付制度改革要求各预算单位必须细化部门预算，将预算细化到具体的项目，推进了部门预算的改革；国库集中收付能提供财政收支信息，为预算执行和财政管理提供准确的数据，为以后编制部门预算提供可靠的数据资料。政府采购计划的编制和执行，可以进一步细化采购支出项目，同时为有关定额标准的形成提供依据，从而为预算编制的进一步完善提供必要的条件。由于目前政府采购的覆盖面还不够广，部门大部分的项目支出没有纳入政府采购预算，大量资金逃离了采购预算的监管，严重影响了资金的使用效益。同时，也限制了与政府采购直接支付给供应商的制度相配套的国库集中支付制度的实施空间。

（3）进一步改进计算机技术在部门预算中的应用。部门预算与传统的预算相比，涉及面广，需要的数据量大，传统的手工操作方式已无法胜任。为适应部门预算管理的需要，财政部开发了部门预算软件系统，包括"中央部门预算编制系统"和"中央部门预算指标管理系统"等。各地方财政部门也非常重视信息化建设，改善预算编制手段。随着"金财工程"的建设和"E财"软件的推广，地方财政系统信息化水平不断提高。但是，在部门预算管理信息化方面，财政部门使用的软件种类不全，且有关系统及各系统内部软件互不衔接，数字化程度不够高，无法与国库集中支付软件、统发工资软件和非税收入管理软件等已使用软件衔接配套，不能达到数据共享，也给部门预算管理及其他相关的财政管理工作带来不少困难。

3.3 完善我国部门预算改革的基本方向

针对我国中央与地方部门预算改革中存在的问题，需要在完善部门预算编制、加强部门预算审议、责任分工和机构设置及完善相关配套措施等方面加强工作力度，进一步深化改革，全面推进公共财政体制的建设，巩固部门预算改革成果。

3.3.1 完善部门预算编制

1. 强化综合财政预算管理

加大将预算外资金纳入预算管理的力度，进一步深化非税收入"收支两条线"

管理改革。加强非税收入预算管理，扩大以"收缴分离"为核心内容的非税收入收缴管理制度改革；严格界定非税收入范围，防止政府财源流失；建立非税收入征收激励约束机制，鼓励执收部门合理征收；建立非税收入项目数据库，对部门非税收入实行动态跟踪管理。进一步规范非税收入申报缴库程序。实行非税收支月报制度，科学制定部门综合预算，建立"收支脱钩、政府统筹、综合预算、绩效考评"的非税支出管理制度，提高资金使用效益。预算部门组织的非税收入要全部纳入国库或财政专户管理，据实纳入部门综合预算，完整编制非税收入和非税支出预算。

2. 采用更加科学的预算编制方法

收入预算采用"标准收入预算法"。标准收入预算编制是通过对重点税源的调查，相应建立收入动态数据库，在对财源状况及发展变化趋势进行分析论证的基础上，选取财政收入相关因素，建立标准收入预测模型，并根据可预见的经济性因素、政策性因素和管理性因素变化情况，确定修正系数，编制标准收入预算。支出预算采用"标准支出预算法"。在科学分析的基础上，把资金的总量分配与经济预测、社会发展目标结合起来，使预算安排有一定的前瞻性。各部门限额内资金也要与部门长远规划和未来发展结合起来。在充分调查研究的基础上，区别不同行业和地区的管理成本差异，参照历史上的经费供给水平，建立标准定额指标体系，结合经济性因素、政策性因素和管理性因素变化，核定各预算单位支出预算。

3. 继续延长预算编制时间

为更科学合理地编制部门预算，有的地方已实施标准周期预算。如天津市财政局实行的标准周期预算制度，是将每一个预算管理周期确定为标准的 30 个月。共分三个阶段：（1）"预算编制阶段"，期限为 12 个月。主要任务是对上年预算执行情况进行分析总结和绩效评价，结合本年度预算执行情况，编制下一年度预算。（2）"预算执行与调整阶段"，期限为 12 个月。主要任务是组织本年度预算执行，分析预算执行情况，办理预算调整、变更和预算核销手续。（3）"决算阶段"，期限为 6 个月。主要任务是组织编制决算草案，对预算执行结果进行分析总结和绩效评价。就每一预算年度而言，不同预算管理周期的上述三个阶段同时并存。从预算编制开始到决算完成，大约为 30 个月的标准周期。从编制预算的视野上来看，为了使得预算更具有联系性和阶段性，今后应考虑借鉴天津的经验，在全国推广按照标准周期编制预算。

4. 实行中期预算编制改革

目前，在国际上许多国家都在编制滚动式的财政中期预算，计划期为 3~5 年，每年编制一次，每次向前滚动一年。在此过程中，每年根据经济发展各方面情况的变化，对有关经济指标和财政收支指标进行必要的调整。我国一般是每5年编制一次财政中期计划，计划一经确定一般不再调整，与实际经济运行脱节的现象时有发生。因此，有必要尽快改变目前单纯编制单年度预算和每5年编制一次财政中期计划的做法，要将两者有机结合起来，实行逐年编制滚动的财政计划，使我国预算编制的视野始终保持在5年的水平上。

5. 在预算编制过程中建立科学的决策机制

目前，在预算编制过程中，由于时间和传统做法的影响，财政部门和业务部门之间、部门上下级之间缺乏沟通，信息不对称。财政部门或主管单位财务部门在核定预算时，有时由于缺乏客观依据，对实际需求了解不够，该安排的项目没有安排，不该安排的项目安排了，或者对所报项目的预算金额统统削减一部分，这些做法都会对预算的科学性、合理性造成一定的损害。随着预算编制启动时间的提前、预算编制周期的延长，应把其中大量的精力和时间用于进行宏观形势的预测、年度工作计划的制定以及业务管理部门和财政管理部门之间反复充分的磋商。这样，预算编制经过有关方面的充分研究分析和酝酿，才能比较好地反映实际需求和财政支持的结合。

为了保障部门预算的科学性，应建立如下决策机制：

（1）咨询论证机制。计划制订过程中应重视吸收各有关方面专业人士参与，从而保证计划的科学合理性，避免因计划的频繁变动而导致预算变动的情况发生。建立项目预算的科学论证程序，预算方案决定之前应进行专家咨询并充分论证，注意发挥专家咨询论证在决策中的作用。对用于事业发展的各项资金都要有可行性报告，并经过有关专家论证。

（2）听证机制。在资金分配前，无论是宏观安排，还是微观分配都应有听证程序，听取各方面的意见。特别是与群众利益相关的重大项目的决策，应该体现群众的意愿和呼声，以实现决策民主化。

（3）集体决策机制。对事关全局的资金支出和事关经济社会发展的资金安排，要实行领导集体决策。

（4）审查监督机制。财政部门在审查部门预算时，对不符合要求的，需要求部门重新编制。同时要加强人大对预算编制的审查和执行的监督。

（5）绩效评价机制。对各类资金，特别是发展资金，财政、审计部门应研究科学的绩效评价指标体系，制订评价办法，做出量化的评价，并将绩效考评结果作为编制以后年度预算的重要参考依据。

6. 逐渐把绩效预算理念引入预算编制

绩效预算是预算发展到一定阶段的必然产物。我国目前全面引入绩效预算还不可行，但可以考虑把绩效预算的理念逐步引入部门预算的编审过程中，特别是在项目支出预算中探索绩效预算方法。

（1）对事业支出进行绩效管理。对于经费主要来自政府拨款的事业单位，应当按"花钱买服务，买效果"的思路来编制预算。也就是说，先计算出事业效果的平均成本（包含工资等），然后以本年度要求达到的绩效目标来确定预算，最后按实际考核后达到的效果确定应拨款额。一旦部门预算与成本、产出挂钩，部门编制预算就会主动降低成本，主动将一些事交给社会机构去做，用更低的成本取得更好的效果。

（2）对项目支出实行绩效预算。在全面推行绩效预算之前，可以选择项目支出占大头的农业、科技、教育等部门进行试点，先从具体项目的效益考核开始，运用绩效预算的原理来实施部门预算。财政部门要制定"项目绩效预算编制办法"，规定项目绩效预算的程序、目标、主体、内容和方法，建立项目绩效考评制度及其框架体系。考核年终项目执行情况时要根据考核结果做出奖惩与预算调整。一是由政府根据内外部考评结果对于绩效好的部门给予奖励，对于指标完成不好的部门，则予以公告，削减直到取消这项预算。二是根据预算按效果拨款的原则，财政部门按照各机构的计划制订情况以及工作绩效的考核结果，调整下一年度财政预算，并提交人大审议。

7. 加强国家财政法制建设

为适应部门预算的发展要求，要适时修订《预算法》，同时将近几年新出现的改革成果通过法律的形式固定下来。《预算法》应赋予部门预算和财政中长期预算以相应的法律地位，并对部门预算的具体制度进行规定。如预算资金的范围界定，预算年度和预算编制周期；进一步细化预算编制的要求，明确预算编制的时间及阶段目标，规范各部门在预算编制中的职能定位；充实预算审批等等，使各级人大对预算审查由程序性向实质性转变，提高预算的公开性和民主性；加强对预算工作的监督。要把绩效预算纳入《预算法》中，使绩效预算的改革有法可依。要加大对违法行为的惩处力度，提高《预算法》的权威性。凡是与预算收支有关的法律规定，应以《预算法》为准，避免法与法之间的矛盾。同时，加强与财政预算相关的法规制度建设，包括国家金库管理制度、预算会计制度、预算管理信息制度等，完善国家财政预算法律体系。

3.3.2 加强部门预算审议

1. 明确人大及其常委会的审批权

部门预算编制后，预算更为细化，为人大审查预算案、提出修正意见提供了可能。要明确预算修正案的主体资格、内容限制、形式要求和处理程序，以弥补预算程序的空白，完善人大审查政府预算案的职能。对人代会期间提出的关于预算草案的意见，代表可以按法定程序提出预算草案修正案，由人代会表决通过后在会议期间对预算草案进行修改。修改后的预算案可授权人大常委会审查批准。

2. 保证充足的审核时间

在预算编制时间提前的基础上，应将人大介入政府预算审查的时间适当提早一些。要明确规定各级预算草案应在"两会"开会前至少 3 个月提交人大财经委进行初步审查。人大对预算事项的审查必须提前介入到预算编制的环节，支持预算编制部门正确履行职责，监督预算编制。

3. 按功能合并报送部门预算

至 2009 年，国务院向全国人大提交的部门预算从最初的 4 个扩大到 95 个，基本涵盖了国务院所有组成部门。目前 160 多个中央一级预算单位全部编制了部门预算。如果每一个中央预算部门都将部门预算报送全国人大审议，在时间有限的情况下很难保证人大审议的质量。美国的做法是大致按功能将预算分为 20 个目标大类。我国可以考虑在原有的功能预算分类的基础上进行适当调整，将部门预算按更合理的功能分类合并，减少报送人大审议的部门预算的数量，提高质量。预算报告应凸显年度施政方向，可选择部分审议。基本支出预算由人员经费、公用经费等构成，一般变动不大，只需要进行总额的控制。项目支出是根据国家的经济政策和施政重点来设立的，变动比较大，因此要重点审议项目支出预算，特别是重大项目的支出情况。

3.3.3 责任分工和机构设置

1. 逐渐集中预算分配权

市场经济国家一般都实行预算分配权由财政部统一行使的做法。从现行我国部门预算编制过程看，预算分配权的分散直接制约了编报部门预算的及时、完整和统一。而部门预算分配权由现在的几个部门同时拥有到完全集中于财政部门，需要一个渐进的过程。现阶段可以考虑，将其他有预算分配权的部门利用其信息和专业优势编制的预算方案统一汇总到财政部，由财政部门最终完成整体预算的编制。当预算分配权最终完全集中于财政部门时，这些有预算分配权的部门工作重点将由直接分配资金转向制定行业规则、定额标准、引导其他部门做好项目立项工作等。

2. 预算职权优化配置

部门预算改革必须与政府机构改革和职能转变相结合才能达到预期的效果。这关系到预算职权配置的相关主体调整。预算职权优化配置是指通过法定程序将预算编制、审批、执行、调整和结果评价等权力，在政府与国家权力机关、政府职能部门之间及职能部门内部各组织之间进行科学合理分割。政府预算决策权力由国家权力机关、行政部门、职能部门和业务单位共同决定。我国预算职权优化配置的当务之急是，在将预算编制权与执行权彻底下放给各部门的同时，适当集中预算分配权，分解并理顺预算管理与监督权。一是健全转移支付制度。二是改变我国目前五级政府五级财政的状况，建立精简、高效的三级财政。三是提高预算透明度，优化预算监管职权配置。在财政部内部机构设置上，实行预算编制、执行、监督职能相对分离。按照预算编制、执行相分离的原则，打破现有机构设置格局，将财政业务部门重组成四大部类：一是专职负责本级预算编制工作的本级预算编制部类；二是负责办理预算执行的具体业务的总预算执行部类；三是负责管理政府运用财政手段调控宏观经济运行的各项事务的财政宏观调控部类；四是负责与深化保障有关的财政事务社会保障部类。

3.3.4 完善相关配套措施

部门预算改革是一个系统工程，需要较为有效的配套措施相支持，主要包括四个方面：

1. 改革现行的政府会计管理制度，实行修正的权责发生制

修改行政事业单位的会计制度、财务管理制度，使会计科目的设置、核算内容等方面与部门预算要求口径相一致。要适度引入权责发生制会计基础来核算部门的资产负债和资金使用状况；要进一步加强政府资产的实物与账册管理，实现政府资产实物管理与账册管理的统一，提高政府资产的使用效率；在满足行政事业单位履行职能和发展的前提下，要实现政府资产的合理配置；要充分利用政府资产的使用价值，进行市场化运作，通过建立动态统一核算体系、编制部门预算等，将经营性收入全部纳入财政综合预算进行管理。

2. 加快政府采购制度和国库集中收付制度的配套建设

部门预算改革要与国库管理制度改革相衔接。要逐步将部门资金纳入国库单一账户统一管理，防止资金体外循环，保证预算执行的规范化、合理化、科学化；要加快国库集中收付改革，扩大国库集中收付范围，提高资金支付效率，逐步建立起以国库单一账户体系为基础、以国库集中收付为主要资金缴拨形式的现代国库管理制度；要大力推行政府采购制度，逐步提高政府采购预算的编报范围和质量，努力扩大政府采购规模，规范政府采购行为，节约财政资金；要重视预算执行结果，并将有关信息作为定额标准调整和项目支出测算的重要参考依据，提高预算编制的准确性。

3. 加快推进事业单位管理改革

加快将有能力自收自支的经营性事业单位转制成企业单位。对一些有创收能力的差额拨款单位实行定额或定向补助；对各部门的培训中心、机关服务中心和物资供应站等服务性单位，限期退出财政供养范围。要积极探索事业单位绩效考核办法，探索合理的财政资金拨付机制。

4. 依托先进的技术手段，建立覆盖预算管理各个环节的计算机管理信息系统

加大"金财工程"建设力度，确保新的预算管理机制顺利运行。要依靠强有力的现代技术手段，建立覆盖预算管理各个环节的计算机管理信息系统，为实行预算科学化管理提供强有力的技术支持。要充分注意各信息系统的衔接和配套问题，避免效率损失和信息浪费。

第 4 章

国库管理与改革

4.1 市场经济体系下国库的职能和制度

4.1.1 市场经济条件下国库的内涵和特征

在市场经济条件下，国库的含义有两个层次，第一层次是指国库管理机构，第二层次是指国库的众多职能。国际上对国库职能的定位，一般采用国际货币基金组织（IMF）的定义，即国库不单是指国家金库，更重要的是指财政代表政府控制预算执行，保管政府资产和负债的一系列管理职能。

对于国库的基本特征，国际上形成了基本共识，即：效益、透明、监控。所谓效益，是指提高财政资金效益和运行效率。主要体现在三个方面：一是通过制度设计，简化资金收付流程，减少资金收付的中间环节，提高财政资金的入库效率和支付效率；二是通过高效管理国库现金流量，使国库资金保值增值，提高国库资金的使用效益；三是通过国库资金调度与短期国债发行的有机结合，降低国债筹资成本，提高国债发行效益。所谓透明，就是提高透明度，政府财政收支活动向纳税人、社会公众透明。政府是受全体纳税人委托管理政府资产和资源，因此政府有责任向纳税人披露履行受托责任的情况，包括政府资产负债等财务状况、政府运营情况和宏观经济运行情况。所谓监控，是指对预算执行进行控制和监督。通过制度设计和利用现代信息网络系统，对所有财政资金的收付活动进行动态监控，对违规或不规范操作进行及时核查处理，强化预算执行，保证财政资金使用的安全性、规范性和有效性。

4.1.2　市场经济条件下国库的职能

根据上述对国库内涵的界定，在市场经济条件下国库的职能主要包括三个方面：预算执行、政府会计和政府理财。

1. 预算执行是国库的核心职能

通过科学合理设置政府账户体系、规范预算收支程序，对预算执行各环节进行控制和监督，确保预算执行安全、规范、有效。

2. 政府会计是国库的基础性职能

通过采用一定的确认、计量和报告方法，核算反映政府资金和资源在其范围内运动的过程和结果，最终以财务报告的形式全面系统地反映政府财务状况、财务管理业绩、资金运行情况、预算执行结果，以及政府受托责任等信息，为政府加强财政财务管理和监督、实施正确的财政政策提供支持。

3. 政府理财是国库的重要职能

其内容包括政府现金管理和债务管理。

（1）政府现金管理，是指对政府账户体系内现金流量进行控制和管理，并将国库单一账户中闲置的资金投资于金融市场，或从金融市场中融入现金。

（2）政府债务管理，是指以较低成本和风险筹措资金以保证财政支出。主要包括两方面内容：一是制定政府债务发行计划和政策等；二是政府债务的发行、兑付以及进行相关的记录等。

4.1.3　国库单一账户制度

国库单一账户制度，是指财政部门在中央银行或商业银行设立国库单一账户体系，将所有财政收支都纳入国库单一账户体系管理。目前，该制度已成为市场经济体制下公共财政管理的基础性制度。国际上大多数市场经济国家都实行了国库单一账户制度。例如，法国的经济财政部在中央银行设立了国库单一账户，将所有的财政资金集中在国库单一账户统一管理，同时，设置国库分类账户与国库单一账户配套使用；又如巴西财政部国库秘书处在中央银行设立了国库单一账户，同时为各预算支出单位在商业银行设立国库单一账户代理户（零余额账户），所有财政性收支都通过国库单一账户和其代理户进行。

总体上看，市场经济国家的国库单一账户制度具有三个特征：一是所有财政资金都纳入国库单一账户体系运作和管理。二是财政资金收入收缴和支出方式运作规范，税收收入和非税收入由缴款人直接缴入国库单一账户体系，财政支出通过国库单一账户体系支付到商品、劳务供应商或用款单位。三是财政设立专门的国库现金管理和支付执行机构。

国际上普遍认为，国库单一账户制度具有三个优越性：一是可以加快资金的运转速度，提高资金的使用效益。二是可以对资金收支实行有效控制，提高资金运行透明度，防止财政资金被截留、挤占、挪用。三是能够及时、准确、系统地提供预算执行信息，有利于国家对宏观经济调控进行正确决策。

4.2　我国国库集中收付制度改革回顾

4.2.1　我国国库管理制度的发展历史

有了国家，有了财政，必然要有国库。我国有文字记载最早的国库雏形大约始于公元前 11 世纪的周朝。周设六官（天、地、春、夏、秋、冬）。天、地均有监管财务职责，专司府库职责者有大府、王府、内府、外府，专司各种财务的出纳。从周朝至清朝末期，我国的国库管理实行按行政系统设立实物库的制度，并分设实物库和金银库，建立起适应当时经济发展的库藏制度。1908 年，清朝的户部银行改为大清银行，并规定该行为国家银行，由其代理国库业务及户部出入款项。

新中国成立后，适应当时统收统支财政体制和统一现金管理的需要，规定各级金库均由中国人民银行代理，即预算收入的收纳、划分、留解和库款支拨均由中国人民银行具体负责办理。

4.2.2　我国国库集中收付制度改革前的国库管理制度

改革开放至 20 世纪末，我国财税体制进行了一系列改革，重点是调整收入分配关系，基本未对预算管理和国库管理制度进行大的调整。传统的财政国库管理制度主要有以下几个特点：一是多重和分散设置财政资金账户。各级预算单位均在商业银行开设财政资金账户，并按财政资金的不同性质开设多个银行账户。二是财政收入通过过渡性账户收缴。大量财政收入通过征收机关设置的过渡性账户收缴，而不是直接缴入国库。三是财政支出层层拨付。财政支出先由财政部门拨付到主管部门，再由主管部门拨付到所属下级单位，然后逐级支付到收款人或用款单位。

这种办法适应于一定时期的预算管理方式，适时发挥了应有的作用。然而，随着社会主义市场经济体制的建立和发展，特别是按照我国建立公共财政体制的目标要求，传统体制下形成的财政资金缴拨方式显露的弊端越来越突出。一是重复和分散设置账户，导致财政资金活动透明度不高，大量预算外资金游离于预算管理之外，不利于实施有效管理和全面监督。据统计，在国库管理制度改革之前的 1999 年，全国预算外资金收入达 3385 亿元，其中有 907 亿元未缴入财政专户管理，截留、坐支应缴未缴财政专户资金的现象相当严重。二是财政收支信息反馈迟缓，难以及时为预算编制、执行分析和宏观经济调控提供准确依据。三是收入预算执行中征管不严，退库不规范，财政收入流失现象时有发生。四是支出预算执行中资金分散拨付，相当规模的财政资金滞留在预算单位，难免出现截留、挤占、挪用等问题，既降低了资金使用效率，又容易诱发腐败现象。因此，以多头设置账户为基础、分散进行的资金缴拨方式，已经不适应新形势下加强预算管理的需要，必须从根本上进行改革。

4.2.3　国库集中收付制度改革的理论基础

推行国库集中收付制度改革，是财政管理的一次重大创新，主要有四大理论基础：公共财政理论、委托—代理理论和信息不对称理论、博弈理论、新制度经济学中的制度变迁理论。

1. 公共财政理论

公共财政理论是建立现代财政国库管理制度的基础。公共财政理论的前提，是要明确界定政府与市场的关系。也就是说，公共财政的第一层含义，是在明确政府与市场关系基础上界定财政职能，财政应该做什么，不应该做什么，要认识清楚。财政要有所为，有所不为。凡是市场机制能够有效解决的，财政就不能"越位"；对满足社会需要必须由政府提供的公共服务，财政就不能"缺位"。这是第一层面的问题，又称为功能型公共财政。在此基础上，公共财政还有如何更好地实现这些职能的问题。这就是第二个层面的问题。即要用公共管理的办法管理财政，确保财政资金使用中的公开、透明，保证财政资金的高效使用。从这一层面上理解的公共财政，又称为管理型公共财政。一般来讲，预算资金分配属于功能型公共财政的范畴，预算执行属于管理型公共财政的范畴，预算执行管理基于预算资金分配又影响或反作用于预算资金分配。

2. 委托—代理理论和信息不对称理论

在经济学中，处于信息优势的一方称为代理人，处于信息劣势的一方称为委托人。根据经济学假设，委托人和代理人各自有其独立的经济利益。在经济活动中，委托人、代理人都以其自身利益最大化为目标。在信息对称下，即使委托人与代理人目标不一致，代理人行为仍会被觉察，不会造成道德风险，也不会出现逆向选择，不会产生目标背离。当存在信息不对称时，就会产生道德风险，造成目标背离。为减少这种目标背离，一般采取以下方式解决：一是设计一种合理、科学的机制，使得代理人在实现自身利益最大化的同时，也实现委托人利益的最大化。为有效激励代理人，有必要实行激励与惩罚相结合的机制。二是建立公开、透明的信息公开与披露制度，尽可能减少委托方与代理人之间的信息不对称，减少双方间的利益背离。根据委托—代理理论，财政国库部门代表政府履行受托责任，主要实现三方面的功能：控制预算执行、高效管理国库现金和债务及全面、准确反馈政府收支信息。

3. 博弈理论

博弈论是研究决策主体（个人或单位）的行为发生直接相互作用时的决策，以及这种决策的均衡问题的理论。也就是说，当一个主体的选择受到其他主体选择的影响，而且反过来影响到其他主体选择时的决策问题和均衡问题。所以，博弈论又可称为对策论。博弈理论在现实生活中广泛存在，国家与国家之间，中央政府与地方政府之间，企业与企业之间，都存在博弈关系。在财政预算执行管理方面，财政部门与预算单位之间也存在博弈关系。预算单位强调预算支出要满足实际需要，希望自由、灵活地使用预算经费；财政部门要求预算支出要符合规定，要按照批准的预算和相关制度规定支出预算经费。这就产生了相互博弈关系。博弈的结果，形成了新的财政资金运行机制：财政部门通过对用款计划和资金拨付的审核及监控，虽然增加了审核监控成本（包括时间），但保证了预算单位按预算和规定使用预算经费；预算单位按财政部门的要求使用预算经费，虽然不能自由、灵活地支配预算资金，但可以方便、快捷地使用预算资金，满足工作需要。通过博弈实现双方利益的均衡，即实现所谓的"纳什均衡"。财政部门与预算单位不断的博弈过程，也就是矛盾不断产生又不断解决的过程，推进了制度的创新和完善，最终实现双方利益的最大化。

4. 制度变迁理论

新制度经济学中的制度变迁理论，是研究导致一项制度发生改变或创新的制度均衡原因以及变迁路径问题。制度变迁有强制性制度变迁和诱致性制度变迁两种。诱致性制度变迁指的是各主体响应因制度不均衡引致的获利机会而进行的自发变迁；强制性制度变迁指的是来自政府高层统一法令、强制要求而引起的制度变迁。诱致性制度变迁的动机源于主体间的一致同意原则和经济原则，是制度变迁中富有效率的方式之一，但通过这一制度变迁方式实现改革目标，则会耗时长，进展慢。强制性制度变迁，其优势在于能通过政府的强制力，在最短时间内快速推进制度变迁，降低制度变迁成本。推进国库集中收付制度改革，是强制性和诱致性制度变迁的有机结合。一方面，这是由政府主导的自上而下大力推动的一项改革，属于强制性制度变迁的范畴；另一方面，在推进强制性制度变迁过程中也有诱致性制度变迁。通过规范管理，会更有利于各项事业和工作发展。从部门和单位来看，通过实施改革建立新的资金运行机制和信息反馈机制，简化了用款程序，提高了财政资金运转效率，取消了资金拨付的中间环节，使财政资金由"中转"变为直达，方便了预算单位用款，因此也能得到广泛支持和赞同。

4.2.4　我国国库集中收付制度改革的主要内容

我国国库集中收付制度改革的主要内容包括三个方面：建立国库单一账户体系，将所有财政性资金都纳入国库单一账户体系管理；规范收入收缴程序，所有财政收入直接缴入国库或财政专户；规范支出支付程序，财政性资金统一通过国库单一账户体系支付到商品和劳务供应者或用款单位。

1. 建立国库单一账户体系

我国的财政国库单一账户体系，主要包括四类账户：国库单一账户、财政部门和预算单位零余额账户、财政专户、特设专户。

（1）国库单一账户：财政部门在中央银行开设国库单一账户，用于记录、核算和反映纳入预算管理的财政收入和支出活动，并与财政部门在商业银行开设的零余额账户进行清算，实现资金收缴入库和资金支付。国库单一账户按收入和支出设置分类账，收入账按预算科目进行明细核算，支出账按资金使用性质设立分账册。

（2）财政部门和预算单位零余额账户：财政部门按资金使用性质在商业银行开设零余额账户；在商业银行为预算单位开设零余额账户。财政部门的零余额账户，用于财政直接支付和与国库单一账户支出清算。预算单位的零余额账户，在支出管理中，用于财政授权支付和与国库单一账户清算；在收入收缴管理中，财政汇缴专户作为零余额账户，用于非税收入收缴和资金清算。

（3）财政专户：财政部门在商业银行开设财政专户，按收入和支出设置分类账。财政专户用于记录、核算和反映非税收入的收支活动，用于非税收入资金的日常收支清算。

（4）特设专户：经国务院和省级人民政府批准或授权财政部门开设特殊过渡性专户（以下简称特设专户），用于记录、核算和反映预算单位的特殊专项支出活动，并与国库单一账户清算。

建立国库单一账户体系后，相应取消各部门各单位的各类收入过渡性账户。上述国库单一账户、零余额账户、财政专户和特设专户四类账户，构成了我国的国库单一账户体系。通过建立国库单一账户体系，今后在建立健全现代化银行支付系统和财政管理信息系统的基础上，逐步实现由国库单一账户核算所有财政性资金收支活动，并通过各部门在商业银行开设的零余额账户处理日常支付和清算业务。

2. 规范财政收入收缴程序

鉴于预算外资金收缴过程中存在的问题较多，改革首先定位于对预算外资金的收缴方式进行规范。在预算外资金管理取得经验的基础上，逐步将改革范围扩大到纳入预算管理的行政事业性收费、政府性基金等非税收入，最终对所有财政性资金的收缴管理进行规范。收入收缴改革的主要内容包括：

（1）取消收入过渡户，由财政部门为执收单位开立财政汇缴专户。改革取消了各执收单位自行开设和管理的各类收入过渡账户，改由财政部门在代理银行（财政部门委托代理预算外资金收缴业务的商业银行）为执收单位开设财政汇缴专户，该账户只能用于财政资金的收入收缴，不得用于执收单位的支出。财政汇缴专户实行零余额管理，每日营业终了，由代理银行通过资金汇划清算系统将缴入财政汇缴专户的资金划转到财政专户，或直接缴入国库单一账户。

（2）规范收入收缴程序，取消按财务隶属关系层层上缴收入。改革后，新的缴库方式包括直接缴库和集中汇缴两种：直接缴库，由纳税人或税务代理人提出纳税申报，经征收机关审核无误后，由纳税人通过开户银行将税款缴入国库单一账户；集中汇缴，由征收机关和依法享有征收权限的单位按法律法规规定，将所收取收入汇总直接缴入国库单一账户或财政专户。同时，规范收入退库管理。涉及从国库中退库的，必须依照法律、行政法规有关国库管理的规定执行。

（3）使用统一、规范化的执收票据。改革设计了规范化的非税收入执收票据体系，按信息化管理的要求，具体设计执收票据要素，通过电子化票据信息传递，实现对非税收入收缴活动的监控。在非税收入取得经验的基础上，税收缴款书也将随着电子化管理信息的需要，相应进行改革。

3. 规范支出拨付程序

（1）支出类型。财政支出按是否对资源和生产要素形成直接需求的标准分类，可以分为购买性支出和转移性支出两大类。根据支付管理的实际需要，改革中，将购买性支出和转移性支出又具体分为工资支出、购买支出、零星支出和转移支出。

（2）支付方式。按支付管理实际需要进行分类后，按发出支付令的不同主体，设计了两种支付方式。一种是由财政部门发出支付令的支付方式，称为财政直接支付方式；另一种是由预算单位经财政部门授权自行发出支付令的支付方式，称为财政授权支付方式。

（3）支付程序。根据上述两种不同的支付方式，财政资金采取不同的支付程序。新的财政资金支付程序具体分为财政直接支付程序和财政授权支付程序两类。财政直接支付程序，即预算单位按照批复的部门预算和资金使用计划，依循规定程序上报支付申请，由一级预算单位审核汇总后向财政国库支付执行机构提出支付申请，财政国库支付执行机构根据批复的部门预算和资金使用计划及相关要求对支付申请审核无误后，向代理银行签发支付令，并同时向中国人民银行国库部门发出支付清算信息。代理银行支付后，通过全国银行清算系统与国库单一账户实时清算，财政资金从国库单一账户划拨到收款人的银行账户。财政授权支付程序，即财政国库支付执行机构根据批复的用款计划，将批准后的财政授权支付额度通知代理银行和预算单位，并通知中国人民银行国库部门。预算单位在月度用款额度内，自行开具支付令送代理银行，代理银行通过国库单一账户体系向收款人付款，并与国库单一账户清算。

4.2.5　我国国库集中收付制度改革的进展和主要成效

1. 国库集中收付制度改革的进展

（1）国库集中支付改革全面推进。在 2001 年 6 家中央部门正式实施改革试点的基础上，2002 年改革的部门增加到 38 个；2003 年增加到 80 个；2004 年又增加了 60 个中央部门实施改革，达到 140 个中央一级预算单位；2005 年所有中央部门全面实施国库集中支付改革。截至 2008 年年底，中央各部门以及所属 12000 多个基层预算单位实施了改革，地方 36 个省（自治区、直辖市和计划单列市）本级，300 多个地市，1900 多个县（区），超过 28 万个基层预算单位实施了改革；改革的资金范围涵盖了一般预算资金、政府性基金和国有资本经营预算资金等各类财政性资金。

（2）专项转移支付资金实行国库集中支付取得突破。我国专项转移支付资金规模很大，但一直缺乏有效的监控管理机制，每年审计出的问题较多。2006 年以农村义务教育经费保障机制改革为契机，以农村义务教育中央专项资金为突破口，率先实行国库集中支付管理；2007 年进一步扩大范围；截至 2008 年年底，共有农村义务教育经费保障机制改革中央专项资金、新型农村合作医疗补助资金、"普九"化债专项资金等六项专项转移支付资金实行了国库集中支付。专项资金由中央财政拨付到省级财政后，省级财政在几个工作日内便可按规定将资金支付到收款人或支付到市县财政，再由市县财政支付到收款人，大大提高了专项资金运转效率、支付使用透明度和可控性。

（3）公务卡改革稳步推进。公务卡改革是我国国库管理的又一制度创新。所谓公务卡，是指预算单位工作人员持有的，主要用于日常公务支出和财务报销业务的信用卡,公务卡的直接作用是将传统现金支付结算改为用公务卡支付结算。在公务支出领域引入具有"雁过留声、消费留痕"特点的信用卡,通过制度、机制、工具和技术的融合创新,不仅可以减少现金支付结算,而且财政部门和预算单位能够掌握所有通过公务卡支付报销的明细信息,并可通过监控系统实时监控,对于加强财务管理,打造"阳光"财政等都具有重要意义。截至2009年6月底,所有中央预算部门和地方所有省份的省本级推行了改革,2000多个中央二级预算单位和部分地市级预算单位也推行了改革。全国共发行公务卡220多万张,2009年上半年全国公务卡刷卡消费金额超过90亿元。

(4)非税收入收缴改革深化与完善。2002年中国证监会、中国保监会、劳动保障部等8家中央部门实施了非税收入收缴改革;之后,第二批新增7家中央部门实施改革。2003—2004年,实施非税收入收缴改革的部门不断增加,改革实施范围全面扩大。2005年,最后一批近30个中央部门纳入非税收入收缴改革范围,使得中央70多个有非税收入的部门全部纳入改革范围。截至2008年年底,中央近60个部门、35个专员办、地方超过21万个执收单位实施了非税收入收缴改革,改革的资金范围从原来的预算外资金逐步扩大到包括行政事业性收费收入、政府性基金收入、罚没收入、国有资源(资产)有偿使用收入、国有资本经营收入等所有的非税收入。

(5)电子缴税横向联网扎实推进。财税库银税收收入电子缴库横向联网,是我国税收征缴管理制度和信息共享机制的重大变革。它是指财政部门、税务机关、中国人民银行国库和商业银行利用信息网络技术,通过电子网络系统办理税收收入征缴入库等业务,税款直接缴入国库,实现税款征缴信息共享的缴库模式。实行财税库银横向联网,对于促进我国电子政务建设、增强政府公共服务能力、提高行政效能、推动依法理财、方便纳税人缴款、规范税收征缴行为等都具有重要的现实意义。2007年,我国财税库银税收收入电子缴库横向联网工作正式启动。截至2009年9月,已有近30个省份实现了电子缴税横向联网。通过电子缴税,实现了纳税人足不出户可享受7×24小时全天候纳税服务,无须再到纳税大厅排队缴税,税款缴纳可以在数秒钟内完成,并直接从纳税人账户划入国库,征缴过程透明可控。

(6)预算执行动态监控机制不断健全。国库集中收付制度改革实施后,财政部门建立了以国库单一账户体系为基础的电子化监控系统,实现了对中央预算单位用款的零余额账户的每一笔支付交易实时智能化动态监控,创新了财政监控模式,从根本上加强了事前和事中监督,对违法违纪问题形成有效威慑;预算单位规范使用资金的意识明显增强,违规行为大大减少。地方也积极建立预算执行动态监控机制。目前,天津、山西、黑龙江、安徽等地预算执行动态监控工作取得明显进展,江苏、青海、湖南、辽宁、福建等地已着手开展系统建设、人员配备等前期工作。

2. 国库集中收付制度改革的成效

国库集中收付制度改革是公共财政管理的基础性、机制性的变革，是财政管理的根本性创新。其优越性集中体现为四个方面：

（1）体现了科学理财和依法理财的观念。国库集中收付制度所确立的一整套管理流程，对预算执行的各环节都有严格的规范化、程序化要求。各单位财政财务管理规范性显著增强，管理水平大幅提高，重分配轻管理的现象明显改变，科学理财、依法理财的观念得到了机制上的保障。

（2）增强了财政宏观调控能力。国库现金流量由过去各单位分散持有转变为财政部门统一持有和管理，不仅使财政部门资金调度能力发生根本改观，较好地保证了重点支出和预算的正常执行，而且还为实施国库现金管理、增强财政理财功能、加强财政政策与货币政策的协调实施以及加强宏观调控奠定了坚实基础。

（3）加强了预算执行过程的监督控制。以国库单一账户体系为基础建立的电子化监控系统，实现了对中央 9300 多个预算单位用款的零余额账户的每一笔支付交易实时智能化动态监控，从根本上加强了事前和事中监督，创新了财政监控模式。中央财政自 2001 年建立财政国库动态监控机制以来，预算单位违规比例逐年下降，成效十分显著。

（4）提高了预算执行管理信息的透明度。预算执行信息的生成机制发生了较大变化。在收入收缴方面，税收收入实行财税库银电子缴库横向联网，使得税收收入信息由过去从相关部门汇总获取，改为从纳税环节直接获取；非税收入信息由过去通过各部门层层汇总后获取，改为从缴款环节直接获取。在支出支付方面，由过去对一级部门批发式拨款获取支出信息，改为从各基层预算单位最终付款环节获取。这种预算执行信息生成机制的改变，为预算执行信息的准确性和及时性提供了机制上的保障，为加强预算执行的管理和分析提供了可靠的信息基础。

4.3 进一步深化国库集中收付制度改革

4.3.1 国库集中收付制度改革中遇到的困难和存在的问题

国库集中收付制度改革取得了一定的成效，但是，仍存在不平衡和不到位的问题，有待于进一步的深化改革。

（1）改革进展不平衡。从全国看，一些地市及部分县市区仍未实施改革；从资金范围看，预算外资金、政府性基金等仍未完全纳入改革实施范围；从单位范围看，中央部门、省级还有少数预算单位尚未实施改革；从规范性看，由于相关配套改革还有待实施到位，使得此项改革保留了一些过渡性措施。

（2）制度建设不到位。国库集中收付制度的法律地位尚未在《预算法》和《国家金库条例》中确立。需要提升现行制度的法律层次，建立健全适应现代财政国库制度运行的法规体系。

（3）非税收入收缴管理改革需要加快。全国统一的非税收入收缴管理办法尚未出台，收缴程序尚需改进，电子化缴款应用尚待推行。

（4）动态监控机制需进一步健全。动态监控系统、动态监控工作制度尚需健全和完善，要拓展支撑政府采购管理、国库现金管理、债务管理等功能。

4.3.2 进一步完善国库集中收付制度

进一步完善国库集中收付制度的措施和目标包括：

（1）健全国库单一账户体系，使所有财政资金在账户体系内规范运行。应逐步将预算单位实有资金账户纳入国库单一账户体系，并实行动态监控管理，从根本上解决实有资金账户管理中存在的不规范运行问题。按照"规范、统一、高效、精简"的原则设置财政资金专户，逐步将国际金融组织贷款账户、社会保障基金专户等纳入国库单一账户体系管理。

（2）完善国库集中支付运行机制，使之成为整个预算执行管理的基本制度。应在修订《预算法》过程中确立国库集中支付制度的法律地位，并抓紧制定《财政资金支付条例》；继续扩大改革的预算级次和资金范围，中央、省和地市应将改革实施到所有本级基层预算单位，并逐步将改革的资金范围扩大到政府性基金和预算外资金，积极推进县级国库集中支付改革，真正实现所有预算单位都实施国库集中支付、所有财政性资金都纳入改革范围。应完善专项转移支付资金国库集中支付相关制度办法，建立专项资金拨付运行管理新机制。应加快推广公务卡使用，在全国建立起完善的公务卡管理制度。

（3）完善国库集中收缴机制，使财政收入收缴高效透明。在非税收入收缴方面，应不断扩大改革范围，真正实现所有有非税收入的预算单位都实施改革，并将改革推进到所有非税收入种类；进一步完善收缴程序和相关制度办法，建立统一规范的非税收入收缴制度体系。在税收收入收缴方面，应进一步扩大试点范围，加快横向联网系统建设，完善相关制度办法，使电子缴税横向联网工作在全国全面展开；应启动并推进关税横向联网，通过建立财政、海关、人民银行、商业银行之间的联网系统，实行关税收入电子缴库，实现财政与海关间的信息共享。

（4）完善预算执行监控机制，使所有财政资金运行在监控视野之内。应构建全方位的预算执行监控体系：逐步完善动态监控系统，健全动态监控管理机制；进一步加强监控力度，扩大监控范围，严格防止违规操作和突击花钱行为，增强预算执行监管的威慑力；进一步完善国库动态监控工作制度，研究建立核查情况通报制度，与预算部门建立动态监控互动机制和逐级监控体系，建立健全事前威慑、事中监控、事后查处的一体化预算执行监控机制。

4.4 从国库集中收付到国库现金管理

近几年来，我国国民经济持续、较快发展，财政收入大幅度增长；同时，国库集中收付改革在中央和地方全面实施，将原来大量滞留在预算单位的财政资金集中到财政国库管理。由此，中央和地方国库现金余额大幅、快速增加。2008年中央财政国库现金余额和全国地方各级国库现金余额均保持在1万多亿元。如此巨额的国库现金闲置在中国人民银行国库，是一种资金浪费，意味着财政资金使用效益的巨大"缩水"。因此，国库现金管理是深化国库集中收付制度改革的必然要求，两者密不可分，是有机整体。为了全面深化国库集中收付改革，必须推进国库现金管理。为此，报经国务院批准，2006年6月财政部会同中国人民银行联合制发了《中央国库现金管理暂行办法》，我国中央国库现金管理实施工作正式启动。

4.4.1 国库现金管理的内涵和本质

国库现金一般是指存储在国库单一账户的间歇性资金。产生国库现金的主要原因有：一是年度预算所批准的预算收入与预算支出的进度往往是不一致的，这会导致国库现金的流入与流出在时间分布上的不匹配和不均衡；从时点看，当国库现金流入大于流出时就会产生正的国库现金余额，当国库现金流入小于流出时会产生负的国库现金余额。二是目前我国年度预算仍比较粗放，而且执行中预算调整比较多，因而存在大量的应支未支款项，致使国库现金余额保持较高。三是改革开放以来特别是近几年来，国民经济持续、较快发展，财政收入也保持较高增速，预算超收屡见不鲜，促使国库现金余额走高。

1. 国库现金管理的内涵

国库现金管理是指财政部门代表政府在确保国库支付需要和国库现金安全的前提下，有效管理国库现金以降低政府筹资成本和获取投资收益的一系列财政管理活动。一般而言，在国际上，国库现金管理包括狭义的国库现金管理和广义的国库现金管理。狭义的国库现金管理即前面所述概念[①]，广义的国库现金管理除了包括狭

---

① 如无特指，本书采用狭义的国库现金管理概念。

义概念之外，还包括国库现金收入收缴和支出支付的管理。

（1）国库现金管理的目的是提高国库现金的使用效益。市场经济追求效率，微观经济主体追求微观的效率，政府作为宏观管理者也应在努力追求公平的同时讲究效益，实现公平和效益的平衡。如果目前我国财政国库现金余额巨大，闲置严重，将致使国库资金运作的低效益。这种低效益主要表现在两个方面：一是运作效率低，即由于资金闲置，失去了其时间价值，产生了大量的机会成本；二是配置效率低，即资金调度不够科学、精细，大量的资金闲置在国库，产生了有钱的占压资金，没钱的难求资金的尴尬局面。通过安全、规范、有效的国库现金管理，可以妥善地处理和解决这些问题。

（2）国库现金管理的前提是确保国库支付需要和国库现金安全。国库现金第一位的作用是确保国库支付需要，为财政经济活动提供财力支持。因此，在实施国库现金管理过程中，应特别关注财政支出和国库支付的需要，并予以优先满足。通常可以采取两项措施来确保国库支付需要：一是在国库现金管理中合理确定最优库底现金余额，保持国库现金的流动性，当发生意外支出时，可以有足够的现金予以支付；二是建立国库短期融资机制，当发生意外支付需要时，即使没有足够的库存现金，也可通过灵活、便捷的短期融资机制予以保证。国库现金管理的另一个前提是国库现金安全，即在国库现金管理中必须确保资金安全，在安全性、流动性和收益性"三性"组合安排中应将安全性放在首要位置，尽可能地降低国库现金运作风险，对于风险过大的投资项目和品种，应审慎决策或者予以规避。

（3）国库现金管理的手段是投融资运作。过去，我国预算资金全部存放于中央银行，采取"存不计息，汇不付费"的管理方式。2003年1月1日起，财政国库存款开始按当期活期存款利率计付利息。但这仍然不是有效的国库现金管理。国库现金管理是政府科学理财的具体体现，不再是传统的财政收支管理，必将运用现代金融工具和金融市场来进行国库闲置资金的投融资运作，从而实现国库现金的保值增值，有效提高国库资金使用效益。

（4）国库现金管理的基础是国库现金流预测。国际通行做法表明，有效的国库现金管理必须以全面、及时、精确的国库现金流预测体系为基础。国库现金管理是对国库闲置资金的投融资运作，因此首当其冲的是要确定合理的可运作的资金规模。这就要求及时、精确掌握和预测国库现金流入、流出及余额信息，并合理确定最优库底现金余额，在此基础上一般将超过部分用于投资运作。

2. 国库现金管理的本质

从20世纪70年代末开始，现金管理的重要性首先被私有部门（企业）所认识，货币的时间价值与现金的机会成本等理念逐渐得到认可与应用。货币的时间价值是现代金融计量的基础，是指货币经历一定时间的投资所增加的价值，或资金在使用过程中由于时间因素形成的增值。简单来说就是，今天的 1 元钱与明天的 1 元钱是不等值的。现金的机会成本是指金融资产如果以现金形式持有，那就失去了以其他收益性资产形式持有可能获得的收益。相对于收益性资产来说，现金可称为流动性资产，因为它的流动性最强，在需要支付时可以马上支付。所以现金管理的一个重要环节就是确定流动性资产与收益性资产的合理比例，以实现现金流动性需求和收益性需求的均衡匹配。国库现金管理中也贯穿着这样的思想和理念。因为国库现金也是现金，它也有时间价值和机会成本。国库现金一方面要满足财政支出的需要，这就要求国库必须有一定数量的库底现金，有一定的安全保障机制；另一方面如果数量巨大的国库现金都以现金形式持有，则会产生大量的机会成本，因此需要将一部分现金转换成收益性金融资产，以获取投资收益或降低政府筹资成本。

因此，国库现金管理的本质是：将国库"现金"变为国库"资产"，确定国库现金中流动性资产与收益性资产的合理比例，以协调和处理好国库现金的安全性、流动性与收益性"三性"的相互关系。以此为基础，国库现金管理构成了政府预算执行阶段的重要管理活动。它通过统筹考虑国库资金的收缴与支拨、运用与筹措，使无息或低息的国库现金维持在较低水平，以实现政府筹资成本最小化与现金盈余投资收益的最大化。

4.4.2 国库现金管理的目标和内容

从理论上讲，目标是本质的体现。国库现金管理的本质是加强国库收支管理和提高国库资金使用效益，这就决定了国库现金管理的基本目标。为实现基本目标而采取的各种管理措施，即构成了国库现金管理的主要内容。

1. 国库现金管理的目标

（1）减少闲置现金，获取投资收益。政府预算执行过程中，各预算收支项目具有不同的规律，因而会存在国库收入和支出没有完全匹配的情况。比如，预算实际执行数与计划数经常存在差异，会出现超收、减支、收入入库进度快于计划或者支出进度滞后于计划等情况，因此，国库现金余额是常态。国库持有闲置现金意味着机会成本的产生和货币时间价值损失的出现，若将一定量的闲置资金用于比较安全的投资运作，则可获取投资收益。当然，需要明确的是获取投资收益并不等于追求最大盈利。财政部门代表政府行使财务管理职能，其管理活动与营利性组织的经营活动有根本性区别，表现在要提高资金使用效益但不以最大盈利为目的。

（2）降低政府筹资成本。预算执行过程中，当减收、增支、收入入库进度滞后于计划或支出进度快于计划时，国库可能出现资金缺口。这就需要通过合适的渠道以较低成本筹集资金来弥合资金缺口，保证预算的有效实施和国库支付需要。在特殊情况下，某些突发事件还可能引发国库短期头寸危机。对此，国库现金管理可通过发行短期国债或现金管理券、债券回购、货币市场同业拆借等灵活、便捷的融资方式，及时满足国库短期流动性需要，有效化解短期头寸危机，降低政府筹资成本，大大提高政府融资应变能力。

（3）促进宏观经济政策的贯彻落实。在目前央行代理国库的体制下，大部分国库现金存放在中央银行国库单一账户，一般认为这部分现金构成了基础货币的一部分。因此，对这部分国库现金进行市场运作，容易产生对货币供应量的影响，进而对货币政策产生扰动。因而，在国家实行宽松的宏观经济政策时，应加大国库现金管理运作规模和频率，增加国库现金投放量和市场资金供给，并促进实体经济发展；在国家实行紧缩的宏观经济政策时，国库现金管理也应有所作为，保持国库现金管理运作规模的相对稳定，同时可适当增加短期国债和现金管理券的发行力度和规模，通过增发政府债券可适当减缓市场流动性。由此，国库现金管理可有效地促进宏观经济政策的贯彻落实。

2. 国库现金管理的内容

为实现国库现金管理的上述目标，从发达市场经济国家政府国库现金管理的实践来看，主要是通过国库现金流预测、国库现金投资和国库现金融资等活动来实现。这些活动构成了国库现金管理的主要内容。

（1）准确、科学地进行国库现金流预测。根据预算收支运行规律，结合经济运行态势分析，准确、科学地预测现金流，为实施科学、有效的国库现金管理提供条件。

（2）开展国库现金余额管理及投融资管理。将国库库底现金余额保持在较低水平；当国库现金超过最优库底余额时，将超过部分现金用于投资，获取收益；当预测国库现金将低于最优库底余额时，提前通过发行短期国债和现金管理券进行融资，以弥合短期现金流缺口，确保国库支付需要。

（3）与货币政策的协调配合。在央行代理国库体制下，国库现金管理运作一般会对货币政策执行产生扰动，因而应与中央银行的货币政策进行协调配合，确保宏观经济政策的贯彻落实。

4.4.3 国际上国库现金管理的一般做法

国际上国库现金管理的一般做法是：财政部在科学预测国库现金流的基础上，通过商业银行定期存款、买回国债、国债回购和逆回购、同业拆借、购买高信用等级商业票据等短期市场工具进行货币市场操作，并通过发行短期国债和现金管理券等进行短期融资活动，降低政府筹资成本，获取投资收益。具体而言，包括四个方面。

1. 国库现金流预测

国库现金流预测是实现科学化、精细化国库现金管理的基础。国库现金管理的前提条件是确保国库支付需要和国库现金安全。因此应建立全面、及时、精确的国库现金流预测体系，使国库现金流在不同时点满足和匹配国库支付、现金投资以及国库融资等不同的国库交易活动。

2. 国库现金投资活动

为提高国库资金使用效益，要将国库闲置资金维持在一个相对稳定的较低水平，将超过额度部分的国库现金用于投资运作。比如，商业银行定期存款、买回国债、国债回购和逆回购、购买高信用等级的商业票据以及货币市场拆借等，在确保资金安全的前提下，优化国库现金投资组合，提高投资收益水平。

3. 国库现金融资活动

在发达市场经济国家，国库库底现金余额一般是很低的，所以由于季节性因素、突发事件支出以及政策调整等情况往往会使国库现金出现短期缺口。在这种情况下，国库现金管理一般要及时进行短期融资活动。比如，增发短期国债或现金管理券、货币市场拆借、备用透支协议融资等，以便快速、及时地获取现金流，缓解国库短期流动性需要。

4. 与货币政策等宏观经济政策的协调配合

国库现金管理在积极落实财政政策的同时，一般要保持与货币政策等其他宏观经济政策的协调配合。在央行代理国库体制下，要适当考虑国库现金管理投融资运作对基础货币和货币政策执行的扰动。实际上，在一些发达市场经济国家，政府通过将超过最优库底现金余额的国库资金全部存放商业银行体系，最大化地减少了国库现金管理运作对货币政策的扰动。因为在这种情况下，国库现金投融资运作均在包括商业银行在内的金融市场上进行，不涉及资金进出央行，所以不会影响基础货币和货币政策执行。比如，美国就采取了这种管理模式，财政部在全国多家商业银行建立了税收与贷款账户体系，国库现金管理的资金大部分存放于这个账户体系，大大减少了对货币政策的扰动。由此，国库现金管理的政策目标主要是贯彻落实国家财政政策、产业政策等宏观经济政策，促进金融市场和实体经济的稳定、持续发展。

4.4.4　我国国库现金管理的现实选择

1. 指导思想和基本原则

总体而言，我国国库现金管理的指导思想是：根据建立社会主义市场经济体制和公共财政制度的要求，增强和提高政府理财能力和科学理财水平，健全和完善国库现金流预测体系，建立安全、规范、有效的国库现金投融资运作机制，构建与货币政策等宏观经济政策的科学协调机制，建设符合现代金融市场发展要求的国库现金管理体系。为此，需坚持以下基本原则：

（1）基本国情原则。各国国库现金管理模式不尽相同，尤其是比较有代表性的美、英两国两种模式差异较为明显，其根本点在于各国具有不同的国情。我国需要根据实际情况，科学界定现金管理的具体目标与主要职能，合理选择适合本国国情的管理模式，构建我国国库现金管理的基本框架。

（2）安全第一原则。毋庸置疑，国库现金安全是国库现金管理运作的前提条件。如果因国库现金管理的风险问题致使国库现金损失并影响国库支付需要，则对国库现金管理将是致命的打击，也是我国处于国库现金管理初创阶段所不允许的。因此，在推进我国国库现金管理改革和发展进程中，应将国库现金安全放在首要位置，坚持安全第一原则。

（3）循序渐进原则。各国改革的路径及重点不尽相同。美国先改支付、后改收缴、再改资金划转；澳大利亚则从预算会计改革开始，完善债务管理与现金管理。我国已进行了国库集中收付改革，在此基础上应有针对性地制定国库现金管理改革推进步骤和路径，先易后难，循序渐进，由点及面，逐步推进与完善。

2. 主要目标与基本职能

从本质上讲，国库现金管理是预算执行阶段确保财政资金安全、规范与有效使用的重要管理活动，是预算编制完成后有效控制财政收支的主要手段。其首要任务是要确保预算有效实施，确保支出机构及时获取实施其预算所需资金。同时，国库现金管理又是一系列金融财务管理活动，其任务在于统筹考虑国库资金的运用与筹措，降低政府筹资成本，提高国库资金的使用效益。

从管理角度考虑，财政部门理所当然地应成为国库现金管理的主体，但需要中央银行的协调与配合。财政资金存放在中央银行的国库账户中并通过银行体系与货币市场运作，是深化我国国库集中收付改革的必然要求，也是市场经济比较发达及金融体系比较完善的市场环境的必然选择。

因此，我国开展国库现金管理的目标应界定三个方面：（1）减少闲置现金，获取投资收益，但不以最大盈利为目的。（2）建立定期、均衡的短期国债和现金管理券发行机制，构建规范化的短期融资渠道，以较低成本的融资方式弥合国库资金的流动性缺口。（3）建立与货币政策等宏观经济政策协调配合的机制，独立、有效地开展国库现金管理。

鉴于我国政府财务管理与预算单位财务管理水平还不高、预算执行系统缺乏效率、预算编制不够科学与细化、国债管理还存在诸多需要改进的地方、国内货币市场不够发达等实际情况，现阶段我国国库现金管理的职能应主要界定为：（1）建立健全国库现金流预测机制；（2）完善和丰富国库现金管理投融资方式和运行机制；（3）促进宏观经济政策的贯彻落实和金融市场的发展。

3. 模式选择

选择合理的国库现金管理模式，必须立足于我国实际。从我国货币市场体系的发展状况来看，尽管货币市场经过了十多年的发展，债券交易和资金结算较为安全，但是我国的货币市场目前仍处于初级发展阶段，市场体系不完整，短期债券市场发展滞后，政府债券交易不活跃，流动性不强，缺乏避险工具，平抑货币供应量波动的能力较粗放，各经济主体短期融资机制不健全。我国完全借鉴英国模式开展国库现金管理尚不具备充分条件。

同时，从我国商业银行体系的发展状况来看，虽然我国商业银行还存在不少问题亟待解决，但是我国商业银行体系比较健全、完善，覆盖面较广，而且正在进行有效的市场化改革。因此，从总体上看，国有商业银行和全国性股份制商业银行的资金安全性较高。如果选择美国模式来开展国库现金管理，虽然我国已经具备了一定的条件，将部分国库资金存放商业银行计息获利，操作也比较简单；但是，完全效仿美国联邦政府把绝大部分国库资金存放在商业银行的做法，目前可能难以在我国实施。主要原因是：我国的商业银行仍处于改革过程中，中小型商业银行与四大国有商业银行之间的实力悬殊，如果采取类似美国的做法，四大国有商业银行将以绝对优势取得财政资金的持有权，这在一定程度上不利于商业银行之间的公平竞争和银行业的整体发展；此外，我国商业银行尤其是地方性商业银行的资产中可用于抵押的国债等证券与财政资金相比数量有限，难以实行国债抵押措施，从而难以有效实施国库现金定期存款的质押管理。

综上所述，现阶段我国应综合借鉴美、英两种代表性模式的优点，并结合我国国情，开展我国的国库现金管理，可继续扩大中央国库现金管理商业银行定期存款操作规模，提高操作频次，并研究丰富和完善中央国库现金投融资运作方式。同时，积极推进地方国库现金管理，争取尽早实施地方国库现金管理试点。

第 5 章

政府采购管理与改革

政府采购制度起源于欧洲，距今已有 200 多年的历史。作为国际上普遍推行的公共支出管理的重要手段，政府采购在世界许多国家已经形成了各具特色的运行框架和配套的制度体系，并产生了巨大的经济和社会效益。政府采购制度是公共财政管理体系中的一项重要内容，是实行市场经济体制国家管理支出的基本手段，也是我国现阶段节约财政资金最直接、最有效的一种符合国际惯例的财政管理制度。我国自 1996 年起开展政府采购试点工作。2003 年 1 月 1 日，《中华人民共和国政府采购法》正式实施，标志着我国政府采购制度进入了一个新的发展阶段，目前正处于全面发展时期。经过多年的实践，我国政府采购制度改革取得了一定成绩，政府采购规模和范围迅速扩大。但是随着政府采购工作的逐步深化，我国现行的政府采购管理制度还存在一些亟待解决的问题。为此，我们要进一步借鉴国际政府采购经验，构建与我国社会主义市场经济体制相适应的规范、科学、高效的政府采购制度。

5.1 政府采购制度的理论与实践

5.1.1 政府采购制度的理论范畴

关于政府采购制度的理论范畴可以界定为：政府采购的范围和规模、政府采购模式、政府采购机制、政府采购的政策功能和政府采购国际化。

1. 政府采购的范围和规模

（1）政府采购的范围。政府采购虽然在国际上广泛施行，但并没有规范统一的概念和范围。通行做法是，各个国家根据本国实际情况，以法律形式确立政府采购范围，并且根据政府职能的不断变化而逐步扩大。有的国家以政府事权来划分，只要属于政府公共职能范围的事，不论采购项目大小，是否使用财政资金，哪怕是企业采购也要实行政府采购的规程；有的国家把军事采购纳入了政府采购范围。

按照公共管理理论，在市场经济条件下，政府主要履行公共管理职责，包括提供国防、教育、基础设施等公共产品，因此，欧美国家的政府采购范围非常宽泛，涵盖了政府及公共部门所有的采购活动。市场经济国家早期的政府采购范围仅限于政府部门使用政府预算资金购买货物、工程和服务项目。随着政府职能的转变和实施公共政策的需要，政府采购范围不断扩大，逐步将涉及国计民生的铁路、市政工程、电力、通讯、机场、地下停车场、港口等公共基础设施项目纳入了政府采购范围。目前在欧美国家，只要涉及国家利益和社会公共利益的项目，不论资金来源于政府预算还是向私人融资，也不论是政府部门直接采购还是由私人企业承办，都必须实行政府采购。还有些国家或地区甚至将依靠政府授予许可证或专属经营权的企业也纳入了政府采购范围。例如，西班牙私人建设体育场馆，由于属于公众活动场所，必须实行政府采购。处于经济转轨时期的俄罗斯，其政府采购范围包括政府所需的所有货物、工程和服务；小到办公用的纸笔，大到铁路、奥运会项目。

我国《政府采购法》对政府采购的定义是，各级国家机关、事业单位和团体组织使用财政性资金采购集中采购目录以内或者采购限额标准以上的货物、工程和服务的行为。也就是说，只有纳入政府集中采购目录和集中采购目录以外但在采购限额标准之上的货物、工程和服务项目，才实行政府采购；未达到规定数额的，可以不实行政府采购。由此可见，我国《政府采购法》规定的采购主体和采购范围都比较窄。

（2）政府采购规模。政府采购规模与采购范围是紧密相关的。由于市场经济国家政府采购范围比较宽，所以，其规模都非常大。目前，市场经济国家政府采购规模一般占一个国家国内生产总值（GDP）的 10%～15%。OECD 国家的政府采购规模（政府消费加上政府投资，含公务员工资福利、军事采购等）占年度 GDP 的 15%～20%。美国为 19%，欧盟为 21%，加拿大为 25%。

我国实施政府采购制度改革以来，政府采购范围也在不断拓宽，由当初的计算机、复印机、小汽车等通用商品，延伸到了工程和服务领域。随着政府采购范围扩大，政府采购规模也快速增长。全国政府采购规模从 1998 年的 31 亿元增加到 2008 年的 5990 亿元，年均增长率为 56.8%，累计节约财政资金近 3000 亿元。2008 年，货物、工程、服务占采购总规模的比例分别为 42.7%、49.7%、7.6%。

目前我国政府采购规模还比较小。除了政府采购法规定的政府采购范围偏窄外，还有其他几个原因：一是政府采购还没有在所有规定的单位、规定的项目全部实行；二是工程虽然属于政府采购范围，但由于受现行管理体制和部门职能的影响，工程实行政府采购的规模还比较小，在一定程度上制约了我国政府采购规模的扩大；三是服务领域实施政府采购还不广泛。

因此，扩大政府采购范围和规模是当前政府采购改革的第一要务。要通过完善政府采购预算编制管理、科学制定集中采购目录及限额标准，逐步扩大政府采购范围；要发挥国库集中支付的作用，促使纳入政府采购范围的项目全部实施政府采购。

2. 政府采购模式

政府采购模式是指政府采购实施的形式，主要有集中采购和分散采购两种。集中采购就是将各部门所需的通用性商品集中起来，委托专门机构统一组织采购，实现规模效益。分散采购是指各部门按照制度规定自行组织采购。欧美国家政府采购一般都经历了由部门分散采购，到高度集中采购，再到集中采购与分散采购相结合的过程，目前主要是实行分散采购为主的模式。由于集中采购存在效率低、用户选择余地小、集中采购机构官僚习气严重等难以克服的缺陷，自20世纪80年代以来，随着市场商品日益丰富和权力下放改革的推进，欧美国家普遍弱化了集中采购，大力推行分散采购。目前欧美国家集中采购主要是各部门需要的通用商品，占全国政府采购规模不足10%；墨西哥、巴西集中采购规模不到20%。美国等国家的集中采购项目由强制性改为选择性。一些国家原有的集中采购机构，有的被撤销，如澳大利亚等；有的改制为国有企业，如法国、丹麦等；有的实行了私有化，如英国、意大利等。

我国《政府采购法》规定，政府采购实行集中采购和分散采购相结合的模式。集中采购又分为政府集中采购和部门集中采购。其中，政府集中采购范围限制在通用政府采购项目；部门有特殊要求的经常性采购项目或者批量采购项目，由部门实行集中采购。其他采购项目，达到限额标准的，由用户分散采购。由于我国目前政府采购制度改革还处于发展阶段，人们对政府采购的认识和自觉执行政府采购制度的意识还比较弱，因此，集中采购仍是政府采购的主要模式。2004年我国集中采购资金达1727.5亿元，占政府采购总规模的80.9%。今后在继续抓好政府集中采购工作的同时，要研究推进部门集中采购和分散采购，要充分调动部门开展政府采购的积极性。这是扩大政府采购范围和规模的根本途径，也是提高政府采购效率的有效方式。从国外发展趋势看，我国政府采购制度改革随着制度的不断健全，部门规范操作意识的增强和行为的规范，企业竞争环境的改善，分散采购的比重将会逐步上升。

3. 政府采购机制

根据公共选择理论以及博弈理论，政府采购作为公共部门采购，需要建立一定的制约机制，明确规则约束，才能使公共产品采购规范进行，实现节约资金成本和促进经济发展的目的。欧美国家政府采购管理的核心，是在政府采购行为过程中引入竞争机制，公开透明，加强制约，规范操作，预防腐败。其中，财政预算和支付手段在政府采购程序中发挥着基础性的管理作用。由于政府采购制度在国外实行的时间比较长，法律制度体系比较完善，各部门已经形成了依法采购的工作机制，从机构设置到职能确定，从预算到采购方式的选择和合同签订，以及投诉处理等方面都形成了完整的运行机制。

我国政府采购机制正处于建立和完善过程之中。主要包括以下方面：一是建立"管采"分离，运转协调的管理机制。二是建立政府采购运行机制，规范采购行为。三是建立监督机制，促进规范操作。四是建立健全电子化政府采购制度，降低采购成本，提高采购效率。五是实行采购人员资格管理。

4. 政府采购的政策功能

政府采购的政策功能是政府采购制度的重要组成部分，是政府采购制度发展的必然结果，也是现代政府采购制度的重要标志。现代政府采购制度已不仅是财政支出管理手段，它已成为政府加强宏观经济调控，促进经济发展的重要手段之一。当前，欧美国家的政府采购制度已基本完成了由单独的财政支出管理手段向兼有经济政策工具的转变。20 世纪 30 年代爆发的世界性经济危机，使欧美国家认识到政府采购作为国家干预经济的手段的重要性，政府采购作为经济调控的一种手段应运而生。例如，美国联邦政府通过扩大采购支出来拉动经济增长。美国在 1933 年颁布了《购买美国产品法》，规定联邦政府必须采购美国货物和服务（在美国生产、增值达到 50% 以上的才算本国产品；产品零部件的 50% 以上在美国本土生产，才有资格参加政府采购的投标），以保护美国企业，增强其发展后劲。美国还规定 10 万美元以下的政府采购合同，优先考虑中小企业，并在招标中给予 10% ~ 15% 的价格优惠。德国政府规定，政府采购要优先购买节能产品和再生用品。阿根廷、加拿大、日本、韩国都有优先购买本国货的规定。澳大利亚在举办 2000 年奥运会时规定，所有场馆必须实行政府采购，并由澳大利亚企业承建。日本和韩国都不是软件大国，但他们的国产软件均占到国内市场 50% 以上的份额，通过政府采购政策保护国货的作用非常明显。许多国家政府采购外国产品所占的比例不高，加拿大为 20%，日本为 16%，美国为 9%，西欧只有 1%。欧美国家还根据国际国内形势变化，以政府采购为手段，扶持幼稚产业和高新技术产业。如 1996 年集成电路刚刚问世，美国为推动和促进这一科学技术的发展，100% 的集成电路产品都由联邦政府购买。在无氟利昂冰箱刚刚研发出来，价格较高时，瑞典政府从促进科技进步和环境保护等方面考虑，优先购买了一批（500 台），带动了市场和企业的发展。

我国《政府采购法》第九、十两条对政府采购政策功能作了明确规定。即，政府采购应当有助于实现国家的经济和社会发展政策目标，包括保护环境，扶持不发达地区和少数民族地区，促进中小企业发展，以及政府采购应当采购本国货物、工程和服务等。因此，我们应当重新认识政府采购制度的作用，充分发挥政府采购的调控功能。在我国入世及世界投资贸易自由化的大环境下，尤其应当强化国货意识，尽可能采购本国货物、工程和服务，这不仅有助于在关税向国际接轨过程中国内市场的平稳过渡，缓解入世给国内企业造成的冲击，还可以为国民经济持续稳定增长创造良好环境。除了采购国货以外，还应利用采购政策的倾斜，支持少数民族和经济不发达地区经济发展，保护环境和扶持中小企业发展。

随着政府采购制度的不断完善，政府采购政策功能的重要性和作用逐步得到重视和发挥。从 2004 年开始，财政部会同国家有关部门先后制定了节能产品和环境标志产品政府采购实施意见。2007 年国务院办公厅下发通知，建立政府强制采购节能产品制度，政府采购在支持节能环保、自主创新以及民族产业发展等方面发挥的作用日益凸显，绿色采购理念深入人心。我国在"十一五"规划中，将政府采购作为宏观经济的调控手段，与财税、金融手段并列提出。在已出台的许多国家重大经济政策和产业发展规划以及体制改革意见中，都对政府采购提出了政策要求。总之，政府采购在国家宏观经济生活中的地位越来越重要，政府采购政策功能愈来愈受到重视，下一步工作主要是制定既体现政府采购政策功能，又符合国际一般规则，并具有具体可操作性的管理制度。

5. 政府采购国际化

政府采购国际化问题，实际上就是开放我国政府采购市场问题。政府采购制度是财政管理制度的重要组成部分，其管理对象主要是公共支出。由于公共支出是一种特殊的消费行为，涉及国家行政管理、体现政府管理意志和社会经济发展政策，所以，各国的政府采购市场最初都不对外开放，采购对象主要是本国产品。也因而在 1947 年由缔约方共同制定《关税和贸易总协定》时，规模巨大的政府采购市场被排除在协定条款之外。也就是说，现在经常说的加入 WTO 协议，是指国家开放一般领域的市场或非政府领域市场，政府采购市场不在 WTO 协议范围内。随着产业竞争力增强，一些工业化国家为解决本国经济衰退和贸易失衡，急于为本国产品开辟海外市场。由于政府机构的集团消费规模庞大，这些国家便垂涎政府采购这个巨大市场。在发达国家的倡导下，国际贸易组织制定了 WTO《政府采购协议》（GPA）。该协议的目的和作用，就是要求各国将政府采购纳入国际贸易法领域，促使各国开放本国政府采购市场。目前，加入协议的成员都是发达国家和地区。

我国在加入 WTO 时曾承诺，成为 WTO 成员将尽快启动加入《政府采购协议》的谈判，开放我国的政府采购市场。另外，我国政府也曾向 APEC 承诺，2020 年开放政府采购市场。开放市场意味着我国企业不出国门就面临国际竞争，政府利用政府采购保护国内企业的政策受到严格限制；政府采购中的争议要到日内瓦解决。欧美国家对我国履行承诺、启动加入《政府采购协议》十分重视，不断施加压力。随着我国对政府采购政策工具的逐步认识和应用，来自欧美的压力与日俱增，政府采购的外事活动应接不暇。

我国政府采购国际化进程不断加快。先后建立和参与了中欧、中美双边及一些多边政府采购交流与对话机制，与澳大利亚、新西兰和韩国在自贸区框架下开展政府采购谈判。2007年底，启动了加入WTO《政府采购协议》（以下简称GPA）的谈判，提交了初步出价清单。2008年9月，向WTO秘书处提交了《中国政府采购国情报告》；GPA谈判进入了实质性阶段。政府采购的国际化趋势，增强了我国政府采购制度改革的紧迫性和艰巨性。我们要抓紧有限时间，完善政府采购制度，充分发挥政府采购的政策功能。

5.1.2　国际上推行政府采购的主要做法

在国际上，推行政府采购的主要做法是：建立完善的政府采购法律法规体系、不断扩大政府采购范围、利用政府采购的规模优势对经济进行调控、制订严密的采购程序并寓监管于程序之中、采购人员实行资格管理，以及运用电子信息手段提高采购效率和增强透明度。

1. 建立完善的政府采购法律法规体系

从国际情况看，市场经济国家都十分重视政府采购立法，并形成了一套完整的法律体系，以法律形式规定政府采购的范围、方式、程序、政策和监督管理等事项。英国早在17世纪就开始政府采购立法。美国于1809年通过法律规定联邦政府合同要通过竞争方式订立，至今已颁布了500多部涉及政府采购方面的法律法规。德国数次修订《反限制竞争法》，于1998年引入政府采购内容，并制定了各领域的政府采购标准合同范本。西班牙在《国家公共采购法》的基础上，颁布了70个法规办法来规范政府采购行为。韩国制定了《政府合同法》及一系列配套法规，从基本原则、实施范围和招标程序等方面，指导政府采购活动。

随着全球经济一体化进程的加快，许多国际性和区域性组织相继制定了政府采购的协议、示范法和指南，以规范统一各国的政府采购管理。世界贸易组织于1994年修订了《政府采购协议》，要求签署成员的政府采购法律法规要与GPA规定保持一致。欧盟自20世纪70年代以来，也先后颁布了货物、工程、公共事业和服务采购的"指令"。根据"指令"的要求，欧盟各成员纷纷修改完善了国内政府采购法律体系。

2. 不断扩大政府采购范围

市场经济国家早期的政府采购仅限于政府部门使用政府预算购买的货物、工程和服务项目。随着政府职能转变和实施公共政策需要，政府采购范围不断扩大，逐步将涉及国计民生的铁路、市政工程、电力、通讯、机场、港口等公共基础设施项目纳入了政府采购，涵盖了公共机构和部门所有的采购活动。并且，只要涉及国家利益和社会公共利益项目，即使是向私人融资或者是由私人企业承办，都必须实行政府采购。目前，美国政府采购主体范围扩大到联邦政府机构及其附属机构。在欧盟国家，凡是属于政府事权范围内的采购事项都要实行政府采购。处于经济转轨时期的俄罗斯，如前所述，其政府采购范围更为广泛，包括政府所需的所有货物、工程和服务，政府采购规模占财政购买性支出的比重高达80%。还有些国家或地区甚至将依靠政府授予许可证或专属经营权的企业也纳入政府采购范围。目前，市场经济国家政府采购规模一般占年度GDP的10%~15%。

3. 利用政府采购的规模优势对经济进行调控

在国际上，政府采购经历了由财政支出管理手段向经济政策工具转变的过程。在自由资本主义时期，英美等国主要强调政府采购节约资金和预防腐败的功能。20世纪30年代爆发的世界性经济危机，各国政府都加大了对经济的干预力度。由于政府采购规模大，其经济调控功能日益受到重视。例如，美国联邦政府通过扩大采购支出，拉动经济增长，并于1933年颁布《购买美国产品法》，规定联邦政府必须采购美国货物和服务，以保护美国企业，增强经济发展后劲，开了利用政府采购政策功能调控经济的先河。随后，其他国家纷纷仿效，尤其在采购本国货物、工程和服务方面不断强化。

市场经济国家还根据国际国内形势的变化，以政府采购为手段，实现促进产业结构调整，支持中小企业发展，保护环境等社会经济政策目标。例如，法国要求政府采购项目要严格遵守环境保护的有关规定；美国规定10万美元以下的政府采购合同，优先考虑中小企业，并给予价格优惠；意大利和德国也鼓励将大宗政府采购合同按一定比例分包给中小企业。

4. 制订严密的采购程序，寓监管于程序之中

从推行政府采购制度较为成功的国家的经验看，采购程序必须引入竞争机制，实现公开透明、加强制约、规范操作、预防腐败等目标。其中，财政预算和支付手段在政府采购程序中发挥着基础性管理作用。

（1）部门预算管理。市场经济国家一般都有严格的政府采购预算要求，各部门必须将所有采购项目编入预算，没有预算，不能采购，财政也不予拨款。在德

国，政府以"三年滚动"的方式编制预算，每项支出必须经过论证和审核，并依据资产配置状况确定采购项目，没有列入预算的项目不能采购，已列入预算的项目不能突破预算额度。

（2）采取以公开招标为主的采购方式。由于公开招标具有透明度和效益优势，市场经济国家普遍将其作为主要的采购方式，只有在项目金额低于限额、项目要求特殊、产品技术复杂、供应商数量有限等情况下，才允许采用其他采购方式，且必须报政府采购管理机构批准。

（3）信息充分公开透明。市场经济国家政府采购制度中对信息公开都有明确规定。一般做法是，采购项目招标信息和中标情况必须在财政部门或国家指定的政府采购信息媒体上公告。欧盟规定，达到其"指令"限额标准以上的采购项目，除了在本国政府采购信息媒体上公告外，还要在欧盟指定的政府采购信息媒体上公告。

（4）实行分散采购为主、集中采购为辅的采购模式。由于政府采购制度在国外实行的时间较长、制度规定比较完备，各部门已经形成了依法采购的工作机制，再加上集中采购存在效率低等难以克服的缺陷，市场经济国家已从实施政府采购制度初期的集中采购方式为主转变为以分散采购方式为主。目前，欧美国家普遍实行分散采购，弱化了集中采购；集中采购主要是各部门需要的通用商品，占全国政府采购规模不足10%，并且集中采购项目由强制性采购改为选择性采购。

（5）重视合同管理。合同是整个政府采购活动的结果和支付依据。采购合同管理得好，政府采购就不会出现问题。因此，市场经济国家都制定了统一的招标合同格式或范本，政府采购合同草案也必须经财政部门审核后才能签订。如西班牙在中央和地方政府采购管理机构中专门设立了审核合同的分支机构。

（6）严格资金支付审核。市场经济国家普遍实行了采购资金财政直接支付方式。合同签订后，由财政部门按部门申请和合同金额，直接支付给中标供应商。在德国和西班牙等国家，财政部门支付审核的内容除了合同，还包括送货单、收货单等采购凭据，只有合格的支付申请，财政部门才向供应商支付货款。

（7）建立全方位的管理监督体系。为加强政府采购的日常监督管理，市场经济国家普遍设立了具有专业性和科学性管理特点的专职机构。例如，英国、法国等国家在财政部设立了政府采购管理司，美国在总统预算管理办公室设立了联邦采购政策办公室。在监督体系方面，除了法律和日常管理外，还建立了司法救济机制。在美国，当供应商对联邦政府部门采购合同有争议时，可以向合同争议委员会申诉，向会计总署投诉，甚至向联邦索赔法院起诉。通过司法救济的方式，一方面维护了供应商的利益，一方面强化了供应商的监督作用，形成了法律、日常管理和司法三位一体的监督体系。

5. 采购人员实行资格管理

大部分国家对各部门采购从业人员都有资格要求。有些国家称为"采购合同官员",我国香港特区称为"采购主任"。采购人员资格分为不同级次,各级次都有相应的条件和职责,级次的获得和晋升必须通过考试。各部门只有获得采购资格的人员才能组织采购活动和签订合同。这些有资格的采购人员独立开展采购活动,各部门行政首长不能干预,也不能改变他们做出的决定。采购人员对做出的决定要承担法律责任。

6. 运用电子信息手段提高采购效率和增强透明度

目前许多国家已经开始进行电子化政府采购试点,有的已初见成效。从2006年1月起,德国要求联邦一级政府的所有通用货物和服务必须通过政府统一开发的电子平台采购。韩国已形成了由电子招标、电子订货、电子合同和电子支付构成的一个完整的电子化政府采购系统。2003年,墨西哥实现政府采购的网上订货,如今电子化政府采购占总采购量的70%以上。市场经济国家推行电子化政府采购的模式尽管不尽相同,但对其概念和构成已基本形成共识,即电子化政府采购是指利用信息技术(尤其是互联网),确立公共部门采购货物、工程和服务的一种采购形式。这种采购形式的核心内容是重新确立采购机构与供应商之间的关系,打破了时间和空间障碍,增强了采购信息透明度,提高了采购效率,降低了采购成本,规范了采购行为。在政府采购管理和实践中运用电子手段已经成为市场经济国家政府采购制度改革的必然趋势。

5.1.3 政府采购国际经验对我国的启示

1. 全面认识政府采购作用,充分发挥政府采购调控经济的功能

从市场经济国家政府采购经验看,现代政府采购不再是单纯的财政管理手段,同时也成为国家在市场经济条件下实行宏观调控的一种有效工具,在社会、政治、经济领域广泛发挥作用。如政府采购必须购买本国产品,采购合同的一定比例要授予中小企业,要优先购买环保和高科技产品,采购预算的安排要体现鼓励发展和限制生产的国家产业政策导向等。

我们应当借鉴国际做法,重新认识政府采购制度的作用,充分发挥政府采购的调控功能。在我国入世及世界投资贸易自由化的大环境下,我们尤其应当强化国货意识,采购本国货物、工程和服务,这不仅有助于在关税向国际接轨过程中国内市场的平稳过渡,缓解入世给国内企业造成的冲击,还可以为国民经济持续稳定增长

创造良好环境，具有重大的现实意义。除了采购国货以外，还应利用采购政策的倾斜，支持少数民族和经济不发达地区经济发展，保护环境和扶持中小企业发展。利用政府采购商机，引导外国企业转移技术，增加投资，带动出口。还应更加灵活地运用政府采购手段，促进国家有关法律规定和政策要求的落实，包括禁止不符合国家产业发展规划的企业参加政府采购，禁止走私产品、盗版产品、违法乱纪企业的产品进入政府采购市场，禁止有拖欠农民工工资行为的企业参加政府采购等。

2. 加快政府采购制度体系建设，规范政府采购行为

政府采购制度是依法规范运作的。建立完整统一、协调一致的政府采购法律法规体系既是完善政府采购制度的前提，也是依法行政、依法采购的需要。虽然我国已有了政府采购法，并在此基础上制定了一些配套法规，但还远远不能满足全面推进政府采购制度改革和规范化管理的需要，尤其是具体操作性的办法比较少。因此，我们要借鉴国际经验，尽快建立以政府采购法为核心的、遵循国际惯例的、完善的政府采购法律法规制度体系，指导实践活动，规范采购行为。

3. 扩大政府采购范围和规模，加强部门间的协调配合

政府采购范围和规模是衡量一国政府采购制度是否完善和健全的重要标志之一，直接反映政府采购制度发展的广度和深度。规模是实现效率的基础，有规模才能发挥更大效益，节约更多资金。范围是落实政策功能的条件，只有扩大了范围，政府采购调控经济才有更广阔的空间。目前，我国政府采购范围和规模与国际相比还有很大差距。2008 年纳入政府采购统计的数额占 GDP 的比重仅为 2%。因此，应当通过科学制定集中采购目录及限额标准，扩大政府采购项目的实施范围和采购品种，同时应当加强与各行业主管部门之间的协调配合，研究公共工程和药品等项目实施政府采购的方式方法，切实将这些项目纳入政府采购的监管体系。

4. 加强集中采购管理，注重政府采购全面发展

市场经济国家政府采购基本上都经历了"分散采购→集中采购→分散采购"的发展历程，这项制度已经成为政府各部门遵守的一套规则，只要遵守这一规则的采购活动，都属于政府采购。我国推行政府采购制度也应遵循这样的发展道路。在当前政府采购改革初期，政府采购制度尚未全面、规范实施的情况下，应当大力抓好集中采购工作，以促进政府采购改革的发展。将一些通用商品实施集中采购，既具有现实可行性，也有利于实现规模效益。与此同时，也要抓好部门集中采购和单位分散采购工作，确保政府采购制度改革全面落到实处。

5. 深化财政改革，完善政府采购监督管理体系

财政预算和支付管理在市场经济国家政府采购活动中发挥了关键作用。而我国政府采购实行预算管理的时间较短，在编制方法和审批管理，以及支付审核与采购管理有机结合等方面还需要进一步完善。当前，我国正在深化部门预算、政府采购和国库管理等财政改革，应当加强几项改革的协调配合，将采购项目预算纳入部门预算中，充分发挥预算在政府采购中的基础和依据作用，同时，利用财政支付手段约束采购合同的执行，通过资金拨付管理监督采购活动。

与此同时，健全政府采购监督体系，发挥纪检监察和审计部门的监督作用。审计部门应依据政府采购法、国务院和财政部颁布的有关政府采购的法规和规章，对各部门和各单位政府采购政策执行情况和采购资金使用情况进行审计；监察部门应对政府采购的相关人员实施监察，严肃处理各个环节发现的违规违纪行为。

6. 继续研究探索，建立统一的电子化政府采购系统

从市场经济国家推行电子化政府采购的实践来看，无论是效率还是效益，都有较大提高。我国也应该充分利用现代信息技术和产品，积极探索和发展以信息技术为支撑的政府采购新方式，实现政府采购管理和操作电子化。目前，应着重在以下几个方面做些研究和探索：第一，增加反拍卖等电子化采购方式，增强政府采购的灵活性，提高采购效率；第二，对供应商、采购合同实现电子化管理，提高透明度和管理效率；第三，将政府采购信息发布媒体由报刊转变为网络，降低成本，增强及时性；第四，政府采购管理系统与国库集中支付系统实现有机结合，确保支付资金的准确与安全。通过制定电子化政府采购的战略方案，逐步推进电子化政府采购工作，最终实现电子化政府采购系统统一集中管理的目标。

5.2 我国政府采购管理改革的成效与问题

5.2.1 我国政府采购制度的改革历程

虽然政府采购在国际上已有相当长的历史，但在我国还是新生事物。在计划经济时期，政府采购行为是通过计划进行管理的。改革开放后，虽然计划手段有所淡化，但因没有及时建立起适应我国社会主义市场经济体制要求的政府采购制度，政府采购行为缺乏相应地约束，从而导致了盲目采购、重复采购等现象。为了加强财政支出管理，规范政府采购行为，在广泛借鉴国际经验基础上，1995 年，上海市率先试行大宗物品集中招标采购，1996 年，深圳试行了公务车辆集中招标采购。

财政部支持各地开展政府采购的试点工作，自此政府采购工作像雨后春笋般在我国蓬勃发展开来。1998 年，试点范围逐步扩大，1999 年，财政部出台了《政府采购管理暂行办法》，2000 年，试点工作迅速在全国范围内推开，2002 年我国第一部有关政府采购的法律《政府采购法》正式出台，于 2003 年 1 月 1 日正式实施。其后我国的政府采购活动在法律法规的约束和保护下，日益扩大和有序。

1. 我国政府采购制度改革的提出

长期以来，我国各预算单位的采购行为都是各自为政，分头进行的。这种分散采购的方式带来了诸多弊端：一是政府采购资金的分配和使用脱节，资金使用效益不高，财政无法实行有效监督；二是采购过程不透明，不公开，容易产生腐败现象；三是强化了地方保护主义，不利于全国统一市场的形成；四是不能形成规模效应，不能体现国家的产业政策，削弱了财政对经济的调控职能。因此，传统的分散采购制度越来越不能满足我国经济社会发展对政府采购管理的客观需要。

1995 年 11 月，APEC 在日本大阪召开了领导人会议。在这次会议上，通过了《大阪行动议程》。在这个议程中，政府采购被列入了 APEC 贸易和投资自由领域。在当时 APEC 的 18 个成员中，除中国外，其他成员都建立了政府采购制度。为了尽快缩小与 APEC 发达成员的差距，国务院领导指示有关部门要将建立我国政府采购制度提到议事日程。

2. 我国政府采购制度的建设与完善

1994 年，实行分税制的改革标志着我国财政体制改革取得了突破性进展，为财政改革的重点从财政收入转移到财政支出领域奠定了坚实基础。在广泛借鉴国际经验的基础上，1996 年，我国开始了政府采购制度改革的试点工作。上海市率先启动了政府采购试点活动。1996 年，上海市财政局和市卫生局联合下发了《关于市级卫生医疗单位加强财政专项修购经费管理的若干规定》；随后，全国各省、区、市不同程度地开展了政府采购试点工作。1998 年，深圳市率先制定了我国政府采购的第一个地方性法规《深圳经济特区政府采购条例》；此后，其他许多省、区、市都颁布了相应的政府采购法规。

1998 年，国务院实行机构改革，在批复财政部的"三定"方案时，赋予了"拟定和执行政府采购政策"的职能，明确财政部为政府采购的主管部门，财政部建立了专门机构，负责履行政府采购管理职责，从而在我国初步建立了政府采购管理机构和执行机构。一些省、自治区、直辖市和计划单列市也开始在财政部门设立政府采购管理机构，有的还同时建立了集中采购机构，负责集中采购事务。

1999 年 4 月，财政部颁布了《政府采购管理暂行办法》，这是我国第一部有关政府采购的全国性管理办法。该办法扭转了我国政府采购试点工作无法可依、无章可循的局面。同年 8 月，《中国财经报》在北京举办了"政府采购制度与中国"的研讨会，邀请有关专家、政府官员对政府采购制度以及如何在我国建立、完善等问题进行了广泛、深入的探讨。随后，财政部针对采购制度不完善、管理不规范、采购范围窄等问题，制定发布了《政府采购运行规程暂行规定》。

2000 年 6 月，财政部在《关于进一步加强地方政府采购管理工作的通知》中，从预算管理、采购范围及规模、资金管理、队伍建设、信息管理和监督机制等八个方面进一步明确了政府采购工作的总体要求和工作目标，制定了《政府采购信息公告管理办法》、《关于加强政府采购信息统计报表编报工作的通知》、《政府采购品目分类表》，推动了政府采购工作的开展。与此同时，还积极配合外经贸部做好亚太经济合作组织及世界贸易组织有关政府采购问题的谈判，提出政策建议及单边行动计划，并对中央有关部门开展政府采购工作进行了指导。

2001 年，财政部起草了一系列办法，如《中央单位 2001 年政府采购实施方案》、《政府采购资金财政直接拨付管理暂行办法》、《关于开展政府采购业务代理机构登记备案工作的通知》，进一步规范了政府采购预算编制和资金支付管理，初步建立了政府采购招标业务代理机构管理制度，第一次在部门预算中单独涉及了政府采购预算表，并随部门预算一并交由预算单位填报，为全面实行政府采购预算管理制度奠定了基础，同时，对各级政府采购信息统计管理与分析工作提出了更新的要求。

在完善政府采购机构和制度的同时，政府采购在全国范围得到稳步推开。1998 年中央政府采购规模约为 31 亿元，占财政支出比重为 0.29%，约占 GDP 的 0.04%，1999 年中央和地方政府采购规模均达到了 131 亿元，2001 年中央和地方政府采购分别为 653 亿元与 499 亿元。2001 年与 1998 年相比，全国范围内政府采购规模前者是后者的 17.6 倍，占财政支出比重则上升了 3.17 个百分点。2008 年政府采购规模达到了 5991 亿元。

3. 我国《政府采购法》的出台与实施

在政府采购制度改革取得初步成效的基础上，我国政府采购工作立法正式启动。2002 年正式颁布了《政府采购法》，并于 2003 年开始正式实施。《政府采购法》的颁布，标志着政府采购由试点阶段转向全面推行阶段，我国政府采购法制建设进入新的历史时期，财政支出管理得到了进一步加强，财政资金的使用效益大大提高。

《政府采购法》颁布后，财政部根据改革的需要，研究制定了十多个配套办法，如《政府采购货物和服务招标投标管理办法》、《政府采购信息公告管理办法》、《政府采购供应商投诉处理管理办法》、《中央集中采购机构监督考核暂行办法》和《政府采购评审专家管理办法》等。

《政府采购法》对政府采购的范围作了原则性规定。财政部进一步制定了一系列法规，明确政府采购的范围，并将政府采购具体化。（1）制订政府集中采购目录，将中央单位通用的采购项目纳入目录内，实行集中采购。（2）制订部门集中采购项目，将部门或系统有特殊要求并且具有批量的采购项目，纳入部门集中采购范围，由各部门实行集中采购。（3）制订单位分散采购项目，凡是单项或批量采购金额达到一定标准的采购项目，由使用单位依法自行组织采购。（4）确定政府采购货物和服务公开招标数额标准。2003 年开始凡是用财政性资金安排的采购项目，属于政府采购目录以内和限制以上的采购项目，都要依法实行政府采购。

2003 年，财政部拟定了《关于全面推进政府采购制度改革的意见》，为《政府采购法》的顺利实施提出了目标，促进了政府采购制度改革工作的深入开展。同时修改、制定、废止了一系列与《政府采购法》不配套的规章制度，着力增强法律法规的可操作性，指导和规范政府采购活动。依据《政府采购法》，财政部废止了《政府采购管理暂行办法》和《政府采购招标投标管理暂行办法》，修改了《中央单位政府采购管理实施办法》中与法律不一致的规定，与监察部联合制定并颁布了《政府采购评审专家管理办法》和《中央集中采购机构监督考核办法》，起草上报了《政府采购法实施条例（草案）》。此外，还制定了《政府采购货物和服务招标管理办法》、《政府采购信息公告管理办法》等。政府采购法配套规章制度的陆续颁布和实施，为我国政府采购制度改革沿着法制化轨道向纵深推进提供了制度保障，为政府采购的规范化管理奠定了基础。

随着立法工作的进一步推进，政府采购规模和范围不断扩大，2002 年和 2003 年政府采购规模分别达到 1009 亿元和 1659 亿元，由简单的货物采购扩大到工程类和服务类采购，货物采购份额逐年下降，工程类采购份额明显上升。政府采购范围由车辆、计算机设备、医疗设备等简单商品逐步扩大到电梯、煤炭、建材等复杂商品；工程类项目由办公室建造、房屋装修扩大到道路修建、市政设施等大型建设项目；服务类项目由会议接待、车辆加油扩大到网络开发、项目设计等技术含量高的领域等。由于引进竞争机制，编制政府采购预算和实行政府采购资金财政直接拨付，在一定程度上支持了部门预算和国库管理制度改革，从源头上防范了腐败行为的发生，使过去单位采购中一些不规范的行为得到了有效遏制。

4. 我国政府采购制度改革的深化

自 2002 年、2003 年政府采购由简单的货物扩大到工程类和服务类采购，并且货物采购份额逐年下降、工程类采购份额明显上升之后，2005 年，政府采购在促进节能、环保、自主创新以及维护国家公共利益等方面均取得进展。财政部根据实际情况扩大了节能产品政府采购范围，并会同有关部门研究国货认定标准以及扶持环保型产品、自主创新产品的政府采购政策；2005 年 12 月，财政部会同国家发展改革委员会、信息产业部出台了无线局域网产品政府采购政策，标志着政府采购政策功能得到进一步发挥，对于维护国家利益和社会公共利益发挥了应有的作用。

在此阶段，我国政府还推进了财政采购管理机构与集中采购机构分离，即"管采分离"改革，理顺了政府采购管理体制。管采分离后，财政部开始全面履行政府采购监督管理职责，包括政策制定、预算管理、信息管理、方式管理、合同管理、供应商投诉受理，以及政府采购专业岗位任职要求的规定、监督检查、违法违规行为处理、资金支付、集中采购机构业绩考核、政府采购行政复议受理等。集中采购机构的主要职责是，接受采购人委托，代理纳入政府采购目录中的项目采购。截至 2008 年年底，全国共有 31 个地区成立了集中采购机构，省级以上政府全部完成了政府采购管理与操作机构分设、职能分离工作。机构分设后，各自职责日趋合理，初步形成了管采分离、职责清晰、运转协调的管理体制。

目前，电子化政府采购改革试点已取得新进展。湖北、浙江等省开发了完整的政府采购信息管理系统，深圳市也启动了网上政府采购系统，上海市突出了网上办事和网上服务功能，新疆开发了专家管理系统，内蒙古、江苏、广西等地试行了网上询价采购等。这些工作的开展为形成我国电子化政府采购发展规划打下了基础。

为应对开放政府采购市场后带来的挑战，2005 年 9 月，财政部成立了 WTO《政府采购协议》研究工作组，就我国加入 GPA 问题开展专题讨论。同时，我国政府在中美第 16 届商贸联委会上承诺，与包括美国在内的 GPA 成员国开展加入 GPA 的技术性磋商。2005 年 11 月，中国与欧盟签署了《中欧政府采购合作谅解备忘录》，备忘录明确在中欧财金对话机制下，财政部国库司与欧盟委员会内部市场和服务总司政府采购政策司将共同开展政府采购交流合作。备忘录的签订标志着中欧政府采购对话机制正式建立。2007 年 12 月 28 日，中国政府向 WTO 提交了加入《政府采购协议》（GPA）的申请和初步出价清单，以实际行动表明中国政府是一个重承诺、守信用、负责任的政府。中国启动加入 GPA 谈判不仅是中国的一件大事，也是 WTO 的一件大事，对深化中国政府采购制度改革和促进 WTO 有关目标的实现，都将产生非常重要的影响。

从提出政府采购观点并进行理论研究，到在部分地区试点成功，到《政府采购法》的出台，再到目前的全面改革与推广，政府采购规模、范围、占财政支出和 GDP 的比重日益提高。我国政府采购的成长速度是非常快的，但与一些发达国家相比，我国政府采购在许多方面仍存在一定的差距。因此，继续深化政府采购制度改革，更好地发挥政府采购的政策功能，是未来一段时期我国进一步完善政府采购管理的必然选择。

5.2.2 我国政府采购管理改革的成效

1. 不断扩大政府采购的范围和规模

政府采购制度改革以来尤其是政府采购法实施以来，各地区、各部门紧紧围绕"扩大政府采购范围，确保采购规模持续增长"的工作目标，采取了多种措施，政府采购政策取得了突破性进展。政府采购范围已由单纯的货物类采购扩大到工程类和服务类采购，且工程采购的比重呈现上升趋势（见图5-1）。政府采购资金从最初的预算内安排的资金，扩展到包括预算内外、自筹资金在内的各种财政性资金。一些公益性强、关系民生的采购项目纳入政府采购范围，日渐增多的民生项目成为政府采购规模扩大中的亮点。政府采购规模保持了快速增长，由2002年的1009.6亿元增加到2008年的5991亿元，年均增长35.7%。采购规模的增长，带动了资金使用效率的提高，2002—2008年我国政府采购资金年节约率在11%左右，累计节约财政资金近3000亿元（见图5-2）。

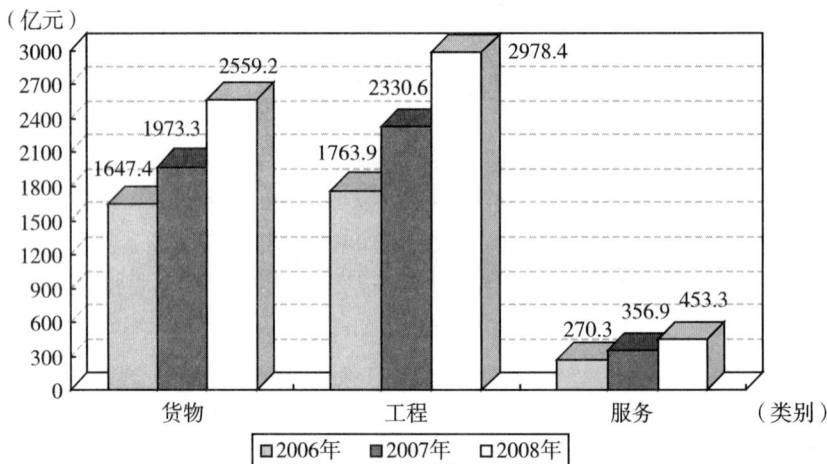

图5-1　2006—2008年货物、工程、服务采购规模

2. 政府采购制度的法律框架基本形成

政府采购法律制度建设作为改革的制度基础和工作保障，对于规范政府采购制度、促进政府采购改革与发展具有重要意义。自政府采购法正式实施以后，我国相继制定了《政府采购货物和服务招标投标管理办法》、《政府采购信息公告管理办法》、《政府采购供应商投诉处理办法》、《政府采购代理机构资格认定办法》、《政府采购评审专家管理办法》和《集中采购机构监督考核管理办法》等配套规章和

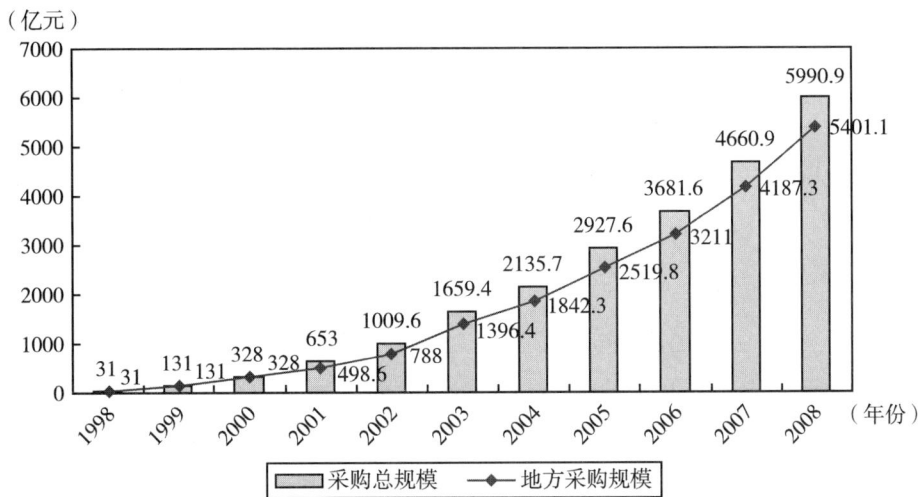

（亿元）

图 5－2　1998—2008 年全国政府采购总规模和地方政府采购规模

规范性制度 40 多个，初步建立了以《政府采购法》为统领的政府采购法律制度体系，为政府采购制度改革提供了制度保障。与此同时，地方法规制度建设取得很大进展。有的地方通过人大立法颁布实施本区域的政府采购条例，不少地方以人民政府法规或规章的形式制定了本地区政府采购管理实施办法，绝大部分地方财政部门都结合本地实际，根据政府采购法的规定制定了专项管理办法和具体操作规程。地方政府采购法规制度建设使政府采购法及其配套规章制度的实施更具针对性和可操作性。据 2008 年全国政府采购执行情况专项检查统计，截至 2008 年，全国各地区、各部门制定政府采购制度办法 90591 个，其中，中央单位 8621 个，地方 81970 个（省级 10460 个，市级 20361 个，县级 51149 个）。

3. 政府采购管采分离的管理体制初步建立

按照政府采购法关于政府采购管理职能与操作职能相分离的要求，全国政府采购管理机构与操作机构分离工作取得了阶段性进展。截至 2007 年年底，中央、省、市、县四级政府基本上在财政部门设立了政府采购管理机构。政府采购管理机构、采购单位和集中采购机构的工作职责分工日趋合理，"管采分离、机构分设、政事分开、相互制约"的工作机制基本形成，初步建立了在采购管理机构统一监督管理下的集中采购机构和采购单位具体操作执行的采购管理体制。

4. 实现政府采购政策功能的转变

随着政府采购制度改革的逐步推进，发挥政府采购的政策功能作用越来越成为深化改革的重点。近年来，财政部门与有关部门密切配合，贯彻落实科学发展观，促进了政府采购政策目标的逐步实现。在促进节能环保方面：从 2004 年开始，先后制定了节能产品和环境标志产品政府采购实施意见，2007 年国务院办公厅下发通知建立了政府强制采购节能产品制度。据不完全统计，2008 年节能产品政府采购金额占同类产品政府采购总额的比重达到 64% 左右，对节能减排工作发挥了重要作用。在促进自主创新方面：根据国家中长期科技发展规划纲要的要求，先后制定了《财政部关于实施促进自主创新政府采购政策的若干意见》，以及《自主创新产品预算管理办法》等五个配套制度办法。在促进相关产业发展方面：制定了无线局域网产品采购政策、政府采购计算机预装正版软件等规定。一些地方也结合本地实际制定了相关配套措施。在实施工作中，采购单位实现政策目标的意识明显增强，集中采购机构认真组织落实，在各方面的共同努力下，有效地支持了国内产业和行业的发展，政府采购发展与宏观经济政策和社会事业发展的联系更加紧密。2008 年，全国节能、节水产品政府采购金额 131.9 亿元，比 2007 年增长 21.9%，占同类产品采购金额的 64%；环保产品采购金额 171.2 亿元，占同类产品采购金额的 69%。目前政府优先采购的节能产品已有 34 类 1.8 万种，环境标志产品已有 21 类 8000 多种。在汽车、计算机及应用设备、通信产品等领域支持国内产品的力度不断加大。

5. 集中采购格局的形成

各地区、各部门积极采取措施，通过制定集中采购目录、完善协议供货、探索联动的区域性大市场、整合运行程序、提高采购效率和质量、网上管理与操作等，不断提高集中采购规范化水平和科学化程度，集中采购效果日渐凸显。2008 年，通过集中采购机构实施的政府采购规模为 4050 亿元，占采购总规模的 67.6%，比 2007 年提高 2.6 个百分点。部门集中采购规模占全国采购总规模的 18.3%，分散采购规模占全国采购总规模的 14.1%，已经形成以集中采购为主、部门集中采购和分散采购为辅，三种采购实施形式并行、相互补充的采购格局（见图 5-3）。

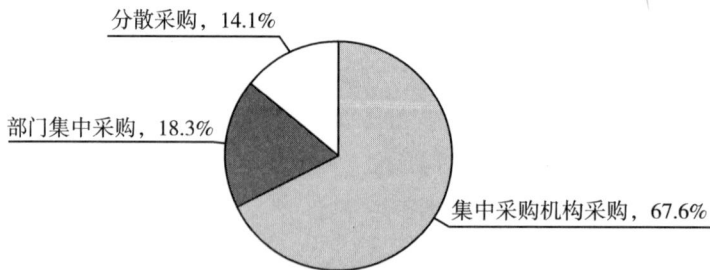

图 5-3　2008 年政府采购格局

6. 逐步形成公开透明的采购运行机制

政府采购法颁布以来，依法管理、依法采购的意识普遍增强，采购行为不断规范，采购工作质量不断提高。一是公开招标作为主要采购方式的主导地位不断巩固。各地区、各部门按照省级以上人民政府规定的数额标准，全力开展以公开招标为主要方式的采购活动，公开招标项目数量逐年增加，保证了从采购方式上实现采购的公开、公正和公平。2008年，全国采用公开招标方式的政府采购规模为4289亿元，占采购总规模的71.6%，比2007年提高1.5个百分点，比2002年增长了23个百分点。二是政府采购信息公开化和电子化程度不断提高。财政部先后指定《中国财经报》、《中国政府采购》和《中国财政》杂志、中国政府采购网、《政府采购信息报》等媒体为政府采购信息发布和宣传媒体，地方财政部门也指定了本地区的政府采购信息发布媒体，形成了固定权威的信息公开平台，使政府采购信息公告数量成倍增加，2008年，仅在财政部指定媒体上公告的政府采购信息就达到了近35万条，比2007年增加了15万多条，比2002年的5000多条增加了70倍。许多地方进行了政府采购管理与操作的电子化试点工作，建立了不同层次和内容的电子系统，促进了政府采购"阳光工程"的建设。三是政府采购预算和资金支付管理逐步完善与强化。政府采购预算基本实现了与部门预算同步统一编制，预算内容趋十完整科学规范，无预算采购等现象明显减少。采购资金实行国库集中支付的力度和规模越来越大，控制了违规采购和不正当交易行为。四是评审专家管理更加科学合理。通过在财政部门统一建立专家库、随机抽取、加强培训、实施考核等措施，实现了管理与使用分离、专家资源共享，有效地保障了政府采购评审工作质量。2008年，中央和省、市、县财政部门已建立专家库1400多个，专家人数近19万人；通过专家库抽取评审专家的项目共12万多个，比2007年增加近4万个。五是代理机构资格认定有序进行。从2005年开始，财政部对符合条件的社会中介机构进行政府采购代理资格认定，截至2009年年底，全国已有近600家社会中介机构获得了甲级资格。各省（自治区、直辖市）财政部门也开展了相应的乙级资质的认定。这些机构作为补充力量为建立充分竞争的政府采购市场增添了活力。六是供应商质疑答复和投诉处理工作日趋完善。各地区逐步建立和完善供应商质疑投诉处理操作规程，采购单位、采购代理机构和财政部门做到了按照有关质疑投诉处理法律制度规定，答复处理质疑和投诉案件，保护了政府采购当事人的合法权益，保障了政府采购活动规范有序进行。此外，在采购方式、组织实施、招标采购、合同审核等采购过程方面的管理程序、审批环节更加规范严谨透明。2008年，中央和地方各级政府采购监督管理部门接到供应商投诉共781起，受理702起，其中做出处理决定431起，撤诉和驳回271起（见图5-4）。

单一来源，5%

询价，9%

竞争性谈判，9%

邀请招标，5%

公开招标，72%

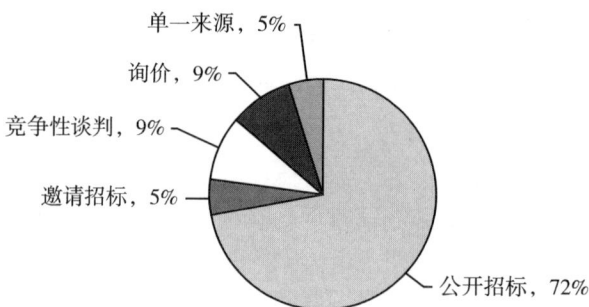

图 5 - 4　2008 年全国政府采购方式比重

7. 强化监管和廉政建设

　　随着各项管理制度的不断健全完善，各级财政部门认真履行监管职责，围绕着政府采购操作执行环节和重点岗位以及社会关注的热点问题，积极改进和创新监管模式，建立社会监督员制度，不断加大检查和处罚力度。2008 年 5 月至 10 月，财政部会同监察部、审计署和国家预防腐败局首次在全国范围内开展了政府采购执行情况专项检查，共检查了中央、省、市、县四级 27.5 万个采购单位、近 2400 个集中采购机构和 1100 个采购代理机构。在专项检查工作中，从中央到地方，财政、监察、审计等部门通力合作，相互配合，在深化改革思路和措施等方面达成诸多共识，建立了良好的工作机制，为日后建立完善的监督检查机制奠定了基础。专项检查完成后，财政部、监察部、审计署和国家预防腐败局联合向国务院上报了《关于政府采购专项检查工作情况的报告》，报告了中央单位政府采购违规违纪行为案例，提出了进一步深化改革的政策建议。国务院随后以办公厅的名义下发了《关于进一步加强政府采购管理工作的意见》。这些工作，标志着财政、监察、审计和预防腐败部门联动加强政府采购监督管理的新机制正在形成，促进了政府采购监督管理向制度化、常态化、专业化方向发展。许多地区连续几年开展了政府采购执行情况专项检查，在建立多层面多环节的动态监控机制和促进廉政建设方面取得了新突破；认真开展政府采购领域治理商业贿赂专项工作，在查找问题和漏洞、整顿采购环境、建立长效机制等方面取得阶段性成果，有效地维护了市场经济秩序。许多集中采购机构也注重自身约束机制的完善，按采购工作流程设置岗位，健全内部岗位责任制，内部管理逐步规范。纪检监察、审计部门按照各自职责开展了对政府采购活动的监督检查，在查处和纠正违法乱纪行为中发挥了重要作用。这些工作有效地遏制和预防了腐败行为的发生，形成了实行政府采购与廉政建设的良性互动机制。

8. 拓展应对政府采购国际化能力

随着我国财经对外交流与合作的深入开展，政府采购的国际化进程不断加快，领域也不断扩大。财政部先后建立了中国－欧盟政府采购对话机制、中国－美国政府采购技术性磋商机制；参加了 APEC 政府采购专家组、联合国贸易法委员会政府采购工作组会议，并以观察员身份参加 WTO 政府采购委员会活动；先后与澳大利亚、新西兰和韩国，在自贸区框架下开展政府采购谈判。2007 年底，启动了加入 GPA 谈判。我国利用这些交流合作机制，积极宣传我国政府采购制度改革的成效，有针对性地了解国际政府采购制度及改革动态，熟悉并参与国际规则制定。谈判工作由被动参与转向积极应对，确立了自贸区框架下政府采购谈判的总体立场，制定了我国加入 GPA 谈判的基本原则，为今后谈判工作奠定了基础。

9. 打造政府采购的专业队伍

随着管理体制的完善和组织机构的建立，政府采购人员队伍不断壮大。尤其是经过多年的改革实践，从事政府采购的人员专业素质和知识结构等有了进一步改善，业务技能和操作水平不断提高。目前，全国共有 6000 多名政府采购管理人员和 7000 多名集中采购机构人员从事政府采购监督管理和操作执行工作。另外，还有大批获得财政部门认定资格的社会代理机构的从业人员、政府采购评审专家也在服务于政府采购工作。这些队伍已经成为推动政府采购事业发展的中坚力量。

总体来看，我国政府采购制度改革的影响力正不断扩大，制度的先进性已逐步得到显现和认可。归纳起来，就是单位观念转变了，规章制度健全了，采购行为规范了，管理机制建立了，市场竞争有序了，运行程序改善了，采购政策作用发挥了，资金效益提高了，在实现政府采购法提出的目标要求上取得了阶段性成果。改革的实践证明，只有深入贯彻落实科学发展观和可持续发展战略，才能把握政府采购发展规律，兼顾改革力度、发展速度和社会接受程度，实现政府采购制度改革又好又快发展。只有坚持求真务实、开拓进取、勇于创新，才能保证在采购管理体制、运行机制、采购管理手段和操作能力等方面不断实现新突破，提升政府采购管理水平。只有坚持以人为本、和谐发展，才能更好地改善民生、支持节能减排、自主创新等国家经济政策发展，构建政府采购和谐群体，服务于经济建设和社会发展。只有坚持依法行政，才能确保各项改革工作在法律框架下有序进行，形成监管有规、操作有方的改革环境，促进政府采购法制化管理水平不断提高。

5.2.3 目前我国政府采购存在的主要问题

我国政府采购法律制度的实施虽然取得了显著的成效，但是，由于实行政府采购制度起步较晚、时间较短，政府采购实践及立法经验相对不足，政府采购法律制度在具体制度规定及其执行、适用等方面不可避免地存在一些问题。主要表现是：

1. 对政府采购缺乏科学的认识

政府采购以其公开、透明被誉为"阳光工程"，但源于计划经济体制的影响，以及来源于集团和部门利益压力下的维权思想等，在实际工作中存在着种种认识上的误区，影响着政府采购活动的正常运行。部分地方和单位对实行政府采购、规范财政支出管理的必要性认识不足，把政府采购仅仅当作采购方式的转变，没有认识到政府采购制度改革多层次的意义；另外，政府采购对财政资金管理由价值形态延伸至实物形态，这本是政府采购制度的优势所在，但因为在一定程度上限制了部门分散购买的自由，从而触动了一些地方和部门的切身利益，因此对政府集中采购有抵触情绪。

2. 政府采购法律制度体系及部分制度规定不够完善，实际执行存在一定难度

（1）法律制度体系不够完整，缺少承上启下的政府采购行政法规。《政府采购法》颁布实施后，《政府采购法实施条例》迟迟没有出台，现行政府采购法律制度体系只是由《政府采购法》和若干财政部门的规章和规范性文件构成，欠缺"中间力量"，缺少承上启下的行政法规层面的制度规范，不利于在政府采购的各个环节上形成完整、系统的上下衔接的制度链条，影响了政府采购制度体系整体功能作用的发挥。

（2）一些制度规定不够具体和明确，缺乏可操作性。现行政府采购法律制度的一些规定不够明确具体，可操作性不强，执行困难。主要表现在：一是对《政府采购法》第二条规定的政府采购概念中的"财政性资金"、"使用财政性资金"的含义缺少具体解释，致使实际执行中存在差异。二是对《政府采购法》第二十二条规定的供应商条件，缺乏具体的审查标准和程序规定，致使各地在实际执行中难以把握，审查标准和程序不一。三是对竞争性谈判、单一来源、询价等招标采购以外的采购方式，缺乏适用标准及程序方面的具体规定，使得在实际工作中如何具体采用这些采购方式存在一定的困难。四是《政府采购货物和服务招标投标管理办法》有关评标办法的规定尚欠细化。五是《政府采购供应商投诉处理办法》中有关举证责任和投诉处理的规则、对恶意投诉的处理等方面的规定还不够细化和具体，执行中存在一定困难。六是《政府采购法》有关法律责任的部分规定不够具体明确，难以适用。

（3）一些制度规定存在空白，难以适应形势发展的要求。主要表现在：一是对县级集中采购项目的组织方式缺少指导性的制度规范。《政府采购法》只规定"设区的市、自治州以上人民政府根据本级政府采购项目组织集中采购的需要设立

集中采购机构"。由于对县级政府是否可以设立集中采购机构、设立集中采购机构的条件，以及不设立集中采购机构的县级集中采购项目如何具体组织采购等，目前缺少指导性的制度规定，致使县级集中采购的做法不一，一定程度上影响了县级政府采购工作的规范开展。二是对部门集中采购缺少制度规范。对实施集中采购的部门应具备哪些条件、部门集中采购机构及其人员应具备哪些条件、部门集中采购的具体操作办法等，缺少制度规定，难以有效规范部门集中采购行为，制约了部门集中采购技术和效率优势的发挥。三是对协议供货、电子采购等现代化的采购方式或手段缺少制度规范。目前对协议供货、电子采购等实践中已较多采用或符合发展方向的政府采购方式或手段缺少制度规范，不利于充分利用现代信息技术和管理方法，降低采购成本，提高采购效率，促进政府采购工作的深入开展。四是政府采购合同必须具备的条款尚未制定。《政府采购法》第四十五条规定，政府采购合同必须具备的条款由国务院政府采购监督管理部门会同国务院有关部门规定，由于该项制度尚未出台，实践中签订政府采购合同缺乏统一的基本格式规范，不利于规范政府采购合同的签订及履行行为。五是法律责任规定存在缺失，无法实施对有关政府采购违法行为的制裁惩处。例如，对政府采购评审专家违反政府采购法律规定的行为，缺少高层次的法律责任规定。

（4）一些制度规定不尽合理，需要研究修改完善。这方面的问题主要有：一是《政府采购法》第三十五条有关"货物和服务项目实行招标方式采购的，自招标文件开始发出之日起至投标人提交投标文件截止之日止，不得少于二十日"的规定，即统一规定"二十日"的等标期限，没有充分考虑各类采购项目的不同情况，缺乏灵活性。对货物和服务项目而言，由于一些采购项目比较简单，供应商完成投标文件的工作量不大，二十日的等标期限过长，影响了采购效率；而对一些复杂的采购项目，二十日的等标期限又过短。二是《政府采购法》第四十二条关于采购文件的保存期限至少为十五年的规定，没有充分考虑各种采购文件的重要程度及不同采购项目对采购文件保存的实际需要，加重了采购人和采购代理机构的工作负担和成本。三是《政府采购货物和服务招标投标管理办法》规定的邀请招标程序，虽然保证了公开性、公正性，但程序过于严格和复杂，难以发挥邀请招标期限短、费用低的作用。四是《政府采购代理机构资格认定办法》规定的政府采购代理机构的资格条件较低，如注册资本底线规定较低等，不利于保证政府采购代理机构的质量。

3. 《政府采购法》与《招标投标法》的衔接协调不够顺畅，影响了政府采购工程项目的实施

《政府采购法》明确规定该法适用于政府采购货物、工程和服务的行为，但其第四条又规定"政府采购进行招标投标的，适用招标投标法"。由于《政府采购法》和《招标投标法》对工程采购项目在一些制度规定上存在一定差异，实践中

又缺少如何具体适用《政府采购法》和《招标投标法》的制度规定等原因，随着工程政府采购规模的不断扩大，实际执行中矛盾冲突日益突出，影响了政府采购工程工作的统一开展和规范管理。突出表现在：一是两法对"工程"内涵的规定不尽一致。《政府采购法》规定，工程是指建设工程，包括建筑物和构筑物的新建、改建、扩建、装修、拆除、修缮等。而《招标投标法》规定的工程建设项目，包括项目的勘察、设计、施工、监理以及与工程建设有关的重要设备、材料等的采购。对与政府采购工程项目相关的货物和服务采购，是适用《政府采购法》还是《招标投标法》，实践中难以把握。二是对政府采购工程招标投标以外环节的法律适用不明确。由于《政府采购法》仅规定"政府采购进行招标投标的，适用招标投标法"，对招标投标以外环节，如政府采购工程项目的预算管理、合同备案管理、监督检查、投诉处理、法律责任追究等，是适用《政府采购法》还是《招标投标法》没有明确规定，致使实际执行中理解不一致。这也是导致相关监督管理部门职责不清，监督检查、投诉处理等职责交叉重复或不到位的重要原因。三是对政府采购限额标准以上和招标限额标准以下的政府采购工程缺少法律制度规范。由于《招标投标法》只对招标采购方式进行了规范，而《政府采购法》关于竞争性谈判、询价、单一来源等采购方式的条款，又明确规定只适用于货物和服务采购项目，致使对政府采购限额标准以上、招标限额标准以下的政府采购工程项目，缺少采购方式、采购程序等方面的具体制度规定，既不利于具体实施工程采购，也不利于实施有效监管。四是两部法规对投标人投诉及采购人规避招标的法律责任的规定不尽一致。《政府采购法》对供应商投诉设定了质疑的前置程序，而《招标投标法》则没有明确规定必须先进行质疑；《招标投标法》对应当进行招标而规避招标的，确定了具体罚款标准，而《政府采购法》未对采购人规避公开招标的罚款标准予以明确。上述法律规定的不同，给采购当事人和监督管理机构在工作中带来困难，也容易引发法律争议。

4. 政府采购管理体制亟待完善

在对政府采购管理体制的调研评估中，各地区、各部门较为普遍的反映是，虽然政府采购管理体制改革取得了较大进展，但"管采分离"改革尚未完全到位，采购人、采购执行机构与监督管理机构的责权关系也尚未完全理顺；这已成为制约政府采购向纵深发展的较为突出的问题。主要表现在：（1）大部分县级政府及一部分地市级政府尚未实行"管采分离"改革。在县一级，政府采购监督管理机构与集中采购机构"合署办公"或"一个机构、两个牌子"，行使政府采购监督管理和具体采购事务双重职能的情况较为普遍。这种既当"裁判员"，又当"运动员"的状况，无法更好地形成相互监督和制约的机制，不利于政府采购工作规范运行，也容易产生腐败行为。（2）集中采购机构定位不够准确，与采购人、监督管理机构的职责划分不够清晰。《政府采购法》规定，集中采购机构为政府独立设置的非营利事业法人，是政府采购代理机构。但实践中，虽然部分地方已实行"管采分离"，但集中采购机构的单位性质和隶属模式多样，有的是财政全额拨款的事业单位，有的是自收自支的事业单位；有的设在政府机关事务管理部门，有的设在建设部门，有的设在国有资产管理部门；等等。同时，由于集中采购机构基本上是由行政部门分离转制组建的，其职能定位仍带有浓厚的行政部门色彩，实际工作中与采购人、监督管理机构的关系不够顺畅，职能错位问题比较突出。例如，有些地方财政部门与集中采购机构的职能分离落实不到位，使资金结算等管理职能留在集中采购机构。（3）负有监督政府采购活动职责的各监督管理部门之间职责划分不够清晰、工作不够协调。例如，由于相关部门在政府采购工程方面的监管职责不清，造成在对工程政府采购的计划预算管理、审批管理、投诉处理、检查和处罚等工作中，交叉、越位或缺位现象较为突出。再如，由于各级政府、各部门在建立统一的政府采购基础信息平台问题上尚未进行有效协调，实践中分头建立供应商库、专家库、信息发布平台和基础信息库，难以实现资源的有效整合与共享，容易产生资源分布零乱，发布渠道不畅，信息相对封闭，评审专家和供应商管理困难等问题。

5. 政府采购政策功能发挥不够充分，政府采购的经济社会效益尚未充分体现

政府采购法律制度实施以来，我国政府采购范围和采购规模不断扩大，但由于受对政府采购资金性质的理解不一，法律之间衔接协调不够等多种原因影响，实际工作中部分预算外资金、自筹资金并未随预算资金一起实行政府采购；采购项目结构失衡的状况也没有得到根本扭转，相当数量的工程项目游离于政府采购之外，服务类政府采购也仅局限于公务车辆维修与保险、计算机通用软件、会议服务等部分领域，实际采购范围和规模与依法应达到的水平及国际一般水平相比，还有较大差距。此外，由于对《政府采购法》规定的采购国货制度及政府采购应有助于实现的经济社会发展目标，缺少具体、可操作的制度措施（如对国货、自主创新产品等缺少具体的认定标准和执行办法；在扶持不发达地区和少数民族地区，促进中小企业发展方面，也缺少具体的标准和操作办法），给实际执行带来较大困难，政府采购当事人经常就某一产品是否属于国货等问题发生争议。同时，由于已出台的政策措施实施期限较短等原因，致使《政府采购法》上述规定的实际约束性不够强，政府采购活动实现政府采购政策目标的效果不够理想。上述问题的存在，说明我国政府采购在提高采购资金使用效益，保护国货、实现政府采购政策目标等方面，仍有很大的潜力。

6. 部分采购当事人依法采购意识不强，违规实施政府采购行为不容忽视

虽然我国推行政府采购制度改革已经十多年，《政府采购法》颁布实施也已

六年多，但政府采购工作在地区、部门和单位间发展仍不够平衡，一些地区、部门和单位不规范实施政府采购，甚至违法采购的行为仍不同程度地存在。主要表现在：一是政府采购资金预算编制不完整、内容较粗，执行随意性较大，约束力不强。相当部分的预算外资金和自筹资金尚未纳入采购资金预算，对采购项目缺乏事前的计划安排和科学论证，采购资金预算编制与部门预算编制不够同步，致使执行中调整、追加采购项目较多，影响了采购资金预算的严肃性。二是不按照规定采购或未经批准随意改变采购方式的现象仍较为突出。例如，据 2008 年全国政府采购执行情况专项检查统计，2006 年和 2007 年规避政府采购的资金数额达 3900 多亿元，相当于两年政府采购总额的 37%。同时，采购单位将政府集中采购目录内的项目委托社会代理机构采购或自行采购以规避集中采购的现象也比较突出。据统计，在 2006 年和 2007 年两年中，规避集中采购的金额分别为 615亿元和 931 亿元，占两年政府采购总额的 16.9%。三是采购过程中的违法违纪行为仍屡禁不止。例如，有些地方出现了采购人因意向中的供应商或品牌落标，而拖延与中标供应商签订采购合同，或在合同履行中故意刁难中标供应商；采购人不配合集中采购机构工作，甚至人为设置障碍；采购标准、评标评审办法制定不规范、不合理；采购人与采购代理机构之间恶意串通；供应商之间相互串通、恶意竞争，或向采购人、代理机构及评审专家行贿等现象。上述行为，降低了政府采购工作效率，影响了政府采购的信誉，阻碍了政府采购公开、公平和公正进行，干扰了政府采购市场的健康有序发展。

7. 监督管理机构与集中采购机构建设亟待加强

《政府采购法》只对集中采购机构采购人员的岗位任职要求作了原则性规定，对政府采购监督管理机构从业人员、采购单位从事采购人员的资格要求没有做出规定；实践中对集中采购机构采购人员的岗位任职要求、应具备条件又缺少统一具体的制度规范，使得政府采购监督管理机构、集中采购机构的设置和力量配备与政府采购工作发展的需要相比，还存在不小的差距。主要表现在：（1）政府采购监督管理机构不够健全、编制不足，难以适应制度政策制定、采购资金预算管理、采购方式审批、政府采购代理机构资格认定、合同备案管理、监督检查、投诉处理等大量的政府采购管理工作需要。（2）集中采购机构设置和采购人员配备与实际需要差距较大，采购人员的专业技能和业务素质参差不齐，总体素质偏低。部分地区的集中采购机构独立开展工作存在困难，难以完全适应法定的采购要求，采购效率低、采购质量差、服务水平不高。一些地区的集中采购机构因受采购能力所限，对金额相对较大、技术相对复杂和要求较高的采购项目不能独立操作，需要再次委托社会中介机构承办，不利于提高采购效率和质量。

8. 我国政府采购市场的开放程度不高

开放中国政府采购市场，既是经济全球化与贸易自由化的大势所趋，也是中国经济自身发展的要求。但目前人们对中国政府采购市场的开放，还存在着一种普遍的忧虑。

上述问题表明，一方面，我国目前的政府采购实践还处于尝试阶段和幼稚时期，我国的政府采购制度尚不成熟和完善；另一方面，我国公共财政改革需要健全完善的政府采购体系，同时，全球经济一体化要求各国尽量减少贸易壁垒，最大限度地开放政府采购市场，因此我国政府采购面临自身发展和国际开放的双重压力，可谓任重而道远。

5.3 推进我国政府采购管理改革与发展

政府采购制度的建立和完善是一个复杂的系统工程，不可能一蹴而就。总结我国政府采购制度建设中的得失，结合相关配套制度的发展状况，借鉴国外的经验，是从多方面入手完善政府采购制度、推进政府采购管理改革与发展的必要条件。

5.3.1 深化政府采购制度改革的基本目标和应遵循的原则

我国政府采购制度改革已经有了十多年的经验积累，七年多的法律保障基础。一方面，采购单位、代理机构和供应商的思想观念都发生了很大转变，依法采购观念正在潜移默化，深入人心，改革发展的环境不断改善，已形成了继续推进改革的动力。另一方面，完善政府采购制度体系已进入关键时期，我国经济和社会形势与政府采购制度刚建立时相比已发生很大变化，对政府采购工作提出了新的更高要求，改革和制度创新的任务更加艰巨。特别是我国加入 WTO 后，加快推行和完善政府采购制度更加紧迫。面对新的形势，我们必须抓住加快发展的有利时机，进一步理清工作思路，明确改革方向，确定改革任务，抓好深化改革工作，实现向全面发展阶段的转变。

参考国际通行做法，结合我国具体情况，按照政府采购法的要求，概括起来，今后一段时间我国政府采购制度改革和发展应实现五个方面的基本目标：一是完善规则程序，提高采购效率；二是公开公正透明，实现公平交易；三是采购结果最佳，确保物有所值；四是发挥政策功能，促进经济发展；五是形成制约机制，防范抑制腐败。

根据上述目标，我国政府采购制度的发展和完善应遵循以下原则：

（1）统一政策、分级管理。所谓统一政策，就是在政府采购管理政策及原则、采购交易规则、采购方式和采购程序等方面，实行全国统一规定。所谓分级管理，就是在统一政策的前提下，实行中央政府和地方政府分级管理，分别开展政府采购工作。

（2）集中采购与分散采购相结合。既要推进集中采购，实现规模效益；也要搞好分散采购，做到简便易行。

（3）公开招标采购为主、其他采购方式为辅。在政府采购方式上，必须形成以公开招标为主要形式的采购机制。同时，也要针对不同采购需求，发挥其他采购方式的效用，包括反向拍卖、电子采购、采购卡等采购方式。

（4）"管采分离、职能分设、政事分开"。政府采购管理涉及财政部门、采购单位和集中采购机构，为实现政府采购公开透明和规范运作，必须建立相互制衡的工作机制，核心是管理职能与操作职能相分离。这种分离是从我国现阶段国情出发所做出的一种必然的抉择，也是根据改革实践做出的法律规定。

5.3.2 我国政府采购制度的进一步改革与深化

为了实现改革的基本目标，根据上述原则，今后一个时期政府采购制度改革应着重做好七个方面的工作。

1. 继续推进制度建设与创新，建立完善的政府采购制度管理体系

建立政府采购制度管理体系，首先要完善法规制度体系，要实现政府采购管理的科学化、精细化，也必须有完善的法规制度作保障。市场经济发达国家政府采购制度的最大特点就是法规制度体系的完善。因此，我们要加快政府采购法规制度体系建设的进程，要着力研究目前在法律规定上不协调、不明确、不细化的问题，力争在研究修改《政府采购法实施条例》中予以解决；要针对制度缺失、规定不严格、操作性差等方面制定规范操作执行行为的规章制度，进一步完善修订现有规章制度，制定采购文件编制规范、采购合同标准格式文本、政府采购违法行为处罚处分办法、政府采购供应商监督管理办法、非招标采购方式管理制度等。要继续充实采购政策功能规定，研究和制定符合政府采购特点的产品政策目录标准，整合现有产品政策目录。要研究制定政府采购代理机构资格管理、供应商诚信建设与处罚管理、政府采购执业人员资格管理等制度办法，加强采购市场环境的管理。各地区要结合本地区实际和法律法规制度规定，开展规章制度体系建设工作，尽早实现"用制度管采"，"用制度管人"，使各项采购活动有法可依，有章可循。

2. 继续推进操作执行规范管理，建立科学的采购运行机制

任何一个制度规定都是通过操作执行来实现的，所以，操作执行是政府采购制度实施的关键。它不仅关系到采购活动的质量，而且直接影响政府采购制度的形象。操作执行越规范，制度优势和作用就越能得到发挥。按照政府采购法规定的有关精神，要进一步完善"管采分离"的管理体制：财政部门要履行好监督管理和业务指导职责，不得从事和干预具体采购交易活动，要逐步形成依法管采的工作规范；集中采购机构和采购单位应当接受财政部门的监督和业务指导，做到操作规范、执行有力；采购单位要认真执行政府采购法律制度规定的工作程序和操作标准，合理确定采购需求，及时签订合同、履约验收和支付资金，不得以任何方式干预和影响采购活动。要进一步完善集中采购运行机制：集中采购机构应当按采购流程设置内部机构，形成制衡；要适当引入竞争机制，打破现有集中采购机构完全按行政隶属关系接受委托业务的格局，允许采购单位在所在区域内择优选择集中采购机构，实现集中采购活动的良性竞争，完善集中采购代理制度；要继续完善创新协议供货等集中采购形式，提高集中采购效率与效益；要按照法律要求，推进集中采购机构专业化、人员职业化管理，提高集中采购机构操作水平和能力；要在投诉处理工作中引入仲裁机制，完善决策方式，提高投诉处理工作的法律地位和权威，同时，还要对采购预算编制、采购文件规定、采购流程、专家评审、合同签订和资金支付等重要环节实施规范管理，全面打造"阳光工程"。

3. 继续推进监管方式的创新，建立监督有力的动态监控体系

监控体系是政府采购制度体系的三大支柱之一，处于保障地位。有效完善的监控体系对于提升政府采购整体管理水平有着重要意义。要建立监督与处罚并举的动态监控体系，逐步实现对政府采购当事人操作执行行为的事前、事中和事后的全过程监督；要从采购需求确定、采购事项审批、采购操作执行、项目评审决策、合同履行验收等环节实施重点监控，发挥财政预算和支付制度作用，及时预警、发现和纠正采购操作执行中的偏差，提高监督的有效性；要充分发挥监察、审计等职能部门的监督职能，完善财政部门综合性监督与监察、审计部门专业性监督相结合的工作机制；要完善评审专家责任处罚办法，对评审专家违反政府采购制度规定、评审程序和评审标准，以及在评审工作中敷衍塞责或故意影响评标结果等行为，要严肃处理；要加快供应商诚信体系建设，对供应商违标、串标和欺诈等行为要依法予以处罚并向社会公布；要加快建立对采购单位、评审专家、供应商、集中采购机构和社会代理机构的考核评价制度和不良行为公告制度，引入公开评议和社会监督机制；要严格对集中采购机构的考核，考核结果要向同级人民政府报告；要加强对集中采购机构整改情况的跟踪监管，对集中采购机构的违法违规行为，要严格按照法

律规定予以处理；要研究从合规性监督向合规与效益并重监督模式转变的方式，不断提升监控的实效。

4. 坚持采购规模和效益并重，实现应采尽采

政府采购范围和规模是衡量一国政府采购制度是否完善和健全的一个重要标志，直接反映政府采购制度发展的广度和深度。政府采购没有一定的规模，其制度的优势、政策目标、规范管理等都将受到制约，更谈不上又好又快发展。目前，政府采购范围和规模与法律规定和规范化管理要求相比还有很大差距，综合采购效益水平还很低。要在继续扩大范围和规模的同时，注重采购质量和采购综合效益的提高；要坚持规模和效益并重的发展方式，不断提高发展质量；要依据政府采购需要和集中采购机构能力，研究完善政府集中采购目录和产品分类；要加大推进政府采购工作的力度，扩大政府采购管理实施范围，对列入政府采购的项目应全部依法实施政府采购。尤其是要加强对部门和单位使用纳入财政管理的其他资金或使用以财政性资金作为还款来源的借（贷）款进行采购的管理；要加强工程项目的政府采购管理，政府采购工程项目除招标投标环节外均按《政府采购法》规定执行。同时，要继续做好社会关注和涉及民生项目的政府采购工作，加强对分散采购的管理；要进一步推进政府采购政策功能的实施范围，既要抓好已经出台的政策措施落实执行工作，又要开拓政策功能实施的新领域，为拓宽政府采购范围创造条件。要按照国际通行的采购管理范围研究我国政府采购制度适用范围，精心规划，逐步确立政府采购管理范围的发展目标。

5. 继续推进队伍素质建设，逐步建立政府采购执业资格制度

政府采购管理政策性强，涉及的学科多，对从业人员的要求较高。特别是随着改革的深化，新制度、新办法不断出台，政府采购工作面临的矛盾和难题也比改革初期复杂得多，客观上对从业人员的综合能力和业务素质提出了更高要求。没有高素质和职业化的队伍，就不能适应改革快速发展的需要。因此，要继续加强政府采购从业人员的职业教育、法制教育和技能培训，增强政府采购从业人员依法行政和依法采购的观念，建立系统的教育培训制度；要借鉴国际管理经验，按照科学发展的要求，研究制定政府采购从业人员准则和岗位标准，对采购单位、集中采购机构、社会代理机构和评审专家等从业人员实行持证上岗和执业考核，形成优胜劣汰的良性机制，推动政府采购从业人员职业化管理制度的建立与发展。集中采购机构要建立内部岗位标准和考核办法，形成优胜劣汰的良性机制，不断提高集中采购机构专业化操作水平。

6. 加大电子化采购平台建设，建立统一的政府采购管理交易系统

加强政府采购信息化建设，是深化政府采购制度改革的重要内容，也是实现政府采购科学化、精细化管理的手段。目前，我国政府采购管理手段和运行机制不断成熟，已经具备了建立全国政府采购管理交易系统的实践基础。因此，有关部门要坚持"统一领导、统一规划、统一标准、分级建设"的指导思想，本着"高起点设计、高技术标准、高灵活扩展、高程度兼容、高安全运行"的建设思路，统筹规划、突出重点、点面结合、稳步推进，以信息化、网络化、电子化技术为支撑，促进政府采购管理和操作执行各环节的协调联动，实现部门预算、政府采购、国库集中支付、资产管理全流程贯通互动，达到互联互通、信息共享和业务协同。通过信息系统的一体化建设，做到既避免重复建设造成浪费，又实现数据信息共享；既促进政府采购行为的规范，又维护政府采购市场的统一。

7. 加强政府采购政策的国际协调与合作

2005 年 11 月，中国和欧盟签署了《中欧政府采购合作谅解备忘录》，正式确立了中欧政府采购对话机制。2006 年 5 月，中欧首次政府采购对话在北京举行。在我国加入 WTO《政府采购协议》、开放政府采购市场之际，开展政府采购领域的国际交流与合作对我国来说尤为重要。为此，要加大对 WTO 规则的研究力度，为加入《政府采购协议》做好准备；要认真组织研究 WTO 政府采购的国际规则和相关政策，要在充分研究国际规则和国内实际情况的基础上，提出我国加入 WTO《政府采购协议》的对策，研究制订技术性磋商的具体方案，以及目前技术性磋商的目标、机制和方法；要加强双边、区域和多边框架下的国际交流与合作，继续参与世界贸易组织、亚太经济合作组织、联合国贸易法委员会等国际组织框架下有关政府采购的磋商和研讨活动，加大我国的话语权。

第 6 章

社会保障预算管理与改革

改革开放 30 年来，我国社会保障制度改革取得了重大进展。社会保障范围逐步扩大，保障资金总规模（包括政府公共预算安排的支出）大幅度增长。社会保障预算是国家以法律和行政性手段筹集并管理的社会保障收入及用此项收入安排支出的特定预算。它是国家用来反映、管理、监督社会保障收支活动及各项社会保障基金结余投资运营活动的重要工具，直接体现收入公平分配、稳定经济和社会的职能，发挥国家预算的整体调控功能①。在新的社会经济发展阶段和历史环境下，我们必须充分认识建立社会保障预算的重要性和必要性。一方面，它是建立社会主义市场经济体制、维护国家预算完整性的需要；同时，它对于从宏观上掌握社会保障收支全貌，提高政府财政宏观调控能力，加大政府组织和筹措资金力度，不断提高社会保障福利水平，确保社会稳定繁荣和社会保障事业的健康发展均有着重大的现实意义。

6.1 社会保障预算管理理论与经验

6.1.1 社会保障预算的理论依据

1. 社会保障预算的本质是公共财政分配

社会保障是一种公共物品，属于"市场失灵"的领域。市场失灵是由于完全依靠市场机制的作用无法达到社会福利的最佳状态而导致的，它表现在两方面：一方面单靠市场机制不能达到社会资源配置最优

---

① 丛树海：《中国预算体制重构》，上海财经大学出版社 2000 年版。

的目的；另一方面市场机制对一些以社会效益为目标的活动无能为力。社会保障产生于市场经济，市场经济有着产生社会保障的需求，但市场无法自己组织起社会保障。在市场经济体制下，社会保障这种社会性、具有收入和福利再分配性质的活动，是难以由个人通过市场机制的引导来实现的，作为对市场缺陷的弥补，解决这种无效率状况的方法就是利用政治的权威来更有效地配置资源，也就是利用公共财政的方式来进行资源的优化配置。

马克思在《哥达纲领批判》中阐明了社会产品分配的基本原理，即"六项社会扣除"理论。社会总产品在进行个人按劳分配之前必须做六项扣除：第一，用来补偿消费掉的生产资料的部分；第二，用来扩大再生产的追加部分；第三，用来应付不幸事故、自然灾害等的后备基金或保险基金。剩下的总产品中的其他部分是用来作为消费资料的。在把这部分进行个人分配前，还要从里面扣除：第一，和生产没有直接关系的一般管理费用；第二，用来满足共同需要的部分，如学校、保健设施等；第三，为丧失劳动能力的人等设立的基金。上述社会产品分配理论是我国财政分配的理论基础和客观依据。"用来应付不幸事故、自然灾害等的后备基金或保险基金"和"为丧失劳动能力的人等设立的基金"是社会保障分配的内容，是政府按照规定的征集范围和对象集中一部分国民收入，再分配给法定受益人，其分配对象具有某些公共物品的特性，具有较强的财政属性。

从社会保障的财政属性分析可知，社会保障预算处于国民经济运行中的分配环节，它通过税收、国有资产收益和规费等形式收缴上来的预算资金，最终通过财政拨款的形式支付出去，参与了社会总产品的分配过程。首先，从预算收入方面看，税收、国有资产收益、规费收入等实际上是国民生产总值的一部分，即来源于（C + V + M）中的各个部分，社会保障预算在集中资金的同时，参与了国民生产总值的分配过程；其次，社会保障预算资金的支出过程是对各部门和保障对象收入的分配。当社会保障预算通过转移支付支出对保障对象支付社会保障资金时，实际上就是政府对社会各阶层的收入进行分配的过程。因此，社会保障预算本质上是公共财政分配。

2. 社会保障预算是宏观调控的重要政策工具

从供需总量上看，当整个社会的总供给和总需求不平衡时，政府可以通过控制预算支出规模和预算收入规模来影响供需比例，进而使之保持基本平衡。根据经济学原理，社会总支出 Y = C + I + G + X，其中，G 代表政府支出，政府可直接通过增加或者减少 G，或者改变 G 的方向和比例而改变社会总支出的规模和结构，从而影响社会总需求。社会保障作为一项经济政策主要源于 20 世纪 30 年代资本主义世界的经济危机。凯恩斯认为，造成危机的原因是"有效需求"不足，要彻底解决这些问题，政府必须扩大财政支出，刺激需求增加。此后各国政府把扩大社会保障规模作为增加需求的重要途径，把社会保障制度作为政府宏观调控的经济工具，调节社会需求，调整消费结构，促进社会经济发展。在萧条时期，经济增长放慢，企业开工率下降，就业人数减少，失业增加，劳动者及其家庭收入水平下降，结果是社会保障预算中用于失业救济和困难家庭救济的补助金增加。同时，征收的保险税收入大为减少，收支相抵，社会保障基金当期出现赤字，通过动用结余基金，使原本处于储备状态的一部分基金重新被纳入到经济运行中，家庭收入增加，购买力增强，社会总需求增加，有助于恢复经济增长，使经济走出低谷，即在经济萧条时期自动释放需求，改善有效需求不足状况。在经济高涨时期，经济增长加快，企业开工增加，就业人数增加，劳动者收入水平提高，使得社会保障基金中用于失业救济和困难家庭救济的补助金大为减少。同时，征收的保险税收入大大增加，收支相抵，社会保障预算收入大于支出，出现结余。相对减少了家庭的货币收入，削弱其购买能力，有助于减少社会总需求，抑制经济的增长速度，即经济高涨时自动缓解需求压力，抑制增长速度，从而起到平抑经济周期的作用。因此，社会保障预算作为政府预算的一个组成部分，通过对社会保障收支的有效调节，成为政府宏观调控的重要政策工具。

6.1.2 社会保障预算的国际发展与经验

社会保障预算是社会保障实践发展到一定阶段的产物，并随着社会经济和社会保障事业的发展而发展。世界范围的社会保障预算产生于 20 世纪五六十年代，它是政府介入社会保障活动，进行国民经济宏观调控，规范、加强社会保障资金管理的重要工具，是社会进步的标志。

1. 社会保障预算的产生与发展

在前资本主义社会里，国家财政是由国王一人支配，一切收支完全由国王决定，根本没有国家预算，也就谈不上社会保障预算。17 世纪英国编制了世界上第一个国家预算，之后，其他资本主义国家也陆续接受了这一做法。在社会保障领域，经过了几十年的实践发展，其收支已发展到相当规模，政府为了加强对社会保障的管理和对整个国民经济的调控，开始考虑将社会保障纳入政府预算。在国家预算中，社会保障收入项目从 20 世纪 30 年代起陆续在一些国家的政府预算中有所体现，而社会保障支出项目在政府预算中的出现多在 50 年代以后。

从联邦德国早期的社会保障预算来看，社会保障收入在预算上没有单独列出，也看不出其与社会保障支出的对应关系；列在国家预算上的社会保障支出有三项：社会保险、卫生、体育、疗养，住房。社会保险包括失业保险、养老保险、事故保险和医疗保险；卫生、体育、疗养是增加社会福利的支出；住房支出是为解决低收入者的住房短缺，政府大量投资建造社会公寓，然后以低租金出租。随着经济的发展，财政收支的增加，这三项支出的总额一直呈上升趋势。

在日本，社会保障资金收入始终没有在政府预算中显示，社会保险支出从20世纪60年代开始在政府预算中出现，到70年代占财政支出的14.1%，到80年代占财政支出的18.8%。养老金支出从70年代开始在政府预算中出现，开始时占财政支出的3.6%，到80年代占财政支出的3.8%。

美国的社会保障预算经历了三个阶段：1937—1968年独立预算、1969—1982年统一预算、1983年以后脱离预算①。美国社会保障预算变化过程显示了社会保障同国民经济及政府财政的密切联系，对于研究国际社会保障预算演变以及中国建立社会保障预算都具有重要意义。

美国从1937年开征社会保障税，到1940年1月1日建立了联邦老年及幸存者保险信托基金，1956年8月1日建立了残疾人信托保险基金，这两项基金都在财政部设立了专门的账户，有关这两项保险的所有财务活动都分别在两个基金专户中进行。这一时期美国的政府预算有行政预算、现金预算和国民账户预算三个相互独立的部分。美国总统每年向国会呈送的预算只是反映财政部的税收和支出的行政预算，而不包括现金预算和国民账户预算。现金预算是按已收工商税额计算的影响现期国民收入和产品流量的收支预算，国民账户预算是按本期应收工商税额计算的直接影响现期国民收入和产品流量的收支预算。直到1968年，美国的老年及幸存者保险信托基金和残疾人信托保险基金这两项信托基金的预算都是在国民账户预算体系中独立编制的。

随着社会保障信托基金账户的收支数额越来越大，社会保障事业对经济活动的影响也空前加大。在这种情况下，如果联邦预算还不包括社会保障信托基金收支，显然不能充分反映政府对经济的影响程度，也不利于国会对行政部门的财政监督。为了全面观察政府对经济活动的影响，客观上要求将行政预算同社会保障信托基金预算综合为统一的预算。1968年约翰逊总统发布1969财政年度"统一"联邦预算计划，从而正式批准实施将社会保障信托基金计划纳入联邦预算。当时该计划属于行政执行，还不是立法行为。1974年，随着《国会预算和没收控制法案》的通过，国会找到了一种适合自身的预算目标实现形式，即通过年度预算决议、建立新的程序来规范并控制预算，使预算围绕一个"统一"的方式进行。这样，社会保障和其他信托基金计划都纳入了预算总数，并通过拨款法、授权法以及税收立法等法律文件，使得有关议案逐一落实。

---

① 在美国，所谓的社会保障脱离预算是指社会保障从联邦预算中划出，由预算内变为预算外。这种变化给美国的联邦预算以及整个社会经济都带来长远影响：一是社会保障脱离联邦预算改变了国会预算表现的形式；二是社会保障脱离联邦预算改变了国会处理预算相关议案和进行社会保障立法的方法；三是社会保障体系的财务活动并未因其脱离联邦预算而改变；四是虽已"脱离"，但"统一预算"仍然有用。

从 20 世纪 70 年代开始，财政问题困扰着全球的社会保障。到 80 年代美国联邦预算出现巨额赤字，社会保障计划本身却是盈余。为了削减财政赤字，政府每年都必须考虑限制社会保障开支。然而这种常规性的思考引出了另外的担心，既担心公众会对社会保障丧失信心，也担心社会保障盈余会掩盖联邦预算赤字。在这种情况下有人建议把社会保障划出联邦预算。从 80 年代后，美国的社会保障计划至少有三次被有关法律明确地从联邦预算中划出。如：1983 年《社会保障修正案》、1985 年《平衡预算和紧急赤字控制法案》、1990 年《混合预算调节法案》。

2. 社会保障预算管理的国际经验

世界各国社会保障预算管理的实践富含着宝贵的经验和启示，对我国建立健全社会保障预算管理具有重要的借鉴和参考意义。

（1）政府对社会保障应承担有限责任。

社会救济和社会福利是政府应负的责任。而对社会保险来说，更多的是劳动者自身收入在不同时间的分配和社会成员相互之间的接济，其对象并不像社会救济对象那样濒临危境。因此，社会保险具有独立性，而社会救济与福利等保障项目必须由政府负责。总结 100 多年现代社会保障的历史，政府在社会保障中的角色呈现出由直接管理者向外部监管者转变的趋势。政府介入社会保障范围最广、程度最深的当属欧洲大陆国家，在推行"从摇篮到坟墓"的国家福利政策中，政府担当着社会保障制度的直接组织者，最终造成了国家财政的重负。而美国则主要是通过税收优惠、外部监管等措施，鼓励和监督社会保障制度的市场化组织过程，并加强了对社会保障制度的法律约束和外部监管，从而使政府在社会保障改革中所担负的角色发生变化。个人责任的适度回归、市场机制的适度引进、民间力量的适度渗透，对弥补传统社会保障制度中个人过度依赖政府以及管理效率低下的缺陷，确实有效。自 20 世纪 80 年代后期，智利、秘鲁等南美国家在社会保障制度改革中注重发挥市场机制的作用，引导和协调市场力量介入社会保障。90 年代以来东欧转轨国家也纷纷引入市场力量，建立社会保障个人账户。至 2002 年拉美已有 10 个国家完成社会保障私有化或部分私有化的改革，转型国家也有一多半建立了个人账户。近几年来，英国、意大利、德国甚至被认为福利慷慨度最高的瑞典也建立了个人账户。

在世界各国政府对社会保障资金的管理中，政府对全部社会保障项目并不完全等同对待。很多国家对社会保险都是立足于培养基金本身的平衡机制，政府只承担弥补缺口或按一定比例注入资金；只是对社会救济、社会福利等非社会保险项目，政府才完全负责。英国等福利国家由于政府承担了全部社会保障责任，而使财政负担沉重，经济增长乏力，而要想对社会保障制度进行改革却步履异常艰难。美国、日本、德国政府都不承担全部社会保障责任，故而其社会保障对经济的负面影响要小得多。

（2）建立科学的社会保障资金管理机制。

第一，将社会保障资金收支纳入国民经济大范围统一考虑。一国的社会保障收支对政府财政和国民经济都有很大的影响，国家调控宏观经济和编制政府预算，都应将社会保障纳入视野，全面考虑，以便于全面分析政府对经济活动的影响。如果不将社会保障资金同政府整个预算联系起来分析，对整个经济形势的判断以至于宏观决策都会出现失误。

第二，对社会保障资金实行专项预算管理模式。世界社会保障预算管理大体上可分为三种模式：以英国为代表的完全纳入预算内管理模式，由于政府社会保障负担过于沉重，且政府管理成本过高，这种模式已不再被看好。而智利和新加坡代表的完全脱离政府预算模式，目前还只是在少数小国家应用。美国和日本的专项基金预算模式较为相近，尤其是美国的社会保险基金管理效果为世界所称赞。从三种模式运行的实践看，专项预算管理模式一方面有利于保证社会保险资金的专款专用；另一方面也有利于将社会保险与政府收支统一考虑，便于政府制定正确的宏观调控政策。

第三，对社会保障基金进行长期预测，实行精细管理。社会保障收支变动的政策涉及面广，影响时间长，必须精确预测。美国的社会保障信托基金要进行长达75年的精算预测，并且年年向全体公民公布，说明未来社会保障信托基金将在哪一年出现赤字，采取一项措施又会使其赤字延长至哪一年出现，等等，这对完善有关政策、保证社会保障信托基金的安全、增加其管理的透明度是十分重要的。如2001年的基金公告预警说美国的社会保险基金将从2017年开始出现赤字，2041年将会完全枯竭。

（3）建立科学的社会保障预算账务处理体系。

第一，资金流动与账目记录分开。美国社会保险信托基金管理一个值得借鉴的做法是将社会保险资金流动和账目记录分开。从资金流动方面看，社会保障税款收上来时同其他税款一样存进了国库，社会保障津贴的发放也是通过国库。而从账目记录方面看，财政部把社会保障税款以联邦保障金的形式转记到社会保险信托基金，这只是账目记录，信托基金并没有实际拿到这笔钱。同样，只要社会保障的支票兑付了，同等价值的保障金就从信托基金的账面上销掉了。当社会保障税收入大于支出时，社会保障税盈余的数额记录在信托基金账户中，代表着一张政府对社会保险信托基金的欠款条，而盈余的资金仍是在国库里面。

第二，常年固定的支出科目与临时多变的支出科目分开。在确定支出项目时，应考虑把多年不变的项目和每年一变的项目分开设计，以便及时掌握社会保险支出的变化。如英国把三年内相对稳定的支出列入部门支出，而把不易稳定的支出列入每年的管理支出。

（4）完备的社会保障预算管理的法制与监督措施。

社会保障支出有着强制性，因此社会保障预算更应有极强的严肃性。美国社会保障预算的每一次变动都有相应的法案跟随，社会保障预算不仅从内容上、表现形式上脱离联邦预算，而且还从预算程序上设立"防火墙"，以防止不利于社会保障信托基金平衡的议案产生。

6.1.3 我国社会保障预算的发展

社会保障预算由社会保障的内容所决定。中国改革前后社会保障的内容差别很大，由此也决定了社会保障预算的不同。中国社会保障预算的变化过程大致可划分为三个阶段：改革前的社会保障预算、改革后至 1997 年的社会保障预算、1998 年以后的社会保障预算。

从新中国成立初期到改革前，我国的社会保障是企业保障和国家保障，其支出主要由两部分组成：一是职工和退休人员的劳动保险福利费，二是社会特殊困难群体的抚恤和社会福利救济费（见表 6 - 1）。

表 6 - 1 　　　　　　　　　我国社会保障的分类（1949—1978 年）

劳动保险福利费	职工保险福利费用	①医疗卫生费；②丧葬抚恤救济费；③生活困难补助；④文体宣传费；⑤集体福利事业补助费；⑥集体福利设施费；⑦计划生育补贴；⑧其他
	离休、退休、退职人员保险福利费用	①离休金；②退休金；③退职生活费；④医疗卫生费；⑤护理费；⑥生活补贴；⑦交通费补贴；⑧丧葬抚恤救济费；⑨其他
抚恤和社会福利救济费		①由民政部门开支的烈士家属和牺牲病残人员家属的一次性、定期抚恤金；②革命伤残人员的抚恤金；③各种伤残补助费、烈军属、复员退伍军人生活补助费、退伍军人安置费；④优抚事业单位经费；⑤烈士纪念建筑物管理、维修费；⑥一部分离退休经费；⑦自然灾害救济事业费和特大自然灾害灾后重建补助费等

劳动保险福利费系指企业、事业、机关单位在工资以外实际支付给职工和离休、退休、退职人员个人以及用于集体的劳动保险和福利费用，它由各单位支付，与政府预算没有直接联系。抚恤和社会福利救济工作主要由民政部门负责，其资金由国家在财政预算中用企业收入和一般税收收入来安排，财政部门将资金拨付给民政部门，再由民政部门具体组织发放。从新中国成立初期开始，这部分社会保障的内容始终以"抚恤和社会福利救济费"科目列示在国家财政预算支出的大类中。改革前我国的社会保障预算只包括社会救济和社会福利，现代意义上的社会保障制度刚刚开始摸索尝试，因此在财政预算上社会保障预算并未发生大的变化，仅体现

为个别项目的变动。

从 20 世纪 80 年代中期开始，尤其是 1992 年党的十四大确立了我国社会主义市场经济体制大目标后，我国的社会保障发生了根本性的变化，计划经济时期的企业保障、国家保障开始转变为社会保障、自我保障，以往单一的"抚恤和社会福利救济费"扩展为"社会保险、社会救济、社会福利和社会优抚安置"四大项内容。与社会保障的内涵变化相适应，财政预算中有关社会保障的部分也开始有了大的变化。在此阶段，中国还没有真正意义上的社会保障预算，整个社会保障资金收入在预算上体现不出来，人们无法通过国家预算了解整个社会保障资金收入总额以及来自于一般税收和社会保险费的社会保障资金数额分别是多少；而没有收入来源的社会保障支出在财政预算上列了许多且调整频繁，体现出明显的过渡特征。

1998 年以后，中国的社会保障预算进入了新的发展阶段。1998 年中国政府按照市场经济体制的要求进行了第一次改组，新成立了劳动和社会保障部，明确提出全国的社会保险由其负责。同时与国有企业改革相配套，与市场经济改革的深入相适应，公共财政目标开始确立，政府的社会保障责任凸显。与这些变化相适应，在政府一般预算支出科目中新设了一类"社会保障补助支出"科目，下设五个款级科目：（1）帮困解困资金；（2）财政对社会保险基金的补助支出；（3）社会保险经办机构经费；（4）城镇青年就业补助费；（5）其他社会保障补助支出。1999 年将"帮困解困资金"改为"国有企业下岗职工基本生活保障和再就业补助"列在"城镇青年就业补助费"之后。社会保障补助支出增长速度快成为这一时期社会保障预算的突出特点。

这一阶段，我国的社会保障资金来源发生了根本性变化，由单一的财政支付改变为财政和社会保险缴费两大渠道；企业保障真正转向了社会保障。政府从一般税收中安排的社会保障支付主要有三大类：抚恤和社会福利救济费、行政事业单位离退休经费和社会保障补助支出；卫生经费支出中有部分公费医疗支出属于社会保障支出。而养老、失业、医疗、工伤、生育五大社会保险体系由社会保险基金支付。就是说 1998 年以后我国的社会保障预算基本上形成了两大板块的格局，即政府一般预算中的社会保障项目预算和预算外的社会保险基金收支。

2007 年实行政府收支分类科目调整后，政府用于社会保障的资金支出主要体现在"社会保障和就业"、"医疗卫生"两大类中。

6.2 我国社会保障预算管理的现状分析

我国社会保障预算管理的现状，可以从社会保障资金状况和社会保障预算管理现状两方面进行分析。通过分析找出问题的症结，进而为确立科学的社会保障预算管理体制寻求途径。

6.2.1 我国社会保障预算管理的总体状况

1. 我国社会保障资金状况

社会保障资金是依据社会保障制度所筹集的、用于社会保障支出的专门资金，是社会保障制度赖以存在和发展的物质基础。我国的社会保障资金可分为六种性质的资金，各自有不同的收支系统，由多级政府分管。这种条块分割、分散管理的状况使得社会保障资金总量信息缺失，且潜藏着众多资金安全隐患。社会保障预算管理的对象是社会保障资金，因此全面认识社会保障资金是进行社会保障预算管理的前提和基础。

(1) 我国社会保障资金的分类及收支系统。我国的社会保障资金极为复杂，既有财政补助的，又有社会缴费的；既有预算内的，又有预算外的；既有流量的，也有存量的；既有社会保障部门管理的，又有财政、民政等部门支付的；既有中央政府所属的，又有省、市、县政府管辖的；既有社会统筹的，又有个人账户的；既有事业性支付的，又有投资性运作的；既有城市的，还有农村的。但总体而言，我国的社会保障资金可分为六类，性质特点及收支主体如表6-2所示。

表6-2　　　　　　　　我国社会保障资金的类别、性质及特点

资金类别	性质及特点	收缴主体	支付主体
社会保险资金	包括养老、医疗、失业、工伤、生育五大项，是政府和社会对劳动者在市场经济条件下的风险进行规避的制度安排，体现的是社会成员的自我保障以及彼此之间的互济	税务部门、社会保险经办机构	社会保险经办机构
企业年金	属于非完全的商业保险，也非纯粹的社会保险，应该是一种具有企业福利性质的企业自主行为	社保经办机构、商业保险机构、企业行业协会	社保经办机构、商业保险机构、企业行业协会
住房公积金	带有单位福利性质，体现单位资助与社会劳动者内部现时需要者与暂时不需要者之间的交错互助	住房公积金管理中心	住房公积金管理中心
财政性社会保障资金	指财政用一般预算内税收收入和预算外各种收入安排的属于社会保障支出性质的资金，包括抚恤和社会福利救济费、行政事业单位离退休经费、医疗卫生经费、社会保障补助支出以及社会保障、社会保险经办机构、民政部门的办公经费。其资金来源于政府税收，属于社会转移性支付，体现的是市场经济条件下政府对市场缺陷和市场失灵的弥补，追求的是社会公平	税务部门	财政部门

续表

资金类别	性质及特点	收缴主体	支付主体
全国社会保障基金	来源于财政拨款和国有资产的划拨转让等，属于一种风险准备金	社保基金理事会	社保基金理事会
福利彩票资金	社会成员的一种"微笑纳税"，完全自愿，用于社会贫困与弱势群体的救助	福彩中心	民政部门

我国的社会保险费有两大征收部门：税务部门和社会保险经办机构，在全国31个省份中有19个实行税务征收，其余实行社保经办机构征收。企业年金有三种收入管理部门：商业保险机构、社会保险机构和企业行业协会三家分管，基本是三分天下。住房公积金由地方政府的专门系统（住房公积金办公室）集中管理。福利彩票资金由民政部门负责收入管理。全国社会保障基金由其基金理事会负责管理。

（2）我国社会保障资金的现实结构。从社会保障资金来源看，我国的社会保障资金包括：企业和个人社会保险缴费及其派生收入、政府税收安排的社会保障资金、福利彩票及社会捐赠、国有资产划拨收入，但最终可分为来源于政府和社会两大方面。

从社会保障资金支出看，我国的社会保障资金包括：社会保险支出、社会救济支出、社会福利支出、社会优抚安置支出、社会福利支出、经济适用房、廉租房建设支出。

从社会保障资金结存看，我国的社会保障资金包括：社会保险统筹结余、个人账户结余、全国社会保障基金、企业年金结余。结余的形式有：财政专户存款、银行存款、国债、股票及应收账款。

目前，我国社会保障资金中来源于社会缴费的比例略高于政府税收。在社会保险、社会福利、社会救济、社会优抚安置四个项目中，社会保险支出占80%以上，而社会救济、社会福利和社会优抚安置三项支出总计占比不足20%。

（3）我国社会保障的资金情况。自改革开放以来，随着我国经济规模的增长，政府公共支出尤其是社会保障支出增长势头加快，我国社会保障支出增长率呈上升趋势如图6-1所示。

从绝对量来看，我国社会保障支出也呈现出快速上涨的势态，这从我国抚恤、社会福利及救济支出的变化趋势可以看出，如图6-2所示。

可以看出：1979—1998年，社会保障支出规模较小，与社会发展客观需要不相适应。自1999年以来，政府加快了社会保障制度建设的步伐，支出明显增加。

据统计，1998—2008年，我国财政用于社会保障经费的年支出由596亿元增长到6804亿元左右，年均增长27.6%，占财政总支出的比重从5.16%增长到10.87%。

2008 年，中国的养老、失业、医疗、工伤、生育等 5 项保险基金总收入接近 12000 多亿元，总支出达 8800 多亿元，累计结余达 14000 多亿元。中国在"十五"期间（2001—2005 年）收入基本养老保险基金 18639 亿元，共发放企业离退休人员基本养老金 15876 亿元，均比"九五"期间（1996—2000 年）增长 100% 以上。

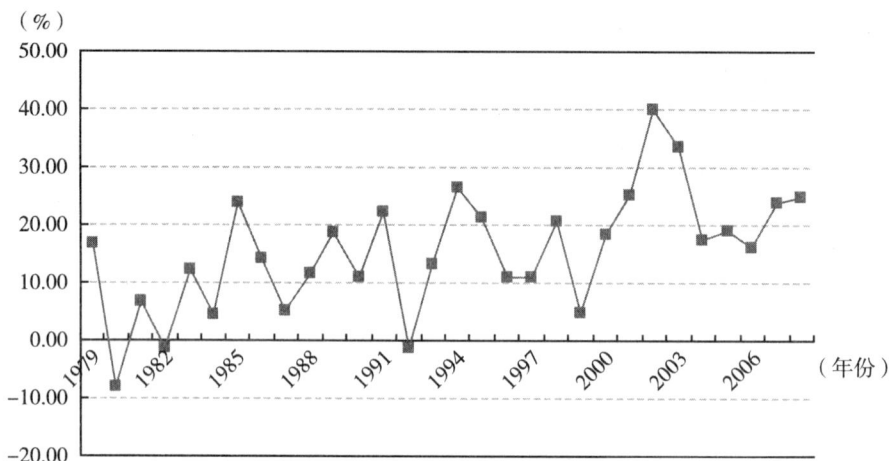

图 6 - 1　社会保障支出增长率

资料来源：1979—2003 年数据来自《中国统计年鉴》1999 年、2004 年、2005 年；2004—2008 年数据来自财政部社保司统计数据。

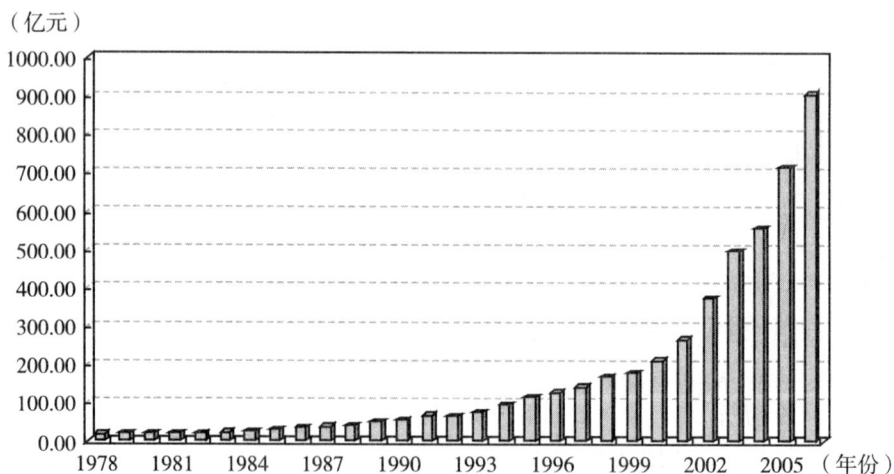

图 6 - 2　我国抚恤、社会福利及救济支出

资料来源：1978—2004 年数据来自《中国统计年鉴》1999 年、2004 年、2005 年；2005—2006 年数据来自财政部社保司统计数据；2007 年政府收支分类科目调整后，不再保留上述科目。

表6-3　　　　　　　　　　　　　我国政府社会保障支出的类别

类　别	内　容
劳动保障事业费支出	该项支出是"其他部门事业费"大类下的款级支出科目,反映劳动保障部门的劳动监督系统的业务经费、社会保险和基金监督等业务经费、劳动保障部门培训本系统职工的经费等
抚恤和社会福利救济费类支出*	该类支出是由国家预算拨款,归民政部门管理的社会保障基金。主要反映对军人、社会救济、自然灾害救济,民政部门管理的离退休人员、殡葬事业、社会福利等事业单位的经费
行政事业单位离退休经费类支出	该类支出反映实行归口管理的行政事业单位离退休经费,包括行政单位、公检法司机关、农业等事业单位、教育事业单位、其他事业单位离退休经费五款内容
社会保障补助类支出	该类支出包括6个款级科目:社会保险基金补助支出、城镇就业补助费、国有企业下岗职工基本生活补助、补充全国社会保障资金、企业关闭破产补助、其他
医疗卫生支出	包括公费医疗支出、财政对新型农村合作医疗、城镇居民医疗和城乡医疗救助的补助支出

注*:包括八个款级科目:①抚恤事业费:反映由民政部门管理开支的烈士和牺牲病故军人家属、伤残人员等优抚对象的抚恤金和补助费以及优抚事业单位的经费。②军队移交地方安置的离退休人员费用:反映退伍军人、军队移交地方安置的离退休人员的安置费,以及军队离退休干部管理机构的经费。③最低生活保障费用:反映城市居民最低生活保障对象的定期定量保障金。④农村及其他社会救济费:反映除城市居民最低生活保障以外的各项社会救济支出。⑤社会福利事业费:反映民政部门举办的火葬场、假肢厂、收容遣送站等社会福利事业单位的经费和补助费。⑥其他民政事业费:反映各级民政部门培训本系统职工的经费,民政代管老龄委机构民间组织管理、行政区划和地名管理等经费。⑦残疾人事业费:反映各级残疾人联合会用于残疾人事业的经费。⑧自然灾害生活救助费:反映用于自然灾害抢救、转移、灾民安置、治病及吃穿住等支出。

2. 我国社会保障预算的管理现状

由于我国社会保障统筹层次低,政府财力紧张,而且各级政府的社会保障责任不清,至今仍未建立起真正意义上的社会保障预算。目前,我国的社会保障预算管理可概括为四个方面:

(1) 管理方式。

预算内管理与预算外管理并行。目前我国对全部社会保障资金的预算管理,分为预算内和预算外两种形式。其中社会保险资金与政府一般预算分开,在预算外以财政专户的形式实行收支两条线管理;而社会福利、社会救济和社会优抚安置方面的资金在政府一般预算内管理。

① 预算内社会保障资金管理。从资金来源方面看,中国社会保障体系中的社会福利、社会救济和社会优抚安置社会保障补助支出由政府支付。从资金支付方面

看，政府支付的社会保障支出有五大类（见表6-3）。

这五类支出在政府一般预算中以大类科目列示，同国家财政一般预算一样实行预算管理，由财政部门的预算业务部门负责，采用预算分配的方式，由财政部门将资金按预算分配给民政、社会保障、卫生等部门，再由这些部门将资金发放给预算单位和保障对象。

②预算外社会保险资金管理。中国的社会保险包括养老、医疗、失业、工伤、生育五项内容，其资金由企事业单位和职工个人缴费筹集，立足自身平衡，国家财政承担制度缺口的弥补。社会保险资金具有社会公共资金性质，与财政资金不同。但因其计入企业产品成本，财政支出又要弥补缺口，故与财政收支关系十分密切。

养老保险制度实行社会统筹与个人账户相结合的办法，企业按照一定比例缴费进入社会统筹，个人缴费计入个人账户，待职工达到法定退休年龄并缴费满15年，可按照规定享受基本养老金待遇。失业保险资金由企业和职工个人缴费筹集。当职工非因本人原因失业、所在企业和个人缴费满1年以上，且已办理失业登记，可以按照规定领取失业救济金。医疗保险制度也实行社会统筹和个人账户相结合，但下有"门槛"，上有"封顶"，即职工住院其费用超过一定数量时，才进入统筹基金按照一定比例予以报销。医疗保险、工伤、生育保险明显具有资金自求平衡的制度特征，财政对这三项资金的补助很少。

从总体上看，对于社会保险基金，目前还没有形成真正意义上的预算，仅以年度收支计划的形式进行管理。通过一套严格的资金缴存、拨付办法和管理程序，实行收支两条线管理，从而实现社保基金专项管理、专款专用，有效防止社保基金被挤占、挪用等非法行为的发生，加强社保基金的安全性。目前社会保障预算内外并行管理如表6-4所示。

表6-4　　　社会保障资金预算管理与预算外管理的项目明细

政府一般预算（预算内）	财政专户（预算外）
抚恤和社会救济费	养老保险基金收支
行政事业单位离退休经费	医疗保险基金收支
社会保障补助支出	失业保险基金收支
分散在其他支出项目中的社会保障支出	工伤保险基金收支
	生育保险基金收支

（2）账户管理：两个专户。

一是以管理社会保险基金为主的"社会保障基金财政专户"。该账户依据《财政部关于印发〈企业职工基本养老保险基金实行收支两条线管理暂行规定〉的通知》设立。由社会保险经办机构和财政部门协商确定国有商业银行开设账户。与社会保险统筹级次有关，设在统筹一级的区域。由财政部门的社会保障业务部门具体管理。账户的主要用途有：①接受社会保险经办机构收入户划入的社会保险基金和税务部门征收的社会保险基金收入；②接受国债到期本息及该账户资金形成的利息收入；③划拨购买国家债券资金；④根据社会保险经办机构的用款计划向社会保险经办机构支出账户拨付基本养老保险基金。目前，几乎所有社会保障资金均纳入财政专户管理。

二是以管理财政对社会保障补助资金为主的"财政社会保障补助资金专户"（简称补助专户）。该账户是各级财政总预算会计在国库开设的用于单独核算财政社会保障补助资金的专用账户。各级财政预算安排的对社会保障的补助资金，必须及时转入补助专户实行专项管理，并按补助资金的使用进度，拨入同级"社会保障基金专户"或下级补助专户。

（3）预算主体：中央、地方多个层次。

我国目前社会保障资金预算管理主要以中央、省、市、县四级政府为预算主体。对于社会保障预算而言，一级统筹，就会有一级预算主体。因此我国现实中的社会保障预算主体是多层次的。所结余的社会保障资金分散在不同层次的政府层面和不同的部门机构手中。

（4）部门分工：多个部门协调管理。

中国社会保障资金管理从总体上说属于一种相对分散的管理，涉及部门包括财政、社会保障、社会保险经办机构（社会保险事业管理局、社会保险总公司等）、民政、卫生、税务、银行、邮政等；涉及层次既包括中央政府，也包括省、市、县（区）、街道社区等。目前中国社会保障资金管理在部门间、各级政府间的分工尚未完全明确，在此仅就大多数地区的情况作简单介绍。

• 财政部门：在社会保障资金管理方面，一是负责预算内社会保障支出所需资金的筹集与分配，主要是卫生经费类、劳动保障事业费、抚恤和社会福利救济费类、行政事业单位离退休经费类、社会保障补助类五大类支出。二是负责社会保障资金财政专户（社会保险资金）的会计核算与管理。三是负责社会保障补助资金财政专户的资金分配与会计核算。四是负责制定全部社会保障资金的财务、会计制度，监督社会保障资金运行，保证社会保障资金安全。

• 社会保障部门：作为社会保险的行政主管部门，除制定社会保险的基本制度和政策外，主要负责对社会保险经办机构的业务管理，包括社会保险资金预算的审查等。

社会保险经办机构（社会保险事业管理局、社会保险总公司）：在社会保障部门的领导下，开展社会保险业务管理，包括社会保险资金的缴费登记、申报、收缴记录，个人账户的记载与档案管理，各项社会保险的资金发放以及社会保险资金预算的编制等。

• 民政部门：负责社会福利、社会救济和社会优抚安置工作，一方面向财政部门报送资金预算；另一方面接收财政部门的预算拨款，组织发放。

- 卫生部门：向财政部门报送资金预算，接收财政的经费拨款。
- 税务部门：主要负责社会保险费的征收。
- 国库：负责财政社会保障补助资金专户收拨业务。
- 银行：负责社会保险费资金缴拨和发放。少数边远地区的社会保险对象的资金发放还通过邮局完成。
- 全国社会保障基金理事会：专司社会保障基金投资管理，其主要任务是制定社会保障基金的投资经营策略并组织实施；选择并委托社会保障基金投资管理人、托管人对社会保障基金资产进行投资运作和托管，同时对投资运作和托管情况进行检查；负责社保基金的财务管理与会计核算，编制定期财务会计报表，起草财务会计报告；定期向社会公布社保基金资产、收益、现金流量等财务状况，等等。

6.2.2 我国社会保障预算管理存在的问题

1. 社会保障责任不清

（1）中央和地方之间责任不清。社会保障属于全局性的收入分配调节，有些项目应划归中央政府负责，而且从规避风险的角度看，社会保障也应在尽可能大的范围内统一。但由于中国幅员辽阔，地区间经济发展差异巨大，全国社会保障统一由中央政府管理是不现实的。加之计划经济时期企业的利润绝大部分都上缴给了国家，在转向市场经济后，社会保障的历史债务究竟由哪级政府偿还，至今没有明确。下级向上级要补助，上级向下级压责任，社会保障处于各级政府的博弈之中。以养老保险为例，国家一再主张省级统筹，并逐步走向全国统筹。但至今只有个别省实行了省级统筹，且尚不稳定。统筹级次的问题说到底是一个责任的问题，责任不清，统筹范围的难题就永远难以解决。

（2）政府、企业、个人三者之间责任不清。社会保障属于市场失灵的领域，理应是政府职能的一部分；计划经济体制下企业办社会的职能向社会回归是中国社会主义市场经济体制改革的应有之意；政府、企业、个人三方共同筹资是被世界社会保障实践所证实了的正确路线。问题是在转轨过程中，按照什么方式、什么速率实现这种回归，企业全部社会责任的一次性回归政府无力承接，那么哪些应该回归，哪些不应该回归，政府、企业和个人三方的责任边界应划分清楚。

（3）政府部门之间责任不清。首先是社会保险费征收主体之间责任不清。1999年财政部、劳动和社会保障部联合下发的《社会保险基金财务会计制度》对税务、经办机构两种征收方式规定了不同的核算方法，即经办机构征收方式下，需要设立收入过渡户和支出户；而税务征收方式下，则不需要设置收入过渡户，征收的社会保险费直接存入财政专户。由于征收主体不统一，有的缴费进财政专户，有的缴费进国库，有的缴费进经办机构收入户再进财政专户，因此资金收支流程无法统一规范。实践中，企业需要先到社会保险经办机构进行纳费申报，再到税务部门缴费，到银行付款，有的还需再返回社会保险经办机构缴纳个人账户资金或回送缴费记录。加之五险同征还是分征，统筹和个人账户同征还是分征，这些问题交织在一起，使得社会保险资金征收问题长期不能统一，企业缴费程序烦琐，资金流转环节多，影响企业缴费的积极性，也影响社会保险基金的统一核算和安全监督，造成征收环节的效率损失和资金安全的隐患，影响社会保险制度的完善。其次是社会保障资金管理权限与责任不清。现实中，社会保障部门全面负责社会保险，税务部门负责社会保险费的征收，社会保险经办机构负责社会保险费的发放，财政部门负责社会保险基金缺口的弥补。多个部门共同管理，权限与责任不清。

2. 社会保险费征收范围不统一

除社会保险费两个征收主体的问题之外，社会保险费五个险种的征收范围也各不相同。养老保险主要是对城镇企业及其职工，而失业保险除了城镇企业外，还包括事业单位及其职工；医疗保险除企业、事业单位外，还包括行政机关和社会团体；至于工伤保险和生育保险的征收范围也各有不同。由于五个险种的征收范围不同，使得社会保险难以实行统一征收，从而造成社会保险的征收成本高，同时也不利于社会保险资金的科学管理。

3. 社会保险基金管理体制不顺

目前，涉及社会保障和就业的主管部门有社会保障、地税、民政、卫生等多个部门，各部门针对自身的业务职责，各自出台工作措施，但彼此之间缺乏沟通联系和协调配合，责任不清，不利于统筹管理。一是从保费征收体制来看，同一险种征收主体不一，既不便于管理，也不利于各险种保费同步收缴，还不利于部门之间互相监督、互相制约，易造成保费流失，提高了征收成本。二是从医疗卫生和医疗救助体系来看，目前，城镇职工基本医疗保险、城镇居民基本医疗保险基金的主管部门为社会保障部门，新型农村合作医疗的主管部门为卫生部门，而城乡医疗救助工作则由民政部门负责组织实施。三个部门在政策制定、人员管理、资金发放等方面，难以实现协调一致，不利于提高工作效率。

4. 社会保障预算不完整、不规范

经过近年的发展，原来残缺不全、支离破碎的社会保障收支状况在政府财政预算内、外有了较为全面、系统的反映。但我国的社会保障预算仍然处于探索阶段。从收入方面看，不论是来自政府税收和非税收入的综合财政收入，还是来自社会保

险费的收入，都不能完整地在财政预算中体现出来，人们无法通过预算了解整个社会保障资金收入总额以及来自于政府税收、非税收入和社会保险费的社会保障资金数额分别是多少；从支出方面看，以社会保险基金支出为主的社会保障资金不在政府财政预算内反映，零散纷乱，缺乏逻辑性，亟须建立一套完整的社会保障预算体系，全面反映社会保障资金收支状况。

5. 社会保险基金管理有待加强

社会保险基金自我平衡机制尚未形成。虽然我国社会保障改革试点取得了一定成效，但社会保险基金自我平衡机制尚未形成。如果没有社会保险资金的自我平衡，政府面对的社会保障责任边界就难以确定，社会保障预算也就难以建立。地区间社会保险基金调剂能力弱，社会保险基金管理机制尚不完善。

6.2.3　建立我国社会保障预算的必要性

社会保障具有弥补市场失灵的重要职能，社会保障预算是政府计划安排社会保障资金的重要手段，是政府实现社会保障政策目标的有力保证。它侧重于对社会保障全部收支进行细化管理，使政府及公民对社会保障收支情况有全面和完整的了解。通过社会保障预算，将社会保障资金收支纳入政府预算管理，通过预算单位法律约束、完整、公开等特点，有利于保证社会保障资金安全，加强资金监管。通过社会保障预算，政府可以把握资金计划调度的主动性和前瞻性，有效保证社会保障支付，维护社会稳定。因此，现代社会的社会保障预算对于任何国家都是必要的，其主要作用体现在六个方面。

1. 保护社会弱势群体，维护社会公平

在市场经济条件下，社会弱势群体的基本生存需要政府的帮助。但政府所掌握的资源是有限的，而且面临多种强势需求。社会弱势群体在政府决策层缺少代言人，他们没有机会参与资源分配的决策过程，在与强势利益的博弈中，他们处于绝对劣势。通过编制社会保障预算，可以借助法律效力将资源分配于社会弱势群体身上，保障他们的基本权利，维护社会公平。此外，在市场经济条件下，通过初次分配形成的个人收入差距是很大的，在一定程度上体现了不公平性。财政可以利用税收手段在收入方面进行调节，收入高者多缴税，收入低者少缴税，即量能纳税。同时更要依靠社会保障支出，通过增加或减少相应支出，使每个社会成员得以维持起码的生活水平和福利水平。因此社会保障预算在调节社会公平方面发挥着重要作用。

2. 合理配置资源，提高效率

在初次分配中，GDP 在资本、劳动和政府三者间进行分配，从劳动者工资中扣除的社会保险缴费既对劳动力供给产生影响，也对资本的回报产生影响，从而影响资本的投资热情和劳动者的就业空间，进而影响经济。在初次分配将资源分为政府和非政府两大部分后，对政府所掌握的资源还需在经济建设与民生等之间进行再分配。在中国当前的政治体制下，领导者有将资源用于政绩工程的强烈冲动和现实需要，而这些政绩工程经常是无效率或者是负效率的。社会保障预算通过其法制性、规范性和公开透明，可以有力地保证政府所掌握的资源在经济建设与民生之间的合理分配，从而推动资源配置向帕累托效率逼近，促进社会经济协调发展。

3. 体现政府意志，实现宏观调控，促进国民经济的稳定增长

预算是政府的管理工具，政府的政策意图可以通过预算来体现。在法律框架内，政府可以对预算进行安排，从而实现对经济过程的宏观调控，实现政府的政策目标。社会保障预算对国民经济稳定增长有重要作用。首先，利用社会保障预算政策对经济进行反周期调节，促进经济稳定。当经济高涨时，社会就业率高，人均收入增加，社会保障收入随之增加，社会保障支出相应地减少，从而抑制消费需求，促进社会总供求平衡，稳定经济；相反，当经济衰退时，社会就业率下降，人们收入水平下降，社会保障收入也随之下降，社会保障支出则相应增加，从而刺激社会总需求，促进经济稳定。其次，利用社会保障预算结余进行投资，刺激经济增长，社会保障基金要保值增值，就必须进行投资，投资的方式有很多，如购买股票、购买公司债券、购买政府公债等。最后，社会保障预算的建立，使劳动者的保障更加可靠，可以提高劳动者的积极性，促进经济稳定增长。

4. 筹集和分配社会保障资金，加强社会保障资金的管理

社会保障预算是国家有计划地筹集和分配社会保障资金的重要手段。它通过征税或收缴社会保险费等形式，集中一部分国民收入，形成社会保障资金，然后把这些资金通过社会保障预算形成各种支出。在支出时，要根据一定时期社会保障的目标，在各个保障项目之间、不同的保障对象之间加以安排。社会保障资金已成为中国第一大专项资金。而且社会保障资金同财政收支联系极为密切，有的本身就是由财政资金支付，有的虽不是直接由财政支付，但也是财政资金的让渡。财政部门对整个社会保障资金进行预算管理，是确保社会保障资金安全和统一调度社会资金、维护资金分配的严肃性、规范性、法制性的需要。社会保障预算也是社会保障资金核算的重要工具。通过社会保障预算收入、支出及结余的变化，可以对比分析不同年份社会保障收支增加或减少的情况，进一步分析引起变化的原因，以利于加强社

会保障资金的管理。社会保障预算是经过人民代表大会批准通过的，是向社会公开的，使所有的社会成员都明了社会保障资金的运营及管理情况，这对加强社会保障资金的管理起到了监督的作用。

5. 促进社会保障事业的发展，维护社会稳定

社会保障事业的发展必须有足够的、稳定的资金支持。社会保障资金的形成要依赖于社会保障部门、税务部门、银行部门、企业等的共同努力，才能保证资金足额、及时入库，满足社会保障支出的要求。同时，社会保障事业是一项长期发展的、重要的事业，各种收入和支出都要有短期和长期的计划，而社会保障预算恰好是长、短期计划的重要工具，在促进社会保障事业发展方面，是其他工具无法替代的。社会保障资金收入必须在社会保障预算中加以反映，以便人们能够确切地知道社会保障资金的总体情况。通过预算监督，能够尽早发现征收过程中存在的问题，确保社会保障收入足额、及时地征集上来，为社会保障事业的正常运行和良性循环打下基础。

6. 社会保障预算是完善我国政府预算制度的现实需要

为了适应我国建立社会主义市场经济体制的需要，更好地加强预算管理，在过去传统的单式预算基础上，从1992年开始，我国财政预算按照复式预算原理编制。党的十四届三中全会通过的《关于建立社会主义市场经济体制若干问题的决定》指出：建立政府公共预算和国有资产经营预算，并可根据需要，建立社会保障预算和其他预算。1994年，《预算法》规定：各级政府预算分为政府公共预算、国有资产经营预算、社会保障预算和其他预算。社会保障预算是政府预算的重要组成部分（见图6-3）。

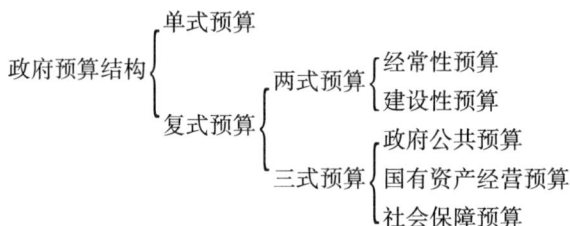

图 6-3 政府预算结构示意

目前，社会保障资金总规模已占到政府公共预算的一半以上。随着养老保险和失业保险扩面征收、医疗保险全面启动、住房公积金纳入财政管理，大幅提高城市最低生活保障金标准、增加财政对社会保障的投入等措施，社会保障资金的规模还将不断扩大。在政府预算中单独设立社会保障预算，就是要将用于社会保障事业的各类资金，不管资金的来源渠道和性质，都全面纳入政府预算进行管理，使社会保障的一系列分配活动得以更加清晰、明确的反映，充分体现国家预算管理的完整性。

6.3 完善我国社会保障预算管理的构想

6.3.1 我国社会保障预算的体制基础

1. 社会保障预算管理体制

社会保障预算管理体制是处理中央政府和地方政府、地方各级政府以及政府各相关部门之间社会保障预算关系的基本制度。它规定着中央和地方政府、地方各级政府以及政府各相关部门的社会保障职责权限范围、预算收支的划分、预算结余投资管理权责及转移支付等内容。

建立社会保障预算管理体制总的指导思想是：完善我国的复式预算，理顺中央和地方的社会保障关系，增强中央政府对社会保障事业的管理能力，促进市场经济的发展。社会保障预算管理体制的确定要以事权划分为依据，确定中央和地方财政的支出责任，支出责任要与事权对应。同时随着经济发展和财政体制的不断完善，努力提高地方财政的收入能力，使地方政府履行职责有必要的财力保障。

（1）社会保障的事权划分。

在社会保障预算管理体制中，事权划分是财权划分的基础。事权的大小，关系到各级政府社会保障责任的大小，关系到社会保障预算收支的划分以及整个社会保障事业的发展。清晰明确的事权是理顺社会保障预算关系、理顺社会保障预算与国家预算的关系、理顺社会保障事业与国民经济发展的关系的关键。理论上讲，社会保障事权划分有两大理论依据：

——公共财政理论。公共财政是国家或政府为市场提供公共服务、满足社会公共需要的一种分配活动或经济活动，是与市场经济相适应的一种财政模式。在市场经济条件下，满足人们需要的物品有两类：一类是私人物品，另一类是公共物品。私人物品具有竞争性和排他性，而公共物品则不具有竞争性和排他性。由于存在着市场失灵和市场缺陷，私人物品通过市场提供，而公共物品则应由政府提供。就现代社会保障而言，虽然它不属于纯公共物品，但实施社会保障是国家的一项基本职能。根据公共财政理论，社会保障理所当然地要纳入政府职能范围之内。同时因为各级政府所负担的社会保障任务不同，所以正确划分社会保障事权是社会保障活动顺利实施的重要条件。

——分税制理论。分税制是市场经济国家普遍采取的一种预算体制，它是在各级政府明确划分事权的基础上，根据事权划分财权，使地方预算成为一级独立的预算主体。由于各级政府的职责分工明确，所以各级预算的重点和层次比较分明。中央预算以国防支出、行政管理支出、社会福利、社会保障和经济发展为主，地方预算以文教、卫生保健和市政建设为主。根据分税制理论和国家预算统一性原则的要求，社会保障预算也应依据事权与财权统一的原则，在中央财政与地方财政之间合理划分收入和支出。

根据公共财政理论和分税制理论的要求，在中央财政与地方财政之间先划分事权，并以此为依据划分财权。我国社会保障预算的事权划分要做到三点：一是要把社会保障项目按其主次先后的顺序，纳入预算管理，同时划清政府与市场的责任界限，凡是通过市场能有效解决的，就应该让市场解决，政府不必介入；已经介入的要逐步退出。凡市场不能解决的或解决不好的，政府要切实承担起责任。二是在事权的确定上，要处理好集权与分权的关系，对一些涉及面广、影响较大的重要项目应以集权为主，由中央财政集中管理，以便在全国范围内进行宏观调控；对一些次要的、地方差异较大的项目，应以分权为主，由地方财政管理，以便于因地制宜，搞好社会保障资金的管理工作。三是在划分事权中，应遵循公平与效率原则，明确界定各级政府在社会保障中所承担的责任与义务，分级管理，提高管理水平与管理质量。据此，社会保障事权可划分为中央政府的社会保障事权和地方政府的保障事权。

中央政府的社会保障事权：①制定全国性的、统一的社会保障方针、政策，制定和执行关于社会保障的财政、预算、税收、财务、会计、社会保障基金投资等方面的法律、法规和基本管理制度。②结合国民经济计划及国民经济发展情况，拟定社会保障预算的中长期发展计划，编制社会保障预算、决算，对社会保障预算的执行进行监督、管理和宏观调控。③参与制定社会保障事业发展的决策，协同社会保障管理部门进行改革，对社会保障工作中存在的问题及时解决，并对整个事业的发展和社会保障分配进行调节和控制。④制定社会保障资金筹集的方法，监督管理社会保障收入的征缴，检查各单位的财务制度、会计制度及依法缴纳社会保险费的情况。⑤拟定社会保障支出项目、开支标准、支出的条件、支出方法，全面监督和检查社会保障支出工作。⑥制定社会保障基金投资的相关政策，成立专门机构进行投资与管理，拟定基金保值增值的考核指标，监督检查基金投资过程中有无违法违纪行为。⑦管理社会保障事业、企业单位的国有资产，制定和执行国有资产的各项管理制度，监督国有资产的完整无缺和经营性资产的增值，审批有关国有资产的财务预、决算。⑧建立和完善社会保障信息网络系统，提高全国社会保障工作的效率，便于社会公众的使用、查询和监督。⑨监督地方社会保障预算的收支及结余，检查社会保障行政管理部门、事业单位、企业单位的财务活动，对违反社会保障法律、法规行为依法处理。⑩对全国各地的社会保障工作进行指导和培训，根据经济形势的变化进行宏观调控和转移支付。

地方政府的社会保障事权：①贯彻国家的社会保障方针、政策，依据相应的法律、法规，组织地方社会保障工作。②根据本地区的具体情况，积极组织收入，合理安排支出，促进地区社会保障事业的发展。③编制地方社会保障预算、决算，收支指标要科学、可靠，在预算执行中要对本地区收支进行调节和调剂。④定期向社会公众公布本地区的社会保障进展情况，使每个人都了解这方面的情况。⑤监督检查社会保障部门和单位是否有违法违纪行为。⑥大力宣传社会保障事业的重要意义，重视社会保障工作。

（2）社会保障的支出划分。

根据中央政府与地方政府事权的划分，中央政府主要承担社会保障政策制定、养老保险全国统筹、社会保险宏观调控、对地方转移支付等支出责任。具体支出包括：中央企事业单位的养老保险、医疗保险、失业保险、工伤保险、生育保险支出，全国统筹养老保险支出，对社会保险基金的转移支出，重大灾害救济支出，中央社会保障行政管理费支出。地方政府主要承担本地区社会保障事务、社会保障行政、事业、企业单位的支出责任。具体的支出包括：地方企事业单位的养老保险个人账户支出及医疗保险、失业保险、工伤保险、生育保险支出，对社会保险基金的补助支出，地方抚恤和社会福利救济费支出，地方社会保障行政管理费支出。

（3）社会保障的收入划分。

根据事权与财权统一的原则，在中央财政与地方财政之间划分收入。将影响全国社会保障事业发展的，实施宏观调控所必需的收入划归中央；将关系到地方社会保障事业发展的，适于由地方管理的社会保障收入划归地方。社会保障预算收入主要有两项来源：一是一般预算拨入资金；二是社会保障税收收入（目前为缴费）。对于前者，目前不需要明确其对应关系，它是由一般税收形成的，待社会保障预算成熟时，可以考虑把几个税种的收入固定用于社会保障。对于后者，根据设计，社会保障税共设了养老保险、医疗保险、失业保险、工伤保险、生育保险五个税目。这五个税目中，养老保险税目收入应一分为二，个人账户资金划归地方财政，社会统筹划归中央财政。其余四个税目的收入划归地方财政。

2. 社会保障的统筹

社会保障统筹层次与社会保障抗风险能力相关，统筹层次高，社会保障抵抗风险的能力就强；统筹层次低，社会保障抵抗风险的能力就弱。提高社会保障统筹层次是国家对社会保障事业进行宏观调控的需要，也是社会保障预算顺利实施的重要条件。我国目前社会保障的统筹层次很低，势必造成社会保障资金管理部门多，资金管理分散，社会化程度低，不利于社会保障基金的调剂。提高社会保障统筹层次要明确实现步骤。

6.3.2　我国社会保障预算的总体设计

社会保障预算是一项技术性很强的系统工程，既包括社会保障预算的模式，也包括社会保障预算体系和科目，以及实施社会保障预算的步骤等，需要通盘考虑、总体设计。

1. 目标定位

2003年10月党的十六届三中全会《关于完善社会主义市场经济体制若干问题的决定》指出：加快建设与经济发展水平相适应的社会保障体系。完善企业职工基本养老保险制度，坚持社会统筹与个人账户相结合，逐步做实个人账户。将城镇从业人员纳入基本养老保险。建立健全省级养老保险调剂基金，在完善市级统筹基础上，逐步实行省级统筹，条件具备时实行基本养老金的基础部分全国统筹。健全失业保险制度，实现国有企业下岗职工基本生活保障向失业保险并轨。继续完善城镇职工基本医疗保险制度、医疗卫生和药品生产流通体制的同步改革，扩大基本医疗保险覆盖面，健全社会医疗救助和多层次的医疗保障体系。继续推行职工工伤和生育保险。积极探索机关和事业单位社会保障制度改革。完善城市居民最低生活保障制度，合理确定保障标准和方式。采取多种方式包括依法划转部分国有资产充实社会保障基金。强化社会保险基金征缴，扩大征缴覆盖面，规范基金监管，确保基金安全。鼓励有条件的企业建立补充保险，积极发展商业养老、医疗保险。农村养老保障以家庭为主，同社区保障、国家救济相结合。有条件的地方探索建立农村最低生活保障制度。

党的十七大报告指出：加快建立覆盖城乡居民的社会保障体系，保障人民基本生活。社会保障是社会安定的重要保证。要以社会保险、社会救济、社会福利为基础，以基本养老、基本医疗、最低生活保障制度为重点，以慈善事业、商业保险为补充，加快完善社会保障体系。促进企业、机关、事业单位基本养老保险制度改革，探索建立农村养老保险制度。全面推进城镇职工基本医疗保险、城镇居民基本医疗保险、新型农村合作医疗制度建设。完善城乡居民最低生活保障制度，逐步提高保障水平。完善失业、工伤、生育保险制度。提高统筹层次，制定全国统一的社会保险关系转续办法。采取多种方式充实社会保障基金，加强基金监管，实现保值增值。建立社会救助体系。做好优抚安置工作。发扬人道主义精神，发展残疾人事业。加强老龄工作。强化防灾减灾工作。健全廉租住房制度，加快解决城市低收入家庭住房困难。

我国建立社会保障预算的近期目标应着眼于将养老、失业、医疗、工伤、生育等保险基金及住房公积金、残疾人就业保障金、社会福利基金等纳入国家预算，实施专门管理；同时对一般税收安排的社会保障事业经费支出在政府公共预算中单独编列、统一反映。

建立我国社会保障预算的总体目标是：逐步建立起以社会保障税或费为主要收入来源，各项社会保障基金得到全面反映，收支管理及社会保障基金投资运营活动规范化，各项政策措施完整配套的具有中国特色的社会保障体系。为此，需要把分散在各部门管理的社会保障基金收支活动和由政府公共预算安排的社会保障收支活动合为一体，建立起与公共财政框架相配套的、相对独立的社会保障预算，全面反映社会保障基金收支运营情况，并对社会保障事业发展的资金供求做出全面统一的安排。

2. 模式选择

从理论和世界各国的实践来看，社会保障预算具有多种模式。

（1）政府公共预算模式。

该种模式是将社会保障收支作为政府经常性收支的内容，直接列示在政府的经常性预算中，其收入以社会保障税的形式纳入政府的经常性税收收入中，其支出由政府用一般预算收入安排，以"社会保障费"项目在政府的经常性预算支出中列示。英国是该种模式的典型代表。

在该种模式下，由于政府将社会保障收支与政府经常性收支同样对待，政府可以直接参与社会保障收支的具体管理，直接控制社会保障事业，在社会保障收支安排过程中体现政府的意志。但由于社会保障收支与政府经常性收支混在一起，难免二者之间相互挤占资金。而且由于社会保障收支全部由财政负担，在"福利刚性"作用下，社会保障支出膨胀，财政不堪重负。同时也导致越来越多的经济资源用于消费，影响了作为市场经济主体的私人企业的大规模资金积累，削弱了扩大再生产的物质基础，增加了产品成本，导致竞争力下降。英、法等国 20 世纪中叶以来的经济下滑不能不说与此有关。从世界范围看，以英国为代表的政府公共预算形式的社会保障预算现今已不再为各国所认同，也不宜为我国所采用。

（2）专项基金预算模式。

将社会保障收入、支出与政府经常预算收支分开或相对独立，单独编列社会保障专项基金预算，予以专门反映。美国、日本和德国都属于该模式①。这种基金式的社会保障预算有两个优点：一是把通过社会保障税筹集的资金形成社会保障信托基金，由专门机构单独管理，依法运营，并向全社会定期发布基金运营情况，因此

---

① 日本编制五个社会保障特别账户，这些特别账户均有独立的资金来源，它们以独立账户的形式纳入政府预算。德国在一般预算之外单独编制社会福利预算。美国是将社会保障税收入和社会保障支出分别以总额列示于联邦预算中，构成联邦预算的一部分，其结余转入社会保障信托基金，以基金形式单独编制预算。

基金运作透明度高，公众监督作用强，基金安全性较好，便于基金保值增值，在基金运作管理方面较为成功。二是总额列入政府财政预算内的社会保障信托基金，在其收支、投资管理等方面与政府经常性预算收支分开，单独成体系，避免财政对社会保障的大包大揽，减轻了财政负担。但政府财政预算中仅反映社会保障信托基金收支总额，对于各项基金的收支情况等不能详细反映，这样政府对社会保障的控制力相对就小，一旦社会保障信托基金管理出现问题，对作为社会保障最终负担者的财政就将构成很大威胁。

（3）独立社会保障预算模式。

社会保障的收入、支出均独立于政府财政预算体系之外，单独管理。比如新加坡的社会保障公积金，不论是其收支，还是投资运营，均不纳入政府财政预算，政府对其不负担任何费用，社会保障公积金完全是在政府预算之外独立运行。还有智利，由于是采用市场化运作，政府只负责政策制定和制度监管，因此其社会保障与政府预算无直接联系。另外，东欧一批转制国家的社会保障也采取独立的政府财政预算的形式，如波兰、捷克、斯洛伐克、罗马尼亚、匈牙利等国家，在改制前，其社会保障基金完全依靠国家财政拨款，由政府有关行政机构或企事业单位、职能部门承办，按行政办法进行管理。改制后，这些国家将社会保障资金的运营从国家预算中分离出来，以独立于国家预算外的社会保障基金取代原来由国家统包的社会保障体制，建立专门的社会保障基金，主要由失业救济、医疗保险和养老金三部分组成，由统一的全国社会保障理事会按市场机制的原则进行经营管理。

这种模式的特点是政府不直接参与社会保障的收支管理，因而财政对社会保障的负担相对较轻。而且社会保障资金单独核算，有利于基金的保值增值。但是，社会保障本来是国家宏观调控的一种政策手段，由于完全脱离预算之外，政府只是通过法律法规等对社会保障实行间接管理，政府对社会保障的控制程度太小，因此政府利用社会保障进行宏观调控的作用明显减弱。目前从世界范围看，社会保障完全脱离国家财政预算这种形式主要是少数小国家采用。

我国的社会保障是由传统的企业保障型向职工个人、企业和国家三方共同负担保障型转换而来，历史累积问题和现实矛盾交织在一起，资金很难保证。既不像新加坡新建一种制度，也不像东欧转制国家，国小人少，易于管理，所以这种完全脱离政府财政预算的社会保障资金管理方式在我国是不可取的。

（4）两板块预算模式。

该模式基本遵循现有社会保障预算的状况，将全部社会保障预算分为两个板块：一个板块在一般预算中反映，包括原来就在一般预算中的抚恤和社会福利救济费、行政事业单位离退休经费、社会保障补助支出以及基金预算中的福利彩票收入、残疾人就业基金收入、住房公积金收入；另一个板块在基金预算中反映，建立起社会保险基金预算。两板块预算框架如图6-4所示。

政府财政预算社会保障收支		财政专户社会保险基金收支	
政府一般预算中社会保障项目预算		社会保险基金预算	
• 残疾人就业保障金收入 • 福利彩票收入 • 住房公积金收入	收 入	• 缴费收入 • 财政补贴收入 • 投资收益 • 利息收入 • 其他收入	
• 抚恤和社会福利救济 • 行政事业单位离退休支出 • 社会保障补助支出 • 医疗卫生支出	支 出	• 养老保险支出 • 医疗保险支出 • 失业保险支出 • 工伤保险支出 • 生育保险支出	

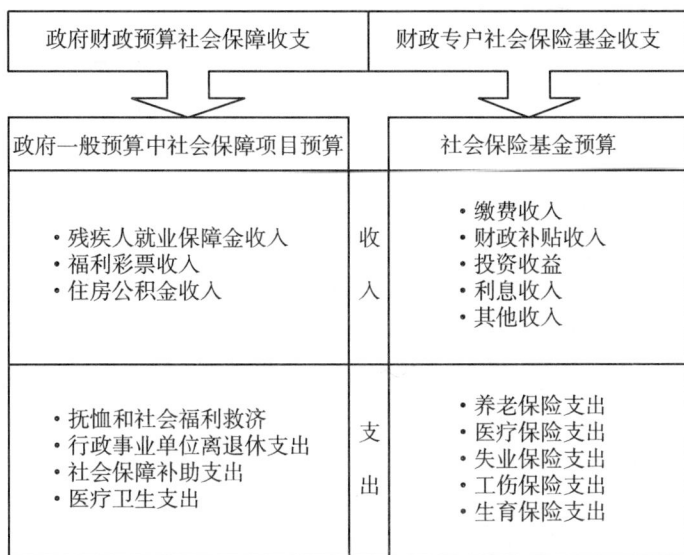

图6-4 两板块社会保障预算模式

该种方式的最大好处是与现实紧密结合，变动最小，在目前最具可操作性，而且将社会保险同社会福利、社会救济、社会优抚安置等社会保障内容区分开，体现了各部分不同的性质和资金来源。当然，这种方式还没有从根本上解决社会保障资金两大板块分立的问题，要反映整个社会保障资金的全貌，还必须两板块相加。

（5）一揽子社会保障预算模式。

这种预算把来自社会保障基金的收支和来自政府公共预算安排的收支合为一体，与政府一般预算完全脱离，由财政按照一般预算收支管理方式统一编制，全面反映社会保障收支、结余投资及调剂基金的使用情况。它包括社会保障基金预算收支、政府公共预算中安排的社会保障资金支出、社会筹集资金和社保事业单位的收入（减去成本费用的结余）。该模式如图6-5所示。

一揽子社会保障预算模式与两板块预算模式不同：两板块预算模式保留原有政府财政预算中的社会保障项目，只将其总额过录到社会保障基金预算中，而一揽子社会保障预算模式则是将政府财政预算中的社会保障项目全部迁出，与政府财政预算完全脱离关系；另外，两板块预算强调社会保障基金结余的投资，而一揽子社会保障预算采取政府财政预算方法，将其结余结转下年。

该模式的优点是：能够完整反映社会保障资金的总体收支状况，全面体现社会保障的事业规模和保障水平；由于财政部门全面管理，政府可以直接控制社会保障事业，使之较好地体现政府意志；所有社会保障收支与政府财政预算收支分开，不会造成资金相互间的挤占，较大程度地切断了社会保障对财政的依赖，能有效地减轻政府的社会保障负担。其缺点是：涉及部门利益的重新调整，实施难度较大，而且具体编制方法复杂，技术处理有一定难度。

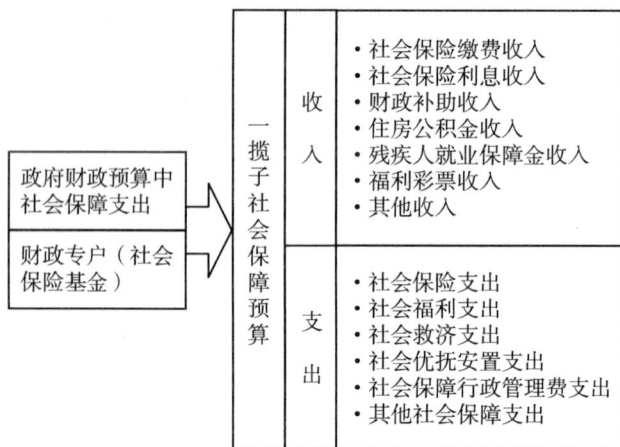

图 6 - 5　一揽子社会保障预算模式

（6）我国社会保障预算模式的抉择。

我国的社会保障预算最终目标应是建立独立完整的一揽子社会保障预算，但这需要相当长的过渡期。因此，我国目前社会保障预算的建设要分为两个阶段：第一阶段或曰近期目标是建设两板块社会保障预算，即"政府一般预算中的社会保障项目预算＋社会保险基金预算"；第二阶段把两板块式社会保障预算合并，形成完整统一的一揽子社会保障预算。一揽子社会保障预算是我国建立最终的社会保障预算，与两板块式社会保障预算模式相比，它的收支科目更清晰、简单，体现的内容更加规范、详细，设计合理，既有利于一般国家预算管理，也有利于对社会保障事业的预算管理。

3. 体系设计

社会保障预算体系是指社会保障预算的组成结构。社会保障预算管理的具体内容多种多样，但可概括为三大类：收入、支出和结余（或赤字）基金。

（1）社会保障预算收入体系。

社会保障预算收入的部门主要有：财政部门、税务部门、社会保险经办机构、各缴费单位及银行系统等，它们各司其职，共同完成社会保障预算收入的任务。

财政部门是社会保障预算收入的综合管理部门，在社会保障预算收入体系中居于主导地位。它既要为社会保障预算提供足够的资金，如社会救助、社会福利、优抚安置等，又要承担社会保险资金兜底的重任。财政部门的拨款是社会保障预算收入的重要组成部分。

税务部门是征收社会保险基金的机构。目前我国社会保险费既可以由税务机关征收，也可以由社会保险经办机构征收。税务部门的职责是：为缴费单位办理社会保险登记、变更登记和注销登记；核定缴费单位申报的社会保险费数额；及时完整地组织社会保险收入；做好与财政、国库等部门的对账工作。

社会保险经办机构是专门办理社会保险事务的部门。其职责是：建立社会保险缴费记录，其中基本养老保险、基本医疗保险应按照规定记录个人账户，并负责保存缴费记录的完整、安全；至少每年向缴费个人发送一次基本养老保险、基本医疗保险个人账户通知单；定期向社会公告社会保险费征收情况，接受社会监督，等等。

各缴费单位及银行系统是社会保障预算收入体系的基础。各缴费单位的社会保险费通过转账方式缴入国库（目前是财政专户），形成社会保险基金收入。

（2）社会保障预算支出体系。

社会保障预算支出体系是以社会保障支出内容为核心而建立起来的。我国社会保障支出的内容主要有：社会保险支出、社会福利支出、社会救济支出和优抚安置支出四大类，相应地，社会保障预算支出体系由财政部门、社会保险经办机构、民政部门、街道社区等组成。

财政部门首先是直接的社会保障支出部门，其直接支出的社会保障项目有行政事业单位离退休经费、全国社会保障基金及公费医疗等。其次是社会保障资金的拨款支出部门，抚恤救济费，社会保障补助支出，社会保障、社会保险经办机构、民政等机构经费等，均由财政部门进行拨款。再其次是社会保障资金的监管部门之一，不仅要监督财政直接支付项目，也要监督财政拨款的社会保障支出和社会保险费的支出。财政部门要与社会保障预算执行部门紧密配合，发现问题及时解决，共同完成社会保障预算的支出任务。

社会保险经办机构是社会保险基金支出的重要部门。对于基本养老保险而言，社会保险经办机构要在国有商业银行或邮局为企业离退休人员建立基本养老金账户，按月将规定项目内的应付养老金划入账户，保证离退休人员能够按时支取养老金。对于有特殊困难而不能到银行、邮局支取养老金的离退休人员，社会保险经办机构可直接或委托社区服务组织送发养老金。同样，社会保险经办机构要受理失业人员领取失业保险金的申请，审核确认领取资格，由经办机构开具单证，失业人员凭单证到指定银行领取。

民政部门是社会保障预算支出的重要部门，由财政拨款的社会救助支出、社会福利支出、优抚安置支出及部分离退休费用（军队离退休人员费用）均由民政部门负责支付。

街道社区是社会保障支出的基层单位。城市居民最低生活保障对象及保障标准，应由街道社区负责对申请人的家庭收入进行审查、核实。对符合条件的，报县以上民政部门审批；对不符合规定条件的，通知申请人，并说明理由。城市居民最低生活保障金由街道社区自民政部门批准之日起按月发放。离退休人员也应全部划归社区街道管理，社区街道可以成立离退休人员管理中心，全面负责居民区内离退休人员的管理。社区街道垂直上对社会保险机构，是社保机构的基层管理单位。

目前企业也是社会保险支出的部门，但这只是暂时的过渡，在规范的社会保障预算支出体系中不包括企业。

（3）社会保障基金管理体系。

我国社会保障基金的管理体系是：财政部、社会保障部拟定社保基金管理运作的有关政策，对社保基金的投资运作和托管情况进行监督。中国证券监督管理委员会、中国人民银行按照各自的职权对社保基金投资管理人和托管人的经营活动进行监督。全国社会保障基金理事会负责管理社会保障基金，社会保障基金投资管理人（社会保障基金的专业性投资管理机构）进行投资运作和管理，社会保障基金托管人（商业银行）负责托管业务。

全国社会保障基金理事会负责管理全国社保基金，其职责是：制定社保基金的投资经营策略并组织实施；选择并委托社保基金投资管理人、托管人对社保基金资产进行投资运作和托管；对投资运作和托管情况进行检查；负责社保基金的财务管理与会计核算，编制定期财务会计报表，起草财务会计报告；定期向社会公布社保基金资产、收益、现金流量等财务状况。

社保基金投资管理人履行以下职责：按照投资管理政策及社保基金委托资产管理合同，管理并运用社保基金资产进行投资；建立社保基金投资管理风险准备金；编制社保基金委托资产财务会计报告，出具社保基金委托资产投资运作报告；社保基金委托资产管理合同规定的其他职责。

社保基金托管人履行下列职责：保管社保基金的托管资产；执行社保基金投资管理人的投资指令，并负责办理社保基金名下的资金结算；监督社保基金投资管理人的投资运作，发现社保基金投资管理人的投资指令违法违规的，向理事会报告；社保基金托管合同规定的其他职责。

4. 预算框架

社会保障预算同政府公共预算、国有资产经营预算一样，由社会保障预算收入和社会保障预算支出两部分组成。

（1）社会保障预算收入。

我国社会保障预算收入主要由三大部分组成：一是从政府公共预算转入，用一般性税收收入安排的社会保障资金。这部分资金体现了政府对社会保障制度承担的社会责任，是政府预算对社会保障体系支持的具体体现。二是社会保险基金收入，即基本养老保险基金收入、医疗保险基金收入、失业保险基金收入、工伤保险基金收入和女工生育保险基金收入等。三是专项基金收入。包括社会福利基金、残疾人就业保障金和职工住房公积金。除这三部分外，还有一部分其他收入，主要反映社会保障基金结余投资收益、利息收入、滞纳金等，还包括国有资产经营预算划转收入和社会筹措资金。由于我国长期实行现收现付的社会保障制度模式，使得我国社会保障没有积累，在改行部分积累制后，有必要将过去几十年积累的国有资产或国有资产经营增值在一定时期划拨一部分到社会保障体系形成对社会保障事业的支持。社会筹措资金包括国内外企业、团体和个人的捐助。具体项目可按"类"、"款"、"项"、"目"四个级别设置。

（2）社会保障预算支出。

社会保障预算支出是政府多元筹集的社会保障资金，通过预算安排用于社会保障事业的各项支出。它与社会经济协调发展的保障需求相适应，与年度国民经济计划和财政收支预算相联系，体现政府履行社会保障职能的支出方向，是社会公共需要的重要组成部分。社会保障预算支出主要由社会保险基金支出、社会优抚支出、社会福利支出、社会救济支出和离退休经费支出等项目组成，反映社会保障收入运用于这些方面的社会保障开支及其支出额度。社会保障支出项目原则上体现了与收入项目对等的精神。对社会保障预算支出的分类，既要能反映出社会保障支出的总体规模又要能反映其支出的内容结构。为了能更清晰地反映社会保障预算收支对应关系，应根据社会保障收入科目设置支出科目。

（3）社会保障收支结余。

本年收入减去本年支出等于本年结余额，主要包括财政预算安排的社会保障经费结余、社会保险基金结余、住房基金结余、残疾人就业保障金结余、事业结余。结余分上年结余、当年结余和年末滚存结余。由于社会保障基金属递延性消费基金，是职工的未来权益，因此社会保障预算应本着"收支平衡、略有结余"的原则编制，对社会保障资金的结余投向，要遵循安全性、流动性和收益性原则，不能用于平衡财政预算，也不能用作政府的预算外资金调剂使用。资金投向：一是结转下年度弥补社会保障资金的不足；二是按国家政策规定，按一定比例用于购买国债等；三是单独存入财政社保专户，以保值增值。

6.3.3　我国社会保障预算的制度建设

社会保障预算管理制度是规范和调整社会保障预算关系的一系列法律、法规的总称，包括社会保障预算收支管理制度、社会保障基金投资运营管理制度、社会保障资金财务管理制度和内部控制制度以及社会保障统计制度等。通过这些管理制度的建设，把社会保障预算管理工作纳入规范化轨道。

6.3.3.1　社会保障预算、决算制度

在社会保障预算制度中，最基本的是社会保障预决算管理制度。我国目前尚没有社会保障预决算的制度，要加强对社会保障预决算的管理，必须建立健全相关的法律、法规。

1. 社会保障预算制度①

完善社会保障预算制度，就是要把社会保障预算的管理职权，社会保障预算收入、支出范围，社会保障预算、决算，法律责任等，都以法律的形式确定下来，进而指导社会保障预算工作。政府可以考虑先出台《社会保障预算条例》，以确立社会保障预算在国家预算管理体系中的地位、作用和职责，明确社会保障预算收支内容，明确各级政府及相关部门应履行的社会保障职责，在资金筹集、资金管理、资金运营、资金支付等方面的法律责任，使社会保障预算编制、执行和决算的审批等程序法制化，促进社会保障的发展。

2. 社会保障决算制度

社会保障决算是社会保障预算执行结果的总结和终结，是社会保障活动在一个财政年度内的集中反映。通过社会保障决算反馈的信息，可以及时掌握社会保障事业的发展进程，为社会保障预算工作奠定基础。

社会保障决算草案由各级政府、各部门、各单位，在每一预算年度终了后编制。编制决算草案，必须符合法律、行政法规，做到收支数额准确、内容完整。各部门对所属各单位的决算草案，应当审核并汇总编制本部门的决算草案，在规定的期限内报本级财政部门审核。财政部编制中央决算草案，报国务院审定后，由国务院提请全国人民代表大会常务委员会审查和批准。县级以上地方各级政府财政部门编制本级决算草案，报本级政府审定后，由本级政府提请本级人民代表大会常务委员会审查和批准。各级政府决算经批准后，财政部门应当向本级各部门批复决算。地方各级政府应当将经批准的决算，报上一级政府备案。

同国家决算一样，社会保障决算编制完毕后，必须编写决算说明书，对一些必要的内容进行分析和说明。决算说明书的作用有两点：一是对本年度的社会保障预算执行情况和管理情况进行书面总结；二是分析社会保障预算执行中存在的问题，并说明原因，为下年度社会保障预算的编制和执行提供参考。决算说明书的内容应

---

① 《中华人民共和国预算法实施条例》规定："各级政府预算分为政府公共预算、国有资产经营预算、社会保障预算和其他预算。"1999 年，《领导干部财政知识读本》中指出："建立由政府公共预算、国有资产经营预算、社会保障预算组成的新型复式预算。"两者都提到要建立社会保障预算，但对如何建立社会保障预算、建立什么样的社会保障预算、社会保障预算收支的内容都没有明确的规定。

包括以下几个方面：一是社会保障收入，参照预算收入的安排和执行情况，分析实际超收和短收的原因，分析征收成本的高低，资金管理状况及收入来源变化情况等；二是社会保障支出，结合预算支出的安排和各项社会保障事业发展计划，分析各个支出项目超支或结余的原因，说明在社会保障预算编制中存在的数据不准确及执行中变化的情况，经济发展对其造成的影响等；三是社会保障基金结余，分析社会保障基金结余增减变化的情况及变化的原因，反映社会保障预算安排是否合理，分析社会保障基金结余的保值、增值情况，并用一些指标来考核社会保障基金结余的投资效果等；四是总结社会保障决算编制工作经验及存在的问题，分析各项社会保障政策执行情况等。

6.3.3.2　社会保障资金管理制度

1. 社会保障资金财务管理制度①

社会保障资金财务制度是规范社会保障资金财务行为的法律、法规，旨在加强社会保障资金管理，维护社会公众的合法权益。社会保障资金财务管理制度是建设社会保障预算的重要内容之一。首先，要加快法制建设，提高立法层次。为适应我国经济的迅速发展，社会保障法制建设的步伐要加快。在社会保障立法中，应合理吸纳相关社会保险基金财务管理的内容，进而取代财务制度，使社会保险基金的财务制度建设向法制化方向迈进，以顺应国际化的潮流，并与经济发展相协调。其次，要建立健全社会保险基金预算。社会保险是一种由政府提供给人们消费的物品，它兼具私人物品和公共物品的双重性质。社会保险基金是满足社会保险需要的资金，从其属性来看，它是一种财政资金，理应被纳入国家预算。这样便于将各项与社会保险事务有关的基金统筹安排，使政府从整体上规划社会保障事业。也便于在社会保险基金营运中引入约束机制，克服管理分散、政出多门的弊端，防止挤占、挪用基金等现象的发生。有利于节省管理成本，防止社会保险基金流失，合理安排投资，实现基金的保值增值。

2. 社会保障资金会计核算制度②

社会保障资金会计是核算社会保障资金收支的重要工具，客观要求它能够全面反映社会保障资金的收支情况。针对现实情况，我们应从几个方面进行制度建设：

---

① 1996 年国务院颁布了《关于加强预算外资金管理的决定》，提出财政专户管理形式；同年《企业职工养老保险基金财务管理办法》和《企业职工基本养老保险会计核算办法》颁布；1999 年 7 月 1 日财政部、劳动和社会保障部颁布了《社会保险基金财务制度》，明确了社会保险基金财务管理的内容。

② 为规范和加强企业职工社会保险基金的会计核算，维护保险对象的合法权益，1999 年 7 月 1 日颁布并执行《社会保险基金会计制度》，原来的一些核算办法同时废止。《社会保险基金会计制度》对规范我国社会保险基金的统一核算，完善会计制度，起到了重要作用。

第一，尝试使用权责发生制。作为会计核算的基础，无论是收付实现制，还是权责发生制，仅仅是计量技术的差异和监督职能实现的需要。由于基金运行过程中存在大量的债权，因而可以尝试在以权责发生制为基础的前提下，增加现金流量的核算内容，从而反映基金运行的真实结果，也可以尝试修正的权责发生制和修正的收付实现制，即部分地采用权责发生制或收付实现制，以弥补原制度的缺陷。第二，尽快建立社会保障预算，扩大核算范围。社会保障预算建立后，所有的社会保障收支都要纳入预算内，收入要缴入国库，支出由国库支付，而不是通过现在的收入户、支出户和财政专户进行会计核算。社会保障基金也不存入由同级财政和社会保障部门共同认定的国有商业银行，而是由各级中国人民银行统一管理，这样可以减少由于体外循环而导致的监管失控问题。另外，现行社会保险基金会计核算不包括经常预算拨款和经常预算对社会保障预算的补贴这两部分，建立社会保障预算后，应把这两部分加入到社会保险基金核算之中，形成完整的社会保障预算会计。这样才可以进一步理顺社会保障预算与国家预算的关系，完善社会保障预算制度，促进社会保障事业的全面发展。第三，完善社会保障预算会计核算体系。在社会保障工作中，做实养老保险个人账户，应详细划分社会统筹基金和个人账户基金，分账户核算，分开管理。另外工伤保险、生育保险的会计核算制度也应尽早建立。总之，完善现行会计制度，主要应设计规范工伤保险基金会计制度、个人账户基金会计制度以及生育保险会计制度等，使社会保险基金会计制度的建设与社会保险事业的发展相一致。

3. 社会保障基金投资运营管理制度

社会保障基金的投资运营不仅关系到社会保障事业本身的发展，而且也关系到整个国民经济的发展，所以要进一步完善现行社会保障基金投资运营制度。

（1）把养老保险统账分开，明确社会保障基金规模。我国的社会保障基金的很大一部分来自养老保险基金，而养老保险基金有两种管理模式：现收现付式管理的社会统筹账户、基金式管理的个人账户和补充养老保险基金。由于两种管理模式的操作方法不同、管理要求不同、达到的目的也不一样，所以应分开管理，各有侧重。对于社会统筹基金应由中央统一管理，管理的重点是保证基金及时、足额地收付；对于具有完全积累性质的个人账户基金和补充养老保险基金则应由商业性的基金管理公司进行管理，管理的重点是基金的投资营运。

（2）拓宽投资渠道，确保社会保障基金保值增值。全国社会保障基金不同于其他基金。一是全国社会保障基金与人民群众的切身利益密切相关，是社会公平和社会稳定的重要保证，资金的性质决定了投资运作不能冒大的风险；二是全国社会保障基金具有长期性和稳定性的特点，适宜进行长期投资，以取得较高的收益率。由于我国资本市场发育不够成熟，又缺乏实践经验，所以对社会保障基金投资组合中投资品种及其比例给出明确的限制，旨在通过投资约束达到控制风险的目的。安全性是社会保障基金投资管理的第一原则。

从实际情况看，社会保障基金的投资途径应该有以下几种：①银行存款。这是当前社会保障基金余额的主要投资工具，有较高的安全性，但收益率较低。②国债投资。国债是既安全、回报率又高的投资工具。但随着利率体系市场化程度的逐渐提高，国债利率与银行存款的利差逐渐缩小，投资回报率下降。③企业债券。企业债券是国外社会保障基金的主要投资工具之一，但在中国其投资比例受很大限制。由于存在违约风险，企业债券的平均回报率高于国债，适当增加企业债券的投资，可以提高社会保障基金投资组合的收益率。④股票。根据各国的经验，谨慎地放松社会保障基金的股票投资限制，是提高社会保障基金投资收益率的重要途径。⑤国际投资。由于一个国家证券市场的投资回报与该国的政治状况、经济周期、现实经济增长率、财政货币政策、资本市场成熟程度等因素密切相关，而各个国家在上述因素中可能存在很大差异，使得国际投资成为实现低风险高收益的重要手段。

（3）健全社会保障基金营运与投资制度。为使社会保障基金保值增值，社会保障基金必须投资营运，以取得收益。一般来说，社会保障基金营运与投资立法需要对投资原则、投资方向和投资保护政策做出具体规定。社会保障基金的投资与其他投资一样，追求回报率，但这笔资金是公众的养老金、医疗费、失业救济金、生活补助费，必须保证支付。社会保障基金公共利益的属性决定了它的投资必须坚持以下原则：安全性，即低风险投资，以保证足额收回和取得预期收益，保障收益人的支付需求；流动性，即流动性投资，以追求投资的及时收回、融通、变现、周转，满足支付的需要；收益性，即回报率高的投资，以取得预期收益，促进社会保障基金营运的良性循环。

6.3.3.3　社会保障统计制度

社会保障统计是全面反映社会保障活动总量的信息系统，是社会保障预算管理的基础，是政府及时准确了解掌握社会保障信息、实施宏观决策的重要依据。加强我国社会保障统计工作，对完善社会保障预算管理、全面推进社会保障事业发展具有十分重要的意义。

第一，要充分认识建立社会保障统计的重要性与紧迫性，尽快建立社会保障统计。国务院在1997年7月颁布的《国务院关于建立统一的企业职工基本养老保险制度的决定》中明确指出，各级人民政府要将社会保障纳入本地区的社会经济发展计划中。我国的改革实践已对社会保障统计提出强烈的要求，统计部门必须站在市场经济角度及时增加服务于市场经济的新的统计资料，从而更好地满足政府宏观调控的信息需求。

第二，尽快建立社会保障资金公告制度。国家应尽快出台关于建立社会保障资金公告制度的规定，要求各级各类社会保障资金收支单位和部门，按季度向社会公开社会保障资金的收支存情况，以加强对社会保障资金的社会监督，确保社会保障资金的安全，同时为政府有关宏观决策提供依据。

第三，规范社会保障资金收入管理体系。与资金支出相比，我国的社会保障资金收入状况更为分散，更加缺乏规范性。政府应改变传统的单一征税、分税理财模式，树立与市场经济相适应的理财新理念，建立大理财思路，将全部社会保障资金收入纳入政府和社会监管的范围，提高监管的水平和能力。对社会保险费两个征收主体的情况要尽快出台统一的办法。

第四，建立健全财政社会保障统计体系。公共财政建设已进行多年，但我国的财政统计仍然沿用计划经济体制下原有的模式，计划经济体制时期建立的统计项目应该适时撤换。而适应公共财政建设的社会保障支出等项目应在统计年鉴中作为主要项目加以列示。这是政府切实加强公共财政建设的体现，也是构建和谐社会的需要。

第五，理顺社会保障统计管理体制。我国的社会保障统计管理体制尚未完全理顺，目前的大致情况是：社会保障部门负责社会保险统计，财政部门负责社会保障资金统计，民政部门负责社会救济、社会福利和社会优抚安置统计。统计部门不能等社会保障管理体制完全理顺之后再行工作，应在社会保障管理体制改革的过程中积极开展统计工作。要建立社会保障统计机构网络，从组织机构上保证社会保障统计信息渠道畅通。

第六，建立健全社会保障统计指标体系。社会保障统计指标体系的建立应该与现行社会保障制度的内容相一致，并应体现方便快捷的要求，为政府全面及时掌握社会保障总体数量提供信息支持。

6.3.3.4　社会保障预算监督审计制度

社会保障预算监督审计是指对社会保障预算资金的筹集、分配和使用过程的监督审查。包括对各级政府的社会保障预算编制、预算执行、预算调整和决算等；以及对与社会保障收支有关的企业、事业、行政单位和个体经济单位的财务活动的合法性、有效性实施的监督审查，是社会保障预算管理的重要内容。社会保障预算监督审计的主体是国家各级财政机关、审计机关、社会保障部门以及其他有关机关和单位。监督审计的对象是国家机关、社会团体、事业和企业单位的社会保障财政、财务活动。

1. 社会保障预算编制的监督审计

（1）社会保障预算收入指标编制的监督审计。监督审计社会保障预算收入指标是否与国民经济计划和社会保障计划相衔接，是否有国民经济计划指标大而预算收入指标小，或者国民经济计划有关指标小而预算收入指标大的问题；预算收入指标是否符合社会保障预算收入的增长规律，预算收入指标的确定是否科学合理、真实可靠，有无偏低甚至隐瞒预算收入的现象；预算收入指标是否达到了上级计划安排的要求，有无低于上级要求指标的情况，如有要查明原因；对于各项分类收入指标要进行逐项审查核实，整个社会保障预算收入规模是否适度，能否达到基本保障待遇支付需求；预算收入指标编制是否符合既重视主要收入，又重视次要收入的要求，对次要收入指标的设计是否认真、准确；将社会保障预算收入指标与以前年度实际完成情况相比较，有无异常变化，并分析其原因。

（2）社会保障预算支出指标编制的监督审计。监督审计社会保障预算支出指标的安排是否符合年度社会保障计划任务的要求；各类支出项目结构是否合理，是否坚持了保证重点的原则，有无次要项目挤占重点项目的现象；社会保障预算支出项目是否按制度规定的支付范围和支付标准执行，有无违反制度规定的现象存在；社会保障支出预算编制是否正确处理好了各种比例关系，是否符合国家有关政策，是否符合预算编制的要求。

（3）社会保障预算收支平衡情况的监督审计。监督审计社会保障预算编制时是否贯彻了平衡性原则，是否做到了社会保障各分类和各单项预算的平衡；社会保障预算支出指标是否与社会保障预算收入指标相适应，是否留有缺口；有无突破社会保障预算收入指标，搞赤字预算的情况；在保障需求旺盛时期支出增长较快的情况下，有无确保各项待遇支付、化解财务风险的手段；社会保障预算结余有多少，其投资途径及投资收益计划是否科学、可靠；转移性收支计划能否最终落实等。

2. 社会保障预算执行的监督审计

（1）社会保障预算收入执行的监督审计。对社会保障预算收入执行情况的监督审计，主要是将社会保障实际收入与计划收入相对比，分析是否及时完成收入任务，如没完成，是什么原因；检查各收入机关在组织预算收入时，是否严格执行国家的法律法规，应收款项是否及时、全额收回，有无非法截留、侵占社会保障预算收入的现象。具体来说，社会保障预算收入主要由一般性税收收入、社会保险基金收入和其他收入三大类构成，这三类收入的性质不同，筹集管理的方法不同，监督的重点也应有所区别。

（2）社会保障预算支出执行的监督审计。监督检查社会保障预算支出是否按预算安排进行，是否按事业发展的进度拨款，有无过早或过多拨款造成预算资金在用款单位积压和预算资金调度困难的问题，研究预算支出情况，分析预算超支或结余的原因。具体而言，主要监督审计如下内容：①监督审计社会保障基金的专款专用。主要是监督检查社会保障基金是否严格按国家有关规定，专门用于社会保障事业。②监督审计社会保障基金的开支范围。主要是监督检查各项社会保障基金是否严格按国家规定的开支范围，正确组织支付。③监督审计社会保障基金的开支标准。主要是监督检查各项社会保障基金开支是否按法定标准执行，有无违反国家规定擅自提高或降低开支标准。④监督审计社会保障基金支出结构。主要是监督检查各项社会保险基金支出结构是否合理，有无滥提管理费损害投保人利益的现象。

（3）社会保障基金结余的监督审计。主要监督审计的内容包括：①监督检查社会保障基金结余的安全。主要是监督检查社会保障基金结余是否安全，基金结余是否按规定纳入了财政专户存储，有无基金流失现象。基金结余账目是否清楚，管理是否合规有序，有无隐匿、转移、挪用、骗取、贪污结余资金现象发生等。②监督检查社会保障基金结余的保值增值。监督检查社会保障基金结余是否保值增值，有无采取有效的保值增值措施，有无贬值现象发生，增值幅度是否正常，怎样实现最佳状态的保值增值等。③监督检查社会保障基金结余的营运投资。监督检查社会保障基金结余的营运投资是否符合国家有关规定，基金结余的规模和结构以及基金结余投资方向、规模和结构是否合理合规，是否符合安全、流动、效益的要求，是否做到了安全、保值和增值等。

（4）社会保障决算的监督审计。对于社会保障年度决算的监督检查，主要是在年终时要对预算收支、会计账目、财产物资等，进行全面的核对、结算和清查。①核对年度预算数字。即社会保障总预算之间，总预算和部门、单位预算之间，部门、单位预算和所属单位之间，总预算和金库、税务、银行之间的全年预算数字要核对清楚，做到完全一致，不丢不漏。②监督清理往来款项。即对应收应付等往来款项进行清理检查，做到该收的收、该上交的上交、该列支的列支，不能以往来科目长期挂账。

6.3.3.5　社会保障预算的部门管理制度

为确保社会保障预算的顺利执行，保证社会保障预算活动符合国家法律、法规，提高社会保障预算管理水平，各社会保障预算管理部门必须明确本部门的社会保障预算职责，要在本单位内部建立一系列相互联系、相互制约的管理制度及相应的管理措施。

1. 财政部门的社会保障管理制度

财政部门的社会保障管理制度主要包括：（1）社会保障资金筹集制度。对公共预算转入的资金应及时拨入社会保障预算中，不要影响资金拨付。应做好社会保险收入的预测工作，编制较为科学、完整的收入计划；监督检查社会保险缴费收入的完成情况，分析存在的困难，提出解决办法；监督检查社会保险缴费收入是否及时、足额缴入国库，有无挤占、挪用资金等违法违纪行为。（2）社会保障资金支付制度。对财政拨款支出的抚恤和社会福利救济费、行政事业单位离退休经费、社会保障补助支出，资金安排必须打足预算，不留缺口，拨付及时到位，专款专用，按社会保障事业发展的进度拨出款项。社会保险基金支出制度的建设应重点在三方面：控制给付水平，统一支付标准；专户储存，专款专用；节约资金，提高效益。（3）社会保障资金投资及收益制度。增加投资品种，拓宽投资渠道，为基金的保值增值提供制度保证；建立投资效益考评机制，对投资公司进行严格管理，优胜劣汰；监督检查基金投资有关各方的违纪违规行为，打击犯罪；投资收益及时转入财政部门，以便进行总体安排。（4）社会保障预、决算制度。在遵守《中华人民共和国预算法》的前提下，编制和执行社会保障预、决算；除编制当年社会保障预算外，还应借鉴国外经验编制中、长期预算，反映中、长期社会保障的变化情况；财政部门应根据经济发展情况，对社会保障预算进行调整；增加社会保障预、决算的透明度，让社会公众了解社会保障政策及社会保障事业的发展情况。（5）社会保障资金的监督检查制度。对整个社会保障事业进行监督管理。（6）社会保障资金收支会计核算制度。建立社会保障预算会计，单独反映社会保障事项。

2. 社会保险经办机构的社会保障管理制度

社会保险经办机构是负责社会保险业务的基础部门，在社会保障体系中居重要地位。它的内部制度要详细而具体，操作性强。（1）建档制度。社会保险经办机构应当为所有的缴纳保险费的个人建立档案，记录缴费情况，基本养老保险、基本医疗保险按规定记入个人账户的部分应单独体现。社会保险经办机构负责保存这些记录，至少每年向缴费个人发送一次个人账户通知单。（2）稽核制度。社会保险经办机构依法对社会保险费缴纳情况和社会保险待遇领取情况进行定期核查。稽核内容有：缴费单位和缴费个人申报的社会保险缴费人数、缴费基数是否符合国家规定；缴费单位和缴费个人是否按时足额缴纳社会保险费；欠缴社会保险费的单位和个人的补缴情况。（3）信息系统管理制度。适应"金税"、"金财"工程的需要，不断补充和健全信息管理体系。要明确相关部门和人员的责任，按工作程序设置岗位，制定严格的岗位责任制，做到责任到人。同时要加强信息技术人员的引进和培养工作。

3. 税务部门的社会保障管理制度

随着社会保障制度的不断完善，社会保障资金由收支一体管理向收支两条线管理转变，进而社会保险费移交税务机构征收，是大势所趋。税务部门的内部控制制度内容如下：（1）登记制度。社会保险经办机构为企业和个人办理社会保险登记，变更登记和注销登记，核定缴费人数和缴费基数，并把这些信息及时传递给税务部门，作为征缴社会保险费的依据。（2）专门的征管制度。社会保险费征管同其他税收的征管要分开，并成立社会保险征管处室，专门征收和管理社会保险费。建立缴费档案，纳入税务"征、管、查"一体化的征管模式。逐步完善社会保障信息管理系统，使之与财政部门、银行系统、社会保险机构等社会保障部门信息通畅。（3）规范、细化征收社会保险费的操作办法。各级政府年初要确定社会保障基金预算，预算一经确定，地税部门就根据确定的基数、费率等相关政策具体实施征收；企业按地税部门的征管程序办理缴费业务。这样才能使社会保障基金税务征缴工作有章可循、规范操作、健康运作。（4）建立内部稽查制度。税务部门内部应设立监督检查部门，定期或不定期对社会保险费的征缴进行稽查，及时发现存在的问题，并解决问题。（5）衔接制度。税务机关征收社会保险费的情况应及时提供给社会保险经办机构，社会保险经办机构应将有关情况汇总，报社会保障行政部门。

4. 银行系统的社会保障管理制度

银行系统是社会保障事业的中间链条，在社会保障事业中，银行起着重要的、不可替代的作用。目前银行系统正常业务的内部制度已比较完善，但社会保障业务是新兴的业务，历史较短且业务特殊，因此要建立一套适应社会保障业务的内部控制制度。它既可以是单独的制度，也可以是对原制度的补充。其中最重要的是缴库制度。税务部门征收的社会保险费应由各银行及时缴入国库，不得拖欠、滞留。同时，鉴于社会保障工作的特殊性，银行在管理社会保障资金时应予以特别关注，应该把这项业务同银行的其他业务区别开来，建立单独的收入和支付渠道。

5. 全国社会保障基金理事会的社会保障管理制度

全国社会保障基金理事会的社会保障管理制度主要包括：（1）社保基金投资管理人制度。理事会应确定社保基金投资管理人应具备的条件，评审社保基金投资管理人的具体办法；明确社保基金投资管理人履行的职责及其应有的权利；督促社保基金投资管理人建立、健全相关内部管理制度和风险管理制度。（2）社保基金托管人制度。理事会应确定社保基金托管人应具备的条件，对其履行职责的能力进行评审；规定社保基金托管人应适应社保基金托管的要求，建立、健全相关内部管理制度和风险管理制度；明确社保基金托管人应有的权利及应履行的义务。（3）社保基金投资管理制度。规定社保基金的投资途径及投资比例；规定社保基金的核算办法；考核社保基金投资收益；社保基金投资收益分配和费用管理；社保基金投资的账户和财务管理等。（4）内部审计制度。设立独立于业务机构和会计机构的内部审计机构，通过定期检查，及时发现存在的问题并积极解决；通过内部监督，开展自查自纠，使社会保障资金内部监管体系更加完整，各项社会保障资金的管理更有序、更安全；按照高起点、规范化、专业化的要求，根据风险控制国际标准，全国社会保障基金理事会应建立起一套先进的风险控制制度，理事会内部成立风险管理委员会和投资决策委员会；每一项投资首先要由风险管理委员会评估，然后报送投资决策委员会决策；在理事会内部机构的职责划分上形成前台、中台、后台相互独立、相互制约的内部控制机制。同时，通过对业务环节的风险分析，针对每一个风险点和风险特征提出控制措施，以保证社保基金的安全。

第 7 章

国有资本预算管理与改革

我国作为世界上国有资产数额最大、国有经济比重最高的一个国家，国有资本在政府宏观调控与经济社会发展中肩负着重要的责任与使命。党的十六大之后，随着由中央和地方政府分别履行出资人职责的新的国有资产管理体制的逐步建立，以及行政事业单位国有资产管理制度改革的顺利推出，国有资本经营预算制度与行政事业性国有资产的预算管理制度得以进一步完善。

7.1 国有资本与公共财政管理

7.1.1 国有资产与国有资本的内涵

1. 国有资产与国有资本的概念

（1）国有资产。在现实经济生活中，"国有资产"有广义和狭义之分。广义的国有资产，是指国家以各种形式投资及其收益、拨款、接受馈赠、凭借国家权力取得、或者依据法律认定的各种类型的财产或财产权利。主要有以下三种类型：第一，国家以各种形式形成的对企业投资及其收益等经营性资产；第二，国家向行政事业单位拨款形成的非经营性资产；第三，国家依法拥有的土地、森林、河流、矿藏等资源性资产。

狭义的国有资产特指经营性国有资产，即国家作为出资者在企业中依法拥有的资本及其权益。经营性国有资产包括三个部分：第一，企业国有资产，可分为金融类企业国有资产和非金融类企业国有资产；第二，行政事业单位占有、使用的非经营性资产通过各种形式为获取利润而转作经营的资产；第三，国有资源中投入生产经营过程的资产。

　　需要指出的是，不能将经济学意义上的国有资产与会计学意义上的国有资产概念相混淆。有一种观点认为，企业国有资产即国有企业中的资产。这种观点是将国有资产理解为会计学中的"资产"概念，从而将国有资产等同于总资产。实际上，国有资产是经济学中"资本"的概念而非会计学上的"资产"概念。第二个问题是，经营性国有资产主要是指国有资本，而不是国有法人资本。因为本着"谁投资、谁所有、谁受益"的原则，由政府直接出资形成的资本及其权益才是真正意义上的"国有资产"，也就是说，经营性国有资产既不能等同于企业全部资产之和，即经营性国有资产不含企业负债，也不能等同于母、子公司所有者权益之和。

　　（2）国有资本。随着经济体制包括国有资产管理体制改革的不断深入，国有资本的概念被越来越多地使用。一般来说，一国的社会总资本即该国社会现存的相互联系、相互依存的个别资本的总和，是由多种多样的经济形式共同发挥作用而构成的。所谓国有资本，即国家直接或间接出资形成的资本，及其凭借资本所有权所享有的权益。简言之，国有资本就是在国有资本投入的企业中属国家所有的所有者权益。

　　从国有资本与非国有资本（主要是私人资本）的比较分析中，可以更为准确地把握国有资本的内涵，两者的比较如表7-1所示。

表7-1　　　　　　　　　　　　国有资本与非国有资本的比较

	国有资本	非国有资本（主要是私人资本）
形成方式	来源于社会的公共积累和储蓄，主要是政府通过税收和其他收入形式取得，是国民收入再分配的产物。其大小取决于政府的财政经济政策，形成相对集中和迅速	来源于民间企业和社会成员的积累和储蓄，它直接受生产和生活消费的制约，其形成相对分散和缓慢
职能分工	国有资本是政府调节宏观经济、推动经济发展的重要手段，国有资本应投入到私人资本不能或不愿投入的领域和项目，最大限度地满足公共需要，弥补市场失灵	以营利为目的，不愿投入非营利性或微利的公共项目
委托代理关系	国有资本的终极所有者是全体国民，所有权代表是国家或政府，占有者是国有经济实体，三者之间存在着自上而下的委托代理关系。其所有者与占有者之间、占有者与经营者之间是行政隶属关系	私人资本的经营权利和经营者地位取决于产权本身，资本所有者与占有者、经营者之间是经济契约关系
资本数量的集合意义	国有资本无论总体还是个体，其终极所有权都是全体国民，个体所有权与总体所有权是一致的。具有集合意义上的总量增长目标，也有个量增值的盈利目标	私人资本分属于众多独立的所有者，不可能集合成具有统一目标的总体。因此，它不具有集合意义上的总量增长目标，只有个量增值的盈利目标

2. 国有资产（资本）的分类

国有资产的分类，是指按照一定的标准，对国有资产进行科学系统的划分。对国有资产进行分类，是优化国有资产配置、正确发挥国有资产作用的必要前提。国有资产可以按不同的标准进行分类，主要有以下方法。

（1）按国有资产的用途分类。可以划分为企业国有资产、行政事业单位国有资产和资源性国有资产三类。

① 企业国有资产。是指国家作为出资者在企业中依法拥有的资本及其权益。其特点是：第一，运动性。即通过运动实现自身的价值和增值。第二，增值性。即企业国有资产与劳动力相结合，在运动过程中创造价值和剩余价值，实现自身价值总量的扩大。第三，经营方式多样性。即由于行业分布、行业特点、技术基础、管理水平、生产规模、区域环境、经营状况及地位作用的不同，企业国有资产有多种经营方式。

② 行政事业单位国有资产。是指由行政事业单位占有使用的、在法律上确认为国家所有，能够以货币计量的各种经济资源的总和。主要包括：国家划拨的资产、按规定组织收入形成的资产、接受馈赠和其他法律确认的国有资产。其特点是：第一，配置领域的非生产性。行政事业单位国有资产配置于各级党政机关、科学、文化、教育事业和人民团体等，是政府履行行政管理职能和社会职能的物质基础。第二，使用目的的服务性。行政事业单位国有资产的作用在于保证政府履行行政管理职能的需要、保证整个社会正常运转、支持社会经营性资产的运营。因此，行政事业单位国有资产以服务为根本目的。第三，资金补偿、扩充的非直接性。行政事业单位不从事物质资料的生产，其资产使用消耗的补充和资产规模扩大所需要的资金，只能来源于财政公共行政预算的行政事业费预算支出。第四，占有使用的无偿性。行政事业单位国有资产管理的重点，是保证资产实物形态的完整和节约、有效的使用，满足国家行政管理事业和社会事业发展的需要。

③ 资源性国有资产。资源性国有资产，是指在人们现有的知识、科技水平条件下，通过开发并能够带来一定经济价值的国有资源。国有资源是指自然界中存在的、所有权属于国家的自然资源。其特点是：第一，垄断性。国有资源属于国家专有，其他任何主体不拥有其所有权。第二，相对性。国有资源的范围是可以变动的。例如，由于科学技术的发展，新的自然资源的作用为人们所认识并得到开发和利用，国有资源的种类得到增加。第三，资产性。国有资源一经得到开发利用就可以产生收益，因此国有资源具有资产性。第四，有价性。由供求关系所决定，稀缺自然资源价格较高；自然资源的质量影响着产品的质量，从而使产品的价格发生变化；自然资源所处的地理位置影响着自然资源的开发利用等生产成本，从而使产品的价格发生变化。因此，国有资源可以以价值来衡量。

（2）按国有资产的性质分类。可以划分为经营性国有资产和非经营性国有资产两类。

① 经营性国有资产。经营性国有资产是指以保值为基础、以增值为目的，直接投入生产经营过程中的国有资产，既包括企业占有使用的国有资产、国家资本金，也包括行政事业单位转作经营用途的国有资产。

② 非经营性国有资产。非经营性国有资产是指不直接投入生产经营过程，由国家机关、军队、社会团体、文化教育、学校和科研机构等行政事业单位占有使用的国有资产。非经营性国有资产的占有使用不是为了自身价值的增值，而是为国家履行行政管理职能和社会管理职能提供物质基础。

（3）按国有资产的存在形态分类。可以划分为有形资产和无形资产两类。

① 有形资产。是指具有价值形态和实物形态的资产。有形资产的价值形态要经过交换，才能以价格形式表现出来。这类资产包括土地、房屋、机器设备和各种原材料等。有形资产按其运动方式又可以划分为动产和不动产。动产是指能够自由移动其位置而不改变其性质、形状或者不失去其经济价值的资产。例如，机器设备和各种运输工具等。不动产是指不能自由移动其位置的资产。如果移动其位置，就会使资产遭受损坏而丧失其经济价值。例如，厂房和建筑物等。

② 无形资产。无形资产是指由特殊主体控制、不具有独立形态，对生产经营持续发挥作用并能带来经济利益的一切经济资源，比如技术、专利权、商誉、版权、特许权等。

我国国有资产总量大，门类多，近年来呈上涨趋势（见图7-1），应按照不同资产的性质和特点分别进行管理。企业经营性国有资产实行国有资产经营预算制度，行政事业单位国有资产编制行政事业单位国有资产预算，对于资源性国有资产，因其量化难度比较大，故可将其总量、构成等列入政府会计和政府财务报告，目前暂不编制资源性国有资产预算。

从图7-1中可以看出，尽管我国国有资产各部分都在上升，但国有资产总量中国有企业资产所占比重总体趋势却在不断下降，行政事业单位国有资产所占比重总体趋势不断上升。随着公共财政政策的进一步实施，行政事业单位国有资产比重还会进一步上升。

7.1.2　国有资本经营预算与政府公共预算的关系

1. 国有资本管理与公共支出管理

国有资本管理与公共支出管理来源于政府的双重身份。一是公共事务管理人，二是国有资产出资人。国有资本管理的目标是实现经济的稳定发展；公共支出管理的目标是追求更佳的社会效益。国有资本与公共支出的性质不同、管理方式不同，根据各自的特点制定不同的管理目标，实行不同的管理策略；对公共事务管理效率和国有经济运营效率根据各自标准分开评估，对公共管理机构的业绩和国有资本管理机构的业绩分别进行考核。

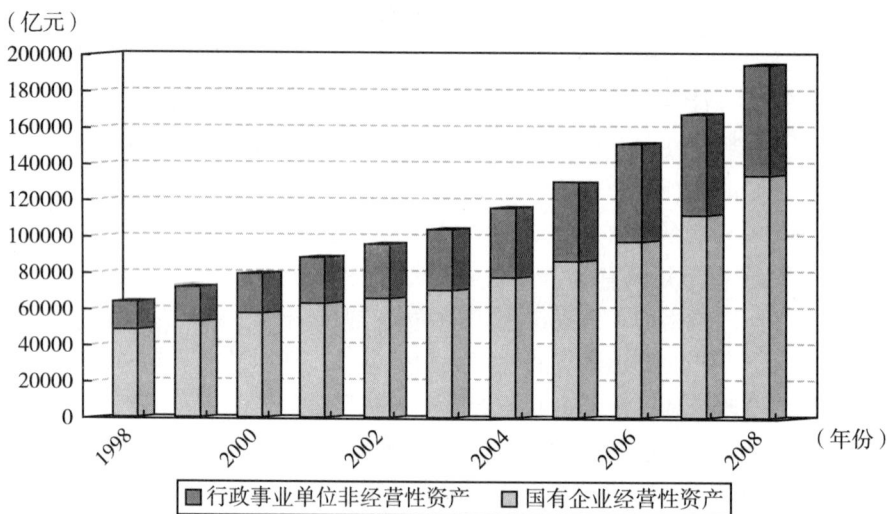

图 7-1　全国国有资产结构

资料来源：全国行政事业单位资产清查结果。

公共支出的目的是维持社会秩序、防御外来侵略、保证国家机器正常运转、发展社会各项事业、提高人民生活水平，其收入来源主要是税收，也就是以政府的正常收入来满足政府社会管理功能，即社会共同需要。公共支出应实行"量入为出"的原则，对于可能出现的赤字要通过精简机构、压缩开支来弥补。

而国有资本主要用于国家的资本性支出，注重投资收益，支出的目的是国有经济实力更强大、效率更高、国有经济战略布局更合理、更能提升国家宏观经济的竞争力。国有资本支出作为一种经营性投资，具有偿债能力。因此，国有资本可以负债经营，可以通过举借国内和国外债务等方式筹措资金。这种负债经营行为有时可以体现某种明确的政府意图。国有资本的举债经营也要充分考虑其偿债能力，赤字规模要严格把握。公共支出结余可以适量用于国有资本运作，补充国有资本。

2. 国有资本经营预算与政府公共预算

（1）国有资本经营预算的含义。国有资本经营预算，是按照"国家所有、分级管理"的要求，由各级政府在其权限范围内编制的，以出资人身份依法取得国有资本经营收入、安排国有资本经营支出的专门预算制度，也是国有资本经营在一个财政年度内的收支计划。国有资本预算以国有资本的宏观运营为目标，反映国家作为资产所有者代表与国有企业之间的收益分配和再投资关系。以实现国有资本的保值增值，推动经济结构战略性调整与国有企业的根本性重组，确保国有资本的优化配置，服务于政府社会和经济管理的总体目标。

与政府公共预算相比，国有资本经营预算有以下特点：

第一，营利性。政府公共预算是为满足社会公共需要提供公共产品的预算，具有无偿性特点。而国有资本经营预算却不一样，它是一种经营性资本的预算，具有营利性，讲求投资回报，强调国有资本保值增值和经济效益最大化。

第二，相对独立性。从整个政府复式预算体系来看，国有资本经营预算是与政府公共预算、社会保障预算相互独立、自成体系、自我循环的。

第三，宏观调控性。国有资产的出资人是国家，而国家的宗旨是搞活整个国有经济，不是搞活某个地区或某个部门的经济，更不是搞活某个企业的经济。这就决定了在编制国有资本预算时，是从总体上把握国有经济发展的脉络，推动整个国有经济快速发展并在布局和结构上保持协调一致。

（2）国有资本经营预算与政府公共预算。国有资本经营预算与政府公共预算之间既有联系，又有区别。具体表现在：

一方面，两者同属分配范畴，并且是同一分配主体即国家，共同构成"一体两翼"框架下的政府预算的有机整体。国家所进行的财政活动局限于公共财政和国有资本财政两大领域内，两者之间虽然存在差异，但国家作为共同的财政主体是唯一的，因此，公共预算（以税收为主要收入来源与以满足公共需要为主要支出）和国有资本预算（以国资收益为主要收入来源与以再投入、扩大投资为主要支出）的关系格局是国家预算的两个组成部分。

另一方面，由于国有资本经营预算是以经济权力为依据进行的分配，而财政预算则是凭借政治权力进行的分配，这就决定了两者之间的区别。根据世界各国资本预算的做法，结合我国国家预算的特点和要求，可以将国有资本经营预算与政府公共预算的区别用表7-2作出表述。

表7-2　　　　　　　　　国有资本经营预算与政府公共预算的区别

	国有资本经营预算	政府公共预算
依据和立足点	契约关系	上下级的行政隶属关系
	依据国有资产所有权及其派生出来的资产收益索取权和支配权	依据以国家主权为基础的公共权利
	立足点是产权管理	立足点是社会的公共管理
	体现政府的资本所有者身份	体现政府的社会经济管理者身份
	体现利益分配上的平等关系	体现利益分配上的强制关系

续表

	国有资本经营预算	政府公共预算
分配对象	包括了 C、V 和 M 三部分	主要对国民收入即 V + M 进行分配
分配范围	仅限于国有经济，具有特定性	扩展到非国有经济领域，具有普遍性
职能与目标	确保国有资产的保值与增值，实现国家的所有者职能	保证上层建筑的正常运转，实现国家宏观调控经济的职能
	目标是最大限度地实现国有资本的增值，以发挥其调控作用	目标侧重于追求最佳的社会效益，满足公共需求
收支内容	收入的主体是国有产权转让收入和国有资本金收益，支出一般以投资的形式出现，实质是调整经济结构	主要来源是税收，支出一般采取拨款形式，主要用于行政事业开支，实质是对社会剩余产品的分配
资金运动方式	资金运动一般表现为筹集、投入、取得收益和回收投资、再投入的连续不断的循环和周转过程	资金运动一般表现为筹集、运用，再筹集、再运用的间断运动过程
筹资渠道	除国有资本经营收入外，还可通过贷款、发行股票、债券等渠道筹资	主要是税收及其他收入
投资方向	主要投向一般营利性行业，与非国有经济共同向社会提供竞争性商品	主要投向公共工程和基础设施，以便向社会提供公共品和某些混合品

注：C 为不变资本，V 为可变资本，M 为剩余价值。

7.2 我国试行国有资本经营预算

改革开放以来，我国政府与企业的利益分配关系进行了几次重大的变革，从统收统支，到放权让利，再到建立现代企业制度，政府逐步从国有企业的"家长"走向国有企业的"股东"。政府与企业关系的变化，要求政府预算制度进行相应的变革。从 20 世纪 80 年代起，我国开始对复式预算进行研究，引入了国有资本预算的概念。提出与试行国有资本经营预算，就是在我国国有企业改革深入推进的背景下顺势而为的。

7.2.1 试行国有资本经营预算的背景

1. 国家与国有企业的产权关系进一步理顺

1993 年 11 月，中央提出建立现代企业制度。在此之前的改革基本上是沿着"放权让利"的思路进行的，如利润分成、利改税、承包经营等，都未能触及深层次的产权关系和资产收益分配关系，致使长期困扰国有企业的政企不分、政资不分、产权不清、经营自主权不落实、自我约束及激励机制不健全等问题始终得不到解决。而一旦涉及国有产权制度改革，则有必要正面确定以产权清晰为基本前提的现代企业制度，这样才能在理论上和实践上适应市场经济关于企业改革的客观要求。

1994 年在国务院的统一部署下，选择了 100 家国有企业进行试点工作，试点内容包括：完善企业的法人制度，使企业成为真正独立的法人实体和市场竞争主体；确定企业国有资本投资主体，履行国有资本出资者职能；规范企业的组织形式，即将试点企业改组为国有独资公司、有限责任公司或股份有限公司；建立企业法人治理结构，设立股东会、董事会、监事会和经理层，有效行使决策、监督和执行权；改革企业劳动人事工资制度，实行全员劳动合同制，企业可自主决定工资水平及分配方式；健全企业财务会计制度等。1996 年，建立现代企业制度试点企业已遍及全国，达 2343 家。1999 年党的十五届四中全会进一步明确了建立现代企业制度的改革方向，同年 12 月成立了中央企业工委。2000 年 3 月，国务院发布《国有企业监事会暂行条例》，建立中央企业外派监事会制度，强化国有企业外部监督。对国有企业进行的现代企业制度改革正朝着规范化方向发展。

2. 明确提出建立国有资本经营预算

与上述步骤相呼应的是，国家与国有企业基于产权关系而产生的国有资产经营收益的管理问题也开始受到关注。1993 年《中共中央关于建立社会主义市场经济体制的若干问题的决定》指出，"改进和规范复式预算制度，建立政府公共预算和国有资产经营预算，并可根据需要建立社会保障预算和其他预算"。1994 年我国首部《预算法》颁布，1995 年在其实施条例中规定："各级政府预算按照复式预算编制，分为政府公共预算、国有资产经营预算、社会保障预算和其他预算"。1998年，国务院印发的财政部"三定方案"再次提出，"要改进预算制度、强化预算约束，逐步建立起政府公共预算、国有资本金预算和社会保障预算制度"。2003 年，《中共中央关于完善社会主义市场经济体制若干问题的决定》指出"建立健全国有资产管理和监督体制"，要求"建立国有资本经营预算制度"。这是中央文件第一次明确了"国有资本经营预算"的提法，从而取代了之前一直沿用的"国有资产经营预算"、"国有资本金预算"等多种提法，正式将其作为国有资产收益制度改革的方向。2005年10月，党的十六届五中全会通过的《中共中央关于制定国民经济和社会发展第十一个五年规划的建议》再次提出，"坚持和完善基本经济制度，加快建立国有资本经营预算制度，建立健全金融资产、非经营性资产、自然资源资产等监督体制。"这些规定为国有资产收益纳入国家预算管理提供了政策依据，为建立国有资本经营预算制度奠定了基础。

3. 建立国有资产管理新体制

随着我国市场化改革进程的加快，尤其是加入 WTO 以后，迫切需要转变政府职能和资源配置机制，推动深化国有企业改革。党的十六大明确指出：国家要制定法律法规，建立中央政府和地方政府分别代表国家履行出资人职责，享有所有者权益，权利、义务和责任相统一，管资产和管人、管事相结合的国有资产管理体制。因此，在2002年新一轮政府机构改革中，国务院决定设立"国务院国有资产监督管理委员会"，并于2003年正式成立、行使职能。新成立的国资委将原分属于国家经贸委、财政部、人事部、劳动和社会保障部、中央企业工委等的有关职能重组在一起，统一由国资委对大型国有企业"管人、管事、管资产"，被授权行使国有资产出资人职责。

新体制与原体制的主要区别在于：第一，原体制实行国家统一所有，分级管理，由国务院代表国家对国有资产行使所有者职能。新体制实行的是国家所有，由中央政府和地方政府（省、自治区、直辖市和地区、市）分别代表国家履行出资人职责，享有所有者权益。权利、义务和责任相统一。这可以充分发挥中央和地方（省、市两级）两个积极性，有利于企业明晰产权，形成多元投资主体和规范的法人治理结构。第二，原体制实行的是管资产和管人、管事相分割的局面，多个部门都可以说是所有者的代表，对企业发号施令，而一旦出了问题，又互相推诿。新体制实行管资产和管人、管事相结合，权利、义务和责任相平衡，如果国有资产管理出了问题，可以找到一个最终负责的机构，并且有利于建立合理的激励与约束机制，有利于国有资产的保值增值。第三，提出了由中央政府和地方政府分别代表国家履行出资人职责的资产范围，即关系国民经济命脉和国家安全的大型国有企业、基础设施和重要自然资源等，由中央政府代表国家履行出资人职责，其他经营性国有资产由地方政府代表国家履行出资人职责。

2003年5月27日，国务院颁布《企业国有资产监督管理暂行条例》，规定了国资委的组织机构体系及工作体系。国务院国资委直接监管的企业为196家，国有资产总量为6.9万亿元，在2002年度，196家中央企业实现的利润占全国15.9万家国有企业利润的64%。其工作重点：对国有经济结构和产业布局进行调整，中央企业数量由 2003 年的 196 户调整到 2007 年的 155 户，其目标是到 2010 年将中央企业的数量进一步缩减到 80～100 家；建立现代企业制度，完善法人治理结构，在部分中央企业建立董事会制度；探索党管干部和市场化选人相结合的用人机制，在全球范围内选聘企业高管人员；对国有企业实行业绩考核和绩效评价，将企业经营业绩和个人收入挂钩；逐步实行股权多样化，进一步增强控制力、带动力和影响力。新的国有资产管理体制的建立，较好地解决了出资人缺位的问题，加上国家实施一系列促进企业改革发展的财政政策以及国内经济持续发展，企业效益不断攀升，2006 年全国国有企业累计实现利润 12242 亿元，比上年增加 2559.2 亿元，增长 26.4%，经济效益突破万亿元。国务院国资委监管企业实现利润为 7681.5 亿元，占全国国有企业实现利润总额的 62.7%，比上年增长 20%。从盈亏状况看，在全国 119254 户国有企业中，盈利企业为 69053 户，盈利面为 57.9%，盈利企业盈利额为 14364 亿元，比上年增长 21.4%；亏损企业亏损额为 2122 亿元，比上年减亏 29.2 亿元。

经营性国有资产收益随着国有企业改革的深化，总量不断扩大，增幅节节攀升。由于未能建立有效的收益收缴的制度体系，截至 2006 年，国有企业的利润仍基本上留存在企业而未上交财政，使企业留利过多，进一步引发投资过热、收入分配失控等问题。与此同时，国有企业改革的任务繁重，用于解决企业历史遗留问题等改革成本，仍需由财政支付，各级政府财政负担没有随着效益增长而相应减轻。种种情况表明，我国对于经营性国有资产重新收取收益并进行再分配的时机已经基本成熟。

7.2.2　试行国有资本经营预算的政策要点

2007 年 9 月 8 日，国务院发布了《关于试行国有资本经营预算的意见》，酝酿已久的国有资本经营预算进入实施阶段。其中，中央本级国有资本经营预算从 2008 年起试行，地方试行国有资本经营预算的时间、范围和步骤由各省（区、市）及计划单列市人民政府决定。所谓国有资本经营预算，是国家以所有者身份依法取得国有资本收益，并对所得收益进行分配而发生的各项收支预算，是政府预算的重要组成部分。

1. 指导思想和原则

试行国有资本经营预算，要以邓小平理论和"三个代表"重要思想为指导，坚持科学发展观，通过对国有资本收益的合理分配及使用，增强政府的宏观调控能力，完善国有企业收入分配制度，促进国有资本的合理配置，推动国有企业的改革和发展。

试行国有资本经营预算，应坚持以下原则：（1）统筹兼顾，适度集中。统筹兼顾企业自身积累、自身发展和国有经济结构调整及国民经济宏观调控的需要，适度集中国有资本收益，合理确定预算收支规模。（2）相对独立，相互衔接。既保持国有资本经营预算的完整性和相对独立性，又保持与政府公共预算的相互衔接。（3）分级编制，逐步实施。国有资本经营预算实行分级管理、分级编制，根据条件逐步实施。

2. 国有资本经营预算的收支范围

国有资本经营预算的收入是指由各级人民政府及其部门、机构履行出资人职责的企业上交的国有资本收益。主要包括：（1）国有独资企业按规定上交国家的利润；（2）国有控股、参股企业国有股权（股份）获得的股利、股息；（3）国有产权（含国有股份）转让收入；（4）国有独资企业清算收入（扣除清算费用）及国有控股、参股企业国有股权（股份）分享的公司清算收入；（5）其他收入。依法取得国有资本收益，是国家作为国有资本投资者应当享有的权利，也是建立国有资本经营预算的基础。

2007 年 12 月，财政部和国资委联合印发了《中央企业国有资本收益收取管理暂行办法》，明确了中央级次政府国有资本收益收取管理的相关细则。《办法》明确，国有资本收益收取对象为中央管理的一级企业。《办法》规定，中央企业拥有全资或控股子公司的国有独资企业，应交利润按照中国注册会计师审计的年度合并财务报表中反映的、归属于母公司所有者的净利润为基数申报。应交利润的比例，区别不同行业，分三类执行：第一类为烟草、石油石化、电力、电信、煤炭等具有资源型特征的企业，上交比例为 10%；第二类为钢铁、运输、电子、贸易、施工等一般竞争性企业，上交比例为 5%；第三类为军工企业、转制科研院所企业，上交比例 3 年后再定。《办法》规定，国有资本收益的收取方式为：国资委监管企业向国资委、财政部同时申报上交；国资委提出审核意见后报送财政部复核；财政部按照复核结果向财政部驻申报企业所在地财政监察专员办事处下发收益收取通知，国资委按照财政部复核结果向申报企业下达收益上交通知；企业依据财政专员办开具的"非税收入一般缴款书"和国资委下达的收益上交通知办理交库手续。中国烟草总公司上交国有资本收益，由财政部直接审核，按审核结果办理交库。

国有资本经营预算的支出主要包括：一是资本性支出。根据产业发展规划、国有经济布局和结构调整、国有企业发展要求，以及国家战略、安全等需要安排的资本性支出。二是费用性支出。用于弥补国有企业改革成本等方面的费用性支出。三是其他支出。具体支出范围依据国家宏观经济政策以及不同时期国有企业改革和发展的任务，统筹安排确定。必要时，可部分用于社会保障等项支出。

为保障国有资本经营预算的顺利实施，财政部会同中国人民银行修订了 2007

年和 2008 年政府收支分类科目。

3. 国有资本经营预算的编制和审批

国有资本经营预算单独编制，预算支出按照当年预算收入规模安排，不列赤字。财政部门为国有资本经营预算的主管部门。各级国有资产监管机构以及其他由国有企业监管的部门和单位，为国有资本经营预算单位。试行期间，各级财政部门商国资监管、发展改革等部门编制国有资本经营预算草案，报经本级人民政府批准后下达各预算单位。各预算单位具体下达所监管或所属企业的预算，抄送同级财政部门备案。

4. 国有资本经营预算的执行

国有资本经营预算收入由财政部门、国有资产监管机构收取、组织上交。企业按照规定应上交的国有资本收益应及时足额直接上交财政。国有资本经营预算资金支出，由企业在经批准的预算范围内提出申请，报经财政部门审核后，按照财政国库管理制度的有关规定，直接拨付使用单位。使用单位应当按照规定用途使用、管理预算资金，并依法接受监督。国有资本经营预算执行如需调整，须按照规定程序报批。年度预算确定后，企业改变财务隶属关系引起预算级次和关系变化的，应当同时办理预算划转。年度终了后，财政部门应当编制国有资本经营决算草案报本级人民政府批准。

5. 国有资本经营预算的职责分工

财政部门的主要职责是：负责制定或修订国有资本经营预算的各项管理制度、预算编制办法和预算收支科目；编制国有资本经营预算草案；编制国有资本经营预算收支月报，报告国有资本经营预算执行情况；汇总编报国有资本经营决算；会同有关部门制定企业国有资本收益收取办法；收取企业国有资本收益。财政部负责审核和汇总编制全国国有资本经营预算、决算草案。

各预算单位的主要职责是：负责研究制定本单位国有经济布局和结构调整的政策措施，参与制定国有资本经营预算有关管理制度；提出本单位年度国有资本经营预算建议草案；组织和监督本单位国有资本经营预算的执行；编报本单位年度国有资本经营决算草案；负责组织所监管或所属企业上交国有资本收益。

7.2.3 中央国有资本经营预算试点情况

2008 年是中央国有资本经营预算试行的第一年，试行范围为国资委所监管企业和中国烟草总公司。根据国务院批准的《财政部关于 2008 年中央国有资本经营预算（草案）的请示》，顺利完成了 2008 年中央国有资本经营预算编制及执行工作。2008 年，中央国有资本经营预算收入 583.5 亿元，其中上年结转收入 139.9 亿元，本年收入 443.6 亿元；中央国有资本经营预算支出 583.5 亿元，其中本年支出 571.33 亿元，结转下年支出 12.17 亿元。2008 年中央国有资本经营预算支出主要采取资本金注入和费用补助等方式，支持中央企业布局和产业结构调整、地震灾后重建、重大科技创新、节能减排、改革重组、境外矿产权益投资、中央企业社会保障、发电企业电煤流动资金贷款贴息等方面。全国人大财经委在《2008 年中央地方预算执行情况与 2009 年草案审查报告》中提出，2010 年向全国人大提交中央国有资本经营预算。

国有资本经营预算制度的初步建立，标志着国家以所有者身份依法正式向国有企业收取国有资本收益，对于增强政府的宏观调控能力，完善国有企业收入分配制度，推进国有经济布局和结构的战略性调整，集中解决国有企业发展中的体制性、机制性问题等具有重要意义。

7.2.4　我国国有资本经营预算的进一步完善

由于国有资本经营预算仍在试行阶段，需要根据出现的问题、难点，及时总结经验，进一步完善我国国有资本经营预算制度。

1. 进一步完善国有资本经营预算的法律、制度环境

首先，制定一系列更符合国有企业实际、更具操作性、指导国有资本经营预算工作的制度和法律法规，把国有资本经营预算立法纳入《预算法》的修改和立法框架中，加快国有资本经营预算的制度化和法制化建设。其次，合乎时宜地修改预算会计制度。随着社会主义市场经济体制和财政预算管理制度改革的逐步深化，现行预算会计制度的不适应性日益突出。因此，现行预算会计制度必须相应进行修改，这样才能使得国有资本经营预算切实反映国有资本运营的真实情况。

2. 做好国有资本预算与公共预算的衔接工作

按照预算改革的要求，政府预算分为政府公共预算、国有资本经营预算和社会保障预算。在支出功能和支出方向上，国有资本经营预算建立初期，与公共预算要相互衔接，重点是解决一些在公共预算中没有解决或解决不够彻底的企业历史遗留问题。随着国有资本经营预算的逐步完善，国有资本经营预算与公共预算的分工也逐步明晰。公共预算以做大财政经济蛋糕为目标，平等面向不同类型的各种所有制企业，以补贴、奖励为主要方式，同时，对企业承担的公共服务职能给予补助；国有资本经营预算以提高国有企业竞争力，优化国有经济结构和布局为目标，以资本性支出为主要方式，要研究制定国有经济布局和结构调整规划，根据规划，科学安排国有资本经营预算。此外，国有资本经营预算与公共预算也应建立一个相互衔接的通道，即必要时可以将一部分国有资本经营预算收入转入公共预算，也可从公共预算中安排一定的支出转入国有资本预算统筹使用。

3. 研究逐步扩大国有资本经营预算试点范围

就中央本级国有资本经营预算来讲，目前只在国务院国资委监管的企业和中国烟草总公司试点，虽然其资产总额和利润总额在中央企业中占很大比例，但毕竟涵盖面还小，不完全具有代表性。据统计，还有 6255 户中央企业分散在金融、农业、水利、交通、铁道、教育、科技、文化等部门中。这些中央企业规模大小不一，质量良莠不齐（金融企业除外，具有特殊性），但性质都是国家出资，有上交国有资本收益的义务。国务院已明确提出，"要扩大国有资本经营预算试点范围"，此项工作应加快推进。

4. 研究国有资本预算与结构调整相结合

目前，国有企业涉及的行业领域很广，几乎涵盖了国民经济的各领域。国有资本经营预算在用于国有经济和产业结构调整支出时应根据国有经济布局和结构调整的总体规划，以提高重要行业重点企业核心竞争力为目标，确定使用方向。近期的支出重点应是国有企业节能减排、重大科技创新、境外资源权益投资等。

5. 建立国有资本收益管理体系，完善国有资本收益分配制度

建立国有资本收益管理制度，是确保国有资本经营预算收入来源的重要制度。应当建立国有资本经营财政预算专户，强化国有资本收益的征缴工作。建立信息管理网络系统，对国有资本区域分布、行业分布、资产构成、运营效益等有关数据进行收集、汇总和分析，为国有资本经营预算的科学编制和实施提供可行的基础支持。

要科学合理地确定国有企业税后利润上缴比例。从严格意义上讲，企业通过生产经营活动形成的所有利润都应该为投资者所有，利润的使用分配由投资者决定。国有企业也应如此。它产生的利润也是归全体投资者所有，即归国家所有。从这个角度讲，国有资本经营预算规范的应是所有国有资本收益，国有企业的全部利润都应该纳入国有资本经营预算的范畴。目前因为是试行初期，只确定了两个很低的收取比例，而且定的过于宽泛，这并不意味着将来不能调整。随着市场经济改革的深入，各项规章制度的健全，企业效益的提高，以及国有资本经营预算支出的需要，将来一定要对国有企业上缴收益的比例分行业甚至分企业进行细化调整，最终将国有企业全部利润都纳入国有资本经营预算中。

要进一步完善国有资本收益分配制度。第一，理顺和规范政府投资企业利润分配。利润分配方案应有一定的预见性，不仅要考虑政府投资企业的现状，还应着眼于企业发展的未来。要区分政府投资企业不同的经济效益状况，对长期效益很差，但又必须扶持的企业，可以适当留利，促进企业自我积累和发展；而对经营状况较好，特别是因政策原因利润较高的企业，则应适当扩大利润上缴的比重。同时，应加快"费改税"的步伐，取消不合理收费，将一部分生产性基金（费用）转变为税收，纳入国有资本预算统一管理。这样可以减轻企业负担，扩大国有资本预算收入来源。第二，促进国有股上市流通。国有股上市流通，将极大地拓宽国有资本的融资渠道，从未来的发展趋势看，它将是国有资本预算收入的最主要来源。第三，规范中小企业改制行为。严格资产评估过程，在产权市场上公开竞价交易，企业产权转让收入应纳入国有资本预算管理。

6. 进一步规范、健全企业财务会计核算工作，保证国有资产经营预算编制的科学性和真实性

国有资产经营预算是国有资产管理的重要手段，它不仅影响国有资产投资、营运和收益的各个环节，而且为国有资产管理和营运提出目标，为过程控制提供标准，为成效提供评价依据。国有资产经营预算的编制和执行要达到预期目的，企业必须建立健全规范的财务会计核算制度。因为在编制国有资产经营预算过程中，需要从企业上报的企业发展规划、经营计划、收益运用计划、投资计划、财务报告、其他重大事项报告等方面了解国有资本存量、增量等信息。在国有资产经营预算的执行过程中，通过国有资产经营预算执行报告、国有资产经营收益报告等形式了解国有资产经营收益、运营效益等信息。此外，国有资产管理中的资产评估、产权转让等行为都必须以规范的企业财务会计核算制度为基础。可以说，按照现代企业制度的要求，建立规范、系统的财务核算体系，是编制、执行国有资产经营预算的基础，是保证国有资产经营预算的科学性和真实性的前提。

7.3 我国行政事业性资产预算管理的理论与改革

7.3.1 我国政府行政事业性国有资产管理的理论分析

1. 行政事业单位国有资产的性质

行政事业国有资产是国家机器正常运转、政府向社会公众提供各种公共产品和服务的重要物质基础。在公共财政框架下，行政事业性国有资产应主要用于提供更多更好的公共产品和服务。我国正在向公共财政体制转变，未来行政事业性国有资产要有比较大的增长，各级政府每年对于提供公共产品和服务的事业单位财政拨款也会不断增加。但是，在没有行政事业国有资本预算的条件下，过多过快地增加财政拨款，可能会导致更多的浪费与腐败。实行行政事业性国有资本预算，首先要关注的是资产如何使用以及使用的效率。作为政府宏观调控的手段之一，行政事业国有资本预算要着眼于推动行政事业单位特别是事业单位改革的全面推进。通过行政事业性预算收支管理和绩效评估等促进行政事业单位效率的提高。

严格意义上的行政事业资产，是指直接用于行政事业本身用途的资产。广义上则往往泛指行政事业单位拥有或控制的全部经济资源，包括直接用于行政事业本身用途的资产，行政事业单位出租、出借、出包的经营性资产，以及行政事业单位在所属经济实体或参股、控股企业中的投资权益。相对于企业经营性资产，行政事业资产的专用性较强，用途具有特定性，资金占用形态相对稳定。

正如传统国有企业单位所属资产中，由于历史原因包含了大量的乃至相对独立的和成建制的非经营性资产（如厂办学校、厂办医院资产等），在深化改革中需要加以剥离。行政事业单位所属的经营性资产日益膨胀和混杂，不仅容易滋生腐败，助长不正之风，而且扭曲市场机制。因此，从长远来看，在清产核资、分类定位的基础上，应尽可能将经营性资产剥离。在此基础上，我国财政才能成为真正意义上的公共财政。

2. 行政事业单位国有资产的管理主体

1998 年国资局撤销之后，其相应的国有资产管理职责合并到财政部，但在实际工作中，对于行政事业国有资产的管理权限划分并不十分清晰，不同部门间存在着不同的理解和认识。各地方政府、甚至各行政事业单位，都依照各自的方式管理经营这部分资产。据统计，目前全国 31 个省、自治区、直辖市和 5 个计划单列市中，省（计划单列市）级行政单位国有资产管理职责，除四川省在地方机关事务管理局外，其余省份均在财政部门。随着财政体制的改革，公共财政理论下的部门预算、国库集中支付、收支两条线、政府采购等多项改革，都对行政事业国资管理提出新的要求。随着公共财政框架的建立，财政资金逐步从生产和竞争领域退出，国家对公共事业的保障力度进一步加大，事业单位国有资产总量将快速增长，这使行政事业资产监管任务越来越紧迫和繁重。

3. 行政事业国有资产的管理模式

集中管理是行政事业资产管理改革的必然选择。在传统的行政事业国有资产管理模式下，产权分散于各使用单位，各使用单位代表国家管理产权，各自为政，势必造成管理上的混乱。所以，行政事业资产管理的核心终究还是产权管理方式。另外，由于过去没有统一管理，一些单位部门"小而全"，办后勤、搞教育，资产利用率不高，有个别的还利用这些资产为小集体谋利，"国有资产"变成了"单位资产"，甚至滋生腐败。

行政事业性资产"非转经"收益管理的复杂性使"产权集中管理"成为必然。比如，公有房屋出租，作为财政性国有资产的房租收入应全额上缴财政，然后由财政根据所需再分配，然而由于现实的资产所有权仍在单位，各单位认为由此产生的收益理所应当地属于自己，有的地方实行集中管理，但各单位故意拖欠甚至不缴的现象严重。

资产购建预算管理和信息化管理客观上要求实施产权集中管理。一个单位，需要购置什么资产、如何配置和处置资产，应该充分分析这个单位的存量资产的现状及其履行工作职能的需要，并将两者进行科学的匹配，最后得出决策方案。政府对行政事业资产管理的各种决策主要是通过各类报表来获取信息的，但报表制度在资产管理的实用性上却存在许多问题。一是不集中，二是不全面，三是手段落后。利用表格、手工操作，只能反映资产在一段时期内的静态指标，而对于资产总量和分布的动态情况如增减、调拨、借用、处置、抵押、折旧等却不能准确及时反映。同时制表、填制、上缴、汇总流程长，工序复杂，信息容易丢失。通过产权集中管理，建立科学完整的国有资产管理信息系统，科学进行资源配置，合理评价各单位的国有资产使用效率，使日常管理工作流程化和规范化，管理过程更加透明。

"产权集中管理"是提高资产使用效率的先决条件。产权分散于各使用单位，使各单位竞相拥有更多的资产，但财政支出困难与各使用单位占有欲望之间的矛盾却无法协调。在资产占用上，各单位参差不齐，一些单位占用不足或者租用办公，急需添置资产，另一些单位却闲置浪费，而监管部门却无法进行横向调剂，重置与浪费并存，使财政负担大大加大。因此，要提高资产使用效率，确保行政事业性资产的保值增值，必须对现有的行政事业性资产的流量和存量按市场化运作。

4. 加强行政事业单位国有资产管理的重要意义

（1）加强行政事业单位国有资产管理，是完善社会主义市场经济体制的要求。行政事业资产是非经营性资产的重要组成部分。但长期以来，我们更多关注的是国有企业经营性资产，导致行政事业资产的管理滞后于企业经营性资产的管理。随着政府逐步退出竞争性和经营性领域，转为加大对公共产品、公共服务和公益性事业的投入，行政事业性资产增加较快。在未来的一定时间内，行政事业资产总量将超过经营性资产总量。这说明，行政事业资产管理的任务艰巨且意义重大，既关系到政府职能的转变，也关系到社会主义市场经济体制的完善。

（2）加强行政事业单位国有资产管理，是完善公共财政体制的要求。长期以来，资产管理滞后于财政资金管理，尚未形成适应公共财政要求的资产管理体制。

近年来，财政改革重点从收入改革转向支出改革，积极推行部门预算、国库集中支付、政府采购和收支两条线等各项财政管理改革，这些改革客观上对资产管理提出了新的、更高的要求。但由于在行政事业资产管理方面还缺乏有效的措施和手段，很大程度上制约了公共财政功能的发挥，也限制了政府公共服务水平的进一步提高。因此，推进和加强行政事业资产管理，对于完善公共财政体制具有十分重要的现实意义。

（3）加强行政事业单位国有资产管理，是转变政府职能及构建和谐社会的要求。行政事业资产管理工作与行政管理体制改革密切相关。随着公共财政建设步伐的加快，国家对公共事业的保障力度将进一步加大，如果我们不能及时有效地加强对行政事业资产的管理，很可能为单位谋取不合理津贴提供更多的资金和机会，加剧收入分配的不公平。从完善行政事业资产管理体制入手，强化对行政事业资产的监管，能够为构建社会主义和谐社会提供保证。

（4）加强行政事业单位国有资产管理，有助于提高财政配置资源的效率。研究改革现行行政事业单位国有资产管理体制，建立起新型的行政事业单位国有资产形成科学、配置有效、使用合理、处置优化、监督公正和管理高效的国有资产管理体制，将可以有效地避免国家财政资金的浪费与国有资产流失，在保障各级政权职能正常发挥的情况下，尽可能地降低政府运作成本，最大化地提高财政配置资源效率。

（5）加强行政事业单位国有资产管理，有助于从源头上预防腐败问题。目前在行政事业单位国有资产管理中，由于缺乏完善的制度保证、行之有效的操作办法以及公正严明的监督机制等，导致在资产的购置和使用以及处置阶段中都存在着不同程度的腐败现象。因此，研究改革现行行政事业单位国有资产管理体制，加强制度建设，可从源头上预防和解决国有资产管理方面的腐败问题。

7.3.2　我国行政事业单位国有资产预算管理的改革

1. 行政事业单位国有资产预算管理中的问题

（1）资产管理与财政预算和财务管理相分离，缺乏有效约束机制。资产管理与财政预算和财务管理相分离，资产的实物管理与价值管理相脱节，导致行政事业单位普遍存在账外资产现象。长期以来，单位之间实物资产的流动缺乏有效的财务监督，使资产管理与财务管理脱节。现行财政管理体制中，财政收支管理、财务管理、资产管理、会计管理脱节，尤其是一些基层财政部门在编制部门预算过程中比较粗糙，没有细化到项目，还有些财政部门对非税收入尚未进行"收支脱钩"的管理，致使出现只重资产购置、不重资产管理，只求拥有资产、不求资产效率，只反映单位收入和支出、不反映单位存量资产及其状况等情况。

（2）管理制度落实差，监督不力。财政部门没有有效地评价、监督单位和主管部门的资产管理，也没有很好地监督资产占用单位使用资产的情况；单位也很少存在内部监督机制；各个层次中都存在着监督不主动、不经常和监督不力的现象。目前资产管理与财务管理没有列入行政事业单位领导干部任期考核目标责任制，也没有认真执行经济责任审计制度。领导干部的任职、调离，只进行财务审计，不进行资产移交审计，客观上也导致部门、单位领导对资产和财务管理重视不够。部门、单位资产与财务管理松懈，造成"家底不清"，资产盘盈、盘亏和损失严重。

（3）资产配置不公平。我国现行的行政事业单位国有资产管理体制，导致了资产的购建、配置、占有、使用和处置的权力实际上都在占用单位，造成了国有资产事实上的部门化，成了单位利益化资产。一方面，由于缺乏公平合理的、有约束力的国有资产配置标准和定额标准，以及资产购置资金来源的多样性，目前我国行政事业单位国有资产的随意购置和重复购置现象比较普遍，导致资产配置不公平，各行政事业单位所承担的任务与所占用的资产不匹配。另一方面，由于资产的无偿性、单位占用性和财政配置性，导致单位争资金、争项目，善于争的单位资产过剩，不善于争的单位连必备的资产都得不到满足，而财政在此方面的支出却居高不下；部分单位资产存量大、闲置多，重复配置严重，资产利用率低，资产总体结构和分布不合理。资产配置不公平直接影响着行政事业单位工作人员的积极性，占用资产较少的单位的工作人员感觉受到了不公平待遇，存在一定的不满情绪。资产配置不公平还刺激了单位之间的盲目攀比，大大增加了财政的负担。

（4）在资产购置环节中资产预算约束力差。在资产购置环节，因为资产购置过程没有科学、规范的决策监督机制，在购置的数量、种类、价格、质量等各方面都存在一些问题。无效资产增加，资产隐性流失现象普遍。部门预算实施以后，在一定程度上对各部门单位资产的随意购置起到了约束作用。但是，由于各个部门又有各种可用资金，尤其是部分部门单位的一些非税收入实行先上交、后返还，即"收支两条线"的办法，对返还后的经费支出缺乏有效监管。一方面，预算内追加的经费支出随意性大，使各个部门单位资产的配置形成失衡和增长的无序；另一方面，一些部门单位各种各样收费项目繁多，资金来源渠道复杂，没有真正从资金管理源头上对其购置资产形成有效的控制和制度约束。另外，各部门单位非税收入悬殊，分配存在不均衡的情况，而财政部门对非税收入的返还并没有纳入综合财政预算进行统筹考虑。各级财政部门未能充分发挥对资产管理与预算管理的宏观调控作用，以及未能充分行使调剂资产和将限制资产"盘活"的职能。

2. 行政事业单位国有资产预算管理改革主要进展

近年来，根据党中央、国务院关于加强国有资产管理的要求，在中央和地方的共同努力下，行政事业单位国有资产管理工作取得了重要进展。一是完善了管理体制。2004 年财政部成立了专门负责行政事业单位国有资产管理的机构。2006 年财政部公布了《行政单位国有资产管理暂行办法》、《事业单位国有资产管理暂行办法》，明确规定了我国行政事业单位国有资产的管理体制。截至目前，除四川外，全国 36 个省（自治区、直辖市、计划单列市）中已经有 35 个明确了由财政部门负责行政事业单位国有资产管理工作，其中 30 个省级财政部门成立了行政事业资产管理的专门处（室）。绝大部分中央部门也成立了行政事业资产管理机构。二是健全了管理制度。2006 年两个部令公布后，财政部出台了《全国人大办公厅行政单位国有资产管理暂行实施办法》、《政协全国委员会办公厅行政单位国有资产管理暂行实施办法》、《驻外机构国有资产管理暂行实施办法》、《中央垂直管理系统行政单位国有资产管理暂行实施办法》，《财政部、政协全国委员会办公厅关于各民主党派中央、全国工商联行政单位国有资产管理有关问题的通知》、《中央级事业单位国有资产管理暂行办法》等十几项配套制度。各地方按照两个部令的原则，结合实际，也出台了本地区的行政事业单位国有资产管理制度。三是夯实了管理基础。2007 年开展了全国行政事业单位资产清查，基本摸清了"家底"。在资产清查基础上，认真组织开展了资产核实批复工作。同时，积极组织资产管理人员培训，加强调研和政策理论研究。四是创新了管理理念。确立了资产管理与预算管理、财务管理相结合的理念；树立了资源整合、共享共用的观念；增强了资产绩效管理意识。五是转变了管理方式。按照"金财工程"的统一部署，组织开发了全国行政事业单位国有资产管理信息系统。该系统的实施应用将极大地提高资产管理、预算管理的科学化、规范化水平。六是加强了收入管理。配合中央清理规范公务员津贴补贴和清理"小金库"等工作，财政部组织开展了行政事业单位经营性资产专项调查，会同监察部等五部委下发了《关于加强中央行政单位国有资产收入管理的通知》，研究出台了《中央行政单位国有资产处置收入和出租出借收入管理暂行办法》等文件，逐步加强国有资产收入管理。七是注重推进预算管理与资产管理相结合。积极推进实物费用定额管理，推进预算管理与公共资产管理、控制行政成本的有机结合。

上述一系列工作的开展，为资产管理与预算管理相结合夯实了基础、创造了条件。在此基础上，根据 2007 年全国财政工作会议的要求，财政部从理论和实践两方面探索资产管理与预算管理相结合工作；同时，通过多种方式，积极推动地方开展资产管理与预算管理相结合工作。财政部在《关于编制 2009 年中央部门预算的通知》中明确要求：从 2009 年开始将资产配置预算纳入中央部门预算，对新增车辆、房屋、土地和大型设备等资产进行专项编制和审核。2009 年中央部门预算报表中增加了《中央行政事业单位资产存量情况录入表》、《中央行政事业单位新增资产配置录入表》、《中央行政事业单位资产存量情况表》、《中央行政事业单位新增资产配置预算表》等四张表。2009 年中央财政审核了除涉密部门以外的 160 多个中央部门；审核的资金来源既包括财政拨款，也包括预算外资金、财政拨款结余资金等其他资金。根据党中央、国务院关于厉行节约、压缩车辆经费、严禁新建楼堂馆所等指示精神，结合行政事业单位的特点，对新增资产配置预算进行了严格审核、批复。实际审核流程是：各中央预算单位按照有关填表要求，填制新增资产配置表，连同相关说明材料随部门"一上"预算一同报财政部；财政部由行政政法司行政资产处、教科文司事业资产处先行审核，提出审核意见后征求各部门司同意，最后两个资产处提出汇总审核意见会签预算司后报部领导审定。在预算司、行政政法司、教科文司和各部门预算司的共同努力下，按时完成了 2009 年中央部门资产配置预算审核工作。

2006 年以来，广东、海南、辽宁、内蒙古、北京、山西、河南、安徽等省（区、市）结合其实际情况，积极探索资产管理与预算管理相结合的机制、流程和配置标准等问题，也取得了明显的成效。

3. 行政事业单位国有资产预算管理的进一步改革

行政事业单位国有资产管理是我国财政管理的一个重要组成部分。预算管理是行政事业单位国有资产管理的重要手段。行政事业单位国有资产预算是财政预算一个不可或缺的重要组成部分。因此，要进一步强化和完善我国行政事业单位国有资产预算管理。

（1）建立科学、合理、统一的行政事业单位国有资产部门预算制度。目前，相当多行政事业单位在计划购置什么样的资产、如何配置资产时，具有较大的随意性。行政事业单位虽然有财务、基建和修缮等计划，但其国有资产的预算管理体制还不完善，对行政事业单位的部门预算管理缺少国有资产配置和购置预算。因此，财政部门须认真分析行政事业单位存量国有资产的现状及其履行工作职能的需要，审核资产配置的合理性；预算部门须根据财力情况审核资金的可能性，并将两者进行科学、合理的配置。配置财政资金的过程就是编制行政事业单位国有资产部门预算的过程。

（2）合理确定行政事业单位国有资产部门预算的主要内容。在行政事业单位部门预算管理中，为解决目前行政事业单位资产配置上各自为政、随意性大等问题，应该把行政事业单位国有资产预算单列于部门预算中。行政事业单位国有资产部门预算主要包括以下内容：①行政事业单位机构职责和编制的配置所决定的资产占有使用标准；②行政事业单位占有使用资产的现状，包括资产构成、资产结构、资产分布、固定资产、流动资产、有效资产、闲置资产、报损报废资产、需要更新改造资产和资产维修等；③行政事业单位的资产预算计划，包括详细的固定资产购置内容和经费、资产维修经费和资产维护经费等；④行政事业单位的资产预算执行情况等。

（3）优化行政事业单位国有资产部门预算的编制程序。行政事业单位国有资产部门预算的编制程序一般为：行政事业单位的国有资产管理部门负责进行本部门和本单位的资产预算编制。行政事业单位按年度对本单位使用的国有资产进行清查，分年度结合人员编制和工作需要提出年度资产购置计划报主管部门审核。主管部门对其人员和资产占有使用情况进行核实后，汇总上报同级财政部门的国有资产管理部门。财政国有资产管理部门根据相关规定和标准对各行政事业单位的预算编制计划进行审核和汇总，报财政预算管理部门审批。资产预算作为部门预算的重要内容报人大审查批准后，财政部门将经过审批的单位资产预算随部门预算一并下达给各单位和有关部门执行。

资产预算下达后，年度执行中原则上不再调整，因特殊情况确需调整资产预算的，由财政国有资产管理部门严格按程序办理。财政国有资产管理部门对资产预算实行年终决算制度。单位不执行国有资产购建预算，超越资产预算项目，未经审批自行购建国有资产的视为违纪，所购建的资产由财政国有资产管理部门予以没收，并要追究相关人员的责任。

（4）强化资产预算管理，提高资产使用效益。通过加强资产管理与预算管理之间的联系，运用资产预算和资产统计报告对单位存量资产进行分析，对资产使用效益进行评价，促进单位资产的配置与单位履行的职责相匹配，同时根据行政事业单位的资产需求计划，并结合资产处置收益，从而实现完整的行政事业单位国有资产预算。依靠行政事业单位资产预算来彻底改变过去的"养人预算"为"办事预算"，把过去的"软预算约束"变成"刚性预算约束"。行政事业单位在编制部门预算支出申报表的同时，增加填报行政事业单位国有资产购置需求表，由财政资产部门审核资产配置合理性，由预算部门审核资金的可能性。只有把资产管理与财政支出预算分配管理结合起来，最后才能形成一个科学、合理的行政事业单位国有资产的刚性部门预算管理体制。

（5）坚持资产管理与预算管理相结合的原则。现有的行政事业单位存量国有资产是预算资金积累的结果，未来的行政事业单位的增量国有资产也将是预算资金继续补偿的结果。因此，资产管理与预算管理两者是相辅相成、密不可分的。从目前行政事业单位资产管理实际情况看，一些地方资产管理基本上还处于就资产论资产的阶段。由于部门单位的资产家底不清，资产管理部门不能为预算管理部门提供切实有用的信息，导致预算管理部门信息不对称。资产占用较多的部门单位，不仅不会因此而少安排预算，反而可以多申请运行维护费，甚至可以将一部分资产出租、出借，为本部门谋取私利，造成资产管理与预算管理相脱节。在这种情况下，部门往往把工作重点放在多争取财政资金上，也影响了公共资源使用效益的提高。因此，须以资产统计报告、产权登记、清产核资和日常财务管理有关数据资料为依据，建立行政事业单位国有资产数据库，作为编制部门预算、配置资产的依据。通过加强资产管理，规范行政事业单位收入和支出行为，促进单位资产的合理、有效使用。通过资产管理与预算管理的有机结合，最终达到提高公共资源配置效率的目的，将资产管理与预算管理真正统一到公共财政中来。

（6）加快制定行政事业单位国有资产的配置标准。合理的国有资产配置标准是加强资产预算管理的基础。目前，行政事业单位很大一部分国有资产缺乏配备标准，现有的一些配备标准也存在不符合实际、约束力不强等问题。因此必须尽快制定资产配置标准。科学合理地制定行政事业单位资产的统一标准，是行政事业单位国有资产管理的基础和条件。制定配置标准是一件复杂的工作，要充分考虑现阶段资产使用中的实际情况，从实际出发，既要坚持原则性又要考虑灵活性。首先抓主要资产制定标准，再逐渐扩展到其他资产。房屋、土地、车辆和主要办公设备等固定资产是行政事业单位国有资产的大头。要首先研究修订这几项资产的配置标准。制定标准要因地制宜。我国存在较严重的地区发展不平衡，各地区的发展水平差距很大，制定标准要充分考虑地区差距才能使资源的配置更加科学、合理。

（7）加强资产配置与费用定额管理的措施。为了加强行政事业单位国有资产配置管理，财政部《行政单位国有资产管理办法》和《事业单位国有资产管理办法》专门新增了资产配置管理的内容，对资产配置原则、配置行为、配置程序都做出了规定，为资产管理与部门预算相衔接提供了制度依据。其主要内容：①明确了资产配置应遵循的四条原则。即严格执行法律、法规和有关规章制度；与行政事业单位履行职能需要相适应；科学合理配置，优化资产结构；勤俭节约，反对铺张浪费。②规范了资产配置行为。凡是规定了配备标准的资产，应按照规定标准进行配备；对没有规定配备标准的资产，各单位应从实际需要出发，从严控制，合理配备。财政部门对各单位要求配置的资产，能通过调剂解决的，原则上不再重新购建。③明确了资产配置的程序。行政事业单位的资产管理部门会同财务部门审核资产存量，提出拟购置资产的品目、数量，测算经费额度，经单位负责人审核同意后报同级财政部门审批，并按照同级财政部门要求提交相关资料；同级财政部门根据单位资产状况对行政事业单位提出的资产购置项目进行审批；经同级财政部门审批同意，各单位可以将资产购置项目列入单位年度部门预算。④提供了资产管理部门与部门预算相衔接的制度依据。经财政部门审批同意后，各单位方可将资产购建项目列入单位年度部门预算，并在编制年度部门预算时将批复文件和相关资料一并报财政部门，作为审批部门预算的依据。未经批准的不得列入部门预算，也不得列入单位经费中支出。⑤规范了资产购置中的购建行为。行政事业单位购建纳入政府采购范围的资产，要依法实施政府采购。⑥行政事业单位资产管理部门应对购置的资产进行验收、登记，并及时进行账务处理。

要以财政年度部门决算报表（即行政事业单位决算报表）数据为基础，摸清行政事业单位国有资产存量和有关费用开支情况，制定合理的资产配置与费用定额。要结合财政国库集中收付管理改革、政府采购、非税收入改革、政府收支分类改革和"金财工程"建设等，尽快建立科学、合理的资产配置与费用定额管理制度，努力降低因资产闲置浪费、重复购置资产导致政府运行成本过高的问题。

要探索行政事业单位闲置资产实行调剂使用或有偿使用管理的方法，从体制上切实解决行政事业单位占用苦乐不均、大量闲置及出租、出借等问题，促进行政事业单位国有资产优化和配置，提高行政事业单位国有资产的使用效率。

（8）建立完善以政府采购制度为主体的资产购建方式。对行政事业单位新增资产实行政府采购能够有效地解决各单位分散采购所带来的一系列问题。建立我国的资产政府采购制度的基本思路是：制定《政府采购法》的实施细则；规范资产政府采购行为；完善财政支出的宏观调控功能，加强财政支出绩效管理，实现货币与实物、支出预算指标与资金的分离；合理配置国有资产，提高行政事业单位国有资产使用效益；逐步实现与国际管理的接轨，适应国际经济一体化要求；提高政府采购活动的透明度，促进廉政建设。行政事业单位要结合本单位的资产情况和职能需要，在预算范围内编制采购计划，并上报财政部门审批。要坚持先有部门预算后有资金支出，保证政府采购严格按照批准的预算执行；预算管理制度和政府采购制度的建立与实施要相辅相成，两者缺一不可。

（9）强化行政事业单位国有资产收益管理。行政事业单位国有资产处置收入，包括：①资产出售收入，报损、报废残值变价收入，股权转让收入等；②非经营性资产转经营性资产收益，包括以资产对外投资、入股、合资、合作和联营等取得的收入；③出租出借资产取得的收入；④用国家拨款、各类建设资金对外投资应分得的红利等。目前，行政事业单位或多或少都存在上述国有资产收益的情况，尤其是办公用房出租、出借或用房产开展经营活动的现象还比较普遍。

因此，要实施对行政事业单位国有资产预算、调控、使用和考核全过程的控制，加强资产收益的征收管理。要规范行政事业单位收费和开支的行为，强化非税收入的收支监督，将行政事业单位国有资产收益纳入预算管理，严格实行"收支两条线"，加强和完善专项经费跟踪检查制度，要对资产使用情况进行效益评估，以切实减少损失浪费，节约财政资金，达到提高行政事业国有资产使用效益的目的。要抓好国有资产的投入和形成的科学管理方式，编制资产预算，制定配置计划；要严把清产核资关、资产购置关、资产使用关和资产处置关；形成财政收入、财政支出、财务管理与资产管理四位一体的财政资金全过程管理制度。

第 8 章

国债管理与改革

政府债务是以政府举借资金的形式筹集收入的手段，是国家财政政策的重要调节工具。目前我国政府债务主要发生于中央政府，一般又可分为国内债务和政府外债。中央政府债务以国内债务（通常称为国债）为主，占绝对主导地位；以外债为辅，在债务余额中所占比重较低。

8.1　国债管理的含义及制度

8.1.1　国债管理的含义

国债管理是指财政部代表中央政府制定并执行中央政府债务结构（包括债务品种结构和债务期限结构）管理计划或战略的过程，目标是在中长期的时间范围内，尽可能采用最低的资金成本和可以承受的市场风险筹集资金，确保中央政府的支付需求得到满足。

从管理流程上看，国债管理包括国债余额管理、国债计划管理和国债计划执行。从币种结构上看，国债管理包括本币国债管理和外币国债管理。从品种结构上看，本币国债管理包括储蓄国债管理和记账式国债管理，也可以理解为零售国债管理和批发国债管理。

目前，我国国债管理制度包括国债余额管理制度、国债计划管理制度和国债计划执行制度，其中国债计划执行制度包括储蓄国债计划执行制度（即储蓄国债发行制度）和记账式国债计划执行制度（即记账式国债发行制度）。

8.1.2　国债余额管理制度

2005 年 12 月 16 日，经全国人民代表大会常务委员会第四十次委员长会议讨论通过，决定从 2006 年起实行国债余额管理制度。

我国国债余额是指中央政府历年财政预算收支差额之和，包括中央政府历年财政预算赤字和盈余相互冲抵后的赤字累积额、统借统还外债累积额和经全国人大常委会批准发行的特别国债累积额，是中央政府必须偿还的国债价值总额。国债余额管理是指每年年初全国人民代表大会及其常务委员会为当年年末国债余额规定一个限额指标，当年中央政府可在该限额指标内自行决定国债品种结构、期限结构和发债节奏。

实行国债余额管理制度，有利于客观全面地反映国债规模及变化情况，有利于合理安排国债期限结构，促进国债市场持续稳定健康发展，也有利于提高国债管理政策透明度，将国债负担状况控制在可承受的范围内，保证财政预算管理持续健康发展。

8.1.3　国债计划管理制度

国债计划管理制度是指每年在全国人民代表大会批准的当年年末国债余额限额以内，财政部对当年国债发行币种结构、品种结构、期限结构、各种国债每期发行额、全年发行次数、发行利率控制上限等国债发行活动实行计划管理的制度。从时间长短角度划分，目前我国国债管理计划包括年度国债管理计划和季度国债管理计划；从国债品种角度划分，我国国债管理计划包括储蓄国债管理计划和记账式国债管理计划。一般来说，储蓄国债管理计划和记账式国债管理计划同时出现在年度国债管理计划和季度国债管理计划当中。

年度国债管理计划包括关键期限记账式国债年度发行时间表和全年国债发行计划。自 2003 年以来，每年年初财政部都会公布当年记账式国债关键期限品种和发行日期。目前关键期限包括 1 年、3 年、5 年、7 年和 10 年。提前公布关键期限记账式国债发行时间表并定期滚动发行，目的是提高国债管理政策透明度，逐步建立一条相对稳定可靠的国债收益率曲线。每年 3 月份，在全国人民代表大会审议批准中央财政预算赤字和年末国债余额限额以后，财政部根据当年国债预算筹资额和国债市场发展需要制订国债发行计划草案，并在会签人民银行后报请国务院审批。每年国债发行计划主要包括国债预算筹资额，国债品种结构（即储蓄国债与记账式国债之间的比例）、期限结构及其发行额、发行利率控制上限、大致发行日期等内容。

年度国债发行计划通常不对外公布，不过其主要内容都会在季度国债管理计划即季度国债发行计划中予以体现，并提前对外公布。季度国债发行计划通常是以年度国债发行计划和关键期限记账式国债年度发行时间表为依据，财政部通过每季度分别召开一次国债管理政策咨询会议和国债筹资策略会议，充分听取国债政策资深专家和国债市场重要参与者的意见和建议，制定并提前对外发布的有关国债品种（包括储蓄国债和记账式国债）、国债期限（记账式国债包括关键期限和非关键期限）、招标日期或发行日期等内容的发行计划，每期国债发行额通常会提前一个星期对外发布。

8.1.4　国债计划执行制度（或国债发行制度）

国债计划执行制度是指落实或执行国债发行计划方面的制度或规定，即在具体组织国债发行活动方面的制度或规定。简言之，国债计划执行制度就是指国债发行制度。从国债品种角度划分，目前我国国债发行制度包括储蓄国债发行制度和记账式国债发行制度。按照《国债承销团成员资格审批办法》规定，我国国债发行活动是依托国债承销团成员（主要包括商业银行、保险公司和证券公司等）组织实施的。

储蓄国债发行制度。储蓄国债是指财政部主要面向广大居民个人发行的、不可流通转让但在持有半年后可以提前兑取的、期限通常为 1 年、2 年、3 年、5 年的国债品种。储蓄国债发行利率由财政部参照居民储蓄定期存款利率确定，近几年来每年发行 6 期左右、每期发行额在 200 亿 ~500 亿元之间。按照国债债权记录手段划分，储蓄国债可以分为以纸质记账手段为特征的储蓄国债（凭证式），即通常所说的凭证式国债和以电子记账手段为特征的储蓄国债（电子式）。按照凭证式国债发行办法有关规定，凭证式国债为零息国债，采取由不超过 40 家商业银行组成的国债承销团成员按照固定承销比例、向财政部包销的方式予以发行。按照储蓄国债（电子式）发行办法有关规定，储蓄国债（电子式）为附息国债，目前 40 家商业银行按基本代销比例、机动代销额度或承购包销等方式，全部面向居民个人发行，可以有效防范代销银行超发国债风险的发生。

记账式国债发行制度。记账式国债是指财政部面向全社会各类投资者发行的、可以上市和流通转让的、以电子记账手段登录债权的国债品种；期限包括短期国债（1 年以内，不含 1 年）、中期国债（1 年至 10 年，不含 10 年）和长期国债（10 年及以上期限），形成了从 3 个月到 30 年的短期、中期和长期兼备的较为丰富的国债期限结构。按照记账式国债发行的有关规定，短期国债及 1 年期国债为零息国债，1 年以上期限国债为附息国债，其中中期国债每年付息一次，长期国债每半年付息一次；记账式国债发行利率或发行价格是财政部面向 60 家商业银行、保险公司和证券公司等机构组成的国债承销团成员采取招标方式形成的，招标种类包括单一利率或价格、多种利率或价格、混合利率或价格等三种。

目前我国记账式国债包括贴现国债和附息国债。其中，贴现国债是指期限在 1 年以内的短期国债，期限主要为 3 个月、6 个月和 9 个月。附息国债包括关键期限国债和非关键期限国债，其中关键期限是指 1 年、3 年、5 年、7 年和 10 年，非关键期限主要是指 15 年、20 年、30 年、50 年等超长期限。关键期限国债全部采取定期滚动发行方式，非关键期限国债也尽量采取定期滚动发行方式；近年每期国债发行额介于 200 亿~300 亿元之间，每年总发行次数维持在 40 次左右。记账式国债发行的主要目的是不断扩大国债投资者群体，降低国债筹资成本和市场风险，建立和完善国债收益率曲线，进一步提高国债市场的流动性水平。从交易平台划分，我国国债市场包括交易所国债市场和银行间国债市场，其中交易所国债市场是除商业银行以外的所有投资者均可参与的市场，银行间国债市场包括金融机构之间的批发市场、个人及非金融机构投资者参与的柜台零售市场，国内各类投资者均可参与银行间国债市场。

8.2　我国国内债务管理制度改革

新中国成立后，为迅速医治战争创伤，恢复国民经济，1950 年中国政府发行了"人民胜利折实公债"。随后在 1953—1958 年第一个五年计划期间，分 5 次累计发行了 34.45 亿元的"国家经济建设公债"。1968 年公债全部偿清后，中国出现了一段"既无外债，又无内债"的时期。改革开放后，随着经济体制改革的深入和国民收入分配关系的调整，1979 年和 1980 年中央财政连续两年出现赤字。为平衡财政预算、改变困难局面，中国政府决定重新启用国债工具。继 1979 年恢复举借外债后，中国政府从 1981 年开始恢复内债发行，即开始以发行国债的方式筹集财政收入。

8.2.1　国内债务管理改革的历程

从国债规模管理方式变迁来看，我国国内债务管理改革大体可以分为发行额管理和余额管理两个阶段。

1. 国债发行额管理阶段（1981—2005 年）

为控制国债规模，自 1981 年恢复内债发行起至 2005 年，我国一直采用控制国债年度发行额的方式管理国债。每年 3 月初，由国务院报请全国人民代表大会审议新财年预算报告。新财年预算经全国人民代表大会审议批准后，发行规模一般成为刚性指标，不得突破也不得减少，财政部按照债务预算制定国债年度发行计划。国债发行规模由当年财政赤字和以前年度发行的到期国债本金构成。财政部于3月底将制订完成的发行计划上报国务院，在得到批准后，由财政部具体组织国债发行工作。在每年财政预算报告批准前的第一季度，国债发行额度控制在此期间国债到期还本付息额度内。

这一时期，我国采用控制国债年度发行额的方式管理国债规模，与当时我国国民经济的发展状况、筹资规模和市场发育程度相适应。但随着国民经济持续快速发展、国债筹资规模的不断扩大和国债市场的发展完善，国债发行额管理的弊端也逐渐显现，如不能有效控制和全面反映国债规模及其变化情况，不利于降低国债筹资成本和国债市场的发展，不利于财政政策和货币政策的有效配合等，需要进行改革。

2. 国债余额管理阶段（2006年至今）

为了适应新形势下国内债务管理改革的需要，2005年12月，第十届全国人大常委会第四十次委员长会议审议通过了国务院关于实行国债余额管理的建议，决定从2006年开始改国债年度发行额管理为余额管理，实现了国债管理方式的重大变革。我国国债余额管理制度主要包括以下内容：（1）在每年向全国人民代表大会作预算报告时，报告当年年度预算赤字和年末国债余额限额，全国人民代表大会予以审批。（2）在年度预算执行中，如出现特殊情况需要增加年度预算赤字或发行特别国债，由国务院提请全国人大常委会审议批准，相应追加年末国债余额限额。（3）当年年末国债余额不得突破年末国债余额限额。（4）国债借新还旧部分由国务院授权财政部自行运作，财政部每半年向全国人大有关专门委员会书面报告一次国债发行兑付情况。（5）每年第一季度在中央预算批准以前，由财政部在该季度到期国债还本数额以内合理安排国债发行数额。

实行国债余额管理是提高我国财政透明度的具体举措，有利于加强财政管理和防范财政风险。国债余额管理，既能增强全国人民代表大会及其常务委员会对政府债务的控制能力，又能增加国务院灵活调整国债品种和期限结构的回旋余地，有利于形成较为合理的国债品种和期限结构，扩大国债投资需求，促进国债顺利发行以及国债市场的发展和完善。

8.2.2 国内债务管理改革取得的成效

经过改革开放30年的发展，目前中国国债发行制度日趋完善，国债筹资能力不断增强，国债市场持续稳定健康发展，国债管理在国家宏观调控中的地位明显提高。

1. 国债筹资规模逐年增加，宏观调控职能不断加强

自 1981 年恢复国债发行以来，中国国债筹资规模逐年扩大。特别是 1998 年实施积极财政政策以来，中国国债筹资规模更是呈现快速增长态势。据统计，1981 年中国国债预算筹资额为 48.66 亿元，1998 年增加到 3808.77 亿元，2007 年更是上升到 7698.83 亿元，如果算上购买 2000 亿美元外汇储备用于中国投资有限公司资本金所发行的 15500 亿元特别国债，2007 年国债发行筹资总额达到 23198.83 亿元（见图 8 - 1）。

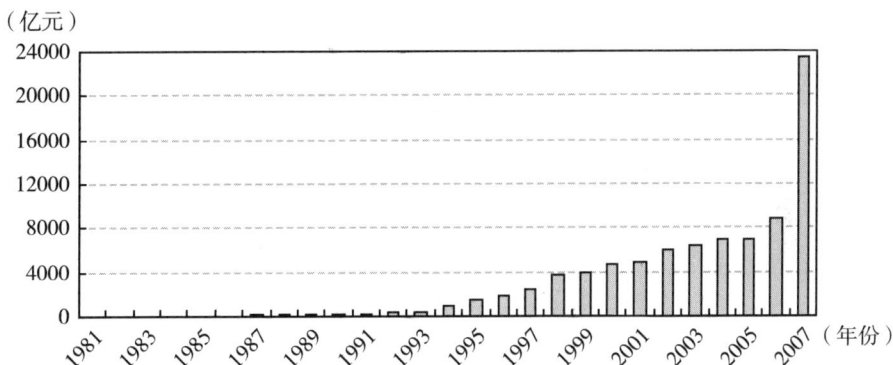

图 8 - 1 1981—2007 年国债筹资额变化情况

随着国债筹资规模逐年扩大，中国国债余额也较快增长。据统计，2007 年年末国债余额为 52074.65 亿元，其中内债 51467.39 亿元，主权外债 607.26 亿元（见图 8 - 2）。从国债负担率（即年末国债余额占当年 GDP 的百分比）变化看，1981 年为 4.66%，2007 年达到 20.87%，增加了 16 个百分点（见图 8 - 3）。与主要发达国家相比，我国国债负担率尚处于较低水平（见表 8 - 1），国债负担控制在合理范围内。

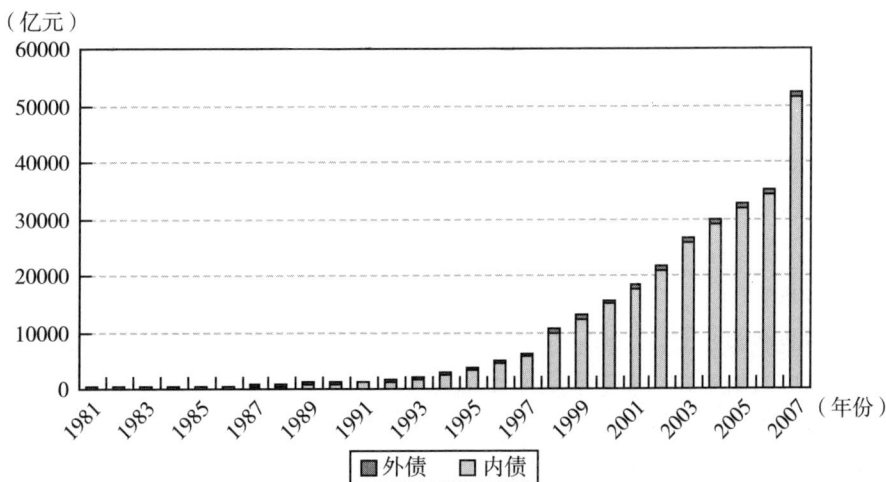

图 8 - 2 1981—2007 年国债余额变化情况

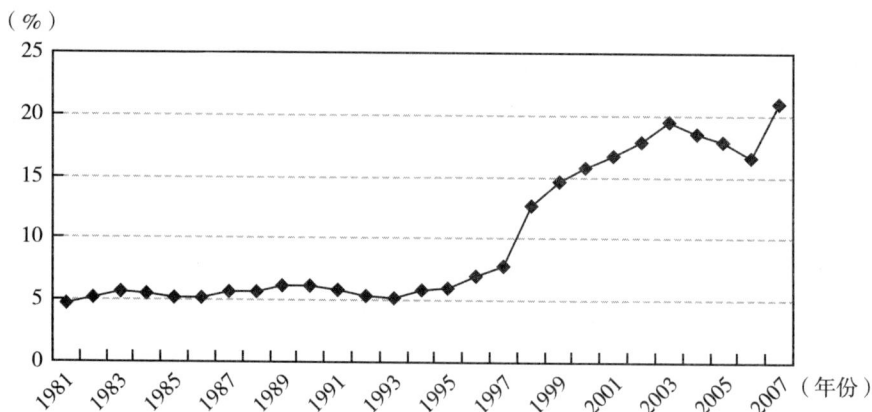

图 8 – 3 1981—2007 年国债负担率变化情况

表 8 – 1   2007 年年末主要发达国家国债负担率   单位：%

国家	国债负担率	国家	国债负担率
美　国	60.8	日　本	195.5
德　国	63.2	英　国	43.0
法　国	64.0	加拿大	68.4
意大利	104.0		

资料来源：《世界经济展望》，国际货币基金组织（IMF），2008 年 4 月。

随着国债发行规模的逐年扩大和国债筹资能力的逐步增强，国债在宏观调控中的地位明显提高。

（1）国债成为财政政策的重要工具。在 1994 年以前，中央财政赤字是通过发行国债和向央行借款或透支两种方式来弥补。继《中国人民银行法》和《预算法》出台后，为彻底斩断财政赤字和通货膨胀之间的直接联系，从 1994 年开始，中央财政赤字完全通过发行国债来弥补，国债成为弥补财政赤字的唯一手段，成为确保预算收支平衡和实施财政政策的重要工具。

（2）为积极财政政策的有效实施提供了保障。为缓解通货紧缩趋势和扩大国内需求，1998 年开始实行以增发及发行长期建设国债扩大基础设施建设为主要内容的积极财政政策，直至 2005 年实行稳健的财政政策。长期建设国债的连年发行对于扩大国内有效需求、促进经济持续稳定增长起到了支持和保障作用。

（3）对于促进金融改革和理顺财政政策与货币政策关系发挥了积极作用。主要表现在：一是 1998 年向四大国有商业银行发行 2700 亿元特别国债，专项用于补充这四家国有商业银行资本金；二是 2003 年向人民银行发行 1663 亿元转换国债，用于解决 1994 年以前财政向央行借款的历史遗留问题，基本理顺了财政部与人民银行之间的财务关系；三是 2007 年发行 15500 亿元特别国债购买外汇作为中国投资有限公司资本金，对于缓解流动性过剩和推进外汇储备管理体制改革发挥了重要作用。此外，国债利率在金融市场中的基准定价作用正在逐渐显现出来，国债收益率曲线基本建立并逐步得以完善。

2. 国债发行方式不断完善，市场化水平逐步提高

自 1981 年恢复发行国债至 1987 年，由于我国刚刚进行经济体制改革、实行对外开放，国债作为一个新的金融商品没有被人们普遍接受，国债发行主要采用行政分配的方式，认购国债是一项政治任务，国债发行计划基本靠行政手段完成。国债以收据和实物为载体，发行之后不能流通转让，没有国债二级市场。发行对象主要是国有企业和事业单位。随着人民生活水平的提高，个人逐步开始成为国债购买主体。但行政分配的发行方式效率较低，发行成本居高不下，而且扭曲了国债价格，抑制了社会公众的认购积极性。

1988 年是我国国债发展进程中的一个重要转折时期。这一年，中国政府开始尝试通过商业银行的柜台销售方式，向广大城乡居民发行实物国债，这标志着国债一级市场的出现。也在同一年，开始了国债流通转让试点，解决了国债变现难的问题，国债二级市场即柜台交易市场初步形成。1991 年 4 月 20 日，财政部首次试行通过承购包销方式发行国债，即通过与国债承销团成员签订承购包销合同方式，顺利发行了 25 亿元国债，标志着我国国债发行开始向市场化的道路迈进。随后几年，财政部一直坚持着市场化发行国债的努力方向。

1993 年，受投资热、房地产热和股票热冲击，国债承销机构不愿意接受国债发行条件，已经停止使用多年的行政分配发行方式在特殊情况下又重新启用。各级政府出面组织推销国债，确保国债发行任务顺利完成。1993 年对提高国债发行市场化水平具有重要意义的一步是建立了国债一级自营商制，为国债发行采用招标方式奠定了基础。1995 年，我国首次尝试通过招标方式发行国债并取得成功。在随后的国债发行中，我国国债发行市场化步伐明显加快，所有可上市交易的国债均采用了招标方式发行。

为确保国债顺利发行，促进国债市场稳定发展，1998 年起财政部开始积极发展国债承销团制度，并于 2000 年开始每年组建一次银行间债券市场记账式国债承销团，从 2002 年开始每年组建一次交易所债券市场记账式国债承销团制度和凭证式国债承销团。至此，比较完善的国债承销团制度基本形成。

按照《行政许可法》和国务院发布的《全面推进依法行政实施纲要》的有关规定，2006 年 7 月，财政部与中国人民银行和中国证券监督管理委员会联合发布了《国债承销团成员资格审批办法》。该办法主要内容包括：按照品种划分，国债

承销团制度包括凭证式国债承销团制度和记账式国债承销团制度，即把银行间债券市场记账式国债承销团制度和交易所债券市场记账式国债承销团制度统一为记账式国债承销团制度；每3年组建一次，期间可以根据情况稍做调整；对国债承销团成员的权利和义务，以及资格审批程序做出明确规范等。这标志着国债承销团组建及承销团成员资格审批工作进入了法制化、规范化、透明化的轨道，为国债顺利发行提供了有力的组织保障。

从国债招标方式来看，在2004年之前，记账式国债发行主要采用规定招标利率上限的单一利率招标方式。之所以规定招标利率上限，主要是因为当时国债机构投标不够理性，经常出现投标利率大幅偏离市场利率的情况，导致国债市场剧烈波动。为了保持国债市场运行稳定，财政部在每次招标前都会参考相同期限的国债在二级市场上的收益率水平，再上浮一定的幅度，然后规定并公布一个国债招标利率上限。国债承销团成员在招标利率上限内投标，超过上限的为无效投标。事实表明，规定招标利率上限的单一利率招标方式，与当时我国国债市场发展状况基本适应，对于推进国债发行市场化进程、提高国债发行定价的准确性和合理性起到了积极作用。

规定招标利率上限的招标方式存在一定的局限性，主要是招标利率上限水平难以准确确定。2004年，随着通胀预期不断加强，国债市场利率持续上升。在这种情况下，如何合理规定国债招标利率上限成为一大难题：如果定得低，可能导致国债发行流标；如果定得高，则会引导市场利率进一步上升。为有效应对市场变化，促进国债顺利发行，2004年4月财政部开始推行多种利率（混合式）招标方式，即混合式利率招标。混合式利率招标吸收了单一利率招标和多种利率招标方式的优点，规定全场加权平均中标利率为当期国债票面利率，低于或等于票面利率的标位，按面值承销；高于票面利率一定数量以下的标位，按各自中标利率与票面利率折算的价格承销；高于票面利率一定数量以上的标位，为落标标位或无效标位。混合式利率招标解决了招标利率上限确定难的问题，既调动了记账式国债承销团成员投标的积极性和主动性，有利于引导国债承销团成员进行理性投标；也促进了国债发行定价准确合理，有利于国债顺利发行。

目前，记账式国债全部由记账式国债承销团成员采用招标方式，向银行间市场和交易所市场上的各类投资者发行，以及通过商业银行柜台市场向个人投资者发行。记账式国债承销团成员由商业银行、证券公司和保险公司组成，分为甲类成员和乙类成员，目前甲类成员有17家、乙类成员有43家，共计60家。记账式国债招标方式分为单一式利率招标、多种式利率招标和混合式利率招标三种，主要以利率为招标标的。中长期国债发行主要采用混合式利率招标方式，1年以内的短期国债发行采用多种式利率招标方式。1年以内的短期国债和续发行的中长期国债以价格为招标标的。

凭证式国债主要通过凭证式国债承销团成员采用承购包销方式发行，购买对象主要是个人投资者。目前凭证式国债承销团成员由 39 家商业银行组成。储蓄国债（电子式）是通过试点商业银行采取代销方式面向个人投资者发行。目前试点商业银行有 11 家。凭证式国债和储蓄国债（电子式）均为储蓄性质的国债品种，发行利率由财政部参照相同期限的商业银行定期存款利率和个人投资者购买需求情况确定。

3. 国债品种不断丰富，期限结构日益完善

为圆满完成国债发行任务，充分满足投资者需求，促进国债市场持续稳定发展，自 1981 年恢复发行国债以来，通过不断改进国债产品设计，使得国债种类逐步简化，国债期限逐步规范化和标准化，国债载体由实物券过渡到电子记账和购买凭证。1993 年以前发行的国债均为实物国债，印制成本较高，保管、调运成本也较高，且容易出现假券问题。1993 年首次采用电子记账方式发行国债，即记账式国债。1994 年开始发行重点面向个人投资者的凭证式国债品种，并逐年减少直至取消了实物国债发行。2006 年又开发了面向个人投资者的储蓄国债（电子式）品种，与凭证式国债一起统称为储蓄国债。目前我国国债主要是记账式国债和储蓄国债两大类。

国债发行期限日趋丰富，长期国债乃至超长期国债的发行取得成功。在 1981 年至 1985 年期间，国债发行以 6 年期至 10 年期为主；为满足个人投资者短期化投资需求，1986 年以后国债发行以 3 年期、5 年期的中期国债为主。随着机构投资者逐步成长壮大，1996 年开始恢复发行长期国债：其中 1998 年成功发行了 10 年期的长期建设国债，为超长期国债发行积累了一定经验；2001 年首次发行了 15 年期和 20 年期的超长期记账式国债，2002 年成功发行了 30 年期的超长期记账式国债，2009 年成功发行了 50 年期的超长期记账式国债。长期国债乃至超长期国债的成功发行表明，国债市场建设和投资者队伍建设取得了重大进展，我国已经成为世界上为数不多的能够持续发行超长期国债的国家之一。

在长期国债和超长期国债成功发行的同时，短期国债开始定期滚动发行。国债发行期限逐渐规范化和标准化，期限结构日趋合理。自 2006 年实行国债余额管理制度以后，开始定期滚动发行 3 个月、6 个月、9 个月的短期国债，以及定期滚动发行 1 年期、3 年期、5 年期、7 年期和 10 年期等关键期限记账式国债，使得国债发行初步形成了从 3 个月到 50 年的短期、中期、长期、超长期合理搭配的国债期限结构（见图 8 - 4）。这既满足了全社会各类投资者的多样化需求，又提高了国债市场流动性，促进了国债收益率曲线的建立和完善。

发行额（亿元）

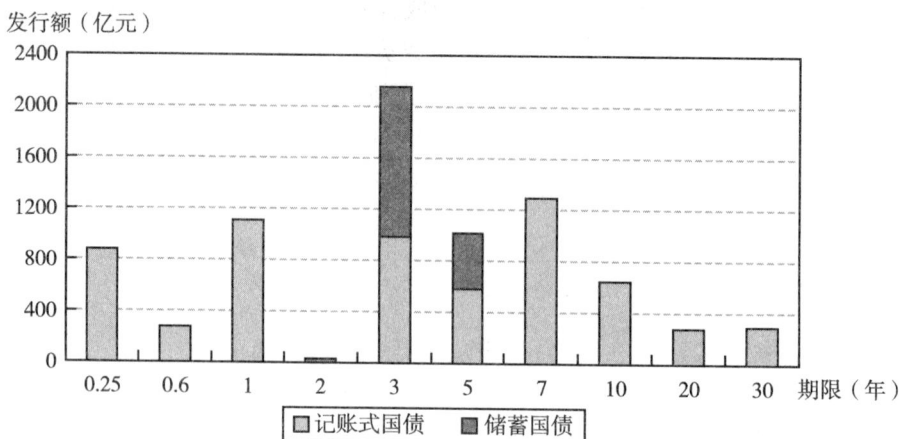

图 8 - 4　2007 年国债发行期限结构

注：2007 年国债发行期限结构中，没有包括为组建中国投资有限责任公司而发行的 15500 亿元特别国债。

4. 国债发行透明度明显提高，二级市场不断发展

为了提高国债发行政策透明度，财政部从 2000 年开始提前公布记账式国债季度发行计划；从 2007 年起将储蓄国债发行一并纳入季度发行计划并提前公布；从 2003 年开始提前公布关键期限记账式国债的全年发行计划。目前关键期限国债品种包括 1 年期、3 年期、7 年期和 10 年期，其年度发行总额约占当年全部记账式国债发行总额的 70%。

尽管关键期限记账式国债品种，还没有把期限短于 1 年的短期国债和长于 10 年的长期国债乃至超长期国债包括进来，但是提前公布的季度国债发行计划，已经包含了该季度所要发行的全部国债。在每个季度召开一次的筹资会议上，财政部还就季度国债发行计划中涉及的国债发行品种安排、期限结构以及国债发行政策措施等问题，充分听取广大国债承销团成员的意见和建议。这些举措有助于提高国债发行的可预见性，有利于投资者合理安排投资计划，降低国债筹资成本，促进国债市场稳定发展。

与此同时，自 1988 年开始进行国债流通转让试点以来，国债二级市场不断发展和完善。目前国债二级市场包括场内市场和场外市场，其中场内市场由上海证券交易所和深圳证券交易所组成。除商业银行等存款类金融机构外，所有机构投资者和个人都可以通过交易所市场买卖国债。场外市场由银行间市场和商业银行柜台市场组成，其中银行间市场面向除个人投资者之外的所有机构投资者，它是国债交易和托管的主要场所；商业银行柜台市场主要面向非金融机构和个人等中小投资者。

在国债托管结算方面，中央国债登记结算公司负责国债总托管和银行间债券市场的国债登记结算，中国证券登记结算公司负责交易所债券市场的国债登记托管结算。

国债交易方式不断创新，国债交易规模逐年增加。目前国债交易方式已由最初的现券交易，逐步发展到质押式回购、买断式回购、远期交易、互换交易等多种交易方式。随着国债交易方式不断创新，国债交易规模逐年增加。据统计，2007年记账式国债交易总额为19.46万亿元，其中：现券交易2.27万亿元，回购交易17.18万亿元，远期交易81.80亿元。

8.2.3 国内债务管理存在的问题及前景展望

虽然30年来国内债务管理取得了明显成效，但与资本市场的发展目标和国际成熟市场相比，目前仍然存在着诸多问题，主要表现为法规制度建设滞后，二级市场长期处于分割状态，交易方式单一，市场流动性不高，国债利率的基准地位有待建立等。当前，需要借鉴国际通行做法和经验，紧密结合我国实际情况，着重从以下五个方面加快深化国债管理改革，进一步推进国债市场持续稳定发展。

1. 加快国债法律法规制度建设

相对于国债市场的快速发展而言，有关法规和制度建设较为滞后。一是缺少一个全面的、根本性的法规。目前，规范国债市场运作的法规还停留在1992年的《国库券条例》上，由于该《条例》没有对国债发行、流通、兑付和托管结算等国债活动的各环节进行相应规定，使得市场管理无法可依，严重制约了国债市场深化发展的进程。二是银行间和交易所债券市场缺少完善的监管制度。目前，《全国银行间债券市场债券交易管理办法》和《商业银行柜台记账式国债交易管理办法》是规范银行间债券市场交易行为的主要规定。但随着近年来银行间债券市场参与机构的不断增加和金融创新品种的逐渐推出，这些办法已无法涵盖所有的市场交易行为。从交易所债券市场看，其监管制度主要建立在《证券法》的基础之上，而由于国债的特殊性，其发行、交易等活动又不能适用《证券法》的有关规定，这就不可避免地造成了交易所市场的国债交易行为和市场监管出现扭曲。由于国债市场根本法规的缺失和市场监管制度的不足，给市场稳定运行和风险防范带来诸多不利影响。当前，需要加快国债法律法规制度建设，使得国债管理和国债市场发展有法可依，有法必依。

2. 尽快建立统一互联、集中高效的国债市场

由于历史原因，目前国债市场由银行间市场和交易所市场组成，两个市场相对独立，形成割裂的市场格局。尽管这些年来，财政部采取跨市场发行国债等措施，

部分消除了国债市场因割裂所带来的问题，但还没有从根本上实现市场的统一。一是市场效率下降。目前，商业银行仍然没有获准进入交易所市场进行国债交易。两个市场国债由不同机构实施托管和结算，并且有的券种只能在单个市场交易。即使可以跨市场交易的券种，也必须办理转托管手续，而转托管又存在着效率低的问题。这些明显差异，不仅降低了国债的流动性，而且造成两市场间国债交易价格出现差异，导致市场效率下降。二是监管不统一造成市场缺位错位。在割裂的市场格局下，国债市场的监管体系也出现分割。目前，银行间市场的具体监管归中国人民银行负责，交易所市场则由中国证监会负责。不同部门在监管定位和监管思路上存在着差异，难免会在一定程度上造成监管标准和交易规则的不一致，而且还时常导致监管重复和监管缺位现象的出现，不利于国债市场健康发展。因此，尽快建立集中高效运行、统一互联的国债市场运行架构，显得尤为必要。

3. 充分发挥国债市场在金融市场中的基准作用

目前我国国债利率还不能较好地发挥基准利率作用。一方面，国债市场分割客观上致使统一的市场利率基准无法形成；另一方面，由于现阶段利率体系表现为"双轨制"，即法定存贷款利率由中国人民银行制定，市场利率则受宏观经济发展以及市场供求变化相互影响而形成，因此，两者时常存在较大差异。在国债发行时，可流通的记账式国债票面利率通过招标方式由市场定价，而不流通的凭证式国债票面利率则以中国人民银行公布的法定存款利率为基础确定，由于这两种国债机制相差很大，一旦经济发生变化，市场利率会先于央行法定利率变动，导致两个国债品种的收益率出现较大差异。国债利率的不统一，影响到其基准利率作用的发挥，使债券市场的稳定性受到一定程度的削弱。伴随利率市场化改革进程，当前需要进一步完善国债承销团制度，以及国债利率形成机制，从而逐步建立国债市场在金融市场发展中的基准地位。

4. 进一步丰富国债交易方式

在市场经济发达国家，国债交易方式丰富多样，各种国债衍生产品的单日交易量接近于可流通国债总存量。与国际市场相比，我国国债市场交易方式单一的问题还比较突出。现阶段，我国国债市场上的交易方式仅有现券、质押式回购以及买断式回购少数几种方式，不仅难以满足投资者多样化的交易需求，而且使投资者缺少应有的避险工具，无法有效对冲利率风险，对投资者信心产生较大冲击，致使行情时常出现较大波动。因此，需要稳妥有序地丰富国债交易方式，适时引进国债风险管理工具，加快国债市场创新步伐，进一步提高国债市场风险管理能力。

5. 扩大国债投资者群体

近年来，我国银行间市场的投资者群体得到了很大丰富，逐步由银行和非银行金融机构发展到非金融机构法人和参与商业银行柜台交易的个人投资者。但银行间债券市场存在的机构失衡的问题仍然较为明显，银行和保险公司占据了市场主导地位，其中又以中国工商银行、中国农业银行、中国建设银行、中国银行和中国人寿保险公司为主，五家机构几乎垄断了债券投资和资金供给的60%以上，其一举一动都对市场产生着剧烈影响。同时，银行间债券市场以商业银行为主体的投资者结构，也使得交易行为具有很强的趋同性，从而不可避免地大大降低了市场流动性。特别是在宏观经济出现变化、市场波动较大时，交易特别清淡，经常出现有行无市的现象。目前，交易所债券市场由于缺少商业银行参与，在投资者的普遍性方面大打折扣，导致市场稳定性不足，市场行情的公信力较差。在建立统一互联、集中高效的国债市场的同时，进一步丰富国债投资者结构，扩大国债投资者群体，对于深化国债管理改革，以及进一步发展和完善国债市场来说，显得非常重要。

8.3 政府外债管理制度改革

政府外债，是指财政部代表我国政府对外举借的债务。政府外债对外以国家主权信用为基础，因此又称主权外债。按债务来源划分，政府外债包括借用国际金融组织贷款、外国政府贷款和境外发行的主权外币债券三种形式。按使用方式划分，政府外债分为项目贷款和资金债务，大多不结汇，不增加外汇储备。按偿还责任划分，政府外债又分为中央财政统借统还和"统借自还"两类。中央财政统借统还政府外债由财政部统一借入并安排中央财政预算资金对外偿还；"统借自还"是指财政部统一借入，还款时由财政部或其他转贷机构对外垫付以维护国家信用，但最终由实际使用贷款的部门或项目单位负责偿还。

8.3.1 我国举借政府外债回顾

1979年我国恢复举借外债，开始以外债的方式筹集收入和利用外资。1979年，我国由中国银行与日本输出入银行首次签订了开发资金贷款协议，开始利用日本政府贷款，至此结束了我国十余年无外债的历史。1979年以来，我国先后与日本、德国、法国、西班牙、意大利、加拿大、英国、奥地利、澳大利亚、瑞典、科威特、荷兰、芬兰、丹麦、挪威、瑞士、比利时、韩国、以色列、俄罗斯、卢森堡、波兰及北欧投资银行、北欧发展基金、法国开发署共25个国家及机构建立了政府

（双边）贷款关系。目前，外国政府贷款已成为我国政府外债的重要来源之一。

20 世纪 80 年代初，我国开始与国际金融组织合作，积极利用国际金融组织贷款。1980 年中国恢复世界银行成员国席位。1981 年，世界银行向中国提供了第一笔贷款，用于支持中国大学的发展。随后世界银行贷款的支持项目，涉及农业、林业、水利、卫生、教育、扶贫、交通、城市发展、能源等领域，遍布中国大陆除西藏以外的各省（区、市）和国民经济的各个部门。自 1981 年开始合作到 1997 年，世界银行对我国一直保持比较稳定的贷款量，但随着我国经济的发展，世界银行贷款自 1998 年以后有所下降。1980 年，我国正式加入国际农业发展基金（以下简称农发基金），随后提出"北方草原与畜牧发展项目"的申请，开始了与农发基金的实质性合作。自 1987 年以来，农发基金一直向我国提供高度优惠的贷款。1986 年，我国正式加入亚洲开发银行。随后与亚洲开发银行的合作规模逐步扩大，合作领域不断拓展，在 2005 年年底成为亚行贷款的第二大借款国和技术援助赠款的第一大使用国。

1987 年，我国首次在欧洲发行了 3 亿德国马克债券。1993 年 9 月，我国再次发行了 300 亿日元债券。在 1993—2003 年的 11 年时间里，我国在国际市场基本实现连续发债。主权外币债券的发行，在为政府筹集外汇资金的同时，也为国内各类经济体在国际资本市场发行外币债券确立了市场基准。但自 2004 年起，我国没有在境外发行主权外币债券。

自 1979 年首次以借用外国政府贷款的形式借入政府外债以来，截至 2007 年年末，我国已累计借入政府外债 1079.26 亿美元。其中国际金融组织贷款和外国政府贷款累计提款 969.36 亿美元，支持不同地区各领域建设项目累计达 2848 个；境外发行主权外币债券 23 笔，累计发行金额折合 109.90 亿美元。截至 2007 年年末，我国政府外债余额为 634.75 亿美元，其中国际金融组织贷款余额 302.87 亿美元、外国政府贷款余额 273.56 亿美元、主权外币债券余额 58.32 亿美元（见表 8-2）。

表 8-2　　　　　　　2007 年年末我国政府外债余额和结构　　　　单位：亿美元

	国际金融组织贷款	外国政府贷款	主权外币债券	合　计
统借统还	20.28	6.09	58.32	84.69
统借自还	282.59	267.47	0	550.06
合计	302.87	273.56	58.32	634.75

近年来，我国政府外债余额稳中有减，在全部外债余额中的占比大幅下降。2007 年年末，我国政府外债余额比 2003 年年末减少 52.41 亿美元，减少 9.0%；2007 年年末，我国政府外债余额在全部外债余额中占比为 17.0%，比 2003 年年末下降 10.9 个百分点，降幅 39.1%。与此同时，借用政府外债规模相对我国利用外

资占比也逐年下降，实际生效提款额占外国直接投资（FDI）比例从 2003 年的 7.1% 降至 2007 年的 5.1%。目前，我国借用国际金融组织和外国政府贷款的年协议金额基本在 50 亿美元左右。考虑对外偿还到期本息的因素，近年每年贷款资金净流入基本在零左右。

8.3.2　政府外债管理改革的主要内容

以 1998 年为界，我国政府外债的管理体制可分为两个阶段：第一阶段为分口管理阶段；第二阶段为归口管理阶段。改革开放后，随着我国间接引进外资工作的逐步开展，为进一步规范管理，1986 年 8 月，国务院下发了《国务院批转国家计委关于利用国外贷款工作分工意见的通知》，对外债实行分工负责、归口管理的体制，即由财政部负责世界银行贷款项目的管理；中国人民银行负责亚洲开发银行贷款项目的管理；外经贸部负责外国政府贷款项目的管理；农业部负责国际农发基金会贷款项目的管理。

1998 年政府部门职能调整后，政府外债工作由财政部统一归口负责，即国际金融组织贷款、外国政府贷款、对外发行债券等都由财政部统一管理，统一对外谈判、签约、转贷和对外偿还。一方面将由外经贸部负责外国政府贷款、人民银行负责亚洲开发银行贷款、农业部负责国际农业发展基金贷款、财政部负责世界银行贷款分散管理方式调整为由财政部统一管理；另一方面由筹借政府外债窗口管理逐步转向借、用、还全过程管理。除对外谈判和签约外，财政部会同发改委等部门，加强了对项目申请、建设、运营、还款等各环节的管理，不断加强制度建设，推进政府外债管理工作的科学化和精细化。

经过不断探索，我国政府外债工作的指导思想取得了重大发展，提出了从重贷款规模向重质量和效益转变、从重贷款筹借向重贷款使用和偿还转变、从重资金引进向资金和智力引进并重转变，重点包括六个方面：

1. 加大投向中西部地区和公共财政领域的比例

积极调整国际金融组织贷款和外国政府贷款投向。2000 年以来，中西部地区利用贷款资金规模达到同期全国协议总额的 70% 以上，重点支持了环境保护、医疗卫生、教育、农业、扶贫、交通、能源等领域，其中外国政府贷款对环境保护、医疗卫生、教育、农业等四个领域的投入达到同期协议总额的 50%，超过历史平均水平 1 倍以上。

2. 强化贷款管理制度建设

1998 年以来，财政部逐步制定和完善了涵盖项目管理、财务管理、债务管理、招标采购、利费减免、监督检查等各个方面的规章制度，建立健全了国际金融组织贷款和外国政府贷款借、用、还全过程的一整套管理机制。2006年出台了《国际金融组织和外国政府贷款赠款管理办法》及配套制度和细则，进一步做到各项工作有章可循、责任明确、管理有序。

3. 着力加强贷款项目的监督检查

在强化各级项目办和项目单位负责制的基础上，加大了财政部门开展项目监督检查的力度。2003年印发《国际金融组织贷（赠）款项目执行监督检查办法》，建立了财政部门定期开展项目检查机制，中央财政以专项检查和重点检查为主，地方财政部门以全面检查和经常性检查为主，相互结合，及时发现问题，进行整改。2007年，财政部驻各地财政监察专员办事处先后对14个省（区、市）的10个利用世界银行贷款项目和14个利用外国政府贷款项目进行了专项检查。

4. 探索建立以结果为导向的贷款项目绩效评价体系

为促进贷款项目增强可持续发展能力，探索开展了贷款项目绩效评价工作，财政部印发了《国际金融组织贷款项目绩效评价管理暂行办法》和《外国政府贷款项目绩效评价暂行办法》，办法对绩效评价的组织实施和职责分工，以及绩效评价的内容、方法、指标、程序等都有具体的规定，通过对项目的经济效益、社会效益和生态环境效益等方面的评价，进而从相关性、效率、效果、可持续性和影响等五个方面对外国政府贷款进行整体评价。

5. 加强债务偿还管理，积极化解债务风险

一方面，建立预算扣款机制和还贷准备金制度，有效控制地方拖欠债务规模。从2000年到2007年期间，外国政府贷款实际生效922个项目中，发生财政扣款的项目仅占全部项目数的4%，涉及协议金额仅占全部协议金额的1%。2008年年初，财政部印发了《国际金融组织和外国政府贷款还贷准备金管理暂行办法》，要求并支持地方建立充足的还贷准备金，为贷款及时足额偿还、维护国家信誉提供进一步保障。另一方面，逐步解决由于各种原因造成的历史拖欠问题。2000年以来，中央财政共为地方政府和项目单位减轻外债负担约212亿元人民币，其中2007年为世界银行贷款的农业、教育、卫生、林业等项目共减负约77.8亿元人民币，体现了公共财政职能，化解了地方债务风险。与此同时，由于对外还款及时，我国获得世界银行和亚洲开发银行利费减免累计达51.43亿元人民币。

6. 开展外债风险管理工作

经国务院批准，财政部印发了《财政部外债风险管理暂行办法》，建立健全了

财政部外债风险管理工作协调小组工作机制，密切跟踪市场，运用掉期交易等金融工具规避利率和汇率等市场风险，节约债务成本约 4.41 亿美元；印发了《地方政府外债风险管理暂行办法》，规范和指导地方政府外债风险管理工作。

为配合政府外债管理，财政部认真做好国际评级机构对我国主权信用评级工作。目前，穆迪公司、标准普尔公司和惠誉公司对我国主权信用评级级别在所谓"金砖四国"中最高，在新兴市场经济国家中位居前列。

8.3.3　政府外债管理改革的成效

我国开展主权外债工作 30 年来，在利用长期优惠贷款资金支持经济建设和社会发展、加强对外财经合作、优化外债结构等方面取得了积极成效。

第一，有效弥补资金和外汇"双缺口"，缓解了能源、交通、原材料等"瓶颈"制约，引进了先进技术设备、发展理念和管理经验，培养了大批人才，支持了我国经济建设和社会发展，促进了改革开放。我国利用国际金融组织和外国政府贷款项目涉及经济建设和社会发展众多领域。世界银行贷款项目中，农业和交通项目分别占 27.1% 和 27.7%，能源、城建和环保项目合计占 29.7%，教育和卫生项目合计占 7.1%，其他项目占 8.4%。外国政府贷款项目中，公路、铁路、机场、港口、通信等基础设施项目占 44.1%，能源和工业项目分别占 16.3% 和 13.8%，环保、医疗卫生、教育和农业项目合计占 21.4%，其他项目占 4.4%。利用世界银行贷款建设的鲁布格水电站、黄河小浪底工程和黄土高原水土保持项目，以及日本政府贷款宝钢和秦皇岛港项目、德国政府贷款哈大铁路项目、法国政府贷款上海地铁明珠线项目等一大批大中型项目，在我国经济建设和社会发展中发挥着令人瞩目的作用。

第二，有效促进和加强了我国对外财经合作，巩固和增强了多边和双边友好关系。长期优惠贷款合作带动和促进了国际金融组织和外国政府对我国提供各类赠款和技术援助，不断扩大和深化了多、双边财经合作，加强了与国际金融组织和外国政府在国际事务中的相互理解和沟通，有力支持了我国参与国际和区域经济合作。截至目前，国际金融组织已向我国提供各类赠款和无偿技术援助累计约 28 亿美元。在中德财政合作框架下，德国政府已向我国提供赠款 1.52 亿欧元实施植树造林项目 23 个、赠款 2450 万欧元实施扶贫项目 6 个、赠款 1 亿欧元用于上海磁悬浮项目。基于双方长期互信和友好合作，很多国际金融组织和外国政府在我国出现突发灾害事件时及时伸出援助之手。如德国政府 2003 年紧急提供防治"非典"项目赠款 1000 万欧元；1997—2003 年世界银行提供紧急援助，支持了我国"非典"、地震（云南和内蒙古）和雪灾等灾害的救助工作；2008 年 5 月四川汶川地震后，很多国际金融组织和国家政府都紧急增加提供赠款和无偿技术援助支持抗震救灾工作。贷款赠款合作为我国经济外交工作搭建了平台，推动我国建立和加深了与国际金融组织和外国政府之间的友谊。

第三，政府外债期限长和利率低的特点对优化我国整体外债结构发挥了积极作用。政府外债都属于中长期外债，大部分期限在 10 年以上，最长可达 40 年，且含有一段只付息不还本的宽限期，有的长达 10 年以上；政府外债条件优惠，其中国际金融组织贷款年利率在伦敦银行间同业拆借利率（LIBOR）加减 5～10 个基点之间，外国政府贷款多为低息或无息，平均年利率低于 3%，均远低于市场贷款利率。政府外债一直在我国中长期外债余额中占较大比例，2007 年年末为 37.4%，对保持中长期外债在全部外债中占有一定安全比例和降低整体外债成本起到了重要作用。

近年来，有关部门对利用国际金融组织和外国政府贷款的上百个项目，进行了效益专项调查，做出了积极评价。这些项目的实施有效弥补了政府资金投入的不足，引进了先进设备、技术和管理经验，推动了管理理念的更新和人才的培养，在促进完善我国社会主义市场经济体制、实现经济社会全面协调可持续发展等方面发挥了重要作用。

第 9 章

政府会计管理与改革

9.1 政府会计的功能与模式

9.1.1 政府会计的内涵

政府会计是指政府单位或部门采用一定的确认、计量和报告方法，核算反映政府资金和资源在其范围内运动的过程和结果，最终全面、系统地反映其预算执行情况、资金运用活动、政府财务状况、财务管理业绩以及政府受托责任等，是政府推进民主决策、实施正确的财政政策和宏观调控的信息基础。

20 世纪 70 年代以来，随着"新公共管理运动"在西方国家的兴起，以及为应对石油危机给主要西方国家带来的经济危机和财政危机，以澳大利亚和新西兰等国为代表的一批 OECD 国家为提高政府财务管理活动的效率与效益，增加政府财政财务管理的透明度，率先改革建立了以权责发生制为基础的现代政府会计制度。从国际上已经实行政府会计改革国家的情况来看，虽然改革进展不尽相同，但大体上都具有三个基本特征：

一是实行规范统一的政府会计准则和会计制度。政府单位使用的政府性资金和管理的政府性资产，政府活动形成的财政资源和财政责任，都要纳入政府会计核算和管理，并考核使用效益。

二是为政府宏观经济管理提供充分的政府会计信息。适应市场经济条件下政府功能的要求，在采用不同程度的权责发生制基础上，尽可能全面、准确、及时地反映政府预算执行情况，反映政府各项财政经济活动的内容、状况和变化趋势，为宏观经济管理提供可靠的信息基础和手段。

三是实行政府财务报告制度。由财政部门代表政府制定发布政府财务报告，披露政府预算执行情况、财务能力和财务责任状况，从而提高信息透明度，强化政府资金和资产的管理责任，建立健全完善的监督制约机制。

在这样的政府会计管理体系下，所有政府单位使用的政府性资金和资产都按照统一的标准和制度核算管理，科学、真实地反映了政府拥有资源和承担责任的状况，明确了政府单位管理政府资金和资产的职责，有效地提高了资金使用和资产利用的效益，加强了对政府资金和资产使用的全过程监督，为实施宏观经济调控提供了制度和信息保障。

9.1.2 政府会计的功能

政府会计是服务于财政预算管理和政府财务管理的专业会计，为各级人大、政府、财政和监督机关（如审计、税务等）、上级单位和本单位等会计信息使用者提供具有可靠性和相关性的预算执行信息和财务管理信息，以便进行正确的决策和评价。政府会计具有三种基本功能：

1. 提供国家预算执行和政府单位财务收支情况的会计信息

政府会计通过对各项预算收支活动和有关财务收支活动的核算，全面反映国家预算和政府单位财务收支情况，为加强财政预算管理和财务管理提供可靠的信息。同时，为调节财政资金供求提供有效信息。

2. 全面完整地反映政府财务状况

全面核算并反映政府的各项资产信息，政府负有偿付责任和义务的债务信息，反映政府的财务状况和经济实力。

3. 准确全面核算政府活动的成本费用

通过引入权责发生制，准确核算政府活动的成本费用，提高政府运行的效率与效益，既满足政府加强绩效管理的信息需要，又满足公众评价政府绩效的信息需要。

9.1.3 政府会计的模式

按照政府会计的基础划分，可分为完全的收付实现制模式、修正的收付实现制模式、修正的权责发生制模式和完全权责发生制模式四种类型。

1. 完全的收付实现制（cash basis）模式

这种模式的政府会计主要是对现金资源的流量予以计量，它只是在现金被收到或付出时才确认和计量交易或事项，其报告的内容主要是现金收款、现金付款以及现金余额方面的信息。这种模式实际还是预算会计。其优点是简洁和易于理解，缺点是不确认和记录任何应付的长期负债，如养老金等。迄今为止，完全的收付实现制会计仍是大多数国家普遍使用的政府会计模式，便于管理当局安排预算拨款和预算支出进度，也便于落实预算余缺，并如实反映预算收支结果。

2. 修正的收付实现制（modified cash basis）模式

修正的收付实现制政府会计除了要揭示收付实现制基础下要揭示的项目外，还要用来确认那些已经发生于年末，而且预期将在年末后的某个特定期间内导致现金收付的交易和事项。这种模式的主要特征是：会计期间包括一个财政年度结束之后发生的现金收付的"追加期"（即上述的某个特定期间），如30天。在本财政年度的追加期内发生的现金收付，只要是由前一年度发生的交易导致的，就应作为本财政年度的财政收支加以报告。修正的收付实现制的计量重点是当期财务资源及其变动。如德国政府部门报表的编制基础是修正的收付实现制，法国地方公共部门会计的核算基础也是修正的收付实现制。

3. 修正的权责发生制（modified accrual basis）模式

修正的权责发生制政府会计是指在权责发生时确认交易和事项，而不论现金是否收到或付出，这与完全权责发生制具有相同的核算口径，两者都不考虑相关的现金流量所发生的时间。但是修正的权责发生制对确认资产和负债的范围做出限制。具体讲，两者的区别在于：在修正的权责发生制下，当取得物品时，这些物品的耗费即被费用化，并不确认存货和实物资产；而在完全的权责发生制下，所取得物品的支出，是根据交易和事项的不同，分别确认为存货、固定资产等，对于固定资产则根据其使用寿命而分期提取折旧。修正的权责发生制的计量重点是总财务资源及其变动。如美国政府会计准则委员会要求州和地方政府对由政府基金提供资金的行为采用修正的权责发生制。

4. 完全的权责发生制（full accrual basis）模式

完全的权责发生制政府会计是在财务交易实质发生时进行记录和计量，而不考虑现金是否被收到或付出。在完全的权责发生制下，最重要的会计原则是配比原则。费用是在相关收入得到确认的同一个会计期间加以记录。主要特点是：收入反映的是年度内到期的收入，而不论这些收入能否被收到；支出反映的是年度中

"消耗"的商品与服务，不论这些款项何时支付。完全的权责发生制的计量重点是政府所有的经济资源。如澳大利亚、新西兰实行的是完全的权责发生制政府会计。

9.2 政府会计改革的国际经验

9.2.1 国际上政府会计改革的基本做法

随着政府在经济全球化中责任的加强和社会公共管理的需要，在有关国际组织的积极推动下，政府会计日益受到各国政府的重视。各国实行政府会计改革的具体背景虽然有所差异，但归纳起来，主要做法具有五个方面的相同之处：

1. 借鉴别国经验，采取适宜本国国情的改革方式

从总体上来讲，国际上政府会计改革的目标非常清楚，就是能够全面或者是比较全面地反映政府财务会计信息，增加财政透明度，明确政府责任。虽然改革的目标取向相同，但不同的国家由于政治环境、经济环境、法律环境以及文化环境的不同，根据本国国情采取了不同的改革方式。新西兰和澳大利亚在推行政府会计改革过程中，采取了"一步到位"的方式，即直接从收付实现制改为完全权责发生制。加拿大采取了"分步推进"的方式，即先由完全收付实现制过渡到修正的收付实现制，再由修正的收付实现制过渡到修正的权责发生制，最后由修正的权责发生制改为完全的权责发生制。美国则采取了"逐渐扩展"的方式，即先是根据实际情况对部分收入、支出、资产、负债项目实行权责发生制，此后再逐渐推广扩大。爱尔兰虽然没有改变收付实现制会计基础，但其通过在政府部门财务报告及有关会计报表中增加权责发生制信息，来全方位地管理政府会计信息、资源信息以及政府业绩信息。

2. 决策层对改革达成共识，并获得立法机构的支持

政府会计改革是一项复杂的系统工程，涉及面广，技术性强。实行政府会计改革可以预计的成本较高，但通过改革能获取的收益却很难衡量。为此，各国在做出改革决策之前，均进行了深入的可行性研究和探讨，广泛争取立法机构的支持，并通过法律形式保障改革的实施。例如，美国国会 1990 年颁布联邦《首席财务官法案》，要求 24 个较大的联邦政府部门采用权责发生制核算。2002 年美国国会通过法案要求所有联邦部门全部实施权责发生制。英国的《政府资源和会计法案 2000》规定，政府部门的预算和会计采用权责发生制基础。爱尔兰的《财政与审计法案》、西班牙的《总预算法案》等法律，对政府会计的职能、作用及采用的会

计记账基础等方面作了明确的规定，为推行政府会计改革提供有力的法律支持。由此可见，实行政府会计改革的国家，基本上都是通过一定的立法形式，保障改革的推进。

3. 政府会计改革通常先在地方政府进行试点，然后在中央层面推行

从大多数国家实行政府会计改革的历程来看，地方政府会计改革时间一般早于中央政府（联邦政府）。（1）美国地方政府早在20世纪30年代就开始关注政府会计改革问题，当时就有人提出在地方政府财务管理中引入权责发生制会计基础。70年代以后政府会计和财务报告中权责发生制的应用不断发展，特别是在1984年美国政府会计准则委员会（GASB）成立后，地方政府会计改革的步伐和力度都有所加快。而美国联邦政府会计改革则是在1990年联邦会计准则咨询委员会（FAS-AB）成立后才开始的，该委员会明确提出了联邦财务报告的目标并制定了报告模式，同时还强调要按定期的营运结果报告财务状况，主张实行权责发生制。（2）在英国，地方政府会计改革也远远早于中央政府会计改革。20世纪70年代左右，一些地方就开始了涉及政府会计和预算的实验性改革。目前，英国地方政府会计改革已经基本完成。英国中央政府则是于1993年才第一次做出实施权责发生制会计的声明，1995年英国政府以白皮书的形式确认应使用资源会计作为公共事业支出和控制预算的基础，正式宣告政府部门将引入资源会计和预算（RAB）。（3）德国的政府会计改革也主要是地方政府走在前列。目前，德国大部分地方政府已部分引入了权责发生制，实行权责发生制与收付实现制并行的双轨制，个别州政府正准备在政府部门全面试行权责发生制会计制度，联邦政府部门仍然统一实行以收付实现制为基础的政府会计，即预算编制、预算收支账务处理和报告都是以收付实现制为基础。

4. 建立政府会计信息管理系统

利用现代信息网络技术，建设先进的政府会计信息系统，既是政府会计改革的技术支撑，又是提供科学有效信息的平台。大多进行政府会计改革的国家都建设了这样的系统。（1）目前美国地方政府都使用各政府部门统一核算的会计系统，财政部门通过该系统能监控政府各部门每一笔收支明细情况，并自动记入相应的账户。美国加州政府综合年度财务报告（CAFR）是使用加州会计和报告系统（CAL-STARS）来编制的。美国联邦政府也十分注重政府会计信息系统的建设和改进。联邦政府会计改革之初，各部门使用的系统很不统一，给改革造成困难。目前联邦政府会计系统已由原来的15个减少到5个，大大提高了统一性。（2）英国政府整体财务报告的编制也由完善的信息管理系统作为支撑。基本程序是，各部门通过信息管理系统，对政府会计信息数据进行必要的归类、合并后，形成各部门财务报告，

在此基础上，相关信息报财政部，由财政部统一汇总编报政府整体财务报告。没有信息技术的支撑，这一编报工作难以完成。爱尔兰财政部建成了财政管理信息网络系统，用于加强政府会计信息管理，并在《公共服务管理法》中对系统建设做出明确规定。

5. 注重加强政府会计人员的培训

政府会计实行权责发生制改革后，在会计核算处理方法和信息报告方面要比传统的收付实现制政府会计复杂许多，对政府会计人员业务技能提出了更高要求。因此，要确保政府会计改革落实到位，必须加强对政府会计人员的管理和培训。（1）美国在这方面的做法是，成立了一个专门为政府财务经理、会计人员提供培训、考试的服务机构——美国政府会计师协会（AGA）。该协会有权颁发政府财务经理证书（CGFM），获得该证书则表明具有从事政府财务管理相关工作的技能，有助于增强证书持有人的就业竞争力。（2）英国也非常重视政府财务人员的管理与培训工作，也有专门负责政府会计人员资格认证及后续教育的机构——英国特许公共财务与会计协会（The Charted Institute of Public Finance and Accounts，CIPFA）。该机构是英国负责地方公共部门政府会计准则制定以及职业培训的专门机构，也是英国唯一面向公共部门制定准则和组织培训的机构。其在英国公共部门的影响很大，组织了大量专门面向公共部门的政府会计职业培训，英国大部分公共部门的财务总监通常都是经 CIPFA 认证的"特许公共财务与会计师"。

9.2.2　国际上政府会计管理的主要特点

各国在经历了不同程度的权责发生制政府会计改革后，政府的财务会计管理水平都有了一定的提升。与改革之前相比，政府财务信息的透明度有了明显提高，政府防范财政风险的能力也有所增强，政府财政财务信息更加全面、完整、准确和易于理解。在政府会计管理方面主要形成了以下特点：

1. 建立统一规范的政府会计准则制度体系

多数国家在推进政府会计改革进程中，建立了统一规范的政府会计准则或制度体系，要求所有政府单位（无论是政府的行政部门、非行政部门或是其构成实体等）执行。英国财政部制定了《资源会计手册》，明确了政府和政府机构会计处理的具体规定，要求各政府单位遵照执行。英国地方公共部门主要遵循特许公共财务与会计师协会制定的各项准则与制度。美国、加拿大分别由不同的机构制定了政府会计准则，作为指导政府会计核算的指南。新西兰、澳大利亚虽未单独制定政府会计准则，但在私营部门会计准则中，专门对政府的特殊业务做了补充规定。另外，所有政府单位使用的政府性资金和管理的政府性资产，所有的政府活动形成的财政资源和财政责任，都要纳入政府会计的核算和管理。

2. 借鉴企业会计原理，不同程度地引入权责发生制核算

为了更准确地反映政府资产、负债等财务状况，更好地反映政府受托责任履行情况，实行政府会计改革的国家均不同程度地采用了权责发生制核算基础。在新西兰、澳大利亚、英国等国家，几乎所有发生的会计事项都依照权责发生制进行确认，即不仅将购建的实物资产作资本化处理，并对其计提折旧，而且还将资产范围扩展到国有的基础设施，如公路、桥梁等交通设施，同时对于自然资源、军事设施等政府特有的资产，也以不同的方式予以揭示。在冰岛等国，除不进行实物资产资本化和折旧外其余都实行权责发生制。在法国、丹麦等国，主要是在实行收付实现制基础上，对某些有明确期限的应收款项和应付款项，如应付转移款、应付借款、利息费用等，按权责发生制加以确认。

3. 实行政府财务报告制度，提供全面准确的政府会计信息

政府财务报告是政府会计信息的载体，政府会计改革的成果最终都是以政府财务报告的形式体现出来。一个国家的政府会计信息反映的是否全面、充分、准确，主要是看该国的政府财务报告是否完整、无误地披露了相关信息，做到没有遗漏重大事项，能够真实地反映政府受托责任的履行情况，有利于正确评价政府的公共服务提供能力、偿债能力及运行绩效。为此，许多国家都实行了政府财务报告制度，制定了相应的政府财务报告列报准则，用于规范政府财务报告的列报，明确政府财务报告的报告主体、报告格式和内容等。

在澳大利亚会计准则（AAS）中有三个准则与政府财务报告问题相关，分别是《AAS27——地方政府财务报告》、《AAS29——政府部门财务报告》和《AAS31——政府财务报告》。这里需要说明的是，在澳大利亚会计准则中，政府是指联邦政府、州政府和行政区政府，而地方政府是指州政府和行政区政府以下（不包括州政府和行政区政府）的各级政府，如市政府。

美国政府会计准则委员会颁布的第 34 号政府会计准则《州和地方政府财务报表及管理层阐述与分析》是专门规范政府财务报告列报问题的准则。该准则提出了新的政府财务报告模式，要求州和地方政府同时编制基金财务报告和政府财务报告，政府财务报告要采用完全的权责发生制，以全面反映政府的资产、负债以及提供服务的实际费用。美国联邦政府各部门在每个财政年度结束时，也都要编制以权责发生制为基础的财务报告，并提交给联邦财政部，由财政部按照联邦政府会计准则的规定进行汇总，编制以权责发生制为基础的联邦政府年度综合财务报告。

在加拿大，财政年度结束 2 个月之内，联邦政府必须将经过审计的年度财务报表向公众发布，同时在每个财政年度终了 6 个月之内，向公众发布更全面的政府综合财务报告。此外，加拿大对政府年度财务报告的报送程序进行了严格规定，要求政府财务报告在提交国会前，还必须经过三次严格的审计：一是内部审计，由财政部门内设的审计机构进行审计；二是外部审计，由社会中介审计机构进行审计；三是由审计委员会进行审计，以保证政府年度财务报告的真实、准确和完整。

可以说，政府财务报告制度有力地保证了全面、准确、及时、有效地披露政府资产负债状况、政府预算执行情况及政府各种经济活动状况等会计信息，对于增强立法机关对政府的监督，强化政府责任，科学民主决策，加强宏观经济管理发挥了有力的支持作用。

9.3 我国政府会计改革

9.3.1 我国预算会计制度的现状

改革开放以来，我国预算会计制度进行了多次修订和改进，特别是 1998 年实施了较大的改革，形成了现行的包括财政总预算会计、预算外资金财政专户会计、行政单位会计、事业单位会计和基本建设单位会计以及参与预算执行的国库会计和收入征解会计在内的预算会计制度体系。其中，财政总预算会计和预算外资金财政专户会计主要是各级政府财政部门用于分别核算反映政府预算内和预算外的资金收支执行情况的会计。行政单位会计和事业单位会计都属于单位预算会计，主要用于反映单位预算资金收支执行情况。基本建设单位会计是专门用于核算、反映和监督基本建设项目资金运动全过程的会计。可见，我国现行的预算会计是以预算管理为中心的宏观管理信息系统和管理手段，是核算、反映和监督中央与地方各级政府以及行政事业单位以预算执行为中心的各项财政资金收支活动的专业会计，其目标主要是为了满足国家宏观经济管理和预算管理的需要。总体来讲，现行预算会计制度体系具有四个特点：

1. 会计信息使用者定位

我国现行预算会计对信息使用者定位主要集中在：各级政府部门、上级财政部门及其管理者、人民代表大会和审计部门等。我国现行《财政总预算会计制度》规定："总预算会计的信息，应当符合预算法的要求，适应宏观经济管理和上级财政部门及本级政府对财政管理的需要。"《行政单位会计制度》规定："会计信息应当符合国家宏观经济管理的要求，适应预算管理和有关方面了解行政单位财务状况及收支结果的需要，有利于单位加强内部管理。"《事业单位会计准则》规定："会计信息应当符合国家宏观经济管理的要求，适应预算管理和有关方面了解事业单位财务状况及收支情况的需要，并有利于事业单位加强内部经营管理。"由此可见，我国现行预算会计在会计信息使用者方面主要关注上级财政部门、各级政府部门以及政府单位内部管理者的信息需求，在一定程度上忽视了纳税人、捐赠人等政府外部信息使用者的需求。

2. 会计目标

从实际工作来看，现行预算会计的目标主要是向会计信息使用者提供财政资金的拨付、使用等资金运动状态的财政和财务信息，以满足国家宏观经济管理和预算管理的需要。从这种目标定位来看，预算会计信息主要有助于各级政府编制、执行和监督政府预算；有助于政府及宏观管理部门制定财政政策、利用财政手段进行宏观调控和管理；有助于各预算单位制订财政收支计划，加强内部财务管理；还有助于立法机关和审计部门对各级政府财政收支进行审查监督。与政府会计相比，我国现行预算会计的目标较为单一，所提供会计信息的内容也相对简单，主要包括：财政资金如何从各级财政部门通过预算等形式分配给政府及公共部门，各政府及公共部门又如何在财政年度内使用财政资金以及相应的预算执行情况。

3. 会计核算范围

我国现行预算会计主要以预算资金及其运动为核算对象，以预算年度为会计期间，确认、计量、记录和报告当年的预算收支及结果。政府会计的核算范围则除了包括预算会计的内容外，还包括预算收支对政府财务活动产生的累积影响，国有资产及政府的债权债务的价值运动也属于政府会计的核算范围。因而，通过政府会计就可以反映、考核各级政府履行受托责任的完成情况、国有资产的保值增值情况。我国的预算会计分别由财政总预算会计和行政单位会计以及事业单位会计组成，核算范围较窄，仅限于与预算资金收支有关的范围。

4. 会计核算基础

在我国现行预算会计体系中，财政总预算会计和行政单位会计采用以收付实现制为主的会计核算基础，对个别会计事项采用权责发生制进行处理。例如，对一些预算已经安排，由于政策因素、项目进度、预算下达晚或其他一些原因引起的当年未能实现的支出，采用权责发生制核算原则确认年终结余。事业单位会计根据实际情况，分别采用收付实现制和权责发生制。但为了客观、真实地反映政府财务活动及其财务状况，政府会计的会计确认基础不应采用单一的收付实现制，而应采用修正的权责发生制和完全的权责发生制。

9.3.2　我国现行预算会计的问题

我国现行预算会计制度，基本满足和适应了各级财政部门和行政、事业单位加强预算管理和会计核算的需要，对于反映财政、财务收支活动，加强我国公共财政资金管理，发挥了积极的作用。但是，随着我国社会主义市场经济体制改革的不断深化、公共财政体制的不断建立和完善，整个市场经济环境和发展水平都发生了较大的变化，而会计环境的变化对现行预算会计提出了许多新要求，也使现行预算会计制度中存在的问题和局限性逐渐显现出来，迫切要求我国实行政府会计改革，以适应会计环境的变化。总的来看，我国现行预算会计制度体系存在两大类问题：一是预算会计制度体系本身不统一，造成我国政府财政财务信息反映不全面、不系统、不完整；二是以收付实现制为基础产生的局限性，这也是实行预算会计制度的国家普遍面临的问题。具体表现在以下五个方面：

1. 现行预算会计制度不能适应我国公共财政体制发展的需要

近年来，随着社会主义市场经济体制改革的不断深入，公共财政体制的逐步建立和完善，实行了部门预算、国库集中收付制度、政府采购制度等一系列财政预算管理体制改革，对财政资金的管理由过去的"切蛋糕"、重分配，向事先的部门预算、事中的政府采购和国库集中支付，以及事后的监督管理与追踪问效转变。在公共财政体制下，要保证财政资金使用的有效性和财政管理的公开、公正、透明，考察部门预算的合理性及其执行效果，考察政府采购成本的公允性，对财政资金的使用实施有效的监控等，都需要相应的政府会计信息作支撑。与此同时，政府出于向纳税人、国债购买者和投资者等政府资金的提供者提供有用信息的需要（如纳税人对于政府资产管理的关注，国债购买者和投资者对于政府债务结构和偿债能力的关注等），出于监控财政资金的使用和加强政府自身资产和负债管理的需要，也需要有相应的政府会计核算标准和财务报告制度。而我国目前缺乏统一规范的政府会计准则体系和制度体系，现行预算会计制度各自独立核算、相互分割，不能形成一个有机的整体，使得预算会计在核算、管理和报告财政财务信息方面的作用都受到较大制约，不能全面、准确、及时地反映政府性资金和资源的整体运行状况，不能满足公共财政体制对会计信息的要求。因此，建立和完善我国社会主义公共财政框架，实行政府会计改革是非常必要的。

2. 现行预算会计制度不能完整准确地反映政府的资产状况

（1）政府固定资产的核算和反映不准确、不完整。在现行的预算会计制度中，总预算会计没有核算和反映政府的固定资产。行政事业单位会计虽然对其拥有的固定资产进行核算，但是核算的结果只是提供给统计部门作为参考资料，并不在国家的财政预决算中反映。这表明用于购置政府固定资产的财政资金，一旦支出以后就退出了政府和公众的视野。每年的财政预算支出所形成的只是政府的资产增量，而固定资产是政府历年分配所形成的资产存量。此外，现行预算会计制度规定，行政事业单位的固定资产均不提折旧，这也造成很多弊端：固定资产的账面价值与实际价值不一致；报表上固定资产按原值反映，虚增资产总量；行政事业单位无法准确核算提供的公共产品或服务的成本。

（2）不适应政府资产多样化的要求，难以对国有股权和有价证券形态的政府资产进行会计确认和核算。在社会主义市场经济体制下，政府投资形式出现多样化，除了无偿拨款及部分有偿贷款以外，还有政府参股形式。在政府参股的情况下，参股的资金拨出之后，一方面进入了企事业单位经营资金的运动过程，另一方面成为以国有股权形态存在的政府资产。对此，现行财政总预算会计制度只能反映为当期的财政支出，不能对国有股权进行会计确认、计量、记录和报告，无法真实地反映政府资产状况，也难以实现对国有资产所有权和收益权的管理，不利于管理好政府资产。

（3）不能全面反映社会保险基金的运行状况。随着社会保险制度改革的深入进行，社会保险方面的支出占财政支出的比重日益增大。由于社会保险是一种政府行为，政府是社会保险的最终责任承担者，社会保险基金的运行状况关系到政府的未来财政负担，政府在对公共资源进行配置时，必须全面掌握和提供社会保险基金运行的会计核算信息，才能做出切合实际的预算安排。但是目前我国社会保险基金的会计核算是按照专门制定的《社会保险基金会计制度》进行的，这一制度独立于预算会计制度之外，在预算会计报表中只是笼统地反映当年财政对基金的拨款支出，而不能反映社会保险基金的整体运行状况。这种分离的会计核算制度，缺少社会保险基金运行与财政预算资金运行之间的信息联系通道，既不利于对社会保险基金进行管理和监督，也不能准确地反映政府资金整体状况，不利于防范财政风险。

3. 现行预算会计制度无法全面准确反映政府的负债情况

（1）政府的许多"隐性债务"没有反映。现行预算会计制度以收付实现制为会计核算基础，以现金的实际收付作为确认当期收入和支出的依据。财政支出只包括以现金实际支付的部分，并不能反映那些当期虽已发生，但尚未用现金支付的政府债务，使政府的这部分债务成为"隐性债务"。就目前来看，这类"隐性债务"主要包括到期应付而尚未支付的职工工资，按进度结算已明确应付未付的建筑工程款，政府发行的中、长期国债中尚未偿还的部分，社会保险基金支出缺口等。在收付实现制基础上，政府的这些债务被"隐藏"了，其产生的不良结果是：第一，夸大了政府可支配的财政资源，在期末往往表现为大量结余，造成资金富裕的假象。如果任意使用未用的"结余资金"，一旦债务到期，就会造成财务困难，不利于政府防范和化解财政风险，对财政经济的持续、健康运行带来隐患。第二，在一定程度上造成相同会计期间政府权力和责任不相匹配，政府已享受当期受益，但应承担的义务却不在当期反映，有可能出现政府代际的债务转嫁，导致各届政府间权责不清，不能客观、全面地评价和考核政府绩效。

（2）政府的或有负债没有披露。或有负债是指由于过去的经济行为形成的、未来有可能发生（也有可能不发生）的潜在义务，而不是已确定的现时义务。政府发生的或有负债主要有：政府为企业贷款提供担保产生的偿债义务，政府将承担国有企业潜亏需财政补贴而发生的拨付，国有金融机构不良资产一部分需财政核销冲账而形成的损失，地方和企业自借（统借）外债自身无力归还最终由财政兜底而形成的支付，以及一些不可预见的突发事件而引起的或有负债等。按现行预算会计制度，此类或有负债均未披露。但是，一旦受保人无力偿债需担保人赔付、不可预计的各种损失需由财政兜底付款等成为事实，潜在义务的或有负债就变成了现时义务的实有负债，如果事先没有揭示和披露，就会形成严重的财政财务危机，同样不利于防范和化解债务风险。

4. 现行预算会计制度不能进行准确的成本和费用核算，不利于推进绩效考核

随着公共财政体制改革的不断深化，政府绩效预算管理作为一种提高预算分配效率和运行效率的重要手段也备受重视。政府绩效预算管理必须以政府部门准确的成本和费用核算为基础，否则便无从谈起。但是我国的预算会计是与以投入控制为中心的预算管理模式相适应的，收付实现制基础的会计核算难以适应这方面的要求。在收付实现制预算会计下，当收益实现和收到款项的时间不在同一期间时，会计上记录的收益就不是当期业务活动的真实结果；同样，当费用发生与支付不在同一期间时，会计上记录的费用也不是当期业务活动所支付的代价。因此，不能公正客观地核算成本和反映运营结果，不能适应开展绩效预算管理的需要。此外，这也不利于政府单位的内部管理，不利于国家预算资金的有效使用，而且很容易造成国有资产的流失。

5. 现行预算会计制度不能提供信息完整的会计报告

我国目前虽然有覆盖几十万预算单位和各级政府财政部门的预算会计体系与层层汇总上报的会计报表制度，但是并未能真正满足信息使用者的全部需求，往往是"外行看不懂，内行说不清"，会计报告信息的有用性大打折扣，不能全面地反映政府资产、负债等财务状况。目前我国的预算会计信息主要是通过政府的预算决算形式提供给立法机关与公众的。由于政府预决算的主要任务是向公众提供政府预算

的收支计划和执行情况，一些与预算收支没有直接关系的重要会计信息往往不予反映，所以反映的预算会计信息非常有限，政府的债权、债务等财务状况不能得到全面的反映。会计报表设计不科学，影响会计信息的真实性。

总之，我国现行的预算会计体系不能全面反映政府的财政财务状况、政府的财务资源和受托责任，不利于政府防范财政风险，不利于有效实施宏观经济管理，也不利于提高政府财政管理透明度，不能完全适应社会主义市场经济和公共财政体制发展的需要，因此迫切需要实行政府会计改革。

9.3.3　从预算会计到政府会计

从总体上来讲，国际上政府会计改革的目标取向是建立以不同程度的权责发生制为基础，以统一规范的政府会计准则、会计制度和政府财务报告为主要内容，全面反映政府收支活动和资产负债信息的现代政府会计体系。各国因国情不同，采取的方法路径也不同。

新中国成立以来，我国政府的行政事业单位会计一直沿用预算会计的名称，随着社会主义市场经济体制的不断完善和财政预算管理制度改革的逐步深入，现行预算会计体系应借鉴发达国家的经验，进行根本性改革，将现行预算会计体系改为政府会计体系。将预算会计转换为政府会计不只是概念的变化，更重要的是会计观念和会计内容的变化。它应当以预算资金运动为对象转换为以价值运动为对象，将政府对社会公众负有受托责任的经济资源、财务资源等相关内容纳入政府会计的视野。

1. 建立符合我国国情的政府会计准则

政府会计规范是一国为减少政府财务信息不对称而做出的制度安排，是保证公共资源使用效率和民主政治所必不可少的机制。会计准则和会计制度都是会计规范的具体形式。在我国建立政府会计规范体系过程中，应当借鉴国际经验，构建政府会计准则，对政府会计的基本原则问题进行规范和阐述。主要包括四个方面：

（1）政府会计目标。政府会计目标是制定政府会计准则的出发点和归宿点，是整个政府会计准则体系的核心理论问题。政府会计目标的定位对政府会计核算基础、具体业务的会计处理方法，以及财务报告的内容和构成等方面都有极为重要的影响。关于政府会计目标，在发达国家政府会计和财务报告制度的发展过程中，大体经过三个发展阶段：第一阶段以反映预算资金使用的合规性为主；第二阶段以满足财政管理的需要为主；第三阶段以说明政府受托责任为主。考虑到我国政府会计改革所处的政治体制环境、经济体制环境、法律环境及人文环境等实际情况，特别是在部门预算改革、国库集中收付制度改革、政府采购制度改革、"收支两条线"、政府收支分类改革等多项财政管理体制改革正在逐步深化，预算执行管理水平还有待提高的情况下，现阶段，我国政府会计目标应当兼顾有效控制预算执行和全面准确反映政府财务信息的双重要求，以反映预算收支的合规性和满足财政管理的要求为主。具体可以定位在三个方面：一是反映预算收支的合规性，二是反映政府财务状况和绩效，三是反映政府持续运营和服务能力，防范财政风险。

（2）政府会计假设。会计假设是组织会计工作所应具备的基本前提条件，是人们对会计实践活动经验进行抽象、总结的基础上做出的一种逻辑推断。政府会计准则体系的建立也应基于一定的政府会计假设。政府会计作为与企业会计相对应的范畴，其基本假设与企业会计基本假设相比既有共性又有自身特点，总的来讲，政府会计的基本假设应包括会计主体、持续运行、会计分期和货币计量。会计主体的确立主要是确定开展会计工作的特定空间范围，尤其是组织会计核算工作的基本前提。持续运行是指会计核算应以会计主体能够按照既定的目标持续、正常存在和运行为前提。这一假设影响着会计实务中所采用的主要工作程序和方法。会计分期是指将会计主体的持续运行过程人为地划分为间隔相等、首尾相接的时段，以便分期进行会计核算和编制会计报告。政府会计分期的特殊性在于其会计年度应与政府财政预算年度保持一致。货币计量是指会计提供的信息主要应以货币为计量尺度。货币是政府会计的基本计量手段，但并不意味着政府会计完全排斥其他计量手段，也可根据会计目标的需要采用其他计量尺度作为辅助计量手段。

（3）政府会计信息质量特征。会计信息质量特征作为会计信息的"有用性"标志，是信息使用者对会计信息质量要求的具体表现。由于政府对外提供财务报告的目标要符合信息有用性的要求，要与企业财务报告提供决策有用信息的目标相近，因此，政府会计信息质量特征与企业会计信息质量特征具有较好的一致性。政府会计信息质量特征应包括可理解性、可靠性、相关性、一致性和可比性。其中，可理解性是指编制政府财务报告所提供的信息，对于那些对政府及其活动具有合理的知识和了解，并愿意用适当精力去研究信息的使用者，应当是可以理解的。为提高财务信息的可理解程度，需要作一定取舍，并不是信息越全面越细就越容易理解。一般的对外财务报告应尽量简单，要用解释和说明来帮助使用者理解。由于人们对政府活动的了解程度往往不及对企业活动的了解程度，因此可理解性这一会计信息质量特征在政府会计里尤为重要，有利于提高政府财政透明度。可靠性意味着真实反映其应反映的情况。但可靠性并不意味着精确性或肯定性，它允许有一定程度的估计，但估计的基础应加以解释。相关性是指所提供的信息应能够帮助使用者评价过去、现在或未来的事项，或确认、纠正过去的评估结果，具有反馈价值或预测价值，对使用者的决定产生影响。一致性要求对所有相似的交易和事项，应使用相同的会计原则或报告方法。如果有变化，应披露变化的性质和理由。可比性要求政府结构内相似的主体，对所有相似的交易和事项应使用相同或相似的会计原则或报告方法。

（4）政府会计核算基础。我国现行的政府会计使用的主要是收付实现制基础（事业单位经营性收支除外），只对个别会计事项如结余处理采用了权责发生制核算方法。这是与我国目前投入控制型的预算管理模式相适应的。随着社会主义市场经济体制的不断深化以及公共财政体制的建立和发展，收付实现制基础上会计核算反映的信息越来越不能满足各方面的要求。在收付实现制会计基础下，无法全面准确地记录和反映政府的财务状况，而且各年度的支出容易受到人为操纵，即通过提前或延迟现金支付来人为地操纵各年度的支出，同时也不能将资本性支出在使用年限内进行摊销。这些缺点使得政府在一定时期内提供的公共产品和服务的成本很难客观、准确地反映出来。而权责发生制则可以提供更多的财务信息（包括资产、负债、收入、费用等），特别是公共产品和服务的成本信息，从而更加全面准确地反映政府的财务运行情况和整体状况，有利于加强政府财政财务管理和宏观经济管理。因此，我国政府会计体系中应当适度引入权责发生制基础，在政府会计基本准则中可以明确在使用收付实现制的同时，也可采用权责发生制。依据成本效益原则，区别不同的项目确定不同的核算基础。

2. 建立符合我国国情的政府会计制度体系

根据我国的实际情况，在未来相当长的时期内，我国在政府会计管理方面，在建立基本准则的同时，继续实行制度管理。从我国财政管理的实际情况出发，主要是对现行《财政总预算会计制度》、《预算外资金财政专户会计制度》、《行政单位会计制度》、《事业单位会计制度》和《国有建设单位会计制度》等进行整合。在此基础上，建立新的政府会计制度体系。新的政府会计制度体系应包括两个层面的会计制度：政府总会计制度和政府单位会计制度。政府单位会计制度在初期仍可细分为行政单位会计制度和事业单位会计制度。政府总会计制度主要通过合并现行财政总预算会计制度和预算外资金财政专户会计制度的核算内容建立，在此基础上扩大其核算范围、改革核算基础、增加核算功能，逐步对现行预算会计制度未能核算反映的有关政府资产、负债项目的核算予以明确规定。新的政府会计制度体系中的行政单位会计制度和事业单位会计制度主要通过整合现行行政单位会计制度、事业单位会计制度和国有建设单位会计制度的核算内容建立。基本建设工程的投资建设阶段不再作为独立的会计核算主体管理，对在建工程的核算纳入行政单位会计制度和事业单位会计制度中，从而有效改变目前行政事业单位的基本建设活动与其他业务活动分别依据不同会计制度进行核算的局面，保证会计核算的统一性和完整性。新的政府单位会计制度的核算内容应包括政府单位所有经济活动事项，全面完整准确地反映政府单位财务状况、资金运营情况，以及受托责任情况。在制度体系建设中，重点解决以下问题：

（1）政府会计主体的界定。我国现行财政总预算会计的会计主体是各级财政部门，行政单位会计和事业单位会计的会计主体为各预算单位，建设单位会计的会计主体为各建设项目单位。此外，还有一些以具有特定用途的基金为核算主体的会计。比如，社会保障方面的《社会保险基金会计制度》、《社会保障基金财政专户会计核算暂行办法》，住房公积金方面的《住房公积金会计核算办法》，农业综合开发方面的《农业综合开发资金会计制度》。这些以基金为核算主体的会计，不管具体的核算工作由哪个部门或机构来做，其会计主体为相应的各类基金。

我国实行政府会计改革，对现行预算会计制度体系进行整合后，需要重新界定政府会计主体的范围，明确改革后哪些单位执行政府会计准则和政府会计制度。从理论上讲，凡是具有政府功能的单位都应实行政府会计准则和政府会计制度。但是涉及具体的会计实务，按照何种标准来合理界定政府会计主体仍是一个值得探讨的问题。

《国际公共部门会计准则序言》就"公共部门"的界定如下：公共部门是指国家政府机构、区域政府机构（如州政府、省政府及区政府）、地方政府机构（如市、镇政府机构）以及相应的政府主体（如机构、团体、委员会和企业等）。这表明公共部门包括政府单位和政府控制的非营利组织，不包括民间非营利组织和公司（企业）。参照这种划分标准，我国政府会计主体的界定标准应当按照社会主义市场经济条件下公共财政的要求来确定。政府会计主体的界定应该同时符合两个标准：一是履行公共功能的单位；二是使用政府财政资金规模较大的单位。按照这种界定标准，我国目前的行政单位无疑属于政府会计主体的范围。关键是事业单位如何划分，初步考虑可将其分为三类：一类是政府单位，将完全履行公共功能、提供公共产品或服务的单位划为政府单位；二类是非营利组织，将不以盈利为目的、能够通过非政府性收费等方式实现收支平衡的单位划为非营利组织；三类是企业单位，将事业单位中属于竞争领域的国有企业单位划为企业单位。但是在实际工作中，还需要结合事业单位改革进度研究如何划分性质复杂的事业单位。

（2）权责发生制基础在政府会计中的应用。世界各国政府会计实行权责发生制的程度有很大差别，很多国家在改革中根据本国国情和财政管理需要，在采用权责发生制的同时，保留了一定程度和范围的收付实现制，从而形成了多种"修正的权责发生制"模式。最常见的修正的权责发生制形式是对确认资产和负债的范围予以限制，例如，有的确认非金融资产，但对国防基础设施和文化资产在取得或建造时确认费用；有的只确认短期金融资产和负债；有的确认所有负债但不包括养老金负债等。限制范围的原因往往是由于这些资产和负债的确认存在技术上的困难、计量成本过高，或对政府管理与政策的影响不大等。

借鉴国外做法，我国政府会计核算基础总体上考虑实行修正的权责发生制。但是修正到何种程度，具体对哪些会计事项或项目实行权责发生制，是政府会计制度中需要解决的核心问题。我国引入权责发生制基础遵循的总体原则是，结合我国财政管理的政策取向和具体情况，积极稳妥地改革政府会计的核算基础，与政府会计准则的制定和发展步伐相适应，分部分、分步骤地实行权责发生制。目前我国政府会计和财务信息主要应满足反映预算资金使用合规性和财政管理的需要，同时考虑到现阶段计量技术和成本的限制，可以将采用权责发生制基础确认资产和负债的范围限定为现金和财务资源，流动负债和长期负债。具体来说，在资产方面，政府对一些单位的投资可以确认为资产，并在资产负债表中予以报告。对于投资比例较小并对被投资单位无控制权的投资，可以按照初始成本入账；对于投资比例较大并控制被投资单位财务和经营政策的投资可以按照被投资单位经审计的报表净资产额和投资比例相乘作为入账价值。然后再逐步考虑对固定资产、无形资产等采用权责发生制核算。在负债方面，可以先对容易确认的政府负债项目（如国债、政府对外借款、应付工资等）先行采用权责发生制基础核算，以明确当期的负债行为对以后会计期间的经济责任。现行总预算会计对利息支出都是在实际支付利息时一次性确认，这既增加支出的不可比性，又给当年带来较大的支出压力，同时还不能正确区分各期应承担的经济责任。采用权责发生制后，应按规定的期限和利率在各受益的会计期间，分别预提负担的利息支出，这样可以避免因利息支出过大，在一次支付时，带来过重的支出压力。对于政府担保债务、养老金缺口等较难确认的政府债务，考虑表外披露等方式进行报告。

（3）政府会计的核算对象。现阶段我国政府会计的核算对象应涵盖财政部门、主管部门及所属预算单位、参与预算执行的国库和税收部门、承担政府资产负债的管理部门的经济业务活动。具体包括：全口径政府预算，包括政府收支预算、部门收支预算（含政府拨款和部门自身的业务收支等）和纳入部门预算管理的单位预算；财政支出形成的国家资本金；政府债务的发生和偿还；政府债权的发生和收回；预算单位的全部收支和财务活动；税收征缴；国库拨付、政府代管性质的社会保障基金及住房公积金等经济业务活动。

3. 我国政府会计改革的路径选择

目前我国实行政府会计改革既有有利条件，也有不利因素。有利条件主要表现为：一是国际上已经有相当数量的国家实行了政府会计改革，在这方面走在了前列；而且许多国际组织也积极倡导实行政府会计改革，加强政府会计管理，改进政府财务管理水平，纷纷组织专家开展相关方面的研究，写出了许多研究报告，制定了国际公共部门会计准则。可以说，处在这样一种国际环境下，我国推行政府会计改革有许多可资借鉴的国际经验，可以避免走弯路，一定程度上节约我国的改革成本。二是随着我国市场经济体制改革的不断深入和公共财政体制的不断完善，我国财政管理体制改革如部门预算改革、国库集中收付制度改革、政府采购制度改革、

"收支两条线"改革和政府收支分类改革的实行与深化，不仅对改革我国现行预算会计管理提出了要求，而且也为我国推行政府会计改革创造了良好的财政管理机制环境。不利条件主要是：我国许多财政管理制度改革仍在实施过程中，尚未完全改革到位，目前财政管理大环境仍然是一个新旧制度并存的环境。

由此可见，我国实行政府会计改革的关键之一是将国际经验与我国实际相结合，在改革中坚持以下原则：一是坚持先进性。以我国实际情况为基础，借鉴国际先进经验，致力于建立具有中国特色的、先进的政府会计体系。二是坚持继承与创新相结合。对现行制度中合理、适用的内容应当积极保留、调整，注重历史，对整个政府会计体系进行整合和改革，注重创新和提高。三是坚持渐进性。政府会计准则和制度的制定和实施，采取由简到繁，逐步建立和完善我国政府会计准则体系和政府会计制度体系。四是坚持成本效益原则。通过改革，最大限度地发挥政府会计信息在提高公共服务和运营绩效方面的作用，要对加强财政管理、提高政府资金使用效益、规避财政风险等起到实在的作用。同时适当控制改革成本，争取实现改革成本效益最大化。

按照上述改革应遵循的原则，我国实行政府会计改革必须采取分步走的实施路径，而不能追求一步到位。具体来说，应按以下路径，稳步推进改革：

第一步，适应我国现行各项财政管理制度改革的要求，按照符合政府会计改革的方向，整合我国现行的预算会计制度。

政府会计制度与其他财政管理制度之间存在着密切联系，两者之间可以说是相互制约、相互影响。会计制度的重要功能之一就是规范会计核算行为，为财政管理提供有用的信息支持。因此实行政府会计改革，应与其他各项财政管理制度改革相配套，既不能落后于其他财政管理制度改革，也不能走得太超前。现阶段的首要工作是理顺现行预算会计相关制度之间的关系，尽量解决相关制度之间的重复和冲突问题。对于那些没必要单独存在的会计制度可以考虑与其他会计制度进行合并，整合现行预算会计制度，为未来建立统一的政府会计准则体系和制度体系奠定基础。近期可考虑将现行的财政总预算会计制度和预算外资金财政专户会计制度予以合并，形成一个适用于各级财政部门的财政总会计制度，统一规范预算内外所有财政性资金的核算。对于单位预算会计层面，可考虑将基本建设项目的会计核算纳入行政单位会计制度和事业单位会计制度，改变目前预算单位基建项目脱离预算单位整体财务信息，单独反映的状况，从而向全面、统一、完整地反映各预算单位的财务状况迈进一步。

第二步，逐步改变会计核算基础，对个别会计事项率先采用权责发生制，实行单项领域突破，不断提高政府会计信息的全面性和准确性。

政府会计基础改革的涉及面很广，由现金制向应计制转变成本很高，相应的配套改革如公共部门财务治理结构和财务约束机制需要逐渐建立，因此，应计制的引入不能一步到位。恰当的顺序是先解决财务资源和财务负债的确认和计量问题，再处理固定资产、或有负债和政策承诺问题。逐步加入应计项目，逐步实现对负债、资产乃至整体财务状况的全面公允反映。

可考虑对政府固定资产采用权责发生制基础核算，对固定资产计提折旧。初期可在收付实现制基础上，增加权责发生制信息，并将相关信息在报表附注中进行披露。在政府债务核算方面，可结合加强政府债务管理，防范财政风险工作，研究改进政府债务核算方法，针对不同类型的政府债务确定相应的核算方法。可尝试在政府直接债务（如国债、政府对外借款等）核算上引入权责发生制，并在资产负债表中予以反映；对政府担保债务、养老金缺口等较难确认的政府或有债务和隐性债务，考虑表外披露等方式进行报告，条件成熟时再进行相应核算，从而较全面、完整、准确地反映政府债务状况。

第三步，在对现行预算会计制度整合的基础上，结合单项突破的进度，研究制定统一的政府会计制度、政府会计准则和政府财务报告制度。

制定政府会计规范采取由简到繁，逐步完善的方式。先结合现行预算会计制度体系的有关内容和改革的基本要求，制定一套基本准则。新的政府会计制度，应融合现行总预算会计制度、行政单位会计制度、事业单位会计制度和国有建设单位会计制度等的相关核算内容。同时，针对特殊事项，研究制定单项会计核算办法，逐步构建政府会计制度体系。在扎实做好政府会计制度体系和政府会计准则体系的基础上，研究拟定政府综合年度财务报告制度的主要内容、编制主体、编报范围、编报程序，以及现行财政决算报告向政府综合年度财务报告过渡方法等。

第四步，选择1~2个有代表性的省（市）试行新的政府会计制度、政府会计准则和政府财务报告制度，在试点基础上，进一步完善相关制度并逐步推开。

从国际上推进政府会计改革国家的情况来看，多数国家都先从地方推行政府会计改革，然后逐步在联邦或中央政府推行改革，在一定程度上确保改革的稳健推行。借鉴国际经验，我国采取先试点后推开的实施方式将有利于改革的稳步实施，可及时发现新制度不完善的地方，及时加以改进。为此，统一的政府会计制度、政府会计准则和政府财务报告制度应先选择1~2个省（市）进行试点，采取新旧制度并行1~2年时间，以检验新制度的科学性和有效性。在此基础上，进一步完善相关制度并逐步推开。

4. 其他配套措施

政府会计涉及面广、范围宽。政府会计改革需要相关配套措施的同步推进。政府会计改革的制度安排和实务操作需要一支与之相匹配的会计人才队伍。推行政府会计改革必须培养相应的人才，要组织培训好相关人员，要使具体的操作人员熟悉并会运用新的会计制度；做好政府收支分类改革，使会计科目特别是收入类、支出类与预算拨款直接关联的科目的设置，与政府收支科目衔接一致；开展行政事业单位固定资产清理工作，为固定资产的记录打下基础；作为政府会计改革的技术支撑，信息管理系统不可或缺。就我国而言，不必另行建设，可以在国库集中支付（包括会计财务处理）系统基础上，预留接口，拓宽功能，改进整合，形成国库集中收付、政府会计以及政府采购、国债发行等管理一体化的财政国库管理信息系统。

9.4 我国政府财务报告制度的构建

9.4.1 我国预算会计报告模式的现状

我国目前实行的是预决算报告制度，尚未建立政府财务报告模式。会计制度规定，各级财政部门和行政、事业单位应当按规定定期编制和报送预算会计报表。各级财政部门在会计年度末要编报财政决算；各预算单位，包括行政单位和事业单位在会计年度末要编报年度决算报告，最终汇总形成部门决算。从报告的主体看，不是以一级政权的政府作为报告主体，而仅以政府财政部门、行政事业单位作为报告主体；从报告的使用者看，主要面向政府管理当局、上级政府、主管部门及审计监察等部门；从报告的内容看，主要是报告预算活动情况、预算收支情况及预算活动引起的短期资金往来情况。尽管财政总预算会计也编制资产负债表，但未涉及政府的财务状况和运营情况等相关信息，也没有将注入国有资产产权及收益权、政府债权及债务等纳入资产负债表。所以，财政总预算会计的资产负债表不能反映政府整体的财务状况；从报告的数字基础看，主要依据收付实现制基础、采用历史成本计量的预算会计核算资料；从报告的编制技术看，主要采用自下而上的汇总方法编制而非合并的方法。

9.4.2 我国现行预算会计报告模式存在的主要问题

1. 对报告使用者范围的界定过于狭窄

现行总预算会计和行政事业单位会计信息的使用者，被定位为财政部门和上级单位，以及组织内部管理者。关于外部使用者的信息需要，现行制度只是模糊地使用"有关方面"来处理。即便是内部使用者，现行制度的界定也过于狭窄，尤其是重要类别的使用者，包括立法机关和审计部门，也没有明确地界定在内。

2. 预算会计报告内容不完整

我国现行预算会计提供的报告主要是反映政府及政府单位预算收支执行情况报

告，不能提供反映政府债权、债务、资产状况等政府财务状况信息的报告。我国总预算会计报表包括资产负债表、预算执行情况表、预算执行情况说明书及其他附表等。行政单位会计报表包括资产负债表、收入支出总表、附表及会计报表附注和收支情况说明书等。事业单位会计报表包括资产负债表、收入支出表、基建投资表、附表及会计报表附注和收支情况说明书等。从上述我国预算会计报表的种类来看，尽管都有资产负债表，但所反映的资产、负债仍限于预算收支过程中形成的债权债务，实际上未全面完整地反映财务状况方面的信息。此外，由于我国预算会计主要采用收付实现制，没有核算反映政府提供公共产品和公共服务的成本，所以在预算会计报告中也没有编制反映政府运营成本的报告，这不利于人们全面了解政府财务状况，难以评价政府的受托责任和绩效。

3. 会计报表设计不科学

会计报表设计不科学主要表现在三个方面：（1）资产负债表设计不科学。现行会计制度规定，行政事业单位的资产负债表中，既包括资产、负债和净资产三类项目，又包括收入类和支出类项目。而资产负债表是反映单位财务状况的静态报表，不应涉及收支类项目。并且在这种报表结构下，收入类和支出类项目既在资产负债表中反映，又在收入支出表中反映，是无意义的重复列示。（2）收入支出表项目列示不合理。现行会计制度规定，行政事业单位预算外资金形成的支出应在收入支出表中单独列示。但实际上，单位发生支出时很难分清哪些支出动用了财政拨入经费，哪些支出动用了预算外资金，造成编制报表时随意性很大。（3）预算内外资金核算方法不统一，影响会计报表信息的真实性。

4. 政府整体的财务报告缺位

我国的财政总预算会计、行政单位会计和事业单位会计中均规定了相应的一套会计报表，最终分别形成财政决算报告和部门决算报告。财政决算主要是从财政角度反映财政资金总体收支情况；部门决算主要是从政府部门角度反映各部门资金的运营情况，两者的口径不完全一致，部门资金不仅包括财政资金，还包括一些自有资金。目前，没有编制以一级政府为主体的政府整体财务报告，难以形成一套能完整集中地反映各级政府的资源、负债和净资产全貌的合并会计报表，难以全面、系统地考核和评价政府财务受托责任的履行情况。

5. 政府财务状况披露不充分

政府财务状况披露不充分突出表现在：（1）对政府资产与负债的记录和披露不完整，没有全面反映政府固定资产增减变动及价值存量情况的信息，行政事业单位固定资产因不计提折旧、不进行资产重估等，也存在与价值严重背离的现象。负债方面的确认和记录亦不完整，包括公共部门雇员养老金等在内的许多跨年度义务未确认为负债，或有负债则不予记录、确认或以其他方式公开披露。（2）没有反映政府受托管理国有企业的产权和收益权的信息，造成家底不清，占用、使用和管理状况不明，导致国有资产长期大量流失的严重问题。（3）没有全面反映社会保障及其他政府债务，使政府隐性债务像滚雪球一样越滚越大，潜伏着严重的政府财政危机。（4）没有提供完整的绩效信息，也不提供评估财政绩效所需要的相关信息，特别是关于服务成本方面的信息。（5）汇总合并造成信息不全面，不能真实地反映政府的业绩和受托责任。

9.4.3 建立政府财务报告制度

建立和完善公共财政管理体制要求的政府财务报告制度，需要编报能够全面完整反映政府财务状况、公共资金使用情况及政府履行财务受托责任情况的综合财务报告，而不只是反映预算收支情况及结果的预算会计报表或财政收支决算报告。所以，按照公共财政管理体制发展要求建立政府财务报告制度是全面完整地反映政府财务状况的需要，是准确反映政府地位、职能和责任的需要，也是社会各方关注和重视政府财务信息的需要。建立政府财务报告制度，规范政府财务报告的编报要求，是我国推行政府会计改革的主要内容之一。

1. 政府财务报告的目标与分类

政府财务报告是政府会计的最终产出。政府财务报告目标要从使用者的需求出发，研究使用者需要什么信息，建立合理的财务报告目标。我国政府财务报告目标定位应和信息使用者的需求紧密结合起来，同时还应考虑我国实行政府会计改革所处的政治环境、经济环境、财政管理水平等多种相关因素，合理界定我国政府财务报告目标。目前，从我国国情出发，我国的政府财务报告总体上应实现两大目标：一是满足政府预算管理和财务管理需要，提供更翔实的管理信息；二是反映政府履行受托责任的情况，提高透明度。改革前期的重点是实现第一目标，立足于政府管理需要提供相关信息，为宏观经济管理服务。

根据社会主义公共财政框架的要求，政府财务报告在信息披露上，一要具有较高的透明度，主要表现在财务信息的公开性和明晰性，以便信息使用者判断和评价政府的财务状况和业绩、运营活动以及财务风险。二要具有完整性和充分性。三要具有相关性，信息相关性是指信息使用者能够评估过去、现在或未来的事项，或确认、纠正过去的评估结果，在内容上，相关性的财务信息的范围非常广泛，甚至还包括一些非财务信息。

政府财务报告有多种分类方法。按照政府财务报告的使用对象来分，可分为内部报告和外部报告；按照政府财务报告的功能划分，可分为一般目的财务报告和特殊目的财务报告；按照政府财务报告主体划分，可分为政府整体财务报告、部门财务报告和单位财务报告。

（1）内部报告和外部报告。按照报告使用者来分，政府财务报告可分为内部报告和外部报告。内部报告通常为报告实体内部及上级管理者和决策者编制，旨在帮助报告实体改进管理与决策。对于内部报告的编制基本没有统一准则来规范，主要是根据管理者的需求来编制。外部报告主要是为外部信息使用者（例如公众、媒体和金融市场）编制的，具有广泛性和一般性。

（2）一般目的财务报告和特殊目的财务报告。按照政府财务报告的功能划分，可分为一般目的财务报告和特殊目的财务报告。一般目的财务报告是为满足广大信息使用者共同的信息需求编制的，是外部使用者获取政府财务信息的主要来源。一般目的政府财务报告也为内部使用者（比如政府政策制定者、各级政府的管理者）提供重要的信息资源。特殊目的财务报告是为符合内部使用者的需要而专门设计的，更具有专用性和针对性。

（3）政府整体财务报告、部门财务报告和单位（或基金）财务报告。按照报告主体来分，可分为政府整体财务报告、部门财务报告和单位（或基金）财务报告。政府整体财务报告是反映某一级政府整体的财务信息，例如中央政府财务报告。政府部门的财务报告是反映特定部门（包括其下属机构）的财务信息。政府单位财务报告是反映某一具体政府单位的财务信息。另外，在基金会计模式下，政府基金与政府整体、政府部门一样，构成独立的报告主体，因而也需要编制和披露该基金的财务报告。不同的基金类别通常采用不同的会计基础（如应计基础与现金基础）与计量基础（如历史成本与现时成本）。这些基金除独立编制财务报告外，其报告内容也被合并到整体的财务报告中。

2. 政府财务报告模式

选择适当的政府财务报告模式，是政府会计目标得以实现的关键环节。政府财务报告模式要体现政府会计目标，应明确财务报告的主体、内容构成、会计基础及披露方式等。

（1）报告主体。政府财务报告主体不同于政府会计核算主体。政府财务报告主体主要是从报告的角度来界定主体的边界或范围，确定报告要包括哪些部门或机构。政府会计核算主体更多的是从会计核算角度来界定主体范围，确定哪些单位应适用政府会计制度，按照政府会计准则和制度的规定进行相应的会计核算。

从国际上看，政府财务报告主体有多种，政府各部门、构成政府组成部分的其他主体、整个政府以及基金等，都可以成为财务报告的主体。政府财务报告主体的选择，直接决定政府财务报告中应包括哪些主体的哪些交易活动。国际会计师联合会公共部门委员会在《第11号研究报告——政府财务报告》中提出了四种确定政府财务报告主体范围的方法：资金授权分配法、法律主体法、政治受托责任法和控制法。美国联邦政府会计准则规定，报告主体应满足三个条件：一是负有控制和部署资源、提供产出和成果、执行部分或全部预算的管理责任，并能对其绩效负责；二是主体范围应能使得财务报表提供有关经营状况、财务状况的有用信息；三是其他可能的财务报表使用者。此外还规定，任何被命名为"政府机构和账户执行的联邦项目"的联邦预算中出现的组织、项目或预算账户（包括预算外账户或国有公司），都应被视为其所在联邦政府或组织的一部分。美国州和地方政府会计准则委员会则规定，政府财务报告主体应包括基本政府、基本政府中负有财务受托责任的组织，以及其他组织。其中，基本政府是指经选举产生的、独立的权力机构组织，既包括州政府、地方政府（市或县政府），也可以是特殊的政府组织（如学区、公园区），但必须满足三个条件：有选举出的独立的权力机构组织；法律地位独立；财务上独立于其他州和地方政府。澳大利亚对财务报告主体的确定依据使用者信息需求来定，也就是说，法定机构或其他组织本身并不作为报告主体，只有在可以合理预期到存在使用者需求时，才被视为报告主体。根据这一原则，联邦政府、州政府、行政区政府、地方政府以及大部分政府部门都被视为报告主体，同时，只要能合理预期存在信息使用者，受地方政府或政府部门控制的某些主体以及由受控制主体构成的下属组织，也被视为报告主体。

借鉴国外政府财务报告主体确定的原则或条件，结合我国政府及其部门和单位的实际情况，我国政府财务报告主体可分为三个层次：第一层次为各级政府，即中央和各级人民政府。中央由财政部负责编制中央政府综合年度财务报告，并汇总地方政府综合年度财务报告；地方各级政府由其财政部门编制政府综合年度财务报告。第二层次为政府的各个部门，主要包括各级政府的行政部门。中央各部门负责编制本部门年度财务报告，按规定的程序报送财政部审批；地方由各部门编制本部门年度财务报告，并按规定的程序报送本级政府的财政部门审批。第三层次为政府单位，主要是指构成政府整体的各单位，负责本单位的会计核算，并编报本单位的财务报告。

此外，我国的社保基金也可作为单独的报告主体，单独编报反映社保基金财务状况和运营情况的财务报告。随着我国社保体制改革的不断深入和社会保障体系的不断完善，社会保障涉及面越来越宽，涉及的公民越来越多，社会保障资金流量越来越大，同时缺口也越来越大。政府对投入社保基金的资金负有受托责任，而且随着公共财政的建立，政府对社保资金缺口将承担最终的责任。所以，可将社保基金作为政府受托基金进行反映和核算，并作为独立大类纳入一级政府的合并报表。

（2）报告内容。财务报告是报告主体对一定会计期间财务活动进行系统、全面的总结和报告，典型的财务报告为年度财务报告。年度财务报告应当报告主体在会计年度内财务收支情况和结果、会计年末财务状况以及会计年度的财务状况变动情况，并对所有各项影响财务收支情况和财务状况的事项、影响程度做出说明、解释。

政府财务报告是政府会计的产出结果，在内容上应当涵盖政府会计核算的全部事项，在形式上有报表、报表附注和文字说明。国际会计师联合会公共部门委员会规定，政府财务报告主体通常应编制四张报表：财务状况表、财务业绩表、净财务状况变化表和现金流量表。另外，根据需要，政府财务报告主体也可以附加编制一些报表，如净资产/权益变动表等。对于不在财务报表中反映的重要会计事项，通常可以通过报告附注形式反映，附注内容一般应包括会计政策、承诺事项、或有事项等。美国联邦政府层面的财务报告包括五张表：资产负债表、净成本表、营运和净额变动表、统一预算和其他业务现金余额变动表、净营运成本与统一预算盈余（或赤字）调整表。除了财务报表外，联邦政府还提供更为详细的表外信息，以财务报表附注形式列报。如披露由于贷款担保、社会福利计划等政府承诺以及由此引起的未来政府承诺与义务等。英国各政府部门编制的财务报表主要包括五张：资源产出概要表（反映国会授权"预算资源"与部门实际耗用资源以及现金比较等信息）、运营成本表、资产负债表、现金流量表和基于各部门宗旨和目标的资源表（表明部门如何运用资源为部门宗旨和目标服务）。英国政府整体合并财务报表包括财务业绩表、资产负债表和现金流量表等。澳大利亚地方政府财务报表主要包括运营表、财务状况表、权益变动表和现金流量表四张。政府部门合并财务报表主要包括合并运营报表、合并财务状况表和合并现金流量表。联邦政府的合并财务报表与地方政府类似，也包括运营报表、财务状况表和现金流量表。由此可见，在政府财务报表方面，大多数国家通用的基本财务报表主要包括三张：资产负债表、政府营运表和现金流量表。

我国政府财务报表应主要由四张报表构成：资产负债表、政府营运表、现金流量表和预算执行情况表构成。其中，资产负债表主要反映报告主体资产、负债及其构成情况；政府营运表主要反映报告主体在某个特定财政年度实际发生的财政收入、财政支出及其构成与差额情况；现金流量表主要反映报告主体在某个特定财政年度的现金流入、现金流出及其差额与构成情况；预算执行情况表主要反映纳入年度预算的财政收支实际数与预算数的对比情况。预算执行情况表需要将实际数与预算数进行对比，政府营运表是将实际收入与实际支出进行对比。政府营运表覆盖的收支范围比预算执行情况表更加广泛，覆盖预算内和预算外的所有需要报告的收支项目。此外，根据我国财政管理的特殊要求，还可以附加一些特殊报表，如资本性支出表，用于反映报告主体的资本性支出（投资）情况；承诺与或有事项表，反映报告主体的承诺以及或有事项，更好地揭示潜在的财政财务风险。通过这些报表，比较完整地反映政府的财务状况、财务活动情况和绩效。我国政府财务报告还应包括必要的文字说明。文字说明部分可考虑包括三个方面的内容：一是宏观经济统计指标体系，反映宏观经济状况；二是政府财政经济状况分析报告，反映宏观经济状况对财政发展趋势的影响；三是政府财政管理报告，对政府财政管理的成果及问题进行分析阐述，做出报告。政府部门财务报告可以以财务报表为主，并附以必要的分析说明。

（3）报告的会计基础。各种会计基础都可以在一定程度上达到相应的财务报告目标。但是没有哪一种会计基础可以达到所有的政府财务报告目标。在不同的环境中使用不同的会计基础是最合适的。收付实现制下的政府财务报告提供的信息缺乏完整性、及时性和审慎性，不能满足政府负债风险控制的要求，然而收付实现制基础在证实是否遵守支出授权以及是否遵守其他法律和合同的要求时，是一种有效的会计基础，现金需求可以得到准确的反映。收付实现制对于确保政府按规范行政程序运作，防止腐败和浪费这一目标的实现，无疑是合适的。应计制能够反映政府包括金融资产和非金融资产在内的所有资源，能够反映政府所有负债。在以资产管理、成本效率和成本补偿作为标准来评价主体业绩时，权责发生制基础是一种合适的会计基础。在某种特定的环境中，最合适的会计基础取决于主体的特征和性质以及报告的类型和目的，同时，也取决于开发和维持必要的财务信息制度的成本和效益。

从国际经验看，权责发生制的应用程度取决于政府财务报告的目标。我国现阶段政府财务报告的目标定位于以满足政府预算管理和财务管理需求为主，不需要实行完全的权责发生制。但考虑到收付实现制对政府绩效管理的不适应性以及权责发生制的优点，目前我国政府财务报告编制的会计基础应适当引入权责发生制，把资产的范围扩展为现金和财务资源，负债的范围扩展为流动负债和长期负债。同时逐渐将更多的非财务性资源确认为资产，逐步引入权责发生制，等条件成熟后，再不断扩大权责发生制的应用范围，全面反映政府的金融资产、基础设施资产、文化资产，政府负债等信息。

（4）报告使用者。政府财务报告拥有广泛的使用者，既包括内部使用者，也包括外部使用者。内部使用者主要包括机构内部和上级管理者与决策者。外部使用者一般包括：公众、立法机关、财务分析人员、政府债权投资者、政府商品与服务供应商、媒体和其他外部使用者。针对内部使用者的具体要求披露特殊用途的财务报告，对外部使用者披露规范的由各部门的报告合并生成的一般用途的财务报告。

（5）报告的编审程序。我国建立政府财务报告制度，应确立规范的编报和审批程序，完善政府财务管理。从一些国家政府财务报告编报实践来看，编制政府财务报告需要经过大量复杂的技术处理才能完成，尤其是政府综合年度财务报告的编报最为复杂。政府整体财务报告通常是通过对各政府部门的财务报告进行合并抵销处理后得出的，而且政府各部门编制的年度财务报告和财政部门编制的政府整体财务报告一般要经过审计部门审计后对外公布。为此，初步考虑我国政府财务报告应按下列程序编报：由政府各单位按照相关的政府财务报告制度规定编制本单位的财务报告，按期报送上级主管部门，各部门依据所属单位报来的财政报告，编制本部门的合并财务报告。政府各部门编制完成本部门的合并财务报告后报送财政部门，由财政部门负责编制政府综合年度财政报告。财政部门编制完成报告并报本级政府审定后，提交本级人民代表大会审议。同时，政府财务报告编制应遵循以下基本原则：全面性、可理解性、可靠性（可靠性不等于精确性或准确性）、相关性、一致性（相同的交易事项应用同样的会计方法）、及时性和可比性。

政府财务报告审议程序和披露方式应当制度化。为保证政府财务报告信息的可靠性，需要建立与之相配套的审计制度。在国外，政府财务报告需经过独立审计部门的审计批准方可正式递交国会和向公众披露。我们也应建立有制约力的审计监督制度。关于政府财务报告中隐性债务的审计，可以考虑引入独立的政府专门审计机构审计政府财政支出和各类隐性债务。

总之，从预算会计报告到政府财务报告的改革能否取得成功，取决于是否有一套体现我国政府公共管理特点和加强公共财政管理需要的财务报告制度。政府财务报告是政府会计的最终反映，所以我们要建立符合我国财政预算管理和财务管理需要的政府财务报告制度。此外，还应当改革和建立与之相配套的财务制度、预算管理制度、会计制度、审计制度和公共财政制度。

第 10 章

公共支出的信息化管理与改革

10.1 信息技术与财政信息化

10.1.1 信息、信息技术与财政信息化

1. 什么是信息

什么是信息？对此，不同的人存在不同的理解。1948 年，信息论的创始人 C. E. 香农在研究广义通信系统理论时把信息定义为"信源的不定度"。1950 年，控制论创始人 N. 维纳认为，信息是人们在适应客观世界，并使这种适应被客观世界感受的过程中与客观世界进行交换的内容的名称。1964 年，R. 卡纳普提出语义信息这一概念，语义不仅与所用的语法和语句结构有关，而且与信息对于所用符号的主观感知有关。此外，哲学家提出广义信息，认为信息是直接或间接描述客观世界的，并把信息作为与物质并列的范畴纳入哲学体系。

从本质上讲，信息（Information）是对客观世界中各种事物的变化和特征的反映，是客观事物之间相互作用和联系的表征以及经过传递后的再现，用符号、信号或消息所包含的内容，来消除对客观事物认识的不确定性。它普遍存在于自然界、人类社会和人的思维之中，具有抽象性，是人类社会实践的概括，对人类的生存和发展发挥着至关重要的作用。

2. 什么是信息技术

当信息与计算机、网络和现代通信技术融为一体后，人类社会便迎来了一场新的科技革命。以此为标志，信息技术的普及与应用迅速成为世界经济和社会发展的大趋势。据有关统计，目前世界 GDP 的 65% 与

信息技术有关，微电子技术和信息技术对经济增长的贡献率高达 30%~40%。信息技术对政治、经济、社会发展的巨大推动作用，已经日益显现出来。

20 世纪前 50 年，是信息技术产生与发展的一个重要历史时期。1904 年电子管问世，1936 年电视机出现，1946 年电子计算机研制成功，1948 年发明了晶体管。20 世纪 50 年代初到 60 年代末，信息社会初露端倪，信息技术得到进一步发展，信息产业开始成形。1958 年科学家发明出集成电路，1961 年出现工业机器人，1966 年光纤通讯理论诞生，1969 年 Unix 操作系统投入使用等。无论是电子计算机、微波通讯、数字通信、集成电路，还是信息标准制定，都取得了长足进展。从 20 世纪 70 年代初以后，利用信息技术对传统产业进行改造成为信息技术应用的一个重要发展方向。从 20 世纪 90 年代至今，计算机、电视、电话、移动电话等围绕着 Internet 进行技术融合，电子商务、电子政务、远程教育、智能社区等深层应用接连涌现，信息社会已趋于成熟。

3. 什么是信息化

1963 年，日本学者在《论信息产业》文章中首次提及"信息化"的含义，从此"信息化"一词便逐渐流行开来。何谓"信息化"？有人说，信息化就是网络化，就是计算机的普及，这些观点都是片面的。应该说，信息化是一个过程，与工业化、现代化一样，是一个动态变化的过程。在这个过程中，包含三个层面、六大要素。所谓三个层面，一是信息技术的开发和应用过程，是信息化建设的基础；二是信息资源的开发和利用过程，是信息化建设的核心与关键；三是信息产品制造业不断发展的过程，是信息化建设的重要支撑。这三个层面是相互促进、共同发展的过程，也就是工业社会向信息社会、工业经济向信息经济演化的动态过程。在这个过程中，三个层面是一种互动关系。所谓六大要素是指信息网络、信息资源、信息技术、信息产业、信息法规环境与信息人才。这三个层面、六大要素的相互作用的过程就构成了信息化的全部内容。换句话说，信息化是在经济和社会活动中，通过普遍采用信息技术和电子信息装备，更有效地开发和利用信息资源，推动经济发展和社会进步，使利用信息资源创造的劳动价值在国民生产总值中的比重逐步上升直至占主导地位的过程。

信息化不仅是一次技术革命，更是一次深刻的认识革命和社会革命。迄今为止，人类经历了农业革命、工业革命以及以知识经济和信息化为特征的第三次革命。农业革命经历了 5000~10000 年的历史，拉开了人类制造、利用工具改造利用大自然的序幕。1763—1970 年是工业革命时期，开始了人类征服和改造自然的进程。这一时期是自然力与人力的延伸，也是人类进步的杠杆。信息革命产生发展于近 20 年，也就是知识经济时代，电脑、互联网、信息高速公路、航空航天技术、海洋生物工程、新能源、新材料、纳米技术等在生产生活中广泛应用，使人类社会向着个性化、休闲化方向发展。

4. 什么是财政信息化

自从 1954 年第一台计算机出现在美国的工资管理系统中以来，办公自动化、无纸化办公、远程政务处理等已成为各国政府竞相追求的目标。如西方七国政府在线项目（1995 年）、太平洋岛国的信息技术（1997 年）、亚太发展信息计划（1998 年）、印度的信息时代计划（1996 年）、意大利"行政管理网络中的数字文件"项目、丹麦的"信息社会 2000"战略、美国信息高速公路项目（1996 年）等。与此同时，各国也加快了管理信息系统的建设工作。财政管理需要信息技术，更离不开信息技术。

所谓财政信息化，就是将先进的计算机、网络和通讯技术应用在财政管理中。通俗地讲，就是财政部门办公事务的网络化和电子化，它以计算机技术和 Internet 技术为基础，通过管理信息系统与政府门户网站将大量的财政管理事务按照设定的程序在信息系统与网络体系上实施的一种工作方式，是电子财政的物化形式。财政信息化主要围绕信息基础设施、信息技术应用、信息人才等三方面因素展开，其内涵包括三个方面：

（1）信息基础设施：指信息网络、信息资源和信息政策与标准三个方面。其中，信息网络即通常所称的"信息高速公路"，指以计算机技术、网络通信技术为基础所组成的电话网、广播电视网、计算机网、无线网等信息传输网络，利用这个网络可以最大限度地实现全社会信息资源共享和社会经济高度信息化。信息资源好比"汽车"，信息资源开发主要是将各种以其他介质形式存在的信息通过计算机采集、传递、存储、加工等处理后以数据库形式存在，通过信息网络为整个社会共享。而信息政策与标准则是维护秩序的"交通警察"，是顺利实现信息化的保障。通过制定信息法规、技术标准而使局部进行的信息化建设连成逻辑整体、互为共享，从而形成经济社会的全面信息化。总之，上述三方面共同构成信息基础设施。

（2）信息技术应用：是信息化的最终体现，信息基础设施要以信息技术的应用为中心，包括办公自动化（OA）、电子商务（EC）、管理信息系统（MIS）、决策支持系统（DSS）和电子政府（EG）等内容。

（3）信息人才：是实现信息化的关键，信息基础设施的建立、信息技术的应用都涉及信息人才，只有拥有信息人才，信息化才能顺利进行。信息人才主要包括专业技术人才、信息应用人才和信息管理人才等。信息管理人才从全局角度来把握信息化的建设，信息技术人才为信息化建设提供技术保障，信息应用人才把信息技术渗透到社会与经济的各个层面。

财政信息化内涵的三个方面是相辅相成、互为补充的。其中，信息基础设施是信息化工作的基础，而信息人才是决定信息基础设施和信息技术效益的关键因素，信息技术应用则是最终归宿。要做好财政信息化工作，不能忽略任何一个要素，要将三个方面的力量统筹起来。

10.1.2 财政信息化的理论分析

1. 财政信息化的作用

财政信息化是国民经济和社会发展的必然趋势，是推进财政科学化、精细化管理的客观要求，财政信息化的作用主要体现在六个方面：

（1）推进财政管理现代化，适应建立电子政府要求。信息技术是当代先进生产力的代表，信息化关系到经济、社会、政治和国家安全的全局，是衡量一个国家和地区竞争能力、现代化水平的重要标志。面对信息化发展浪潮，党中央、国务院及时做出了"大力推进国民经济和社会信息化"的重大战略部署，也明确了包含"金财"、"金盾"、"金税"、"金关"等十二个金字工程的电子政务建设内容。作为电子政务工程的重要组成部分，财政信息化（主要指"金财工程"）可进一步发挥财政稳定经济、资源配置、收入分配、监督管理的职能，可直接带动并促进信息化相关产业的发展，具有信息资源重要、信息覆盖面广、信息联系广泛等特点，其建设可有效推动国家信息化相关战略目标的实现。

（2）促进财政职能转变，构建服务型政府。随着我国社会主义市场经济体制基本框架的建立，经济的增长方式进一步由政府主导向市场主导转变。总体上看，市场经济的快速发展，人民群众利益诉求的明朗化，要求进一步提高行政管理的合理性、一致性、有效性和公开性，政府的行政管理职能需相应改变。党的十七大报告已明确提出了"建设服务型政府"、"提高行政效能"等行政体制改革目标。财政管理体制改革需对政府间职能划分、财政支出责任、保障机制等进行调整和完善，并对相应人员机构进行必要调整和再分配，而这些都需置于信息时代发展背景下考虑。财政信息化以其快速、便利、高效的特性对转变政府职能，提高政府办事效率，降低成本，满足公共需要，维护公共利益等发挥着巨大作用，可进一步改善社会管理、公共服务。

（3）促进财政管理方式变革，建立公共财政框架。公共财政要求政府一方面做公共的事，另一方面要为公共管钱，接受公众监督。自1998年启动预算管理改革以来，优化支出结构已成为建设我国公共财政框架的核心内容。围绕提高财政资金分配和使用的规范性、安全性和有效性这一主线，财政进行了大量改革，在分配环节上推行了部门预算改革，在执行环节上推行了国库集中收付和政府采购制度改革，在支出监督环节上，稳步推进绩效考评工作，在基础环节上，推进了政府收支科目体系改革等。可以说，这些改革只有借助信息化才能形成相互衔接的整体，也才可能顺利实施。财政信息化本身就是公共财政管理改革的重要内容，是公共财政框架的组成部分，不仅为财政管理、监督等改革带来新的活力和动力，还将改革成果通过信息系统固化下来，在确保财政管理框架的业务完整性、衔接性等要求方面发挥重要作用。财政信息化建设的逐步完善将使财政改革进一步走向深入和规范。

（4）增加财政运行透明度，规范政府行为。财政进行依法理财和公开、公平、公正理财，是市场经济的要求，也是财政信息化的一个基本出发点。财政信息化的推进将有效地促进政务公开和廉政建设，有利于形成依法理财的法制环境。一是根据政府统计口径建立财政数据标准，促进财政预算管理、数据统计的规范化；二是根据财政相关政策、管理制度等形成财政管理业务的可操作机制，进一步提高财政预算管理工作的刚性，及时反映、监控财政预算管理执行情况；三是借助网络为公众参与财政决策过程提供便利，并使财政管理过程可视化，进而提高决策的民主性、科学性；四是按照政府信息公开相关要求及时公布有关财政制度、会计报告、财政指标与预测情况等，为民众了解和监督政府提供桥梁。此外，由于财政信息化是市场经济国家的通行做法，财政信息化也为财政管理方式和工作方式与国际接轨，更好地与国外财政管理比较、借鉴提供了便捷途径。

（5）完善管理工作流程，提高财政工作效率。完善预算管理是财政部门的中心工作，涉及整个财政管理工作中成本效益、业务规范、工作效率和服务意识等方面。财政信息化在依法行政的前提下，按照创新、绩效、便民等原则对业务管理流程进行再造，提高了管理工作的效率、效能和适应性。一是对传统的内设机构和职能进行调整，以整体、高效而不是各自为政的方式进行管理；二是实现预算管理执行相关管理业务及信息的规范、明细化处理，同时也加强财政基础数据的搜集、管理工作，为完善政府财政统计报告、进行宏观经济分析等打下基础；三是衔接预算执行管理各处理环节，促进预算编制、执行和监督的协调配合。此外，财政信息化还通过国库集中收付相关系统的应用、网络办公等形式，提高财政管理工作效率，降低行政成本。

（6）便于信息交流与分析，提高财政管理决策水平。财政信息系统是维系财政健康运行最敏感的"数字神经系统"。它包括网络通信平台、计算机系统硬件和应用系统软件、数据库平台、安全体系等众多内容。借助该系统，财政的信息交流已不再限于上下级之间的公文传递与数据交换，而在多层分级范围内，实现财政系统纵向、横向多方面交流。财政信息化数据处理实现了数据由表及里、去伪存真的加工，便于财政管理人员进行深度分析、利用，对财政运行状况及经济发展态势做出更加客观、及时的分析。可以说，信息系统是将财政干部从事务性工作中解放出来的最有效的手段。相关人员可把工作重心转移到调研、分析等更高层次管理工作上，提高决策分析的科学性和准确性。

2. 财政信息化的一般过程

财政信息化是一个复杂的、渐进的系统工程。参照联合国对电子政务发展阶段的界定，财政信息化大致可以分为五个时期：（1）萌芽期：建立在线官方网站；（2）增强期：财政网站增多，信息动态化；（3）交互期：用户能通过网站下载表格，与财政工作者通电子邮件以及相互交流；（4）处理事务期：用户能在线实现服务支付和其他交易；（5）完美期：跨越行政界限享受充分的综合电子服务。

根据美国学者提出的诺兰模型，可以把信息化发展的过程分为六个阶段：（1）初始阶段：只有个别部门引入计算机技术，人们之所以对它感兴趣也大多是由于新鲜，并没有意识到它能带来的巨大好处；（2）普及阶段：信息技术开始被普遍采用起来；（3）发展阶段：特别注重信息基础设施的建设，信息技术继续高速发展，信息人才越来越多；（4）系统内集成阶段：按照信息系统工程的方法，进行规划，制定标准，通过更新换代、二次改造而实现系统内的协调和集成；（5）全社会集成阶段：从全社会的角度来考虑信息化的全盘建设；（6）成熟阶段：信息技术已经高度融入社会与经济运行的整个过程，人们充分享受到信息化带来的好处。

这六个阶段是一个由点到面、由浅入深的过程，其中存在三个层次上的发展。第一是劳动工具的信息化；第二是经济管理的信息化，实现从生产到流通、分配、交换和消费各个领域的信息化，最终实现整个国民经济的信息化；第三是社会管理的信息化，通过四通八达的信息网络和终端，丰富、便捷、个性的信息服务使人类社会生活全面实现信息化。应该说，这三个层次并非截然分开，而是互相交错，在实现模式上不同的国家和地区也各自有所不同。

3. 财政信息化的发展模式

确定信息化发展模式的主要标准是信息化发展过程中政府处于何种地位和发挥何种作用。根据这一标准，信息发展模式一般可分为市场主导型与政府主导型两种。所谓市场主导型模式是指信息化的发展过程主要取决于市场调节，国家只是通过间接手段从外部引导信息产业的健康发展；所谓政府主导型模式是指国家直接参与信息化的发展过程，直接调控信息产业运作的全过程。

一个国家选择何种发展模式，取决于其基本国情。一般而言，市场主导型模式是一种建立在市场经济相当成熟、而信息经济又达到一定规模基础上的发展模式。即政府制定信息化发展规划、系统开发规范和业务数据标准，社会上的信息化企业完成产品研发，经政府认证后在财政系统内推广。如我国财政信息化起步阶段采用的财务软件产品认证推广工作模式。而政府主导型模式是一种基于政府意志、能够在较短时间内快速推进财政信息化发展水平的必然选择。即主要由财政信息部门自主开发财政应用系统，并在全国财政系统内部应用推广模式。如21世纪初，财政部自主组织开发财政业务信息系统，并在全国推广应用的工作模式。无论是市场主导还是政府主导，都需要在信息化建设过程中统筹协调好政府与市场之间的关系，以适应本国市场经济和信息经济的现实状况，用信息技术更好地服务于经济发展与社会进步。

10.1.3 财政信息化的目标

财政管理信息化是一个庞大的系统工程。在我国，财政信息化的目标不是单一的，而是多维的体系，具体表现在两个方面、三个层次和两种形式。

1. 两个方面

计算机、网络和通讯技术使人类互通和获取信息的能力大大提高，有助于创造一个工作更好、花费更少、效率更高、科学规范的财政工作机制；更重要的是，将开通财政部门和公众之间新的相互影响的渠道，以提高透明度、增强责任感和民主程度。因此，从功能的角度来看，财政信息化的目标体现在两个方面：一方面，利用信息技术提升财政管理效率。如借助信息技术使财政工作运行更加顺畅，并节约成本、精减人员和减少财政赤字等；另一方面，运用信息和通讯技术使其他部门可以更便捷地取得财政服务。如利用功能强大的财政网络系统向社会公开财政信息，为其他部门及公众提供具有"单一窗口"、"一站式"、"24 小时"等特点的查询、申请、交费、注册等服务。

2. 三个层次

从国内外实践来看，财政信息化经历了由低到高、由点到面三个层次的发展历程。首先是办公自动化（OA）。利用计算机技术来处理办公室内部事务，主要是文件资料的制作、传递和储存；其次是管理信息系统（MIS）。为满足管理者需要而建立起来的信息加工和处理系统，重点支持决策和满足管理者对适时、准确信息的需求；再其次是电子政府（EG）。电子财政是其中重要内容之一。主要指在政府内部实行电子化和自动化的基础上，利用现代信息技术，建立起网络化的信息系统，并通过不同的信息服务设施（如电话、网络、公用电脑站等）为企业、社会组织和公众提供政府信息和其他服务。因此，从技术的角度看，财政信息化的目标体现在上述三个层次上。这三方面既层次分明又浑然一体。从理论上讲，可以逐级过渡；实践中看，又未必如此。比如我国现阶段的财政信息化同时包含三个层次的内容，即以实现内部办公电子化和业务管理信息化为主，组建财政部门网络系统和建设政府财政管理信息系统，在此基础上，创造条件，尽早达到"一体化的电子财政"。

3. 两种形式

财政信息化依托于计算机、网络和通讯技术来实现其功能。从实际运行情况来看，其目标具体定位于两种形式：财政部门网络系统和政府财政管理信息系统。

财政部门网络系统包括：组建财政部内主干网，并通过主干网连接各司（局）的局域网或单台微机，形成部领导到司（局）及其处（室）全部贯通的部机关局域网络；建成连接各省（自治区、直辖市和计划单列市）财政厅（局）的财政系统内部网，实现电子邮件服务和网络文件（报表）传送；财政系统内部网与中央办公厅、国务院办公厅、各部委、财政管理和宏观经济信息发布单位（国家税务总局、中国人民银行、国家统计局、上交所和深交所等）连接，为领导决策和业务人员办公提供全面、迅速、直接的信息服务；安全可控地接入互联网，提供更宽范围的服务或在线服务。

财政管理信息系统涵盖财政管理各项业务，使信息化和具体业务紧密结合，主要包括宏观经济分析和预测、预算编制与管理和预算执行管理等系统。其中，宏观经济分析和预测系统对国民经济主要指标和财政收支指标进行短期和中长期预测，为年度预算编制和执行、财政中长期规划和发展战略服务；预算编制与管理系统运用科学手段提高预算编制的科学性和准确性；预算执行管理系统包含总分类账、承诺管理、支付管理、现金和债务管理、工资和养老金管理、资产管理、执行分析和报告等子系统，为预算执行各项工作服务。

2006 年全国财政系统金财工程建设座谈会提出，"要构建以一个应用支撑平台（即数据库）、二级数据处理（即中央与地方分级数据处理）、三个网络（即内部涉密网、工作专网和外网）、四个系统（即预算编制系统、预算执行系统、决策支持系统和行政管理系统）、五个统一（即统一领导、统一规划、统一技术标准、统一数据库和统一组织实施）为主要内容和特征的，管理与技术有机融合的公开透明、服务便捷、安全可靠的政府财政管理信息系统"。

总之，财政信息化以大型数据库为基础，建立包括部门、单位、地域、符号等属性的数据词典，将详细记录每个部门、每个单位的每一笔财政资金的来龙去脉和每一个时点的资金运动情况，涵盖财政收支的全过程，监控任一时间点的财政收支状况，可大大减少预算执行的随意性，从根本上防止财政资金体外运行和沉淀，更好地为民理财。

10.1.4 财政信息化的网络化

1. 财政信息化网络是一个复杂的巨系统

按照系统科学对于系统的分类，若一个系统的子系统数量非常庞大，且相互关联、相互制约和相互作用，关系又非常复杂并有层次结构，通常称作复杂巨系统，如生物体系统、人体系统、人脑系统、社会系统等。信息技术的出现使得信息资源开发及其流动方式发生了重大变革。财政信息网络的出现为信息容纳与传输提供了信息高速公路，实现了财政信息资源和信息流动方式上的高度组织化、社会化、集成化和规范化，使得信息资源得以充分开发利用和共享，极大地方便了部门之间、单位之间、人与人之间的信息交流。如果把财政信息网络和用户结合起来，就构成了一个系统，这是一个人－网结合系统。而用户本身是社会系统的组成部分，从而将财政信息网络与社会系统耦合起来，使财政信息网络成为社会系统中信息流的载体。

"财政信息网络＋用户"不仅是个开放的复杂巨系统，而且是由人设计、制造的开放的复杂巨系统。这就为系统研究、设计、生产、运行和管理带来了新的问题，出现了前所未有的复杂性；要求我们必须从整体上去考虑和解决财政信息网络建设问题。国内外实践也证明了这一点。从系统总体上看，财政信息网络建设必须把信息资源开发、信息网络和用户使用三者作为一个整体来研究、设计和建设；从技术层面看，要实现信息技术、网络和通讯技术的集成与融合；从社会层面看，财政信息网络建设要和财政、经济、社会各方面的具体需要统筹协调。

2. 财政信息网络建设是一个动态的系统工程

国内外成功的经验表明，组织管理好复杂社会实践的技术就是系统工程。如美国"阿波罗登月计划"，参与这项计划的有42万人之多。这项计划的成功，美国人首先宣布的是系统工程的胜利。在我国，"两弹一星"的实验成功，更是一项被广泛称赞的辉煌成就。当前，我们所面临的财政信息网络建设，也是一个极为复杂和艰巨的系统工程。从理论上看，财政信息网络建设从一开始就具有综合性、系统性和动态性的鲜明特征，不容许我们孤立地和静止地去处理，需要利用来自自然科学、社会科学和工程技术等多个领域的知识，仅靠一个领域的科学知识，难以科学处理和解决信息网络建设中的问题。从实践角度看，财政信息网络建设是大规模、复杂的社会实践，它涉及的空间范围大，领域和层次多，需要投入大量人力、物力和财力，而且财政信息网络的建设过程又是一个动态的发展过程，如何组织、管理和协调好这样复杂的社会实践，以取得最好的实际效果和整体效益，也需要一套科学的组织管理方法。

财政信息系统工程是组织和管理系统的技术，是一项综合性的整体技术。这里包括财政信息网络建设前形成的设想、战略、规划、计划、方案、可行性等，还包括信息网络建成后的评估和总结。在财政信息网络建设中，需要我们运用综合、集成、协调的认识论与方法论，统筹各地方、各部门信息网络的建设。

10.2　支撑公共支出管理的信息化建设框架

"金财工程"是利用先进的信息技术支撑，建立以预算编制、国库集中支付和宏观经济预测分析等为核心应用的政府财政管理信息系统。它是在总结我国财政信息化工作实践，借鉴其他国家财政信息化管理先进理念和成功经验的基础上，提出的与建立我国公共财政基本框架目标相适应的一套先进信息管理系统，是我国正在实施的电子政务战略工程建设的重要组成部分。

我国财政信息化（"金财工程"）的业务应用系统和网络建设遵循集中统一与上下一致的原则。按照我国现行行政管理层级划分，分别在中央、省、市、县四级政府建立与其管理职能相对应的信息系统。一是中央财政部门管理信息系统。建设目标是，以部门预算网络化和国库单一账户集中收付为核心的管理运行模式。中央财政部门管理信息系统连通所有中央一级预算部门财务司。对各部门建立的分系统按照各部门情况分三种模式建立：向下垂直管理和下属单位层次多的部门，依托本部门的网络建立本部门的部门预算编制管理和预算执行系统；预算资金量较大和管理项目多的部门，建立预算编制管理和预算执行系统；预算资金量较少、管理层次简单的部门，建立小型预算编制管理和预算执行系统。二是省级财政部门管理信息系统。建设目标是，以部门预算网络化和国库单一账户集中收付为核心的管理运行模式。省级财政部门管理信息系统将以省财政厅信息系统为中心，连通省属各部门财务处。各部门建立的分系统按照各部门情况分两种模式建立：下属单位层次多和向下垂直管理的部门，依托本部门的网络建立部门预算编制管理和预算执行系统；管理层次少的部门，建立小型预算编制管理和预算执行系统。三是市级财政部门管理信息系统。建设目标是，建成为部门预算和国库单一账户集中收付管理的信息系统，实现细化预算的网络化和财政资金集中收付。四是县级财政部门管理信息系统。根据当地实际情况，建立适应县级财政管理的部门预算、国库单一账户集中收付信息系统。

围绕各级财政信息化建设的目标，支撑公共支出管理的信息化建设框架主要由五大部分组成，即财政信息化基础建设框架、管理信息系统建设框架、网络建设框架、安全建设框架和运行维护建设框架。

10.2.1　财政信息化基础建设框架

1. 信息化建设的组织管理

财政信息化建设是一场管理革命，涉及传统观念的转变、工作方式的转换、工作角色甚至机构设置的调整、信息资源的整合和建设资金的支持。只有加强组织领导，一把手亲自抓，才能保证"金财工程"建设的顺利进行。为加强"金财工程"建设的组织领导，财政部于2002年成立了金财工程建设领导小组，领导小组下设办公室。2007年10月财政部对金财工程建设领导小组进行了调整，成立了财政部信息化工作领导小组及其办公室。各省市财政部门按照财政部的统一要求，相继成立了本级金财工程建设领导小组和工作机构。部分省市对金财工程建设领导小组进行了调整，成立了信息化工作领导小组及其办公室。

2. 信息化建设的标准制定

财政信息化涉及数以万计的各级财政部门，涉及的供应商分布在国内、国外不同区域。制定标准和检查标准的执行是财政信息化建设的主线。为了促进"金财工程"建设科学规范发展，财政部门从现实情况出发，结合财政改革及"金财工程"建设实际需要，不断加大标准和制度建设力度，使"金财工程"制度标准体系不断健全。

在标准建设方面，先后制定并印发了《政府财政管理信息系统网络建设技术标准》、《政府财政管理信息系统安全总体标准》、《GFMIS财政部安全工程实施指南》、《GFMIS省级安全工程实施指南》、《金财工程省级网络安全建设方案设计指南》、《财政业务基础数据规范》、《基于平台的应用系统开发标准》和《数据交换标准》等一系列技术标准，为"金财工程"建设统一组织实施提供了科学参考。

在制度建设方面，针对"金财工程"建设的重点环节，相继研究制定了《金财工程系统软件开发、应用管理暂行办法》、《金财工程网络建设和安全运行管理办法》、《金财工程建设经费使用管理办法》、《金财工程项目管理办法》等，规范了金财工程建设管理工作，从制度上确保了"金财工程"建设的顺利实施。同时，为全面加强信息化建设的统筹与规范管理，制定了《财政部信息化建设管理办法》及7个配套管理办法，使信息化项目管理形成了一套从项目申报、需求管理、合同签订、组织实施到项目竣工验收等各环节的制度管理体系。另外，为进一步规范信息化设备统一采购工作流程，加强对信息化设备采购工作的管理和监督，制定了《财政信息化设备统一采购管理办法》，对设备统一采购工作的程序、采购方式、合同签订、货款支付等内容进行了规范。

3. 信息化建设的基础设施配备

应用系统的运行离不开底层硬件平台的支撑。硬件平台由数据计算与处理系统、数据存储系统、数据交换系统、网络通信系统、输入输出系统、信息安全系统等六大部分组成，其中数据计算与处理系统和数据存储系统是信息生命周期内最基本的要素。数据计算与处理系统包括各应用系统的数据库服务器、应用服务器、

Web 服务器、数据交换服务器等；数据存储系统包括磁盘阵列、光纤交换机、磁带库和存储备份管理软件等。随着财政系统信息化建设的不断深入，配合应用系统的建设和实施，财政部陆续配置了各种设备，基本满足了各阶段的需求，为配合和推动财政改革起到了很大的作用。

4. 信息化建设的人才培养

财政信息化建设需要着力培养信息化复合型管理人才。为此，不仅要在高等院校、研究机构注重对财政专业学生的信息化教育，不断培养中高级财政信息化人才，同时各级财政部门要定期选拔财政业务骨干进行信息技术培训，或选拔信息技术专业人才进行适当的财政专业培训，使信息技术与财政专业融合起来。近些年来，各级财政部门对信息化队伍建设越来越重视，采取各种有效措施，创造有利条件，加强培训，引进人才，壮大队伍，为财政信息化建设提供了人才保障。据统计，目前各省级财政部门均已成立信息管理机构，地市级建立信息管理机构 282 个，县级建立信息管理机构 2014 个，全国财政系统从事信息技术工作的人员有 7000 多人。

10.2.2 财政管理信息系统建设框架

财政管理信息系统从其功能上主要分为业务管理系统和行政管理系统，它们的建设框架如图 10-1 所示：

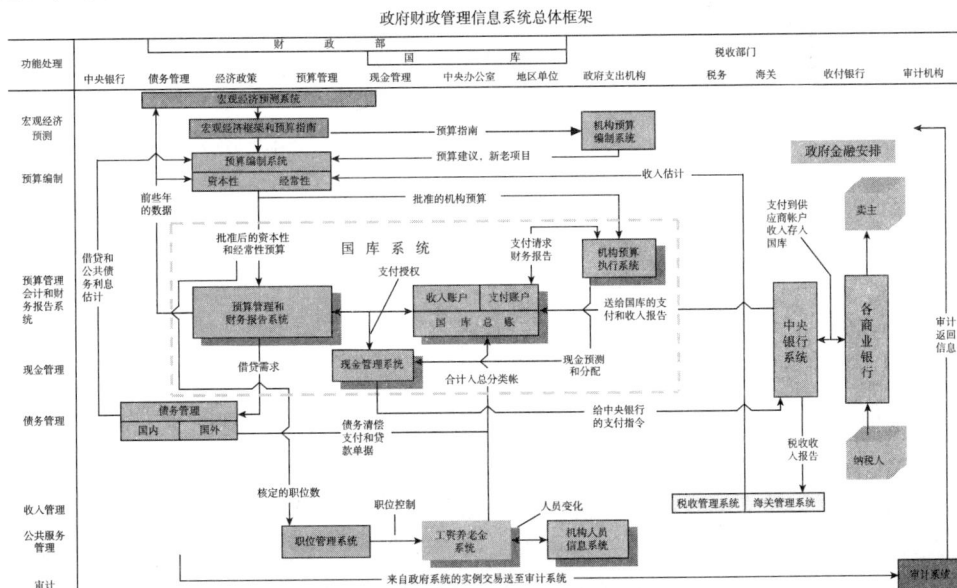

图 10-1 政府财政管理信息系统的总体框架

1. 业务管理系统框架及当前建设情况

财政业务管理系统是一种框架结构，既要涵盖所有的财政管理业务，具备网络覆盖面广、信息处理能力强的特点，又要充分考虑信息的保密性和资金的安全性。为此，整体框架设计需要体现出以下几个特点和要求：（1）严密性，能详细记录每一笔收支业务，保证总分类账记录的准确性，能实时查询每一笔支出的来龙去脉；（2）可控性，整个支付过程的自动化程度要高，同时可以控制；（3）易操作性，微机操作界面的设计要客户化，易于操作，易于维护；（4）实时性，系统设计要具有较强的数据处理能力，以进行高效实时处理；（5）安全性，系统的安全要达到或超过银行标准；（6）可靠性，要有主机、辅机和远程灾难备份系统；（7）可扩展性，要充分考虑技术革命的发展前景，系统能适应未来发展的需要；（8）可兼容性，能够兼容在其他环境下开发的软件和数据；（9）数据格式的一致性，采用单一数据库，统一数据字典，保证数据格式一致。总体上看，整个架构贯穿了资金流、信息流和行政流的统筹管理思想。

该架构主要包含以下组件（见图10-2）：

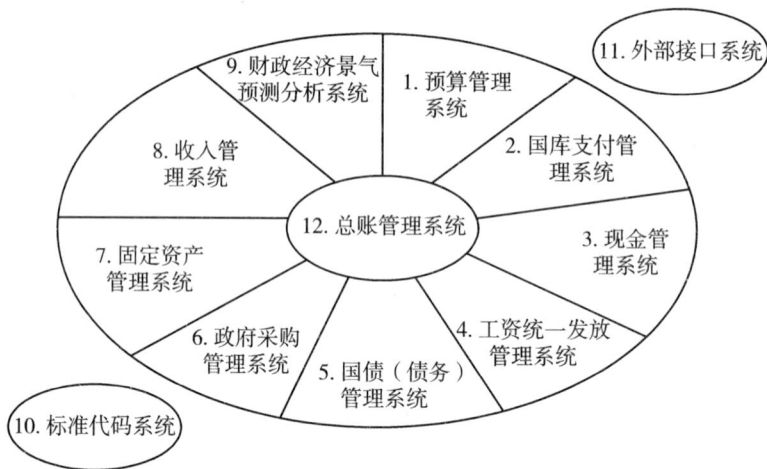

图10-2　政府财政管理信息系统组件

上述整体框架图包含以下五个方面的信息：

（1）宏观经济预测信息系统。该系统以财政经济数据库为基础，综合国内外宏观经济数据，建立财政收支分析预测模型、财政监测预警模型、政策分析模型、宏观经济预测模型、宏观经济景气与监测模型，科学、全面地掌握宏观经济和财政收支增减因素，合理控制债务规模，为政府财政预算编制、财政支出管理、财政政策调整提供辅助决策依据。

（2）预算编制和审批信息系统。该系统实现各级财政资金使用部门和各级财政管理部门的预算编制、预算审核、预算调整的规范化和科学化管理，支持基本预算支出和项目预算支出的部门预算编制，能够完成按预算控制数编制预算及批复预算，支持政府收支分类新体系，支持在线查询、汇总和审计，并可通过数据库实现与国库支付管理、现金管理、收入管理、政府采购和宏观经济预测系统的数据共享。

（3）预算执行、会计核算以及财政报告的信息系统。在预算完成之后，通过该系统可接收来自预算编制系统的预算数据。它们维护与记录预算转拨、追加性拨款以及国库支付命令方面的数据；它们接收来自支出单位当年所发生的承付款项和支付交易方面的信息；它们接收来自代理国库业务的商业银行所得收入的信息。这些系统是政府财政管理系统网络的枢纽，是主要的财政数据库以及政府财政管理信息系统的基础。它们有助于政府实施预算监控、会计核算和财政报告。通过现金管理子系统，有助于政府掌握政府流动头寸和现金需求的最新动态，并对其进行有效管理；通过债务管理子系统，可以维护政府对内、对外借贷的数据。

（4）决策支持系统。通过建立资产管理基础数据库，有利于有效解决资产动态变化的追踪问题，实现资产的全面信息化管理；通过搞好财政业务数据开发与综合利用，将部门掌握的数据、业务系统中分散存储的数据、纸质上承载的数据挖掘出来，进行梳理整合，逐步建成一个时间跨度长、信息量大、覆盖面广的财政经济数据总库；通过推进与收入征收部门的联网建设工作，建立预算收入数据库及动态管理机制，实时掌握收入进度情况；通过宏观经济预测分析系统整合财政部门内部各种数据资源，为预算编制和财政政策调整提供决策依据。

（5）外部接口系统与标准代码系统。通过前者可以实现财政信息系统与税务、海关、人民银行国库、代理商业银行、银行清算系统进行信息交换和业务连接，实现与发展改革委、社会保障等综合经济部门、管理部门相连接，并向国务院、人大财经委、各综合经济部门提供相关信息。标准代码系统，以国家标准为基础，根据各业务系统和数据库建设的需求，建立财政信息化全国统一的标准代码库。

近年来，各级财政部门紧紧围绕建立和完善公共财政体制的目标，立足财政改革和管理需要，不断加大信息化建设及应用的力度，促进了财政改革与管理向科学化、精细化的方向发展，相继组织开发应用了一批业务管理系统，中央部门预算管理系统集部门预算编制、预算审核、预算批复和项目库管理为一体，涵盖了全部中央部门和34个省级财政部门，并在300多个地市级财政部门成功应用，大大提高了预算编制的科学性、规范性和准确性，有效支撑了政府收支分类改革。国库集中支付系统将160多个中央预算部门及所属12000多个基层预算单位纳入其中，地方36个省市也全部利用国库集中支付系统实施了国库管理制度改革。通过国库集中支付系统，支持确立了国库集中支付制度在财政财务管理中的基础性地位，将绝大部分政府性资金纳入国库单一账户，集中支付，减少了中间环节，有效降低了传统的资金层层拨付方式所导致的滞留与挪用现象。非税收入管理系统在71个中央部门、35个专员办、13个地方省市成功应用。进一步深化了"收支两条线"管理改革，规范了非税收入管理，保障了非税收入的应缴尽缴、应收尽收。中央工资统一发放系统已连续9年完成了200多个部门及下属单位近4万名公务员的工资统一发放工作，地方财政部门也全部实现了工资发放的信息化管理。财政经济景气预测分析系统初步建立了财政经济统计数据库、财政经济数据整合处理和统计分析平台以及一般均衡（CGE）模型，为财政经济统计和政策模拟分析及预测提供了有力支撑。财政法规数据库系统稳定运行，初步实现了中央与地方财政制度建设信息互联互通，较好地保证了财政制度的统一、完整、透明。

2. 行政管理系统框架及当前建设情况

行政管理信息化是指各级财政机关政务处理的信息化，与"金财工程"共同构成财政工作信息化的整体。行政管理信息系统既包括公文、档案、信息、新闻、会议、值班、督查、信访等方面的综合办公系统，也包括人事、培训、监察、法规等方面的信息管理系统。目前，财政部机关在领导办公、公文、人事、法规查询等方面已实现了信息化、网络化管理，全国约三分之一的省级财政厅（局）也基本实现了无纸化办公。行政管理信息系统不仅提高了行政效率，降低了行政成本，规范了行政程序和行政职责，而且有效地促进和保证了金财工程建设。

10.2.3 财政信息化网络建设框架

随着财政改革的发展和信息管理系统的建设及应用，建立统一的全国范围的财政网络系统，已成为财政信息化建设的客观需要。经过多年投入和不断完善，目前的财政网络系统已经建成覆盖全国各级财政部门和财政资金使用单位的财政网络（见图10－3）。它包括连接财政部和各省、自治区、直辖市、计划单列市财政厅（局）的一级骨干网，连接省级财政部门和各市（地）级财政部门的二级骨干网，连接市（地）级财政部门和县级财政部门的三级骨干网；基本覆盖了中央各部门、地方省、市、县财政部门的网络。

网络的拓扑结构如图10－3所示。

一是按照财政业务管理流向的特点并与行政管理体制相适应的要求，采用层次式的树状网络拓扑结构：纵向主要由各级财政部门按照垂直的上下级模式连接成为广域骨干网；横向以各级财政部门为中心向同级的各预算单位、国库、银行、税务等相关职能部门辐射连接。

二是建立以部门预算编制和国库集中收付模式为核心的财政主体业务系统，采

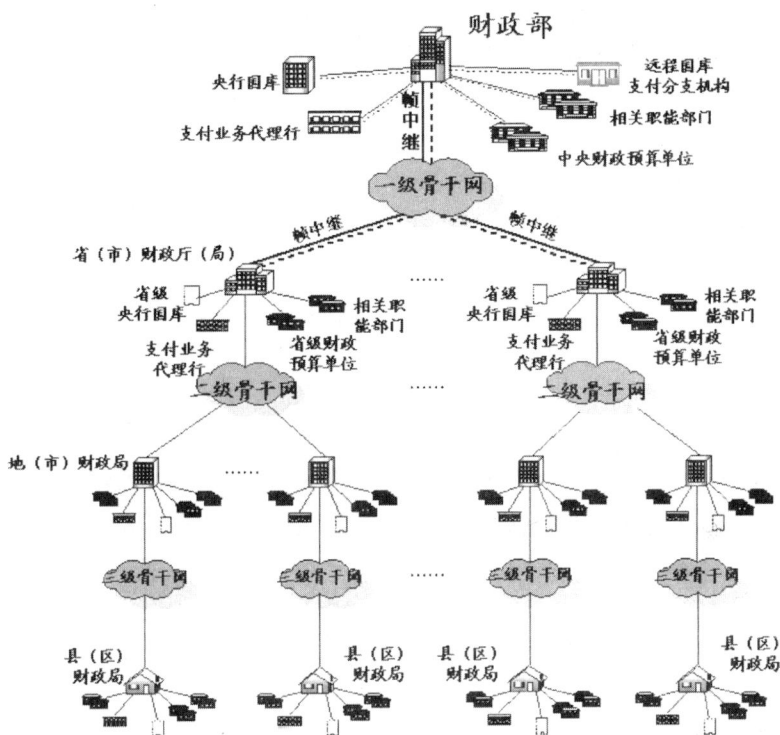

图 10-3 政府财政管理信息网络

用集中化的数据处理中心运行模式，即在各省（区、市）财政厅（局）和有条件的骨干城市设立相对集中的数据处理中心，其周边市地的数据处理服务器以托管方式相对集中运行管理，周边市地通过政府财政管理信息系统使用托管在数据处理中心的服务器和资源。这一模式既有利于核心业务系统的统一建设，又有利于系统的集中维护和节省投资。按照政府财政管理信息系统安全可靠性的要求和财政业务不能间断的需求，各省市要按照集中化的原则建立数据备份中心和灾难恢复系统。

三是数据库平台。为保证财政核心业务应用系统的统一，各级政府财政管理信息系统采用统一数据库平台。财政核心业务应用系统采用财政部制定的统一编码体系，应用软件开发采用统一数据字典。政府财政管理信息系统的核心应用的建设方向采用严格的三层体系结构，即数据库服务器、应用服务器（含业务中间件）、客户机。核心软件部分，全国统一开发、统一配置。

四是安全体系，主要包括认证中心、加密体系和安全管理体系，安全标准应达到银行业计算机系统的安全标准。各级财政信息系统建设将按照统一的安全体系和安全标准组织设施。

近年来，财政部门按照"金财工程"网络和安全建设规划及有关技术标准，切实加强网络基础设施和信息安全建设，已初步形成了一套覆盖全国各级财政部门和财政资金使用部门的纵横向网络体系。截至目前，财政部、所有省级财政部门和绝大部分地市级财政部门建成局域网，部分县级财政部门也建立了局域网。财政部至36个省（区、市）财政厅（局）的广域网已全部连通，有29个省份完成三级网络连通。在城域网建设方面，财政部已连通近140个中央部门、8家代理银行及人民银行国库，36个省级财政部门根据国库集中支付工作需要，适时实现了与省直部门（单位）的联网。

10.2.4　财政信息化安全建设框架

财政核心业务应用系统是一个实时的资源型生产系统，必须确保系统的保密性、完整性和可用性。要做好物理层安全、网络层安全、操作系统安全、内容安全、应用层安全，要做好身份认证体系的建设，要充分利用防病毒、防火墙、网络隔离系统、入侵检测、漏洞扫描、安全审计、VPN、证书及授权等技术手段和产品，构筑网络纵深防御体系。要建立全国财政系统统一的安全管理和监控体系，确保财政核心业务应用系统安全、平稳、高效地运行。具体建设内容包括以下几个方面：（1）完善网络基础安全系统。综合部署防火墙、入侵检测、漏洞扫描、安全审计、病毒防护、非法外联监控、Web信息防篡改、安全补丁、VPN网络密码机等网络基础安全产品，建立网络安全监控管理平台系统。（2）开展财政系统网络信任体系建设。建立以身份认证、授权管理、责任认定等为主要内容的网络信任体系，提高用户身份鉴别的强度和可信度，有效管理用户权限，强化网络与应用的访问控制和事件追踪、安全审计等功能。（3）建设备份及容灾中心。按照整体规划、分步实施的原则，积极推进存储备份及容灾系统建设。（4）建立健全信息安全管理制度。进一步完善网络日常维护、使用人员和密码设备管理等网络安全制度，规范机关信息安全管理工作。建立信息安全检查和风险评估制度，通过定期、不定期的安全检查及时发现信息安全工作中存在的问题。完善信息安全应急处理预案，提高应急反应及处理能力。财政部根据网络建设面临的形势和要求，印发了《政府财政管理信息系统网络安全总体标准》，对部机关网络进行了优化调整，系统部署了各项安全措施，并于2005年8月建成部机关涉密机房和涉密网。同时加强对地方网络安全建设的指导，强化安全标准统一，统筹规划，统一组织了网络安全产品选型招标工作，统一选定了网络安全工程监理单位。

10.2.5　财政信息化运行维护建设框架

随着财政信息化建设的逐渐深入，IT基础设施的数量与规模快速增长，财政业务应用系统广泛投入运行。如何有效维护和管理 IT 基础设施和业务应用系统，确保其安全、可靠运行，是财政业务工作正常开展的关键条件。IT 服务管理体系作为一种成熟的 IT 运行维护理念和方法，以管理流程为基础、以业务工作为中心，强调信息技术与业务需求有机融合，注重服务质量和服务成本的平衡，在国内外政府部门或企业的 IT 运行维护管理工作中得到了广泛的认可与应用。

IT 服务管理是一套通过服务级别协议（SLA）来保证 IT 服务质量的协同流程，它融合了系统管理、网络管理、应用开发等管理活动和变更管理、资产管理、问题管理等许多流程的理论与实践。服务是由一系列发生在服务提供部门与接收部门之间、人与物质资源之间的不确定的活动组成，其无形性、差异性、不可分离性和随时间消逝性等特点决定了服务管理的核心是科学制定服务战略、合理设计服务系统和有效管理服务运营。

为了消除服务提供的非标准化对 IT 服务管理水平的影响，人们从组织运营目标、技术与业务的融合、管理机制、技术实现等方面进行了大量的理论研究，逐步形成了"以客户为中心、以流程为主线"的 IT 服务管理思想，并通过大量的政府和企业实践，总结设计了一般组织的 IT 服务管理体系设计参考模型（见图10－4）。财政 IT 服务管理体系的总体设计也参考了该模型。

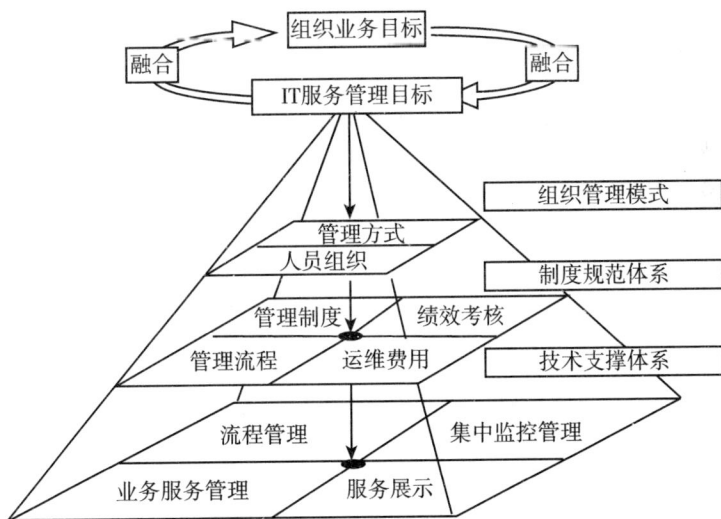

图10－4　服务管理体系设计参考模型

该模型由组织管理模式、制度规范体系和技术支撑体系三层架构组成，共同支撑组织（政府部门或企业）的 IT 服务管理目标与业务目标的融合。组织管理模式是 IT 服务管理所要采用的方式以及在该方式下实现 IT 服务管理目标所需配套的人员与机构的构成；制度规范体系是规定 IT 服务的支持与提供活动的规章制度和操作规程，包括 IT 服务管理制度、流程、绩效考核和运维费用等四个方面；技术支撑体系是 IT 服务管理的实现手段和将 IT 服务及时提供给客户的介质，包括服务展示、流程管理、业务服务管理、集中监控管理等系统或平台。

10.3　我国财政信息化建设的进展与进一步完善

10.3.1　我国财政信息化建设的发展历程

1. 初级发展阶段：20 世纪 80 年代早期

1979 年，财政部从日本引进先进的计算机系统，开始筹建计算中心；1980 年 8 月，财政部计算中心正式成立。由于当时计算机技术基本上是以 DOS 操作系统及 DBASE 数据库为基础的单用户运作模式，业务需求基本上是报表汇总。例如，财政部从 1983 年 3 月至 7 月，使用 M－150 计算机系统进行了第二步"利改税"方案出台前的全部普查和测算工作，对全国各省（区、市）8 万户企业，共有 3000 万字符和 70 万汉字的数据量进行测算，总共测算了工业企业 26 个改革方案、商业企业 13 个改革方案，打印报表 100 多种共 56000 页，这是使用传统人工方法根本无法完成的。实践证明，计算机技术推动财政改革与发展的重要作用已经开始显现，但当时人们对计算机在财政领域的广泛应用不可能有充分而深刻的认识，再加上机构不健全，由上到下的管理体制基本上还没有形成，进一步限制了计算机技术在财政管理中的应用。但不可否认的是，在这一阶段，通过基本应用及大量的计算机基础知识培训，使广大财政工作者对计算机应用有了基本的感性认识，从事计算机应用的各级领导和管理人员已经认识到加强财政信息系统建设的必要性，并在实践中开始进一步探索新的管理体制与模式。

2. 基础设施重点建设阶段：20 世纪 80 年代末 90 年代初

这一阶段，财政部为各省财政厅引进 AS/400 或 A6 中型机，开始了有计划、有步骤地组织全国范围内的财政信息系统建设，信息化基础设施得到重视与快速发展。1984 年 8 月，财政部计算中心同有关技术部门合作，统一组织开发通用报表系统；1985 年 12 月 8 日，经国务院批准，开始建立全国财税信息系统，颁布了涵盖财政、税收、国有资产三个相对独立的信息系统和中央、省、市、县四级网络系统的财政信息系统建设"七五"总体方案。1987 年 5 月，财政部成立了规划领导小组，提出了"统一领导、统一规划、统一标准、统一规范"的"四统一"信息系统建设原则；在"八五"总体方案中，进一步明确提出"慎重分析论证、积极创造条件、稳步分批实施、搞好协调指导、建设效益同步"的 30 字方针。1992 年 3 月,在全国财税信息系统计算机应用工作会议上提出:"人机界面一致性、数据共享和规范性","计算机应用要普及化、社会化,广泛开展多层次的培训"。同时,还提出了"八五"期间财政信息系统建设的主要任务:以计算机为主要手段,利用现代信息技术和科学管理方法,对财政、税收管理信息和有关财税工作的社会、经济信息进行收集、处理、分析,为财政税务各项业务管理、方案测算及目标预测提供服务。

3. 规范有序的发展阶段:20 世纪 90 年代到 21 世纪初

财政部《财政系统信息化"九五"规划》总结了"七五"、"八五"期间财政系统信息化建设所取得的成绩和存在的问题,阐明了"九五"期间财政系统信息化建设的总体要求和原则,第一次从"统筹规划、加强领导、保证投入、组织队伍、组织信息和健全制度"等多个方面系统、详细地阐述了信息化建设的组织和管理,对"应用系统开发"、"软件平台选择"、"机关局域网"、"系统广域网"、"网络安全"、"硬件平台选择"、"网络运行管理"等七个方面作了技术规范和统一标准。20 世纪 90 年代以后,财政部每年都制订当年的信息系统建设的工作计划,提出具体要求,以指导各地财政信息系统建设。1995 年,先后分七批为各省市财政部门引进、安装了先进的计算机系统;统一了微机报表软件和其他业务软件、通信联络软件;各省在这个时期都加强了对信息化工作的领导和组织管理。1996 年 1 月,国务院成立了国家信息化工作领导小组,制定了"统筹规划,国家主导,统一标准,联合建设,互通互联,资源共享"24 字方针,确立了"市场牵引,政府调控"等 8 项建设原则,并提出了分步实施的建设目标。财政信息化工作的组织管理和领导也不断得到加强,使财政信息系统建设很快走上了规范、有序的发展道路。

4. 快速全面发展阶段:21 世纪以来

自 1999 年下半年起,财政部按照党中央、国务院深化财政体制改革、建立社会主义市场经济体制下公共财政体系框架的总体要求,在推进部门预算、国库集中收付改革的同时,着手规划建立"政府财政管理信息系统"(GFMIS)。2000 年成立了专门工作小组,在考察主要发达国家和东欧转型国家政府财政管理信息系统运行模式和建设经验的基础上,于 2001 年初完成初步设计,下半年开始试点。

党的十五届六中全会《关于加强和改进党的作风建设的决定》中明确提出要推行和完善部门预算、国库集中支付、政府采购等重大改革。2001 年底国务院又做出了"收支两条线"改革的决定。中纪委把深化财政改革、加强财政管理作为加强党风廉政建设、从源头上防治腐败的重大举措。以上各项财政改革都需要完善的信息网络和管理信息系统做支撑。遵照国务院领导指示，2002 年，财政部原规划建立的"政府财政管理信息系统"定名为"金财工程"。国家发展和改革委员会分别于 2006 年 4 月正式批准"金财工程"（一期）建设项目立项，2007 年 9 月批复"金财工程"（一期）可研报告，2009 年 7 月批复"金财工程"（一期）初步设计方案，计划在三年内初步建成业务标准统一、操作功能完善、网络安全可靠、覆盖所有财政资金、辐射各级财政部门和预算单位的政府财政管理信息系统。在此基础上，争取再经过两年或更长一点时间的补充完善，使政府财政管理信息系统更加现代化。

10.3.2 我国财政信息化建设取得的成效

1. 对财政信息化建设的认识不断提高

通过扩大应用、加强宣传等手段，广大财政干部对财政信息化建设的必要性和重要性的认识逐步深化和提高。在财政信息化建设初期，很多人对在财政管理中应用现代信息技术还不太适应，态度不积极，工作不主动，行动不迅速。随着财政信息化建设工作的推进，信息系统极大地提高了财政业务工作效率，越来越多的同志开始感受到财政信息化给工作带来的快捷和方便，认识到财政信息化无论是在预算编制、资金拨付方面，还是在财政制度建设、财政监督、分析决策方面，都是对手工作业的一次重大创新，并进一步认识到财政信息化建设不仅仅是减轻劳动强度，还使我们对信息的获取越来越及时全面，对资金的监控越来越细化严密，对宏观经济的分析越来越科学准确，为充分发挥财政管理职能起到了支撑和保障作用。对财政信息化认识的提高，直接增强了各级财政部门进行信息化建设工作的决心和信心，一批支撑财政业务改革的应用系统的陆续使用，又进一步将财政信息化建设推向了更高层次的发展阶段。2007 年 11 月，财政部党组明确提出了"一体化建设"指导思想，要求做到管理一体化、业务一体化和技术一体化。"一体化建设"指导思想和管理理念的确立，是对财政信息化认识的一次飞跃，必将对财政信息化建设和发展产生深远影响。

2. 形成了有效的信息采集及监控机制

国库集中收付改革后，预算执行信息直接来源于基层预算单位的每一笔支付交易记录，不仅初步形成了科学的管理机制，而且借助网络形成了有效的信息采集机制，提高了信息的完整性、及时性、准确性和公开性，从而增加了预算执行的透明度。同时，中央和各地都相继建立了财政资金管理信息监控系统，并与代理银行支付系统联网，初步建立了内部监督制约机制和对预算单位支出的实时监测制度，基本实现了对财政资金运行的动态监控，及时发现并纠正了一定数量的违规用款，保证了财政资金按规定用途使用，预算执行管理的效率和监控水平不断提高，保障了财政资金的安全运行。通过国库单一账户集中支付的管理机制，严把资金使用关，使尚未支付的财政资金集中在国库单一账户，提高了财政调度资金的能力，为降低财政筹资成本、提高财政资金使用效益创造了基础条件。

3. 初步实现了数据集中管理、资源共享与综合利用

我国已初步建立了全国预算执行分析和决算汇总管理信息系统，形成了覆盖资金运行的总体框架，并分别建立了预算编制、集中支付和工资发放监控等一些基础数据库，其中中央国库管理经过内部调整改革，实行财政收支"一本账"，初步实现了财政收支数据的集中统一管理。财政部还组织开发了财政经济景气预测分析系统，初步建立了财政经济统计数据库、财政经济数据整合处理和统计分析平台，为开展财政经济预测分析和政策研究提供了有力支撑。一些地方财政部门和专员办通过实施财税库银联网，实现了财政、国税、地税、银行、国库等多部门对收入明细数据的资源共享和信息综合利用，为加强宏观经济形势分析、提高财政决策水平提供了比较准确、翔实的财政收入数据资料。

10.3.3　我国财政信息化建设存在的问题

虽然我国财政信息化建设取得了一定的成绩，但从财政改革与管理创新对财政信息化建设的要求看，还存在较大的差距。主要问题表现在：

1. 缺乏系统性的理论指导

财政信息化建设是一个浩大的系统工程，涉及政府各部门、相关企业及广大居民，既有资金流管理，也有信息流管理，还有行政流管理。它绝不是仅仅通过购买一些计算机硬件或软件，简单地以计算机替代手工操作。从根本上看，财政信息化更要注重系统集成、信息集成以及资源的重新整合。要达到这一目的，没有先进的系统性的理论指导是办不到的。当前，由于缺乏系统性的理论指导，很多地方财政部门在进行信息化建设时，基本是根据工作需要应急开发和应用系统，对信息化建设的整体规划、资源整合等方面的考虑明显不够，从而造成财政信息化一体化建设相对滞后，在一定程度上制约了财政信息化建设的持续、协调和健康发展。

2. 思想认识不够到位

总体上看，人们对财政信息化建设的认识正在逐步深入，但思想认识还不够到位。突出表现在：对财政信息化建设的定位不准，有的认为财政信息化仅仅是摆脱

手工劳动、服务财政业务的工具，积极性不高，处于缓步建设状态；有的认为财政信息化建设仅仅是技术部门的事情；有的"重硬件、轻软件，重产品、轻服务，重技术、轻管理"；有的认为网络建成了，软件运行了，信息化也就建完了；有的业务管理信息化与行政管理信息化结合不够紧密，存在重财政信息化建设，轻行政管理信息化建设的现象等等。这些思想认识不到位，直接影响了财政信息化建设的进程。就大部分省区而言，财政信息化从会计电算化起步，但却长期停留在会计核算层面，虽然"金财工程"建设启动后各地都已开始考虑预算编制、预算执行等业务的信息化，但在预算执行分析、财政年度统计分析、财政经济景气预测分析等方面大都处于空白状态。这一局面，越是到基层，问题越突出。此外，系统覆盖范围还不够全面，主要表现在目前信息系统还没有覆盖到转移支付、预算外资金和政府性基金的明细支出，对预算单位的管理横向不到边，纵向不到底，没有覆盖政府采购、资产管理以及投资项目管理等。

3. 信息化管理经验不足

任何信息系统的建设和应用都要经历可行性研究、需求分析、总体设计、详细设计、系统实施、系统维护的全过程。以往地方财政部门的业务应用项目，多属于简单的单项事务处理，系统规模较小，应用难度不大，对于上规模、系统性较强的财政信息化建设缺少成功经验。而金财工程建设的显著特点是数据流向纵横交错：既有上下级的数据交换，也有同级部门的信息交流；既有财政系统内部的管理信息，也有相关部门的业务信息。因此，系统的复杂程度与以前相比不可同日而语。由于相当部分地方财政部门信息化管理经验不足，这对地方财政部门提出的挑战是空前的，需要各级财政部门从上至下，引起高度的重视。

4. 信息化专业复合型人才短缺

财政信息化建设最终要由各类工作或管理人员运用与维护。目前，一些地方信息化建设的行政管理职能相对较弱，专业技术人才短缺。各地急需一批既懂计算机技术又懂财政业务的高级信息技术人才，以保证信息系统的设计开发和运行维护等工作的高效和稳定。同时，财政系统公务员的计算机系统应用水平也亟待提高。由于工作人员计算机应用技术水平参差不齐，使软件推广应用产生了一定的难度，影响信息系统建设的深入和发展。近年来，财政系统公务员的计算机应用水平虽然有了较大的提高，但与金财工程的要求相比，还存在着一定的差距。总之，财政信息化建设要求财政各相关人员应该是复合型人才，既要懂财务、懂管理，又要熟悉财会电算化和网络，需要各级财政部门采取切实有效的措施，加大信息化专业复合型人才的培养力度，提高信息技术的普及程度。

10.3.4　进一步推进我国财政信息化建设的思考

财政信息化不仅是公共财政改革的基础，也是公共财政改革的重要内容。当前，财政改革正向纵深推进，为进一步深入推进财政信息化发展，需要在坚持一体化建设的指导思想下，开展以下工作：

1. 加强财政信息化系统性理论研究

财政信息化具有系统性、复杂性等特点，涉及多学科、多方面的内容，需加强系统性理论研究：一是加强跨学科研究。要综合运用信息技术科学、公共财政管理学等多学科知识，多角度完善财政信息化；二是加强系统工程理论和方法的运用。结合改革对系统设计、建设、运用等进行统筹考虑和推进，将财政管理改革进程与信息化建设步伐紧密衔接起来，在信息化建设工作中做到管理一体化、业务一体化和技术一体化；三是加强财政管理业务中人、信息、流程等基本要素的研究。形成科学的业务管理流程和良好的人机关系；四是加强政府、市场等多方面力量的研究。形成推进财政信息化建设的良性发展环境；五是加强国内外财政信息化建设案例的研究。加强国内国际经验交流，促进我国财政信息化健康、快速发展。

2. 进一步发挥信息化在财政管理中的作用

服务财政业务特别是财政改革是信息化建设的出发点和归宿。财政信息化只有服务和服从于财政业务工作，才有生命力，才能发挥作用；同时，财政业务工作只有借助现代化手段，才能得到更强有力的支撑，管理水平也才能更上一层楼。财政信息化建设工作开展以来，尤其是预算管理、国库收付管理系统建成后，财政管理方式逐步发生了深刻的变化。在实际工作中，财政信息化还需要结合改革，进一步推进一体化管理系统建设，更好地发挥信息化对管理的提升作用：一是推进预算编制与执行的衔接，推进政府采购、现金管理、债务管理、绩效评价、宏观经济分析预测等系统建设，进一步完善公共财政管理基本框架；二是逐步实现全国预算自动汇编、收支及时汇总和决算的即时生成，提高财政管理的科学化、精细化水平；三是进一步完善财政部门户网站，提高财政管理对部门、公众服务的水平和工作效率；四是加强与"金税"、"金关"、"金宏"、"金审"等工程的协同，增强财政加强经济调节、市场监管等作用的发挥。由于财政信息化是一个逐步推进和完善的过程，既要反对不顾实际、一哄而起、盲目建设，也要反对"等、靠、要"，须坚持"五统一"相关原则，根据改革推进循序渐进，分阶段、有步骤地进行。

3. 完善财政信息化相关规章制度建设

信息时代的财政管理，需要建立完善的法律制度。当前，我国已基本建立起适合我国国情的法律体系，《政府信息公开条例》、《电子签名法》等法律法规也已出台。围绕政府信息公开和财政信息化建设，财政部也出台了财政信息化管理办法和指导意见。在实际工作中，还要围绕基础设施、应用系统、信息安全等建设与管理需要，继续完善相关管理办法，重点要关注信息保密和安全问题，在设计相关安全体系建设方案的同时，加强相关制度建设，确保系统的正常、高效运行。

4. 加强信息化业务和技术相关标准建设

财政信息化涉及面广，财政部门需做好相关标准化的制定工作，要将制定标准和检查标准的执行当成财政信息化工作的一项重要内容，使各地财政部门的信息化建设工作有章可循，使财政信息化供应商按照有关标准提供产品和服务。财政部已相继出台了"金财工程"建设目标和总体规划、网络建设和安全技术标准、财政业务基础数据规范等一系列财政信息化标准，初步形成了标准化体系框架。在实际工作中，财政信息化标准化还应根据改革需要，按照"金财工程"建设的统一、规范要求，进一步完善加强相关标准建设。一是尽快修订完善财政业务基础数据规范，扩充政府采购、资产管理等方面的编码；二是加快预算编制、国库集中收付等相关应用系统业务流程标准和数据交换标准的制定，满足一体化管理系统流程通畅、业务协同、数据共享的工作要求；三是要加快标准数据库的建设，实现全面记录财政资金和资产运行情况，财政经济数据集中存储和统一管理等目标。

5. 推进网络、安全建设和运行维护体系建设

网络体系是财政信息化的重要基础设施。应用系统的运行、业务管理的协同等都离不开便捷畅通的网络。网络在提高财政管理水平的同时，也带来信息与管理的安全隐患。财政部作为国家的核心职能部门，更需保障信息安全，确保信息流转、管理流程的正常运行。此外，财政信息化建设也离不开高效的运维体系，财政信息部门不仅要负责维护好日益增多的网络设备和信息系统，保障各信息系统不间断运行和网络的畅通，还需及时解决系统出现的各种问题与故障等。目前，"金财工程"三横三纵的网络体系框架已基本建成，安全建设、运维体系也在建立和完善中。财政部还要在统一规划和统一标准的前提下，进一步完善网络建设，确保符合财政业务系统资源共享、应用连贯和信息流畅的要求；要进一步加强安全保障体系建设，确保物理安全、网络安全、系统安全、应用安全和数据安全；同时，还应根据运行维护体系的总体规划，加快运行维护中心建设，确保网络及信息系统稳定、高效运行。

6. 加快财政信息化建设的市场化步伐

公共财政的历史使命，在于支持、促进市场经济体制的形成和发展。确保财政信息化的正常有效推进，财政部门不仅要加强自身的服务力量，还要充分引入市场竞争机制。国内外信息化实践表明，要保证财政信息化建设的顺利进行，必须运用市场化手段加快财政信息化建设步伐。当前，我国财政信息化市场已出现了充分竞争的良好局面，财政部门也需及时转变系统建设方式。信息系统建设应尽量使用市场化成熟通用的产品，系统架构设计及运行维护也可委托有实力、有经验的供应商进行，信息化预算投入应以经常性投入为主，减少基本建设投入。对于信息化项目的管理，财政部门则需尽快建立相应投入产出的科学评价评测指标体系，跟踪信息化项目的整个生命周期，加强项目成本与效益管理，完善监督评估等工作。

7. 加强宣传与培育信息化复合型人才

财政信息化建设技术性、操作性、业务性和知识性都很强，需加强宣传工作，加深社会各界人员的认识了解。财政信息化能否顺利建成，其中最为关键的因素之一是人才。近年来，各级财政部门把加强信息机构和队伍建设作为加快信息化建设的一项重要任务来抓，不断健全信息机构，充实信息队伍，为财政信息化提供了强有力的组织保证。今后，财政部门还需继续加强信息化干部队伍的建设工作，要在财政系统内大力推广和普及信息技术，着力培育信息化复合型管理人才。同时，高等院校、研究机构也应注重对财政专业学生的信息化教育，不断加强中高级财政信息化人才的培养。

第 11 章

公共支出的绩效管理与改革

公共支出绩效管理是市场经济和社会进步对公共支出管理提出的必然要求，它既是提高公共支出资金效益、增强公共部门支出责任的需要，又是提高公共信息透明度、加强公众监督的需要。一个有效的公共支出绩效管理系统，不仅能向公共服务的提供者揭示公众的满足程度和公共预期目标的实现程度，而且也能指明公共支出决策的改进空间和应采取的行动。公共支出的绩效问题既体现了政府预算制度改革的趋势，又符合加强绩效管理的时代要求，可以代表未来一段时期内中国公共财政建设的方向。

11.1 公共支出绩效与评价管理原理

11.1.1 公共支出绩效的含义与特点

从经济学和行为学角度看，只有效益、效率和效果的有机结合才能推动人类社会进步和经济发展。运用"绩效"概念衡量政府活动的结果，是公共管理理念的一次飞跃和升华。公共支出绩效，西方国家又称"公共生产力"、"国家生产力"、"公共组织绩效"、"政府业绩"、"政府作为"等。一般而言，公共支出绩效是指政府部门或公共机构运用公共资金的结果、效益及其管理工作效率、效能。

1. 公共支出绩效的含义

公共支出绩效是对公共支出活动总体的描述与评价，其基本内涵是政府资源分配的合理性和资源运用的有效性，即资源配置效率与资源运用效率。公共支出绩效的衡量，一看政府配置的资源总量是否符合整个社会客观比例要求；二看资源的使用是否达到效用最大化目标。具体而言，包括三个主要方面：第一，经济绩效。经济绩效表现在经济持续发展上，不仅指量上的扩张，而且在结构合理的前提下有质的提升。第二，社会绩效。社会绩效是经济发展基础上的社会全面进步，包括人们生活水平的普遍改善和提高、公共产品供应及时到位、社会和谐有序等。第三，政治绩效。在市场经济条件下，政治绩效表现为制度创新，制度创新能力越强，政治绩效就越容易体现。

公共支出绩效虽然具有层次性，但更是一个有机整体。其中，经济绩效在整个体系中发挥着基础作用。没有经济绩效，社会绩效和政治绩效就会缺乏物质基础，也不会长久持续。社会绩效是公共支出绩效体系中的价值目标，没有社会绩效，经济绩效就没有现实的意义和价值，政治绩效就会失去社会基础。政治绩效是整个公共支出绩效的中枢和核心，实现经济绩效和社会绩效需要政治绩效作为法律和制度的保证和保障。

公共支出绩效不仅包括经济、社会、政治等三个维度，而且还可以从宏观和微观的角度将其分为两个层面。宏观上，公共支出绩效体现为政治的民主与稳定，经济的健康发展，人们生活水平和生活质量的持续提高，社会公正与公平，国家安全和社会秩序的改善。可见，宏观层面公共支出绩效取决于政府管理活动的各个主要方面，包括政府素质、政府能力、政府职能、政府行为方式、政府决策的质量等等。在微观上，公共支出绩效包括个人绩效和组织绩效两个层面。个人绩效包括个人的工作表现、工作成绩、工作态度，以及专业知识，熟练程度等。组织绩效体现为预算单位的工作成就或效果，具体以效率、效益、服务质量等来衡量。目前，由于具体评价指标的可度量性，最为有效和具有可操作性的还是政府微观层面的绩效评价，各国所开展的也主要是这方面的评价，如对政府经济职能部门或具体经济政策的评价、政府公务员的业绩评价等。

2. 公共支出绩效评价管理的特点

20 世纪 80 年代中期，西方国家为应对科学技术发展变化、全球化和国际竞争的环境条件，为解决财政赤字和社会公众对政府有效的、有回应力的和高质量供给服务的能力失去信心的问题，进行了一场被人们称为"新公共管理运动"的政府改革，普遍采取了以公共责任和顾客至上为理念的公共支出绩效评价措施。公共支出绩效评价就是根据管理的效率、能力、服务质量、公共责任和社会公众满意程度等方面的分析与判断，对政府公共部门管理过程中投入、产出、中期成果和最终成果所反映的绩效进行评定和划分等级。评价活动主要集中在对政府管理活动的花费、运作及其社会效果等方面的测定来划分不同的绩效等级，以期改善政府行为绩效和增强控制的活动。在我国，随着公共支出体制改革的不断深入，绩效评价也被日益重视。党的十六届三中全会明确提出"建立公共支出绩效评价体系"，标志着政府预算的绩效理念开始制度化。

公共支出绩效评价不仅是对财政支出使用情况进行评价和监督，其根本意义更是以财政支出效果为最终目标，考核政府的职能实现程度，也就是考核政府提供的公共产品和公共服务的数量和质量。其核心是强调公共支出管理中的目标与结果及其结果有效性的关系，形成一种新的、面向结果的管理理念和管理方式，以提高政府管理效率、资金使用效益和公共服务水平。

（1）公共支出绩效评价管理与传统财政支出评价的区别。绩效评价管理与传统的财政支出评价存在较大的区别。传统的财政支出评价更多地注重公共资金的分配是否合理、有效；各个公共部门是否遵守预算拨款的法律与规定，按时、充分、准确地使用预算资金，强调的是遵循。而现代公共支出绩效评价则更注重于财政支出的有效性，追求的是财政支出的社会效益最大化。它不仅包括支出的合理性、合规性评价，而且更加重视财政支出执行的结果、效益和影响。同时，明确可行的责任制是现代公共支出绩效评价体系的最大贡献和特点。它将每一笔财政支出与执行单位，甚至与具体的公务人员联系在一起，使财政公共支出的计划、使用以及最终结果有人负责。它是通过建立对于评价人和被评价人具有明确意义的指标实现的。

（2）公共支出绩效评价管理的特性。所谓公共支出，是指所有以公共资源为成本而开展的各项活动。一般可以将公共支出分为四个层次：整个公共部门的公共支出活动；为实现某一类职能而进行的公共支出活动；某一公共部门所开展的公共支出活动；某一项具体项目或内容的公共支出活动。从原理上讲，既然是评价，它和一般性的评价没有实质性区别，如需要有评价的对象、原则、方法、内容和评价的指标体系、评价标准的确定以及评价的计分方法等。尽管如此，公共支出绩效的评价，在评价的具体方法和内容上与一般性的评价活动又存在很大的区别。这主要是由于评价对象的特殊性造成的，即评价对象的成本和收益一般无法完全用一些量化的指标进行衡量，在评价时，我们也就无法按照常规的成本收益的评价方法进行准确评价。因此，绩效评价作为公共支出管理的一个重要部分发展还很不成熟，特别是对公共支出综合绩效的评价还只是停留在探讨阶段。

3. 公共支出绩效评价与管理的内容

公共支出绩效管理的核心，就是把现代市场经济的一些绩效理念融入政府预算管理之中，加强公共支出行为管理与控制，提高资金运用及政府运行效率，促进政府与市场两种力量的协调运用。从内容上看，公共支出绩效评价主要包含四个层次：

（1）公共支出综合绩效评价。即对公共支出整体所产生的绩效进行评价。它具有综合性和层次性的特点。所谓综合性，不仅包括直接经济效益和间接经济效益、直接社会效益和间接社会效益，还包括直接生态效益和间接生态效益；所谓层次性，是指综合绩效评价，既可以是整个国家的公共支出，也可以是某一区域的公共支出。

（2）公共支出部门绩效评价。即对公共部门财政年度内的支出绩效进行评价。它包括两方面：一是对部门资源配置的总体状况进行评价，如部门在财政资源配置上是否合理并得以优化，财政资源使用是否得到相应的产出和成果；二是部门本身的工作绩效评价，如是否完成既定的社会经济发展指标，完成预算目标的财力保证程度，部门内资金使用的效率等。

（3）公共支出单位绩效评价。即对预算单位财政年度内的支出绩效进行评价。侧重四个方面：一是对预算及相关决策的执行情况的评价；二是评价单位的资金管理机构是否完备，有无违反财政法规的现象存在；三是对资金使用的最终效益（包括当期效益和周期性效益）进行评价；四是要对同类型项目进行历史的、区域性的比较分析，建立一个最优的控制模型，以此作为项目评价的"标准值"。

（4）公共支出项目绩效评价。即对具体支出项目所产生的绩效进行评价，如教育支出绩效评价等。

各层次公共支出绩效评价之间既相互联系，又相互区别。其联系点是目的相同，它们均以提高公共支出绩效为目的，项目绩效评价是支出单位绩效评价的基础，支出单位绩效评价是支出部门绩效评价的基础，部门绩效评价是公共支出综合绩效评价的基础。其区别点在于各层次公共支出绩效评价的侧重点不同，支出项目绩效评价是具体公共支出项目的社会效益、经济效益的总体评价，单位和部门支出绩效评价侧重于公共机构的财务管理效率评价，而综合绩效评价重点则是公共政策评价。

11.1.2 公共支出绩效管理的理论基础

1. 政府的汇报责任

现代公共管理理论认为，与社会公众具有委托—代理关系的公共部门具有向社会公众不可推卸的汇报责任。从公共管理者地位模型（见图11－1）可以看出，立法机关和公民都需要了解政府组织、公共支出项目和公共服务是否达到了他们的目的？是否经济、高效地运作？汇报责任是代理人向委托人说明职责履行情况的义务，让公众了解公共资金的使用状况和工作效率。而汇报责任的具体落实，有赖于公共支出绩效评价，且应以服务质量和社会公共需求的满足为主要的评价标准。

2. 市场机制与政府职能实现

在市场化条件下，根据社会的发展要求和社会公众的需要提供公共服务成为公

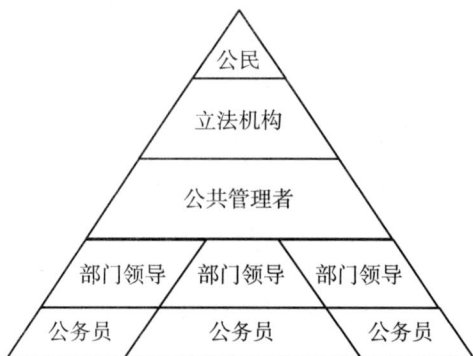

图 11－1　公共管理者地位模型（塔形结构）

共支出最根本的任务。政府公共部门作为公共服务的供给者，要对公共服务供给的质量和价格实施绩效管理，更好地满足各方面的现实需要。这就需要打破传统政府对公共事务管理与公共服务供给的垄断，采用多种形式，把原先由政府垄断的部分职能市场化，由企业主体通过竞争来提供，或者通过政府采购等形式以竞争招标方式由社会承担。这样，公共支出绩效评价为公共服务供给部门（包括政府公共部门、私营部门和非营利部门）之间展开竞争、创造市场动力、利用市场机制解决政府管理低效率问题提供了有效途径。

同时，公共支出绩效评价还可以促使政府职能具体化。每一项绩效评价都是指向某一级政府或某一个政府部门所具有的特殊职能，因此，任何一种绩效评定都会有自己的评价指标体系、评价项目划分与绩效等级划分标准。这个指标体系所包含的量的规定性和质的规定性两方面内容都是政府职能的具体体现。政府职能是一种制度性规定，绩效评价就是使制度转化为具体的管理行为、管理秩序和社会生活秩序过程中的一种评判、控制和监督行为。

3. 绩效管理控制

公共支出绩效评价本质上是一种管理控制活动。它检查政府所进行的一切活动是否符合于制订的计划、指示和既定的原则。它的目的在于通过对政府活动的评价，或者肯定成绩，总结经验；或者发现问题的症结所在，以便纠正和防止重犯。

根据现代管理理论，管理控制有三个关键点：（1）控制的目标性，即使受控对象沿着计划所指定的方向发展；（2）控制的主要活动是"监视"和"纠偏"；（3）控制是一个过程。所有的管理者都应当承担控制的职责，即便他的部门是完全按照计划运作着。因为管理者对已经完成的工作与计划所应达到的标准进行比较之前，他并不知道他的部门的工作是否进行得正常。一个有效的控制系统可以保证各项行动完成的方向是朝着达到组织目标的。控制系统越完善，管理者实现组织的目标就越容易（见图11－2）。可见，绩效管理不单是评价的过程，还包括绩效控制与改进。绩效控制体现了一种纠偏机制，保证政府公共活动的有效性。如果单纯地为评价而评价，其实际价值或现实意义非常有限，只有通过评价真正提高未来的绩效，才会具有巨大的实际价值，因此公共支出绩效管理必然包含绩效控制和改进活动的有序整合。

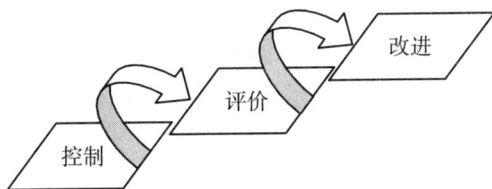

图11－2 公共支出绩效管理的主要环节

11.1.3 公共支出绩效管理的重要意义

公共支出绩效管理是政府预算制度发展到一定阶段，加强公共支出管理，提高公共资金有效性的客观选择。开展公共支出绩效管理，具有重要的理论和现实意义。

1. 建立公共财政框架，强化支出管理

公共财政要求政府支出必须体现公共性特征，支出的安排要严格限定在提供公共产品和服务的范围内。对拟安排的各个支出项目进行绩效评价，可以将各部门的职能与支出供给范围及规模紧密结合起来，真正解决公共资金供给中存在的"缺位"与"越位"问题，强化公共支出管理与控制。

2. 提高预算管理水平，促进预算管理改革

政府公共部门将其在年度内计划提供的公共产品和服务以及所需经费，分解成可以考评的、具体的、量化的公共支出绩效目标。财政年度结束后，比较分析各绩效目标的执行情况及最终完成情况，并将其作为确定下年度政府预算的重要依据。通过这样的绩效评价过程，可以促进各部门积极采取有效措施，使公共支出行为逐步规范化、科学化、精细化。

3. 提高财政资金使用效率，优化社会资源配置

通过建立公共支出绩效评价制度，可以对公共支出的科学性、投入风险、效益水平等方面进行综合评判，找出资金运行中的问题及形成原因，明确相关责任，有利于推动资金管理和使用部门建立起强有力的执法和监督机制，有利于财政稀缺资源的优化配置和较高水平的利用。

4. 提高我国政府决策水平，建立良好公共治理

通过将政府公共部门的支出绩效执行情况公之于众，社会公众可以对不同部门的工作绩效以及同一部门不同业务的绩效进行比较分析，有助于加强社会对公共支出的监督，促进政府提高决策水平，推进廉洁、高效政府的建设进程，增强政府的长远发展能力，建立良好的公共治理模式。

11.2 公共支出绩效评价体系的设计

11.2.1 公共支出绩效评价的原则与标准

1. 公共支出绩效评价的原则

目前，世界上比较流行的绩效评价原则是所谓的"3E"标准，即经济（Economy），效率（Efficiency），效能（Effectiveness），"3E"标准涉及政府公共管理活动的四个方面：成本、投入、产出、效果。这四个方面与公共支出绩效"3E"标准的关系如图 11 - 3 所示。因此，经济性、效率性和效益性也就成为贯穿公共支出绩效评价全过程的三个重要原则。

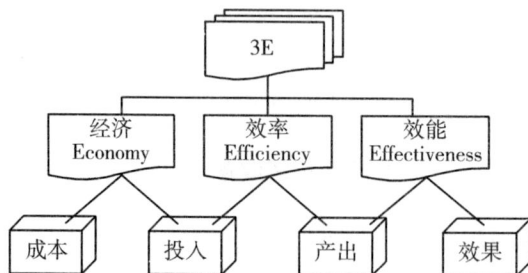

图 11 - 3 绩效评价"3E"标准与政府管理活动关系

（1）经济性原则。表示投入成本的最小化程度，即在维持特定水平的投入时，尽可能降低成本，充分使用已有的资源以获得最大和最佳比例的投入，它对应着公共支出绩效评价中的成本评价，能够使得政府公共部门树立起绩效成本意识。在一定时期内，社会提供的财政资源总量较为稳定，决定了财政收入来源的有限性。在收入规模总量一定的条件下，公共支出的经济性主要体现在支出结构的合理性，即公共财政支出内部各构成要素符合社会共同需要的目的，且各构成要素占公共支出总量的比例协调、合理，满足不同部门履行各自职责的需要，促进建立各公共部门的有效支出决策机制和支出优先排序机制。

（2）效率性原则。表示在既定的投入水平下使产出水平最大化，它对应着公共支出绩效评价中的行政效率评价。公共支出的效率性以支出使用环节为重点，考察支出活动的产出同所消耗的财力等要素的比较关系。

（3）效益性原则。表示产出最终对实现组织目标的影响程度，即产出对最终目标实现所做贡献的大小。一方面包括产出的质量、期望得到的社会效果、公众的满意程度等；另一方面包括产出对既定目标的实现做出了多大贡献，它对应着公共支出绩效评价中的效能评价。一般来说，公共支出满足社会共同需求的多个方面，支出效益也要从不同领域的多个方面体现出来，可以表现为经济效益和社会效益，也可以表现为直接效益和间接效益，还可以表现为近期效益和远期效益等。

经济性原则、效率性原则和效益性原则在公共支出绩效评价过程中都很重要。经济性评价可以使我们知道如何把成本降至最低，效率性评价则可以使我们知道付出一定的代价成本如何获得最大产出。效益性评价工作的开展难度很大，但很重要。如果政府公共部门的活动或某个项目所提供的服务是不必要的，无论其如何经济、有效率，我们都不能说这一活动是有效益的。

在"3E"原则的基础上，还有学者提出"五原则"评价法，即加上公平和责任两个原则。第一，公平。公平作为绩效的原则，它关心的主要问题在于"接受服务的团体或个人都受到公平的待遇，弱势群体是否能够享受到更多的服务"。因此，公平标准强调的是政府提供公共服务的平等性。第二，责任。责任标准强调的是公共组织在决策和执行过程中对公众的要求做出积极的回应，而不是以追求公共组织自身需要满足为目的。公共组织的回应是一个公共管理过程，在这一过程中制定公共服务政策要符合公众的利益。

这五项原则相辅相成，共同构建了公共部门绩效评价的综合评价体系：在经济标准内，考虑资源与成本；在效率标准内，考虑资源与产出；在效益指标内考虑产出与结果；在公平与责任标准内，考虑某种产出及其相应的结果是否增进了社会公平，是否符合公共的利益，反映了公众的意志。在这样环环相扣的过程中，公共支出的整体绩效才能真正实现。

2. 公共支出绩效评价的标准

公共支出绩效评价的原则需要具体化为明确的评价标准，由于公共支出绩效评价原则的多层次性，与之相适应，评价标准也应构建为以通用标准为主导、专用标准为辅助、补充性标准为补充的立体式的标准体系。

通用标准是根据通用指标的特点而设定的，主要适用于部门、单位或项目评价中具有共同特性的衡量和比较。如支出增长速度、支出运转效率、支出就业变动系数等。由于这些指标具有共同性,因此通用标准可普遍用于各类评价。

专用标准是为反映公共支出多样性而设定的,适用于按支出功能分类的各类指标的衡量和比较。如投资性支出类标准、教育支出类标准、科学事业支出类标准、文化事业支出类标准、社会保障支出类标准、行政管理支出类标准、公检法司支出类标准和农业支出类标准等。

补充性标准是根据公共支出特定评价对象以及当时所处的社会、经济环境而设置的可选性评价标准。一方面是根据国家对公共支出管理的政策和要求设定,另一方面还可以结合具体评价项目的实际需要进行个案选择和确定。

11.2.2 绩效评价的流程

1. 绩效评价模型

要建立公共支出绩效评价系统,有必要先了解一下较为成熟的公共支出绩效评价系统模型,虽然当前还没有一致公认的标准模型,但可资借鉴的绩效评价系统模型有三种:

(1) 结果导向模型。高绩效政府机构的所有行动计划都是按照与其使用直接相关的结果来制订的。因此,公共支出绩效评价是一种"以结果为本"的管理方法(见图11-4)。

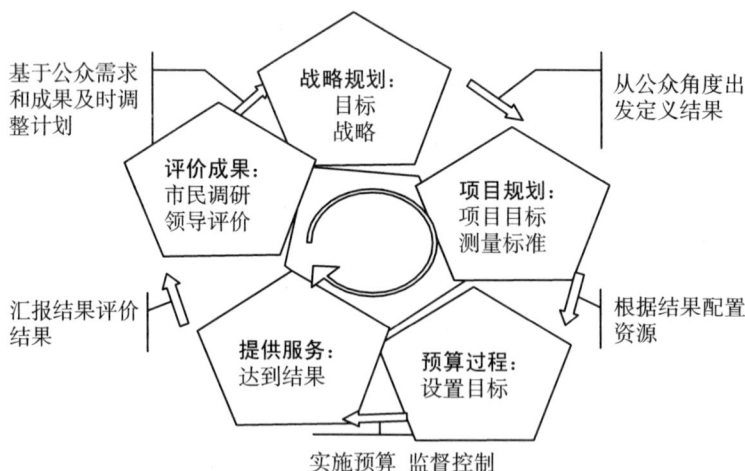

图11-4 结果导向模型图示

(2) 全面绩效评价模型。在20世纪90年代西方的政府再造过程中,提出了全面质量管理,它是一种以质量为核心的组织管理方法,以所有成员的参与为基础，通过顾客满意和让组织成员及整个社会受益来赢得长期的成功。在此基础上发展成为全面绩效评价模型（见图11-5）。

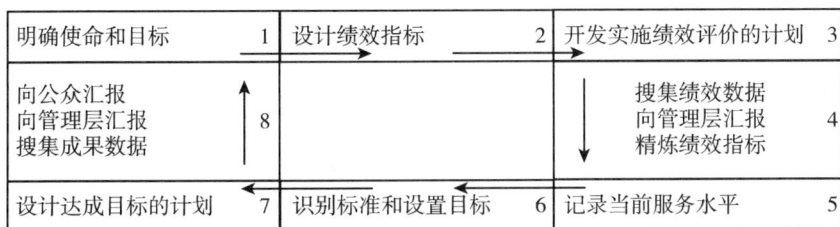

明确使命和目标 1	设计绩效指标 2	开发实施绩效评价的计划 3
向公众汇报 向管理层汇报 8 搜集成果数据		搜集绩效数据 向管理层汇报 4 精炼绩效指标
设计达成目标的计划 7	识别标准和设置目标 6	记录当前服务水平 5

图11-5 全面绩效评价模型图示

（3）CAP模型。美国公共行政学会的汇报责任与绩效中心（Center for Accountability and Performance，CAP）经过研究和探索，在2000年开发出一套绩效评价实施模型（见图11-6）。

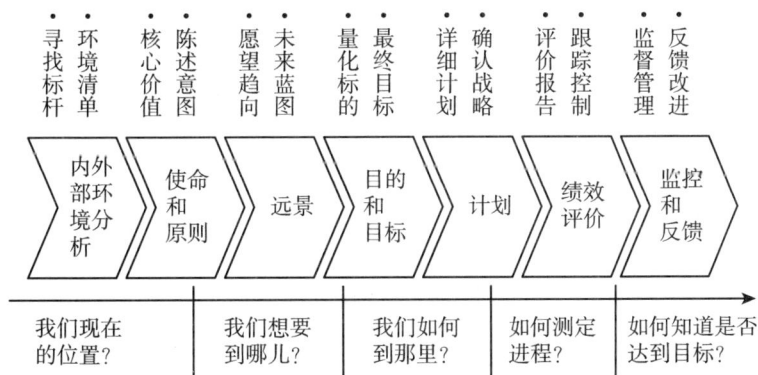

图11-6 CAP模型图示

CAP模型的主要特点是：第一，由环境分析、建立使命和远景、设置目标体系、制订整合资源的行动方案、评价和测量结果、实施监控这些逐级递进的过程所组成；第二，该模型的目的在于建立"结果导向"的公共服务体系；第三，绩效测量的目的在于落实责任和持续改进；第四，通过这一模型可以整合并且提高组织各层面以及各领域的绩效并保持它们之间相互协调一致。

上述模型虽然具体形式略有不同，但都反映出共同的特点：绩效管理并非是单一绩效测量工具的简单、零散的应用，而是多种测量工具综合、系统、协调使用。绩效计量和管理的整个过程必须服务于组织的战略目标。同时也表明，并没有完全可以模仿的模型，只有适合自己特点的才是最有效的模型。尽管如此，我们还是可以从中看到一些共性的环节：目标→计划→评价→反馈。通过反馈改进绩效水平，形成一个周而复始的"绩效改进环"（见图 11 –7）。

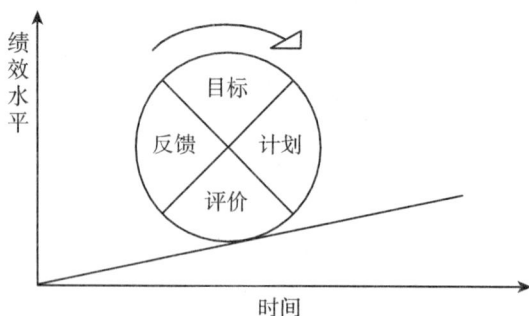

图 11 –7　　"绩效改进环"示意

2. 绩效评价流程

公共支出绩效评价是一项基于"投入—过程—产出"和效果的因果链，并由决策、执行、总结和反馈组成的动态控制和协作的系统工程。我国公共支出绩效评价运作设计的总体构想是：在公共支出管理中建立一个以绩效为核心，运用特定的指标体系，通过定量、定性、对比分析，对预算决策、配置、使用中的合理性做出综合评价的运行体系。它包括相互衔接的三个阶段：

（1）预算编制中的决策评价。预算编制是财政支出预算的起点，决策评价是预算编制中的一个重要环节。评价的实质是以绩效评价为导向，对公共资金分配决策情况进行的最优化模拟。评价的目的是科学掌握各项目计划的轻重缓急和优先次序。评价的结果将成为策略分析和判断、项目计划成立和预算确定的重要依据。预算编制中的决策评价主要包括确定绩效目标，形成关键绩效指标，导入层次分析模型、实施决策评价，对决策评价进行报告。

（2）预算执行中的过程评价。预算执行是预算支出管理的实现阶段，过程评价是预算执行管理中的一个重要环节。评价的实质是通过一系列业绩指标，来跟踪监控支出过程中的项目计划实施进程、具体业务行为表现及资源匹配情况。评价的目的是帮助管理者对执行质量和效率做出合理判断，保证预算严格按设定目标和规定程序运行。评价的结果将成为优化执行和预算调整的重要依据。预算执行中的过程评价包括建立过程流程图，形成业绩指标，导入二次相对效益评价模型、实施过程评价，对过程评价进行报告。

（3）决算中的结果评价。决算是对整个预算决策、执行和管理工作进行全面评定、总结和报告的阶段，结果评价是决算中的一个重要环节。评价的实质是通过一系列全方位、多维度的绩效测评指标，对预算执行最终结果进行分析、评价和报告。评价的目的是判断结果是否达到相关目标和标准，是否满足该财政年度所提出的预算承诺，并探寻影响公共支出管理的因素。评价的结果将成为决算总结和下年度预算安排的重要依据。决算中的结果评价包括确定绩效测评目标，建立绩效测评指标，导入综合评价模型、实施结果评价，对结果评价进行报告。

可见，公共支出绩效评价所指向的是政府公共部门在管理公共事务和供给公共服务过程中的投入、产出、中期成果、最终成果及其社会效果。评价活动主要通过对政府公共管理活动的花费、运作及其社会效果等方面的测定来划分不同的绩效等级，提高政府公共管理绩效。根据上述绩效评价模型，并考虑我国的实际情况，公共支出绩效评价流程设计如下（见表11-1）。

表11-1　　　　　　　　　公共支出绩效评价流程

流　　程	细　　化
↓阐明要求与任务	·收集资料，分析环境 ·明确评价使命
↓确定评价目的和可量化的目标	·界定欲评价项目 ·确定评价目的、量化目标 ·界定所期望的结果
↓建立指标体系与测量标准	·选择评价指标体系 ·明确测量标准
↓根据测量标准跟踪与评价绩效	·取得并分析信息数据 ·追踪项目运作，并采取纠正措施 ·评价绩效
↓比较绩效结果与目标	·对比评价结果与目标、标准 ·评定目前的绩效水平和级别
↓分析与报告绩效结果	·绩效报告 ·履行汇报责任，政务公开
↓反馈与改进	·运用评价结果来改进绩效水平 ·改进绩效评价系统本身

11.2.3　绩效评价指标体系

1. 指标设计原则

绩效指标的设计要周密、合理、客观，并能涵盖政府的重要绩效，因而需要遵循一定的原则。目前国际上较流行的是"SMART"原则：S 即"Specific"，指绩效指标应是具体的、明确的、切中目标的，而不是模棱两可的、抽象的。M 即"Measurable"，指绩效指标最终是可衡量的、可评价的，能够形成数量指标或行为强度指标，而不是笼统的、主观的描述。A 即"Achievable"，指绩效指标是能够实现的，而不是过高或过低或者不切实际。R 即"Realistic"，指绩效指标是现实的，而不是凭空想象的或假设的。T 即"Time bound"，指绩效指标具有时限性，而不是仅仅存在模糊的时间概念或根本不考虑完成期限。

国内对指标设计的原则也有研究，一般认为应遵循以下六项原则：（1）全面性原则。公共支出绩效评价应体现发展的全面性、系统性、均衡性和可持续性。（2）客观性原则。指标设计和评价方法的制定要体现客观、科学，要建立专家评价制度，编制数学模型，实行计算机管理。（3）可操作性原则。评价指标的设计要力求规范且通俗易懂，便于获得，易于测算，并注意与其他统计口径相协调，提高数据资源的利用率。（4）定量分析为主的原则。在设计评价指标时应以定量指标为主，辅以一定的描述性的定性指标。对于一些习惯上进行定性分析的指标，要探索具有可操作性的量化分析方法，尽量增强其精确性，减少模糊度。（5）动态性原则。指标的设置应善于进行纵横比较。（6）突出重点，分类指导原则。对不同地区的评价体系必须根据其具体特征，在指标设计上有不同的侧重。

2. 绩效评价指标体系

绩效评价指标体系是反映预算绩效的特定概念和具体数值的度量衡，是衡量、监测和评价预算经济性、效率性和有效性，揭示预算缺陷与不足的重要量化手段。绩效评价指标体系是为衡量政府部门的生产与服务目标而设置的，在这些目标和机构的生产与服务产出之间发挥桥梁的作用。

按照社会统计学的分类标准，根据绩效评价指标的属性，可分为定量指标和定性指标两种。定量指标主要根据各有关部门工作中的客观记录采集，这些指标一般没有主观偏好，具有测评的客观性。定性指标则主要是在民意调查等工作的基础上进行分析，得出的结论带有公众的主观色彩。这两类指标及其细化，构成了公共支出绩效评价指标体系的一般框架（见图 11-8）。

根据我国的实际情况，设置绩效评价指标体系的目标，就是形成一套完整的绩效评价的指标库，这种指标库的形成不仅需要理论上的探索和研究，更依赖于在实际中逐步完善和健全。绩效评价的层次，应按照政府公共支出项目分类的原则，分别建立不同层次、不同类别的绩效评价指标库。无论是定量指标还是定性指标，都应由职能指标、影响指标和潜力指标等大类以及诸多分项指标组成（见表 11-2）。

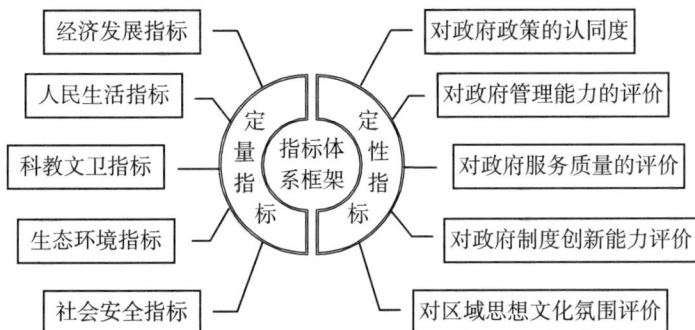

图 11 - 8　绩效评价指标体系框架

表 11 - 2　　　　　　　　绩效评价指标体系设计示例

	一级指标	二级指标	三级指标
绩效指标体系	职能指标	经济调节	GDP 增长率；城镇登记失业率；财政收支状况
		市场监管	法规的完善程度；执法状况；企业满意度
		社会管理	贫困人口占总人口比例；刑事案件发案率；生产和交通事故死亡率
		公共服务	基础设施建设；信息公开程度；公民满意度
		国有资产管理	国有企业资产保值增值率；其他国有资产占 GDP 的比重；国有企业实现利润增长率
	影响指标	经济	人均 GDP；劳动生产率；外来投资占 GDP 比重
		社会	人均预期寿命；恩格尔系数；平均受教育程度
		人口与环境	环境与生态；非农业人口比重；人口自然增长率
	潜力指标	人力资源状况	行政人员中本科以上学历者所占比例；领导班子团队建设；人力资源开发战略规划
		廉洁状况	腐败案件涉及人数占行政人员比率；机关工作作风；公民评议状况
		行政效率	行政经费占财政支出的比重；行政人员占总人口的比重；信息管理水平

具体来说，绩效评价指标体系应该反映下列情况：（1）生产量，即处理问题的数量；（2）生产率，指每人的平均产出单位，通过加权在可比的基础上表示不同类型的工作；（3）成本，指单位平均成本，表示需要和运用的资源数量；（4）目标时间，指完成每一件事所需要的时间；（5）服务需求，指产出的类型、频率和数量；（6）服务效应，表现为消费者需求的范围和价值；（7）结果，指期

望结果的类型，时间的选择和机构目标全面设置的影响。

在此基础上，设计科学合理的绩效评价指标体系包括三个步骤：（1）设计通用指标，主要评价预算绩效的共性方面，它是每个评价对象都必须采用的指标，一般来说，通用指标最常用的有资金到位率、资金使用率和支出效果率三项指标。（2）根据预算项目类型的不同设置绩效指标，在确定具体评价对象后，通过了解、收集相关资料、信息，结合评价对象不同特点和预算项目的特定目标来设置的特定的指标。绩效指标是评价公共支出绩效的核心指标，如经济建设支出指标、财政支农支出指标、财政教育支出指标、财政科技支出指标、财政文化体育支出指标、财政卫生支出指标、财政社会保障支出指标、政府采购支出指标、政府运转支出指标等。然后在这些大类一级绩效评价指标下，再根据不同的具体支出项目，相应设置具体的二级、三级、四级绩效评价指标。（3）根据实际需要进行个案选择和确定补充指标。补充指标是指根据绩效评价工作对象以及当时所处的社会、经济环境而设置的可选性指标，或者说备选指标。它一方面是根据国家对预算管理时效性较强的政策和要求设定的；另一方面是由具体评价机构结合具体评价项目的实际需要而进行个案选择和确定的。

11.3 我国公共支出绩效管理的改革

11.3.1 我国公共支出绩效管理的现状分析

近些年来，在推进预算管理改革的同时，财政部和一些地方财政部门积极开展公共支出绩效管理研究，在预算管理中引入绩效考评管理工具，力图通过制定绩效考评管理办法，开展绩效考评试点工作，探索强化公共支出绩效管理、提高公共支出资金使用效益的道路。

1. 我国公共支出绩效管理工作的进展情况

（1）成立绩效考评机构。为了更好地开展绩效考评工作，各地纷纷加大了组织保障力度。2004 年，广东省成立了全国第一个省级预算支出绩效考评机构，之后，湖南、浙江、江苏、北京等省市财政厅（局）也成立了绩效评价处，指导绩效考评工作，其他省市也对承担绩效考评工作职能的具体机构进行了明确。北京市财政局还在此基础上专门成立了绩效评价中心，负责绩效考评的具体组织实施工作。为提高绩效考评的规格，湖南省株洲市专门成立了由主管财政工作的常务副市长任组长，由财政局长等成员单位领导组成的株洲市财政支出绩效评价工作领导小组，指导全市绩效评价工作。实践证明，绩效考评组织保障力度大的地方，绩效考评实施的力度也相应较大。

（2）加强绩效考评制度建设。2003年，财政部出台了一些分行业的绩效考评管理办法，指导绩效考评实践工作。2005年，为了加强对绩效考评工作的规范指导，结合绩效考评试点情况，财政部研究制定了《中央部门预算支出绩效考评管理办法（试行）》，为绩效考评试点工作的开展提供了制度保证。在职责分工上，该办法确立了财政部统一领导、部门具体组织实施的绩效考评分工体系，即财政部负责制定统一的绩效考评规章制度，指导、监督、检查中央部门的绩效考评工作，并视情况对中央部门的绩效考评结果进行检查；中央部门负责组织实施本部门的绩效考评工作。这种制度安排，有利于调动各部门开展绩效考评工作的积极性。在考评对象上，该办法规定考评范围包括所有的财政支出，突破了以前制度办法只对项目支出进行考评的限制。地方各级财政部门也制定了一系列绩效考评工作规范。如广东省财政厅在出台广东省财政支出绩效评价试行方案作为总体指导文件的基础上，又颁布了绩效评价内部协调工作制度、中介机构参与绩效评价工作管理办法（试行）、自评报告复核程序、自评结果审核标准等一系列绩效考评工作规范，初步形成了绩效考评制度体系，提高了绩效考评工作的可操作性。

（3）稳步推进绩效考评试点工作。在中央层面上，从2003年起，财政部组织部分中央部门开展预算支出绩效考评试点工作。例如，财政部教科文司选择了7个具有代表性、影响力较大且可比性较强的项目进行试点；社会保障司、经济建设司、农业司和行政政法司都选择了不同项目进行试点。这些工作在一定程度上加强了对财政支出效果的管理，提高了财政资金使用效益，促进了绩效管理理念的普及。2006年，财政部从绩效考评对象选择、程序设计、指标体系设计、结果运用等方面入手，对绩效考评试点工作做了进一步完善。2006年，财政部进一步选择了4个项目进行全面绩效考评试点。2007年，绩效考评试点项目扩大到6个。在总结前两年试点经验的基础上，2008年财政部扩大了绩效考评的试点范围，共确定108个项目进行绩效考评试点。

在地方层面上，基本上也经历了绩效考评试点范围不断扩大的过程。以项目支出绩效考评为切入点，逐渐扩大到对转移支付资金的绩效考评，个别地方甚至开展了以部门为对象的绩效考评试点。以北京市为例，2005年对32个重大项目进行了考评试点。2006年考评工作力度显著加大，将绩效评价工作纳入财政日常管理的范围，对45个预算支出项目实施了绩效考评工作；推动区县绩效考评工作，开展市对区县专项补助绩效考评试点。2007年项目绩效考评进一步扩大到89个考评项目；部门预算绩效考评试点则由2006年的2个增加到6个部门。市对区县专项补助绩效考评试点则涉及9个区县的15个项目。

（4）推进绩效考评工作的公开。在中央层面上，从2008年起，财政部开始要求各部门将绩效考评试点项目情况在部门内部进行公开。而中国科学院早在前几年就已实现了内部公开,通过将对研究所和研究人员进行的考评结果在该部门内部网站公布,接受工作人员的监督。在地方层面上,绩效考评的公开力度则相对较大,一些地方已实现了公众监督,如海南省三亚市将一些与群众利益相关的项目绩效考评情况在《三亚晨报》上公示,接受市民监督。

2. 我国公共支出绩效管理工作取得的成效

(1) 提高了公共资金使用效益。对公共支出进行绩效考评,将部门预算与部门发展规划和年度工作计划有机结合起来,有利于合理分配财政资源,促使部门预算编制更加科学、规范、客观,能够更加准确地了解各部门履行职责所需的经费情况,从而提高财政资金使用效益。通过开展试点,一方面,提高了财政资源配置效率。实施支出项目绩效考评,提高了支出部门对项目预算管理的认识水平和项目规划设计的科学性。同时,也为财政部门项目审核提供了依据,提高了财政部门的决策水平,增强了项目资金投向的合理性。另一方面,提高了项目资金使用效率。绩效考评促使试点部门增强成本效益观念,及时发现项目管理中存在的问题,提高了项目管理水平和项目资金使用效率。

(2) 初步形成了职责明确、分工合理、管理有效的工作体系。合理的分工是支出绩效考评试点得以顺利进行的重要保障。通过试点,加强了财政部门、试点部门、有关专家及相关部门的协调配合,明确划分了各自的职责,合理分工,初步形成了有效的工作体系,保证了试点工作的顺利开展。在中央部门预算支出绩效考评试点中,初步形成了财政部统一领导、部门具体组织实施的绩效考评分工体系。各地在试点中也逐步理顺了各部门在绩效考评中的职责,确立了财政部门在绩效考评工作中的主导作用;一些省市在试点过程中还成立了由政府主要部门负责人组成的专门小组具体指导绩效考评试点工作。

(3) 积累了建立考评指标体系的经验。试点过程中,中央和地方部门摸索并初步建立了共性指标与个性指标相结合、定性指标与定量指标相结合、短期效益指标与长期效益指标相结合的指标设计方法。同时,许多试点部门加强了与专家学者、中介机构、项目单位的合作,设计了适合本部门特点的绩效考评指标体系,形成了较为规范的指标体系设计流程,有效地提高了绩效考评指标体系的规范化和科学化水平。如农业部针对不同类型的财政农业项目,建立了分类财政农业项目绩效考评指标体系,并根据实际需要进行修正和完善,对绩效考评指标体系进行了细化,为绩效考评试点的开展奠定了基础;国家海洋局根据海洋事业的特点,精心设计了绩效考评工作方案,构建了绩效考评指标体系框架,科学设立了四级指标体系,平衡了各指标权重;湖北省按照财政支出的基本分类和不同的考评对象,将考评指标体系的主体构成初步设计为基本指标、专用指标和定性指标三个部分,指标体系由政策性指标、结构性指标、收入型指标、运行效绩指标、资产管理指标、社会效益指标和经济效益指标组成。这些都为继续推进绩效考评工作积累了经验。

（4）加强了部门预算监督，提高了预算透明度。通过试点，部门加强了对资金落实情况、实际支出情况、财务信息质量、财务管理状况等内容的考评，更加清楚地掌握了资金的使用情况和流向，加强了对项目资金使用环节的监督。同时，一些部门在试点中将考评结果在部门内部或面向公众公开，强化了部门内部监督，增强了部门预算管理的透明度。同时，将政府部门的活动置于公众的监督之下，有利于提高公众对政府的信任程度，提高政府公信力，也有利于推进高效、透明政府建设。

11.3.2 我国公共支出绩效管理存在的问题

1. 对支出绩效评价的重要性缺乏必要的认识

受长期计划经济的影响，公共支出不讲效益的现象较为普遍，基本上没有采用或不习惯采用客观和可行的方法来考核财政支出效益状况，约束并规范公共支出行为。近年来试行的支出绩效评价工作，并没有引起各方应有的关注；在财政部门内部也没有引起足够的重视。各级财政部门并没有把支出绩效评价工作作为支出管理的有效手段；在预算安排上和财务管理中没有强调支出绩效评价，支出绩效评价大多停留在财政统计评价部门的试点和探索上。同时，在社会上也未引起必要的重视和支持。公共资金使用单位普遍存在部门利益观念，认为所安排的公共资金的所有权和再分配权归部门，部门单位普遍存在自支自收现象，对支出效益缺乏必要的考核和监督。因此，当前要转变理财观念，树立支出绩效意识，对支出绩效评价工作予以足够的重视，通过健全支出绩效评价机制来规范管财和用财行为。

2. 缺乏统一的法律保障

从国外公共支出绩效评价工作的发展实践来看，这项工作要取得实效必须得到立法的支持，而且要制度化、经常化。而我国公共投资部门虽然也提出要完善项目投资决策程序，对国家重点投资项目要从立项决策、建设决策、竣工验收直到支出绩效评价，实行全过程管理，但迄今尚未出台全国统一的有关公共支出绩效评价工作的法律法规，使之缺乏法律约束和制度保障。

3. 公共支出绩效评价缺乏明确的管理机构

国外实践证明，要保证公共支出绩效评价取得实效，除了要有健全的法律制度以外，还要明确或建立相应的管理机构。然而，我国至今仍未明确或建立公共支出绩效评价的管理机构。我国现行的公共支出绩效评价是分散在各管理部门进行的。

由于各管理部门的层次、功能、目标和重点各有侧重，所采取的评价方法、制定的评价指标和标准，以及采取的评价程序也不一致，从而使得公共支出绩效评价结果差异很大，不仅无法进行对比分析，而且评价结果的客观公正性也被质疑。

4. 缺乏科学、规范、合理的指标体系

目前各项公共支出绩效评价主要是通过若干固定的财务、技术和工程管理指标进行全过程评价，侧重于技术和工程及资金使用的合规性评价，而对公共资金的使用效益评价不足。各部门评价指标设置呈平面化和单一性特征，缺乏一套建立在严密数据分析基础上的科学、统一、完整的指标体系，不能满足从不同层面、不同行业、不同支出性质等方面进行综合、立体评价的要求。另外，尽管目前研究探讨了许多指标的设立途径，但仍很不完善。公共支出的公共性与复杂性特征，使共性指标的选取和项目多样化具有明显的对立关系，导致在建立共性指标时，要么只能选取十分简单浅易和稀少的指标，要么需要对项目类型尽量细分。但这两种方法都与评价的规范性和可比性的内在要求相背离。

5. 评价内容不完整

由于我国公共支出绩效评价工作缺乏科学、规范、合理的方法指标体系和健全的组织工作体系，使得支出绩效评价工作内容不完整。一是侧重于合规性评价，而忽视效益评价。从总体上看，目前各有关部门进行的支出绩效评价工作带有明显的审计特征，即重点审核项目支出行为是否符合现行财务政策和国家有关规定。忽视对项目效率或发展效益方面的评价，或由于评价指标设置不完整，不能进行项目的效益评价。二是评价对象仅局限于项目本身，而忽视项目内外因素的综合分析。公共支出绩效评价工作不仅涉及项目过程审核和投资与回报的评价，而且包括各种宏观因素的评价，如投资的社会环境包括政策环境和自然环境对投资行为的影响，以及投资行为对行业、社会及整个经济运行的影响等。但目前的支出绩效评价工作恰恰不包括这些内容，使支出绩效评价工作不能达到为政府宏观决策服务的目的。

6. 评价结果缺乏明确、具体的应用

由于公共支出绩效评价工作没有引起足够的重视，没有统一的法律保障，因而评价结果多数只是作为各有关部门项目建设档案保存，既没有成为财政部门安排支出的依据，也没有成为有关部门新上项目的参考。公共支出绩效评价对于支出项目中的成效、问题与相关责任，以及对于项目执行过程中的各环节责任人并没有直接的约束，评价结果对于支出的预算分配和投资项目管理应有的参考作用、导向作用和制约作用没有得到体现，不仅使评价工作流于形式，而且也影响了评价工作的权威性和工作的深入开展。

11.3.3　进一步提高我国公共支出绩效管理的水平

1. 分阶段、分步骤地推进我国的公共支出绩效管理

从总体上看，我国公共支出绩效管理体系的构建应结合我国公共财政改革的总体进程和预算管理实际，分阶段、分步骤逐步推进。公共支出绩效考评的最终范围应当涵盖所有政府公共支出，即把政府预算中的基本支出预算和项目支出预算全部纳入绩效管理的范围。根据目前的情况，我国应把项目支出绩效评价作为切入点，在对某些具体财政支出项目进行绩效评价试点的基础上，继续扩大试点范围；在具备一定经验后，在所有政府部门全面开展项目绩效评价工作；然后，再选择一些部门进行包括全部政府支出在内的绩效评价试点；在取得成熟经验的基础上，完善有关的绩效管理制度办法，在政府部门全面开展公共支出绩效管理工作。

2. 确定科学合理的公共支出绩效评价程序

从 OECD 国家的绩效评价实践来看，公共支出绩效评价是一个持续的、周期性的过程，通过不断地反馈和运用考评结果来实现提高政府各部门公共支出绩效的目的。具体程序如下：（1）政府各部门制定绩效评价战略规划和年度绩效计划。绩效战略规划主要是对各政府部门的职能、使命、完成任务的期限、短期行动及较为准确的长期行动纲领进行详细说明。（2）由财政部门设定绩效基准和绩效评价指标体系。绩效基准是政府各部门的公共支出绩效应该达到的目标水准，也是实际绩效与计划绩效进行比较的基础。（3）在财政年度结束后，政府各部门要编制并提交年度绩效报告。（4）由财政部门对各部门绩效计划的执行情况、完成结果以及提交的年度绩效报告进行考评，并综合应用绩效考评的结果与相关信息，提出改进预算管理的措施，按公共支出绩效评价结果的高低水平确定下一年的预算拨款。

3. 逐步建立公共支出绩效管理的信息收集体系和数据库

在西方发达国家，评价机构利用先进的信息处理技术，逐步形成了规模庞大的公共支出评价数据库，为评价各类支出项目的投入水平、效益状况和影响状况，开展历史的、横向的比较分析，保证了评价工作的持续、有效发展。目前，我国公共支出绩效评价数据库的建设几乎空白。因此，应充分借鉴并吸收国外数据收集、处理和分析、利用经验，结合我国公共支出使用和管理实际，适应现代信息管理技术发展的要求，进一步改进和完善我国公共支出绩效评价数据库建设：（1）选定不同行业、不同类型的财政支出项目，作为评价工作的初始数据源，做好数据信息的分类管理。（2）结合评价工作的开展，逐步拟订各类公共支出项目效果评价的分类标准，并在此基础上，逐步扩大评价数据信息收集范围，并推动社会公众信息指标的采集、量化和标准等研究和制定工作。（3）研究评价数据信息采集方法，重点收集大中型财政支出项目从立项决策、建设实施到生产经营等全过程实际发生的各类技术经济指标和数据资料，确保评价数据信息采集的有效运转。（4）开展评价数据处理工作软件的设计研究，促进提高数据处理效率。（5）运用评价数据信息，做好综合评价和行业评价标准值测算的研究工作。

4. 建设公共支出绩效管理信息系统

公共支出绩效管理工作是一项工作量大、技术性强的工作，需要建立强大的计算机网络技术支持系统和完整的预算基础资料数据库。同时，在此基础上还需要建立完善的绩效信息交流与沟通机制。发达国家在推进绩效评价时，就提出了构筑以顾客为导向的电子政府和政府在线服务的发展目标，以提高政府收集、处理信息的能力和对社会公众的回应力。因此，我国在构建公共支出绩效评价体系的过程中，可以将公共支出绩效评价与发展电子政务有机结合起来，充分利用信息网络技术，建立电子化的绩效评价标准系统。首先，要建立信息化处理系统，收集国家经济、社会、文化等方面的信息、资料和数据，进行必要的统计、归纳、整理和加工。其次，建立有效的评价信息传递网络，把绩效管理的结果尽快反馈和扩散给有关政府部门，以便及时发现和修正正在实施的公共项目的缺陷，增强公共项目的持续能力，完善公共项目管理。最后，建立和完善统计数据质量保证制度。建立健全和落实统计信息质量责任制，对上报的统计数据要明确责任人，坚持谁主管谁签字谁负责的原则，从制度上防止领导干部随意干预统计数据的填报。同时，要加强对统计信息质量的全员管理和全程管理。要采取科学有效的办法，坚持事前预测、事中控制、事后分析，全程控制统计信息质量。

5. 加强公共支出绩效评价的立法工作

立法工作是开展公共支出绩效管理的前提和基础。早在20世纪80年代，英国就通过了公共支出绩效评价方面的法律，1993年美国国会通过了《公共支出绩效与成果法》，丹麦、挪威、澳大利亚等国也都进行了公共支出绩效评价立法工作，并以此为基础建立起较为完善的绩效评价体系。通过发布法律法规，将绩效评价的原则、程序和方法以法律形式固定下来，不仅有利于推进绩效管理的广泛应用，而且能够保障绩效评价的统一性和规范性，从而形成绩效评价的标准化体系。通过立法明确公共支出绩效评价的管理机构，统一绩效评价指标、方法和组织程序，以保障评价结果的客观公正性。我国也应借鉴发达国家的经验和做法，通过立法手段保障公共支出绩效评价走上规范化和法治化的道路，从立法上确立公共支出绩效评价工作的地位，从法律上树立支出绩效评价机构的权威性，赋予其应有的权力，使绩效评价工作有法可依、有章可循。

6. 建立公共支出绩效评价结果对政府预算的监督约束机制

绩效评价结果的运用，是公共支出绩效管理中重要的一环，也是绩效管理工作的目的所在、动力之源。英国公共支出绩效评价制度能够持久地坚持下来的根本原因，就在于它特别重视绩效评价结果的使用，把绩效评价的结果与评价对象的利益挂钩，增强了评价主体和评价客体贯彻执行评价制度的自觉性和主动性。因此，建立健全绩效评价的结果运用制度，是绩效评价价值实现的根本保障。为此，要加强针对公共支出绩效的奖惩制度设计，给提高绩效的部门和组织增加资源的自主分配权，使预算资金优先分配到前期绩效好的组织和部门中，使高绩效的组织行为得到奖励，管理人员因高绩效的表现受到奖励。同时，还要继续推进公共支出绩效预算管理制度的改革和完善，加强财政部门与其他相关部门的协调配合，共同推进公共支出绩效预算管理体系建设。

第 12 章

公共支出的监督管理与改革

公共财政是以国家为主体，集中一部分社会资源，通过政府的支出活动，用于履行政府职能和满足社会公共需要的经济活动。与所有的理财活动相同，公共财政也包括收入和支出两项基本活动。筹措公共资源、取得公共收入的根本目的是为了补偿政府履行职能的支出耗费，"支"是"收"的起因和归宿。公共支出是公共财政的核心。与之相对应，公共财政监督活动包括公共收入监督和公共支出监督两个方面。公共支出监督是市场经济下公共财政监督的核心内容。

12.1 公共支出监督管理的理论基础与经验借鉴

12.1.1 公共支出监督的内涵与外延

1. 公共支出监督的含义

公共支出监督是指公共支出监督主体对各级政府各预算单位的预算编制、预算执行、预算调整以及决算等活动的合法性和有效性实施的监控、检查、稽核、制裁、督促和反映等活动的总称，是政府预算管理工作的重要组成部分。公共支出监督的目的是为了确保政府预算得到有效执行，实现政府所设定的各项公共政策目标。

公共支出监督是通过监督主体对监督客体实施监督实现的。其承担的主要任务是：第一，实现预算决策的民主化和科学化，避免或及时纠正预算决策的重大失误。第二，及时监测、反馈和预警预算支出的总量、结构和效益，为实现对社会经济宏观调控提供重要的决策参数。第三，及时反映政府预算政策、法律、法规和规章制度在执行中的情况和偏差，为政府预算政策、法律、法规和规章制度的制定、调整和改革完善提供现实信息资料。第四，维护政府预算法规、制度和政策的权威性和严肃性，保证政府各项公共政策的有效贯彻执行。第五，促使预算管理部门及其人员提高工作效率，保证廉正清明。第六，保证预算支出任务的完成，确保公共预算资金的合理配置和有效使用，避免和制止浪费，控制公共开支以确保预算支出平衡，提高预算资金使用效果。

2. 公共支出监督的内容

公共支出监督的内容随公共支出监督的对象不同而有所不同。公共支出监督的对象涉及面很广，它包括国家机关、事业单位、社会团体、相关企业和国家公民等。概括地讲，公共支出监督的主要内容是：第一，监督政府预算的编制和执行是否符合国家的方针政策、法律和规章制度。预算编制的科学性、合理性和有效性是预算编制监督的关键。第二，监督预算支出任务的完成情况，检查其进度和效果，保证宏观调控政策的落实，实现政策目标。第三，通过预算支出计划的编报和拨款、报账等工作，监督预算资金管理和使用单位分配和使用预算资金的情况，提高预算资金使用效益。第四，查处违反财经法规和财政制度的行为，保证预算资金的安全以及政府公共政策和财政政策的贯彻执行。第五，通过预算监督取得的信息，了解情况，总结经验，改进工作，不断提高管理水平。

12.1.2　公共支出监督的原则和方法

1. 公共支出监督的一般原则

（1）依法监督的原则。依法监督是公共支出监督工作必须遵循的首要原则，也是公共支出监督的生命线。在实施监督过程中，要严格执行国家有关法律、法规和规章制度，还要遵守法定的程序，依法检查、依法评价、依法处理；不仅要严格执法，使违反法律法规和政策的行为受到制约、纠正和处罚，还要客观公正，维护被监督者的合法权益；不仅要依据法律法规做出正确的职业判断、妥当的自由裁量，还要发现预算执行中的问题，为完善法律法规献计献策。

（2）科学监督的原则。公共支出活动具有广泛的社会性，决定了公共支出监督工作具有点多、面广、任务重的特点。因此，公共支出监督必须坚持科学监督的原则，突出科学性和重要性。所谓科学性，就是要有科学的监督理论、监督制度、监督机制、监督程序和监督方法；所谓重要性就是公共支出监督要关注预算的落实，善于抓住主要矛盾和矛盾的主要方面。

（3）规范监督的原则。规范化监督是实现公共支出监督法制化和科学化的基础和前提，坚持规范化支出监督的首要任务是建立健全工作制度、监管规程，实现监督定位、流程规范的目标，加强支出监督质量控制，加快信息化监督手段的运用。

2. 公共支出监督的主要方法

公共支出监督贯穿政府预算综合管理的全过程，按照预算编制和执行以及反映预算执行的顺序来说，公共支出监督的方法一般分为事前监督、事中监督和事后监督。

（1）事前监督。事前监督，是国家权力机关和其他部门对预算法规、预算政策、预算制度制定过程所进行的监督。具体表现为：在年度预算编制之前，对计划的编制、审核、批准过程进行的监督。在这个阶段中，监督工作要从审查财务计划和单位预算入手，监督各部门、各单位根据国家规定的任务及有关方针、政策和制度，正确地编制财务计划和单位预算，以便将货币资金、预算拨款的浪费和不合理使用等现象消灭在萌芽之中，以保证国家的政策和预算制度的正确贯彻执行。因此，事前监督是公共支出监督的关键环节。

（2）事中监督。事中监督是指在财政总预算、单位预算以及各项财务支出计划执行过程中的监督。通过日常监督，督促各支出单位严格按照计划和预算使用资金，并做到用较少的钱办较多的事，千方百计地节约国家资金。

（3）事后监督。事后监督是指在预算、财务支出事项发生后，通过定期执行情况检查进行的监督。在事后监督中，对各支出部门及预算单位，要审查其资金使用情况是否达到预期的效果，财务手续是否齐全，会计统计资料的编报是否真实可靠。在事后监督中，还要在研究预算计划执行结果的基础上，指出预算执行中存在的问题，以便进一步改进预算管理工作，提高预算管理水平。

12.1.3 公共支出监督管理的国际经验借鉴

1. 美国的公共支出监督

美国的公共支出监督主要由国会、审计总署、政府财政部门和其他部门等机构负责。

（1）国会的公共支出监督。财政权是美国宪法赋予国会的最重要的权力。与许多国家相比，美国国会对公共支出管理的全过程介入比较深，决定权比较大，对预算执行过程和预算执行结果监督力度也比较大。

按照美国法律规定，部门必须定期报告预算执行情况，并对报告的具体内容、期限甚至报告人都有明确要求。比如总统预算管理办公室每年5月要向国会提交联邦政府财政报告，要求报告必须包括财政管理现状和改进财政管理的建议两个部分。国会需要对这些预算执行报告进行日常审查和监督。

为加强对部门支出的监督，国会向各个部门派驻监察代表，对所驻部门实施国会授权项目的情况和预算执行结果进行监督，全面、经常地检查政府使用拨款的效益。监察代表每半年向国会送交一份监察报告，列举所驻部门工作中严重的舞弊、浪费、低效和滥用职权问题，并提出改进意见。发现异常情况，监察代表可随时向国会提交特别报告。

对预算执行结果进行评估是国会监督公共支出的主要方式。按照美国法律规定，国会在接到部门预算执行报告、联邦政府财政报告、审计总署决算审计报告等后，参众两院各委员会，特别是拨款委员会、公共账目委员会，都有权运用调查、费用分析、效率研究等方法，通过听证会等形式，对预算执行结果进行评估，并向全院大会提交评估结果的审查报告。必要时，国会还要对评估结果的审查报告进行辩论和表决。在实际运行中，评估结果往往会影响到有关机构、项目下一财政年度是否能够继续获得拨款。国会往往通过切断或者减少拨款的办法，废除那些没用或者没有效率的项目；通过增加拨款或者特别拨款的办法，支持那些执行好的项目。对预算执行中发生的严重问题，还要追究有关责任人的政治责任和法律责任。国会甚至可以运用弹劾权来剥夺联邦行政首脑总统和各部部长以及联邦法院各法官的官职。

（2）联邦审计署（也叫总会计局）的公共支出监督。联邦审计署隶属于国会，对其负责并报告工作，是国会重要的公共支出管理辅助机构。审计署的职责就是通过财务审计、项目评估、调查及政策分析等，帮助国会对政府实施有效监督，促进政府履行其受托责任，不断提高联邦政府工作的经济性、效率性、效果性。

审计署对联邦政府的预算执行或决算情况以专项审计为主，很少进行全面审计。审计的重点是公共支出的合规性和合法性，以及公共支出的效果和实现既定目标的情况。审计署的审计范围很广，除了中央情报局和中央银行有关利率方面的内容不能审计外，对联邦政府的所有部门、机构和项目都有权获取所需要的文件资料和进行审计，甚至可以取得极为重要的国防机密数据，很多审计项目和专题都涉及美国国内社会上的热点问题，有的还涉及重大的国际问题。例如，在美国审计总署2004—2009年发展规划中，将伊拉克和阿富汗重建的各项工作及其成本，以及国防部工作的有效性列为监督重点。

（3）财政部和其他政府部门的公共支出监督。美国财政部是预算执行部门，负责收纳政府收入、支付政府开支。财政部门通过调查研究、搜集信息、编制预算等方法，来合理确定各部门、各项目的预算支出数额，并由财政部门委托有审计资格的会计公司对各专项预算支出项目年度执行情况及项目竣工情况进行专项审计，提交审计报告，作为预算支出执行情况的附件报议会审批。为了确保资金的合理使用，在政府各部门内部都设有一名经过总统任命的财政总监。这些部门的财政总监对总统和财政部负责。每一笔支出都必须经过财政总监的签字同意后，财政部门才予以拨付。

2. 英国的公共支出监督

英国的公共支出监督主要由议会、公共账目委员会、审计署等机构负责。财政部的主要工作在于协调各项宏观经济调控政策，实现政府既定的经济目标。

（1）议会和公共账目委员会的公共支出监督。"公共账目委员会"是英国议会于1861年设立的议会监督辅助机构，专门负责代表议会审议审计结果。作为议会的下设机构，公共账目委员会与英国国家审计署一样对议会负责。其十五名委员由议会任命，来自于各党派；主席则由反对党议员担任。委员会的主要职能是通过举行听证会的方式，审查审计署提交给议会的审计报告，要求政府部门的会计官就委员们根据审计报告提出的质询做出解释和答复，并提出审查报告送交议会。审计署每年向议会提交50份效益审计报告，公共账目委员会就其中约35份举行听证会；财务审计报告一般不举行听证会，双方意见不能达成一致时，则在报告中分别予以明示，由公共账目委员会召开听证会再决定处理。因此，公共账目委员会对英国国家审计署审计结果的认定和审计建议的落实起着重要作用。

（2）审计署的公共支出监督。英国对各级政府部门进行的审计工作主要由国家审计署和审计委员会负责。审计署主要负责对中央政府财政资金使用情况进行审计，其基本目标是有效控制政府的财政支出行为。主计审计长为下议院法定官员，由首相和公共账目委员会提名，女王任命，非经上下两院同意不得免职。根据《国库与审计部法》，主计审计长有两大职责：依据议会通过的预算，审签英格兰银行对政府的资金拨付，即"主计"；检查所有政府部门并向议会报告检查结果，即"审计"。审计委员会主要负责对地方各级机构的审计。

审计署对政府预算执行情况的审计，主要包括财务审计和效益审计两方面。财务审计主要检查账目是否符合会计准则，账目中数字是否得到了合理表述，资金是否用于了议会及政府规定的目的和项目，支出是否合规，有无重大舞弊行为以及财务信息是否充分。效益审计主要反映被审计单位有关资金管理使用的经济、效率和效果三方面的情况。审计署对审计的结果只有建议权，没有处理权。

3. 法国的公共支出监督

法国的公共支出监督主要由议会、审计法院、政府的经济和财政部等机构负责。

（1）议会的公共支出监督。法国议会对政府预算执行情况的审查非常严格和细致，直接审查到部门、单位，对政府的每一项财政政策都要进行激烈辩论，提出质疑，要求经济和财政部做出解释。除了设立专门委员会审查预算外，议会主要委托审计法院对预算执行情况，特别是对政府部门和事业单位的经费开支进行审计监督。

（2）审计法院的公共支出监督。审计法院是法国最高审计机关，是独立于政府和议会的司法性机构，由首席院长负责，主要进行高层次的事后监督。首席院长一旦宣誓就职，即成为法官，享受终身制的特权。

审计法院的权力是议会授予的，不接受任何政府部门的控制。主要任务是协助议会和政府监督财政法令的贯彻执行，负责检查国家、政府各部门、国有企业和公共机构的会计项目等。主要包括司法性审计（财务审计）和非司法性审计（绩效审计）两类。

司法性审计是对公共会计账目的准确性、合规性、真实性进行监督，其主要目的是确保公共会计认真履行自己的职责。法律规定，公共会计虽然在行政上属经济和财政部领导，但他们同时要对审计法院负责。公共会计每年要向审计法院或地方审计法庭报送公共支出决算账目和资料，接受审计监督。审计法院首先要核对应收公款和实收公款；其次，对单据、凭证等进行抽样检查。对欠收公款或不合规支出，审计法院可以对公共会计进行最终判决，严厉处罚。

非司法性审计主要是对国家机构财政拨款决策人和公共部门、国有企业这些公共资源使用人的管理效益进行检查。主要通过对账目的详细分析和经济指标的对比分析，检查被审计单位财务活动与政府预算是否相符，或通过对单据的抽样检查入手，分析检查企业和部门的发展规划目标和目标完成的情况。此外，还对部门的组织结构、人员构成、职业水平、报酬、原材料的供应和消耗、设备采购和更新、建设成本等进行对比，评估单位成本的社会效益和经济效益等。

（3）经济和财政部的公共支出监督。法国的经济和财政部在公共支出中负有重要的监督职责，并通过相关司局、财政监察专员、公共会计、财政稽查总署、经济财政监察总署、税务稽查等机构和人员的监督，贯穿于公共支出管理的全过程。

一是设立财政监察专员。财政监察专员由经济和财政部派驻中央各部委和各大区，就地对各部部长和各地的财政支出活动进行调查监督。驻在政府各部门的财政监督官，只对该部使用财政拨付的人员工资和机构运转经费情况进行监督。各部部长做出的使用预算拨款的命令，必须经驻财政部财政监督官同意后才能执行，财政监督官主要是审核该项支出是否合法，预算中有无这笔资金。

二是由公共会计对公共支出拨付进行监督。公共会计是管理国家财政公共支出拨款账目的会计。在法国，为各部门服务的公共会计都由经济和财政部公共会计局垂直管理。公共会计的重要职责之一是具体负责公共支出的支付工作，并在为用款单位提供服务的同时承担拨款前的财政审查职责。

三是由财政监察总署进行专项监督检查。财政监察总署是经济和财政部内设的专门监督机构，主要任务是根据部长指示对涉及国家财政支出的活动及其他有关事项进行专项监督检查。对内检查经济和财政部的税务总局、海关总署及国库司、预算司等各业务司，不仅检查这些单位的有关账目，还要检查这些单位的执法质量和工作效率，以及工作人员是否廉洁行政，有无贪污腐败现象；对外检查各部门财政支出，还要对有可能对财政产生影响的有关经济活动进行调查研究。无论是事中检查还是事后检查，均不事先通知被检查单位，接受财政部长命令后立即行动，可以采取冻结账目等手段。

4. 公共支出监督国际比较评析

通过对上述几个国家公共支出监督制度的比较，我们可以看出，财政监督权是公共权力体系中最重要的权力之一，通过对政府财政行为的监督，特别是对公共支出行为的监督，监督公共资金的使用及其效益，监督政府履行公共服务职能的情况，可以防止滥用行政管理权，惩戒腐败。各国均按照分权制衡原则配置财政监督权，建立了全方位、多层次的公共支出监督体系。监督主体主要是立法机关和审计机关，立法机关代表社会公众享有最高监督权力；审计机关辅助立法机关监督政府支出的真实性、合法性和效益性；财政部门和其他政府部门也负有监督职责。其中，财政部门是对政府公共支出进行财政监察，其他政府部门一般是对本部门支出进行内部监督，财政部门和其他政府部门的公共支出监督属于政府的内部监督。

（1）财政监督是立法机关最重要的监督之一。从各国情况来看，虽然立法机关对行政机关财政监督，特别是公共支出监督的力度有强有弱，但财政监督无一例外的是立法机关最重要的监督之一。立法机关对行政机关公共支出监督的手段主要有：调查、听证、质询、辩论，甚至弹劾政府官员；更为重要的是，立法工作本身就是对政府的最有力的监督，立法工作有力地保障了立法机关其他监督手段的实现。

调查是立法机关对各种了解性监督手段的系统运用和合成，是各种政体下的议会所普遍采用的监督方式。调查可以由立法机关有关常设委员会出面，也可以任命一个特别委员会进行深入调查，还有的建立专业辅助机构作专项调查等，以对行政机关进行经常性和专业性跟踪，如美国国会向各个部门派驻监察代表。对调查情况举行听证会也是一种了解方式，一般听证由立法机关主持，由被调查方陈述。

质询是议员向政府或其成员就其工作或行为提出问题，政府或其成员需要在法定时间内答复的制度化活动。质询侧重于使政府说明情况，也是一种了解性监督。

辩论则是就立法机关和政府提出的某项议题面对面争辩。利益相关者充分阐述和辩论各自的观点、立场、起因、经过等，有助于查清事实，敦促政府采取某种行动，也被称之为敦促性监督。

弹劾是对政府高级官员的违宪、违法犯罪、失职等行为进行控告、起诉并进行审理、追究，是一种极严厉的监督手段。一般不仅要追究被弹劾人的政治责任，往往还要追究其法律责任甚至刑事责任，是一种刚性的惩处性监督。

（2）审计机关是监督公共支出的重要机构。国际最高审计组织在《利马宣言：审计规则指南》中指出："要保持各国的稳定和发展，达到联合国的目标，就必须实现审计工作的特定目标，如恰当有效地使用公共资金，建立、健全财务管理，有条不紊地开展政府的各项活动，通过客观性报告的公布，向公共当局和公众传播信息等。"各国实践表明，审计对保障公共资产的安全、有效和政府官员的廉洁奉公发挥了重要作用。

比较上述国家的公共支出监督制度，可以看出：各国政治体制和国情不同，审计机关的组织模式呈现出多样性。由于历史原因以及其他特殊背景，现今世界上已建立审计监督制度的有160多个国家（地区）；审计制度一般可分为四种模式，即立法模式、司法模式、独立模式和行政模式。立法模式，即审计机关隶属于立法机关，如英国、美国、加拿大、澳大利亚、新西兰、新加坡等；司法模式，即审计机关属于司法体系，拥有司法权，如法国、意大利、西班牙以及南美和非洲的一些国家；独立模式，即审计机关独立于立法机关、司法和行政之外，独立展开审计，如德国和日本等；行政模式，即审计机关隶属于政府，如韩国、泰国等。

不同的审计模式，审计机关的独立性与服务重点各不相同。查错纠弊、监督评价是各国审计机关的基本职责。无论是立法型审计、司法型审计，还是独立型审计，都服务于立法机关，都享有建议权。除此以外，一些国家的审计机关还承担着"主计"和"监察"等职能，如英国审计署负责审签政府资金拨付，韩国监察院兼有人事监察职能等。

立法模式下的审计机关隶属于立法机关，是立法机关的专业辅助机构，对其负责并报告工作。主要有两个特点：第一，宏观服务职能较强。虽然它并不直接参与立法机关和政府的决策，但它对公共资金使用情况的建设性建议，往往对立法机关的宏观决策产生积极的影响。第二，审计信息公开化程度较高。在立法模式下，审计机关与社会公众之间的关系最为直接和紧密，审计机关对公共资金使用的真实性、合法性和效益性进行评价和公开披露，能够形成社会合力对政府行为进行有效约束。

司法模式下的审计机关拥有司法权，因而具有最高的权威性，审计执法与处理刚性较大。审计机关虽然也向立法机关提供服务，并享有司法权力，可以对违法或损失进行审理和处罚，也可以根据公共资金使用人的经济责任履行情况奖励或惩罚各级官员，但由于主要是事后查证，其效力受到较大限制，因而更多的是侧重于微观性的服务。

独立模式下的审计机关超脱于立法、司法和行政三权之外，保持中立地位，在不受任何一方影响的前提下存在，同时向立法机关和行政机关提供服务。但事实上，绝对的独立是不可能的，独立模式下的审计机关实际上更偏重于服务于立法机关。

行政模式下的审计机关是政府的一个职能部门，对政府负责实质上是一种上级权力系统对下级权力系统的监督和管理，具有内部监督性质。在这种模式下，审计工作容易受政府意志甚至官员个人意志的影响，审计机关的独立性和权威性相对较弱。

（3）公共资金管理部门和使用部门对政府公共支出行为实施内部监督。相当多国家的财政部负责管理公共资金的支出政策和具体的资金拨付使用，也有一些国家的预算资金拨付审签是由审计机关或国库负责。

相对于立法机关和审计机关，政府是公共资金的使用者，政府首脑承担政府负有的全部的公共责任和经济责任，由立法机关和审计机关对其进行外部监督。政府各个部门是具体管理和使用公共资金、履行公共服务职责的机构，由部门首长承担与其职责相对应的一定公共责任和经济责任；同样，每一个政府部门所属的各个行政层级也都负有相应的管理责任。所有政府部门履行各自职责情况的总和，即构成政府履行公共服务职责的情况。为了确保每个政府部门及其下属各个行政层级都能够依法、合理、有效地履行职责，政府首脑和部门首长有必要对各个政府部门的行为进行内部监督，防范可能的违法违规行为，划分和界定相应的经济责任。在一些国家，财政部门代表政府首脑履行公共支出内部监督职责，如法国；部门内部一般由会计部门代表部门首长履行内部支出监督职责。无论是代表政府首脑还是部门首长，内部监督的独立性都是较低的。

财政部门或其他政府部门对内的支出监督一般包括日常监督和专项监督。日常监督是沿着资金流向进行的过程监督。预算资金从国库到最终商品与服务供应者，通常经过四个阶段：分配拨款、承诺、购买确认以及付款。财政部门主要对资金拨付和支付环节进行日常监控。目前各国普遍实行了国库集中支付制度和政府采购制度，从制度上保障了财政部门的日常监督。而部门日常监督则需要进行全过程监控。专项监督是对特定财政事项或专门用途的公共资金进行审查、稽核和监督。财政部门的专项监督一般被称为"财政监察"。

需要说明的是，以上都是从狭义的监督主体，也就是从公共权力在国家机关的配置角度比较和研究各国公共支出监督制度的。公共支出最终的监督主体是社会公众。随着各国政治民主化进程的不断加深，公众直接参与政治决策和监督已成为全球公共管理改革的发展趋势。公众参与国家管理的前提条件有二：第一，政府行为的公开性和透明度，使政府成为"透明的政府"和可监督的政府。第二，以法律制度和程序保障公众的知情权、听证权、言论权、干预权等，让公众有表达意见和参与决策的途径。比如法国和英国在 20 世纪 80 年代建立的"公共质询"制度，美国的"规制谈判"制度等，在一定程度上保障了公众行使最高和终极监督权力。

12.2 我国公共支出监督管理的实践

12.2.1 我国公共支出监督的发展沿革

1. 人民代表大会的财政监督制度进程

从第一届全国人民代表大会起，全国人大及其常务委员会即设立了民族、法案、代表资格审查和预算四个专门委员会。此后，除第四届人大未设专门委员会外，历届人大均设有预算委员会（从六届人大起改为财政经济委员会）。在"文化大革命"期间，人民代表大会制度遭到了严重破坏。

1982 年，第五届全国人民代表大会第五次会议通过了新宪法，扩大了全国人大常委会职权，规定全国人大及其常委会共同行使立法权，共同监督宪法的实施；有权审查、批准国民经济和社会发展计划、国家预算在执行过程中所必须做出的部分调整方案等等。经过近几届全国人大及其常务委员会的努力，全国人大在加强立法权的同时，逐步加强和改进了监督权的行使。

为了加强对财政，特别是预算的监督和管理，1998 年年底，经中央批准，全国人大常委会预算工作委员会成立。1999 年，审计署代表国务院在第九届全国人民代表大会常务委员会第十次会议所作的《关于 1998 年中央预算执行情况和其他财政支出的审计工作报告》和全国人大常委会在审议 1998 年中央决算和中央财政审计报告中都提出要改进和规范中央预算编制工作。主要意见是：第一，"要严格执行预算法，及时批复预算"；第二，"要细化报送全国人大审查批准的预算草案内容，增加透明度。""报送内容应增加对中央各部门支出、中央补助各地方的支出和重点项目的支出等。"全国人大预算工作委员会具体要求财政部在向全国人大提交 2000 年中央预算草案时要提供中央各部门预算支出等材料，要报送部门预算。国务院领导对落实全国人大常委会意见专门作了指示。1999 年 9 月，经国务院批准，财政部出台了《关于改进 2000 年中央预算编制的意见》，选择部分部门作为编制部门预算的试点单位，细化报送全国人民代表大会预算草案的内容。

1999 年 12 月，九届全国人大常委会第十三次会议通过了《全国人民代表大会常务委员会关于加强中央预算审查监督的决定》。《决定》从实际出发，立足中国国情，将宪法、全国人民代表大会议事规则、预算法中有关预算审查监督的条文具体化，提出要加强对中央预算的审查监督，要求编制部门预算、细化预算、提前编制预算，明确了全国人大常委会预算工作委员会在预算审查监督工作中的具体职责、任务、权力和工作程序。《决定》的通过有很大反响。2000 年 12 月，国务院发出《国务院关于贯彻落实〈全国人民代表大会常务委员会关于加强中央预算审查监督的决定〉的通知》指出：《决定》的发布，对于贯彻依法治国方针，规范预算行为，进一步改进和规范预算管理工作，更好地发挥中央预算在发展国民经济、促进社会进步、改善人民生活和深化改革、扩大开放中的作用，具有重要意义。各部门要认真学习，深刻领会，全面贯彻《决定》精神，进一步加强中央预算管理，依法理财，从严治财，开创中央预算管理工作的新局面。《通知》把《决定》的要求进一步具体化，并对自觉接受全国人大及其常委会对中央预算的审查监督提出了具体要求。九届全国人大第十三次会议后，全国人大财经委、预算工委与财政部协商，建议在下一年度的预算中，把政府组成部门的预算全部提交人代会。国务院原则同意，这一意见正式写在 2000 年 6 月九届全国人大常委会第十六次会议通过的《关于 1999 年中央决算的审查报告》上。

在《关于 1999 年中央决算的审查报告》中，除了提出要提交全部国务院组成部门的部门预算外，还提出了"进行决算审计，逐步做到国务院向全国人大常委会提交中央决算前，中央各部门决算均经过审计机关审计并由审计长签署意见"的要求，这就是后来称之为"部门决算审签"的制度。审计署积极落实这一要求，在 2000 年中央决算审计中，进行了农业部、教育部、科技部、劳动和社会保障部 4 个部门的决算审签试点，效果很好。部门决算审计是《审计法》的要求，在全国人大的推动下，开始逐步展开。这样，初步形成了部门预算编制、执行、管理和监督，最后到部门决算审计的完整过程。人大审查、批准、监督预算职能纳入规范化的制度轨道。

2. 新中国财政监督的发展历程

新中国成立以来，参照苏联模式，我国实行中央高度集权的计划经济体制。在这种体制下，整个社会生产都是围绕经济计划在运转，政府即计划，计划即经济，经济即政府，生产单位没有独立的经济利益，更谈不上市场主体地位了。此时的财政监督在一定意义上等同于经济监督，监督对象包括计划经济的一切支出。

改革开放后，随着经济体制向市场经济的转轨，在政府内部执行经济监督职能的部门除了财政部门外，物价、税务、银行、监察等部门也承担着部分财政监督职能。物价部门主要监督价格双轨制下的国家定价，税务监督主要针对财政收入，监察部门主要负责查处违法违纪行为，银行监督则更为特殊，转轨过程中的国有银行承担着相当多的财政职能，比如拨转贷等，还包括通过财政资金流转监督财政支出的职能。下面简要介绍政府经济监督中财政监督的发展历程。

1949 年新中国诞生，财政部同时成立，设立了财政监察机构，专门负责财政监督与管理工作。1950 年，政务院颁布了《中央人民政府财政部设置财政检查机构办法》，明确了中央到地方各级财政监察机构的设置以及财政监察工作的职权。

随后，各级政府陆续设置了财政监察机构，履行财政监察职责。到1954年年底，全国共建立起各级财政监察机构2158个，配备财政监察干部3300余人。为了发挥财政监督在"一五"经济建设时期中的作用，保证财政资金的合理使用，查处经济工作中出现的违反财经纪律和贪污浪费等问题，在1952年至1956年上半年财政部陆续制发了《各级财政监察机构执行财政监察工作实施细则》等一系列财政监察政策、法规和规章制度，初步建立了新中国财政监督制度。

1957年，"大跃进"开始后，财政监察工作被视为阻碍经济发展的"绊脚石"，财政部不得不于1958年结合机构精简撤销了财政监察司。1966年"文化大革命"开始，财政监察机构自上而下被一律撤销，财政监察工作被迫中断。此后，在党的八届九中全会"调整、巩固、充实、提高"的指导下，财政监察工作在一些地区得以恢复，财政监督工作在一定范围内正常运转。

1978年党的十一届三中全会召开之后，经国务院批准，财政部恢复财政监察司。各省、自治区和直辖市财政部门也相继恢复财政监察专职机构。1979年12月，在第一次全国财政监察工作会议上明确提出了"财政监察是国家整个监督制度的一个方面，财经纪律检查也是党的纪律检查的一项重要内容。"1980年，国务院批转的《关于监察工作的几项规定》，一方面明确了财政监察机构的设置问题，另一方面规定了财政监察机构的工作职责，主要包括：（1）监督检查国家机关、社会团体、企事业单位贯彻执行财政政策、法令和制度的情况以及存在的问题；（2）监督检查财政、财务部门和有关人员遵守财政政策、法令、制度的情况和存在的问题；（3）受理和检查破坏财政制度、违反财经纪律的案件；（4）根据在监督检查中发现的问题，提出改进财政、财务管理工作的建议；（5）开展遵守社会主义法制、维护财经纪律的教育以及宣传工作。

1981年，国务院决定在财政部门成立审计机构，以进一步加强财政监督。财政部撤销了财政监察司，将财政监察的职能划入审计机构筹备组。1982年地方各级财政部门根据财政部的要求，将筹建的地方审计机构取代原有的地方财政监察机构。1983年，审计署成立后，财政部及绝大部分地区的财政部门将财政监察机构连同财政监察工作业务全部移交给审计署及其各级审计部门。

1986年财政部根据维护财经纪律、保障经济体制改革顺利进行等客观形势的需要，决定再次设立财政监察司。当时确定的财政监察的工作职责主要包括：检查国家机关、社会团体、企事业单位执行财政政策、法令、制度的情况，办理有关违反财税法规、会计制度的案件以及因坚持执行制度而遭到打击报复的案件。

除了在各级财政部门设立财政监督检查机构外，1982年年底，财政部根据国务院的批示精神，恢复派驻中央企业驻厂员制度；各级财政部门也相继恢复了财政驻厂员制度。1986年，各省、自治区、直辖市先后成立了中央企业财政驻厂员处，在地市设立中央企业财政驻厂员组，作为财政部在各省、区、市的派出机构对中央企业财务收支就地实施监督。后来这些机构从财政厅（局）独立，成立了财政部驻各省、自治区、直辖市、计划单列市财政监察专员办事处。财政监察专员办事处的主要职责是：（1）监督检查地方有关部门和单位执行国家财税方针政策、法律法规的情况；（2）监督检查中央预算的执行情况，开展中央预算收入对账工作，检查应征不征、越权减免、违规审批、退付中央预算收入和违规调整预算科目、收入级次等问题，并提出处理意见；（3）监督应缴中央财政的行政性收费、罚没收入等非税性预算收入及时缴入国库；（4）审查监督有关地区和单位申报、管理和使用国家专项储备粮、棉费用利息补贴等中央财政专项资金的情况；（5）检查核实中央财政与地方财政的结算及其他涉及中央财政的重大事项；（6）监督注册会计师和会计师事务所的业务。

在 1994 年政府机构改革中，财政部将财政监察司、中央企业驻厂员管理处和税收、财务、物价大检查办公室三个机构合并为财政监督司。财政监督的工作职责也相应地作出很大的调整。根据财政部 1995 年制定的《财政监督机构工作暂行规定》，其工作职责主要包括：（1）代表本级财政部门监督检查本级和下级政府所属的各个部门、各个单位的预算执行情况，并且对发现的违法违纪行为提出处理意见。（2）监督检查本级和下级政府所属的各个部门、社会团体、企事业单位的财务收支，以及执行财税法规、政策和财务及会计制度的情况，并且对其违反财经法纪的行为和案件进行处理。（3）检查社会经济中介机构执行财税法规、政策和财务及会计制度的情况，及其贯彻社会监督公开性、合法性、公正性原则的情况，并且对其违法违纪行为进行处理。（4）受理违反财税法规、政策和财务及会计制度的举报事宜，办理对坚持执行财经纪律人员进行打击报复的重点案件。（5）研究制定财政监督检查的工作规划与强化财政监督检查的措施，提出改进和完善财税法规、政策和财务及会计制度的意见或建议。（6）根据授权办理其他有关监督检查的事项。（7）配合有关部门开展财政法制的宣传教育。除上述工作职责外，还负担组织、指导全国财政监督检查工作，研究拟定财政监督检查的政策、法规和制度，管理财政部派驻各地的财政监察专员办事机构等项工作任务。

2000 年，为适应公共财政体制改革的要求，财政部再次对财政监督机构及其工作职责进行了较大幅度的内部调整，将财政监督司更名为财政部监督检查局。其工作职责主要包括：（1）制定财政监督检查工作的政策和制度；（2）监督检查财税法规、政策的执行情况；（3）检查和反映财政收支管理中的重大问题，并提出加强财政管理的政策与建议；（4）依法查处违反财经纪律的重点案件；（5）管理财政监察专员办事处的业务工作；（6）检查部内各个单位执行财政法规、政策、制度以及预算的情况；（7）监督检查部属单位的财务收支管理。

2000 年，《会计法》颁布实施，强化了财政部门对行政事业单位和企业的各项财务会计活动的合法性、真实性实施会计监督的职责。强调财政部门通过规范会计行为，包括预算会计行为，保证会计资料真实、完整，提高会计信息质量，加强内部控制制度和对单位负责人的会计责任的约束力，保护资产的安全完整，防范欺诈和舞弊行为，威慑和打击造假制乱的违法行为。

2001 年，财政部在借鉴吸收国际经验的基础上，结合我国具体国情，推行建立以国库单一账户体系为基础、资金缴拨以国库集中收付为主要形式的财政国库管理制度改革，并选取部分中央预算单位试点。2002 年，九届人大常委会第 28 次会议通过并颁布了《政府采购法》，在我国全面推行政府采购制度。这两项预算执行过程中监督财政资金的重要技术性制度的推行，成为财政日常监督的重要手段。

需要说明的是，改革开放初期，我国还存在一种独特的、临时性的财政监督方式，即税收、财务、物价大检查。20 世纪 80 年代初，在对内搞活经济、对外实行开放的背景下，计划经济体制内逐渐萌芽出市场因素，经济双轨制在相当一段时间并行，一些计划经济下鲜有的问题凸显出来，比如财政收入"跑、冒、滴、漏"，偷税、漏税、挤占和截留国家收入等现象十分严重。对此，国务院采取在一定时期内定期开展突击性检查的经济监督方式，以强有力的行政控制手段，打击违法违纪行为，惩治腐败，维护社会经济秩序。参加大检查的人员主要从财政、税务、审计、物价、工商、监察、检察院、法院等部门抽调，从宣传、组织、检查、定性到行政处理，直至司法处置，形成"一条龙"流程。因参加检查工作的机构和人员众多，宣传发动、组织实施、制定政策、定性处理问题等项工作更为繁重，因此专门设立了非常设机构——税收、财务、物价大检查办公室，具体负责组织和协调本地区的"大检查"工作。在 1985—1997 年的 13 年中，每年进行一次的"大检查"工作，声势浩大，为国家挽回了大量的经济损失。但这种事后的、突击性的、近乎运动式的财政监督方式，难以形成规范化、系统化和法制化的监督控制体系，只能成为特定历史条件下的产物。1998 年，"大检查"正式取消。

3. 我国审计监督制度演进

新中国成立后，在相当长一段时间内，国家没有设立独立的审计机构，由财政和监察部门负责政府预算决算的审查及预算执行的监督，检查和处理各部门、各单位违反财经纪律问题。这种经济监督方式是与当时计划经济的管理体制相适应的。

经济体制改革初期，中央主要采取经济放权的方式打破计划经济的外壳。但是，经济政策放宽了，各地区、各部门的经济管理权限扩大了，地区和部门独立的经济利益强化了，局部与全局、当前与长远等矛盾也集中显现了。表现在：一是财政收入占国民收入的比重下降很快，预算外资金增长较快，导致国家财力分散；二是各种隐瞒、截留、坐支、挤占财政收入，虚列财政支出，乱建楼堂馆所和计划外工程，私设"小金库"，财务资产管理混乱等违反财经法规、损害国家和人民整体利益的现象层出不穷。

1981年初，党中央、国务院开始酝酿建立审计监督制度。同年5月，国务院领导同志在全国财政工作座谈会上指出："把经济放开、搞活是必要的，主流是好的，但一定会产生一些副作用，这就需要有一个制约的工具。不要到问题严重了才建立，那样就被动了。""制止财政上的'跑'、'冒'、'滴'、'漏'，制止贪污浪费，大力加强财政监督十分必要。"6月，财政部向全国人大常委会提出了《关于设立全国审计机构的建议》，建议在全国范围内建立审计机构，作为人民代表大会权力机关的派出机构，行使独立的监督权。7月，国务院根据我国国情，决定在财政部门成立审计机构，以进一步加强财政监督。根据党中央和国务院的指示，财政部开始着手研究如何建立全国审计机构问题。

1982年，我国修改宪法时，宪法修改委员会的同志参照其他国家宪法中关于审计监督的规定，建议将我国审计机关的职责和权限列入宪法。1982年12月，第五届全国人民代表大会第五次会议通过修改后的《中华人民共和国宪法》。其中第六十二条、第六十三条、第六十七条和第八十条规定了审计长的任免条款；第八十六条规定审计长是国务院的组成人员之一；第九十一条规定，"国务院设立审计机关，对国务院各部门和地方各级政府的财政收支，对国家的财政金融机构和企业事业组织的财务收支，进行审计监督"、"审计机关在国务院总理领导下，依照法律规定独立行使审计监督权，不受其他行政机关、社会团体和个人的干涉"。第一百零九条规定，"县级以上的地方各级人民政府设立审计机关。地方各级审计机关依照法律规定独立行使审计监督权，对本级人民政府和上一级审计机关负责"。第一次从国家根本大法上确立了审计监督制度和审计机关的法律地位，具有深远的历史意义。

1982年6月，财政部正式向国务院报送《关于筹建审计机关的报告》，就建立审计机关的必要性、审计机关的职责和权限、领导关系、机构设置和人员调配、具体实施步骤等提出了操作性的建议，国务院领导同志在报告上分别作了重要批示。1983年3月，审计机关正式定名为"审计署"，在我国正式建立了行政型审计体制。从1985年起，为加强对重点地区中央单位的审计监督，审计署陆续在全国中心城市设置了18个驻地方特派员办事处，直属审计署领导；实行特派员负责制，对审计署负责并报告工作。其主要职责是：根据审计署的授权和安排，审计省级政府预算执行情况和决算；审计海关总署、国家税务总局、中央国库驻地方分支机构的财政财务收支；审计中国人民银行、中央国有金融机构、证券公司驻地方分支机构的财政财务收支；审计监督省级人民政府管理的资源环保资金、社会保障资金和其他专项资金；参加对派有稽察特派员的国有重点大型企业、国家重点建设项目和其他国有企业、国家建设项目的审计监督等。

1994年，第八届全国人民代表大会常务委员会第九次会议审议通过了《审计法》，就审计机关和审计人员、审计机关职责、审计机关权限、审计程序、法律责任做出了明确的规定，标志着我国的审计监督工作步入了全面的法制化轨道。1995

年，国务院颁布了《中央预算执行情况审计监督暂行办法》，明确规定审计署依法对中央预算执行情况，省级预算执行情况和决算，以及中央级其他财政收支的真实、合法和效益，进行审计监督。1998年，经国务院批准，将原中央各部门内部审计机构归口审计署，成立了25个审计署派驻各部门的审计局。其主要职责是：对审计署确定的审计范围内的企业、事业单位的财务支出及其经济效益进行审计监督；对驻在部门行业管理中的特定事项进行专项审计调查；组织内部审计机构进行行业审计；组织和领导驻在部门直属企业事业单位的内部审计工作，并对行业内部审计工作进行业务指导。审计机关派出机构是审计署派出的工作机构，不是一级审计机关，其审计职权由审计署授予，只能在审计机关授权范围内以自己的名义开展活动，做出具体行政行为。

12.2.2　我国公共支出监督管理的财政监督

在我国的公共支出监督体系中，有代表人民根本利益的人民代表大会及其常委会对政府预算的监督，有财政部门对政府预算实施的监督，有审计部门对政府预算的监督和社会舆论对公共支出的监督。这里主要分析财政部门对政府预算的监督。

财政部门对政府预算实施监督的权力，属于国家行政权的性质。财政部门实施的公共支出监督表现出以下特征：（1）组织体制上的行政从属性，这一监督是在本级政府的统一领导和上级财政部门的业务指导下进行的；（2）公共支出监督职能对财政管理职能的从属性；（3）监督活动主要针对政府财政决策的执行过程与执行结果。

具体来说，财政部门的公共支出监督职责包括：（1）监督本级政府各部门和下级政府预算执行情况，预算资金的分配、使用情况，以及本级国库资金的拨付情况；（2）监督预算外资金支出、管理情况；（3）监督政府债务有关的政策、法律、法规的执行情况和内、外债使用情况；（4）其他依法应由财政机关监督的事项。

财政部门公共支出监督制度设计，关键要解决好财政部门在财政管理中控制什么、如何控制的问题。

1. 总额控制

总额控制包括收入总额、支出总额、收支差额及国债控制四个方面。其中，支出总额的控制最为关键。这是因为，如果支出总额没有限制，不论收入总额限定在什么规模，支出都可以通过预算赤字来实现。正缘于此，财政部门对财政总额的控制，主要针对支出总额展开。基本要素包括：

（1）预算目标应当反映政策要求。任何一项政治经济政策必然具有一定的财政约束条件。政府预算负有对政府承诺提供财力的责任，年度预算目标必须反映财政对政府政治、经济政策的保障能力。因而，预算目标必须汇集体现主要政策参与者——各部门、各单位的现实需要。为此，需要建立政府财政预算管理部门与政府各部门、各预算单位的磋商机制，对财政信息去粗取精、去伪存真、去次求优。在此基础上确定预算总额，而不是对部门需求的简单汇总。

（2）总额目标必须得到分类目标的支持。如果只是针对总额制定了标准，在面临财政开支压力时政府预算总额目标就不大可能得到执行。理想的情况是，开支的限制应该延伸到各个主要的分类组成部分。这些分类组成部分应当包括总预算的类别、功能、公用经费标准、预备费、部门预算限额、赤字等。如果这些分类限制确定之后，总额约束条件就会更为可靠。实行部门预算制度，把财政资源的分配细化到项目，有利于财政部门在预算审核中对分类目标进行控制。

（3）总额目标控制应包括对强制性开支的限制。如果法定支出和其他强制性支出得不到控制，总额控制的约束条件就会受到削弱。目前，我国以各种形式出台的法定支出和强制性支出，常常使政府预算安排陷入两难困境。一方面，要保证各个领域公共支出的预算权利；另一方面，又不能使预算总额的膨胀失去限制，从而使固有的周期性稳定措施失效。为此，预算制度应对法定支出和其他强制性支出的设置设立严格的限制，尤其不能多头出台强制性增支政策。否则，财政总额控制将无法抵御财政增支的巨大冲击力。

（4）总额控制应包括对预算调整的控制。我国预算执行中之所以会出现很多的追加，根本原因在于现行预算制度缺乏对预算调整的制约。因而，必须对各个部门及预算单位在年度中间增加财政支出的政策出台，包括财政供给人员编制、各部门支出政策甚至或有债务的发生，用预算管理的办法予以限制，建立财政部门对这方面有关信息的获取机制，并赋予财政部门对于其他部门在人员编制、债务等方面的控制权力。

（5）制定和实施预算总额的中期控制制度。首先，制约开支总额或赤字规模一般要在若干年内采取行动。一个多年度的滚动预算可以对必要的财政支出进行合理的分年度配置。其次，如果目标只对当前或是下一个预算年度有效，预算控制很容易被回避。比如，通过资产出售、新的开支安排在将来执行生效等办法，对开支或收入行为提前或推迟执行。而在中期预算制度下，操纵财政数字的可能就会减少。因此，预算管理中要对今后几年预算总额以及主要的分类总额进行预测，对中期财政开支进行政策评估，估计政策变化对财政产生的影响，编制中期滚动预算。

（6）目标必须符合现实且能够实现。预算总额目标的设定要建立在现实基础之上。预算目标必须起到制约总额的作用。为此，在预算编制过程中，政府预算需求必须是自下而上，而不是自上而下的确定。在财政部门与各部门之间必须建立较为可靠的材料报送、信息沟通机制，使财政部门能够对各个部门财政需求信息深入全面准确了解。

2. 限额控制

财政对部门支出限额的分配是政府预算分配的重要内容。财政部门控制部门预算限额采取的方法主要有：

（1）要求部门提交详细的需求计划。在编制部门预算过程中，部门要负责编制其自身及其附属机构的支出需求计划，向财政部门提出支出需求。支出需求应当包括两部分内容：一是维持现有活动和项目的必要金额，二是对新项目的计划及成本预算，并对新的支出方案对未来预算的影响做出评价。为了保证财政部门能够对部门预算限额做出量化分析，财政部门应要求各部门提交以下文件：①详细解释部门政策及预期结果的政策报告；②适当的、现实的及相关的业绩指标，包括前期的结果及将来的预测结果；③对怎样达到目标的说明；④节约开支及提高效率的计划；⑤有效执行计划的措施。

（2）财政对部门支出需求进行审核。财政部门收到各部门的支出请求，应当审查其是否与政府总体政策一致，对其支出项目进行审核。财政审核部门支出限额，主要考虑以下因素：宏观经济目标及财政指标，对该部门正在进行的项目的审查结果，正在进行的支出项目对下一年度预算的影响及其刚性程度等。为了使预算限额真正反映部门预算支出需求的变化，不仅要确定总的部门限额，还要分列为：①人员支出限额。包括部门人员工资及补贴，应确定人员和人员支出上限，对人员支出予以控制。②公用经费限额。应按照部门职责和财力水平确定公开的公用经费标准。③资本性支出限额。通过对部门资本性支出编制滚动计划，对在建项目、预算新项目、大型投资项目的预计成本等进行分析，对限额内可以重新使用的资源、需要预留资金的规模等做出准确的估计。

（3）部门预算限额的决策。对部门预算限额的决策主要是针对资本性支出的决策，因为人员支出、公用经费支出的未来年度变化因素较易确定。对资本性支出的决策，要打破部门界限，按照公共支出的优先顺序和公共政策取向进行取舍。为了在决策过程中不受部门利益影响，应建立跨部门的决策机构，采用专家咨询、充分论证、集体决策方式。

3. 程序控制

程序控制主要是对财政支付资金运行过程的控制。① 主要包括以下内容：

---

① 在传统分散支付方式下，财政部门对财政资金运行的控制制度很不完善。各部门、各单位在银行多头开设账户，财政支出资金由财政部门定期拨入部门支出账户，部门再层层下拨到用款单位。财政资金被分割分散于各个预算单位，周转环节多，资金使用效率和安全性都比较低。实行国库集中收付制度改革，财政支出资金由国库直接支付给商品劳务供应商，强化了对财政资金运行程序的控制，确保财政资金按预算要求从国库流出后安全到达目的地。

（1）明确财政部门与支出单位的责任。在预算执行过程中，财政部门的责任是：管理部门公共账户、管理支付系统、监督支出流程、管理工资系统、编报合并报表、审核支出进度、准备预算进度报告、提出年度预算调整建议等。支出单位的责任是：签订承诺协议、购买商品和服务、准备履行支付要求、准备进度报告、记账、定时检查项目执行情况、发现问题并采取相应办法等。财政部门负责对部门支出责任的履行情况进行监督和控制。

（2）财政部门对预算部门支出行为的控制。在国库集中支付制度下，预算部门支出应按照预算部门向财政部门报送支出计划、财政部门确认支出计划、部门获取商品或劳务服务、财政部门支付的程序进行。第一，在确认支出计划阶段要核实支出计划；资金要按照预算规定的用途拨付，且在适当的支出类型中要保留足够的资金；拨付的资金要列入正确的科目。第二，当部门获取商品或劳务之后，要核实部门收到商品或劳务服务的单据证明。第三，在支付之前要确认是否有预算；要由专业人员证明所提供的商品和劳务服务能够满足预期需求，发票和其他有关支付票据是正确和适合支付的；要验明收款人。在此过程中，要确认支出计划、确认收到的商品和劳务，查验发票、支付，不能由同一个人负责。

为了保证拨款进度，财政部门在支付过程中还必须控制以下因素：第一，提前确定支出计划。一般应提前2个月确定月度支出限额，使支出部门事先知道其可使用资金额度。第二，如果出现资金不足的问题，必须修订拨款计划，并提前通知部门。第三，应赋予财政部门调整拨款计划的权力。当财政部门认为部门在预算执行中有不合规行为时应允许财政部门采取延付、取消拨款等措施。

4. 会计控制

实行国库集中支付制度改革后，国库机构能够确保每一项财政支出都登记入账，并且符合预算规定的用途。但国库集中支付也易导致支出权利与支出责任的脱节。为此，必须对国库集中收付制度采取恰当的控制手段：（1）强化各部门内部的会计管理责任。（2）集中控制各部门账户。（3）对部门的现金余额集中管理。

5. 财政部门内设监督机构的内部控制

为了加强对支出行为的控制，可赋予财政部门内设监督机构对财政支出的审核权。即部门财政支出申请由支付机构审核之后，要由财政部门内设监督机构再审核，审核内容应包括商品和劳务服务确认、发票审核、是否有预算、支付决策人是否签字、收款人身份是否合法等相关文件，签字后由支付机构支付。在我国财政部门内部控制制度还不够完善的情况下，财政部门内设监督机构按此模式运作还是非常必要的。

对财政部门以及部门财政行为进行内部审计，是财政部门内设监督机构不可或缺的职责。内部审计是建立在组织内的服务于组织的独立评估活动，它也是一种管理控制。内部审计与外部审计存在很大不同。外部审计独立于组织并向组织的外部监督者报告，内部审计是组织的一部分，主要是向组织的最高管理者负责。对财政系统而言，审计监督是外部监督。财政部门内设监督机构审计是内部审计，主要为政府和财政部门完善预算管理提供信息、咨询、服务。内部审计提供的信息还可以作为财政部门加强控制的依据，也可作为政府决策的基础。

12.3 我国公共支出监督管理的改革与完善

12.3.1 公共支出监督管理的制度框架

一个完整的公共支出监督体系应该包括立法机关监督、审计监督、财政监督、社会中介机构监督、舆论监督五个层次：

1. 人民代表大会监督

人大对公共支出的监督主要通过两种方式：一是通过立法实施监督。可分为两个层次，即宪法层次和一般性法规层次。其中，宪法层次的监督是根本性的。二是通过审查、批准预算以及对预算执行的监督对公共支出过程施加影响。

2. 审计监督

审计监督通过审查和评价已发生的公共支出活动，以确定各支出部门、预算单位是否准确记录支出项目，是否进行了充分的内部控制，是否满足各项法律法规的要求，以及是否贯彻了政府政策等，找出控制、管理和计划的不足之处，纠正非法或不恰当的行为。

3. 财政监督

财政机关在公共支出管理过程中，依照法定的权限和程序，对各项公共支出的合法性、真实性、有效性，实施审查、稽核检查活动。

4. 社会中介机构监督

社会中介机构（主要是会计师事务所、审计师事务所等）的监督权力实际上来源于前面三者公共支出监督职能的部分让渡以及预算单位内部监督（预算单位自身设立的监督机制称为内部监督）社会化的要求。社会中介机构监督是对公共支出监督的有益补充。

5. 舆论监督

舆论监督贯穿于公共支出监督的各个环节。由于舆论将政府预算从编制到执行的全过程置于公众监督之下，所以在公共支出监督体系中占有特别重要的地位。

以上五个层次的监督管理构成的制度框架如图 12－1 所示。

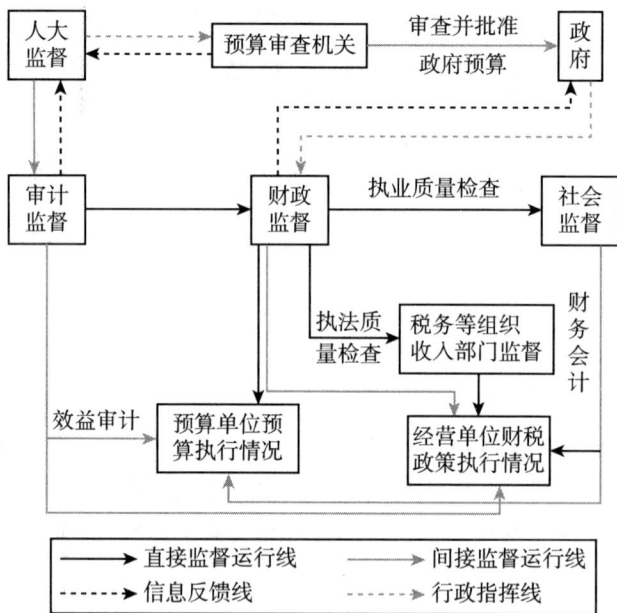

图 12－1 公共支出监督管理的制度框架

12.3.2 加强人大及其常委会对政府预算的审查监督

首先，制定、修订和完善有关法律和法规。一是制定人大预算审批监督方面的专项法律、法规，明确人大审批监督预算的范围、内容和程序，对预算审批监督做出严格的、操作性强的规定，增强其监督的实效性。二是完善预算法，对预算编制的时间、调整、初审以及其他法律的协调做出更为科学的规定。在加强预算管理的基础上，对预算外资金要通过立法加强管理，逐步把国家应该管的预算外资金和事关国计民生的重大建设项目纳入人大审批监督的范围。三是进一步强化预算约束，严肃财经法制。对违反预算行为的责任追究要专门做出严格的法律规定。

其次，规范人大公共支出监督的范围和内容。主要有五个方面：一是总预算规模。对总预算支出规模的科学性、可靠性要进行论证，要把预算规模控制在最优区间之内。二是总预算结构。支出结构反映政府预算分配的方向、范围。通过对财政指标的审查，确保财政运行的安全性。三是部门预算编制监督。主要是监督部门是否把所有资金都编入部门预算、落实到项目，预算编制是否科学、合理、可行，拨款方式是否具体，以便于约束预算执行。四是预算执行监督。主要是监督财政资金的拨付，为决算审查作准备，以便于对财政总预算完成规模、质量做出评价，及时发现问题。五是预算调整监督。应明确规定无论是由于增收减支还是减收增支所导致的预算不平衡，都应向人大履行预算调整报批程序。因总预算变化所引起的预算调整，既要向人大常委会按程序报批调整总预算，还要根据总预算的调整履行项目预算的报批程序。部门预算中专项资金在项内调剂，可由资金使用单位报财政部门，由财政部门批准，事后向人大常委会备案。预算调整不能成为预算执行中的经常性行为，应考虑预算执行特点，规范预算调整的时间。

12.3.3　健全公共支出的财政监督管理机制

一个完备有效的财政监督机制，应包括监督法律体系、监督运行机制和绩效监督机制。

1. 监督法律体系

我国的财政监督法律体系，是由财政监督法律法规和其他经济监督法律法规融合而成的综合体系。目前，我国财政法律法规距社会主义市场经济发展的要求，距公共财政对财政监督的需要，还有诸多不足之处。涉及财政监督的法律、法规主要有《预算法》、《会计法》、《预算法实施条例》、《财政违法行为处罚处分条例》等，但迄今为止，《财政监督法》还没有出台。建立完善的财政监督法律体系，必须在不断促进和完善法规总体水平的基础上，重点研究、制定财政监督自身的法律制度体系，明确财政监督的地位、作用、职责权限、工作内容、工作程序、法律责任等，使监督工作走上法治化道路。

2. 监督运行机制

财政监督工作流程主要包括检查、调查、建议、反映、整改与落实等。财政机关在履行监督职能时，要对监督对象的情况密切注视，经常接触，持续观察，以熟悉并掌握监督对象的财政或财务支出状况，对不当行为予以纠正。财政监督中的检查方式，是专门监督机构通过在事中、事后直接审阅、考证、稽核，确定监督对象执行财政、税务与财务会计法规情况的强制手段，通过直接介入来审核监督对象的财政财务活动。通过检查发现管理中的重大问题线索，再深入调查研究，进行分析比较，提出改进管理的意见和建议。反映是指在财政监督的过程中，对于财税秩序运行中的重要情况以及这些情况对财政支出的影响，进行深入的分析综合，并向决策层及时做出信息反馈的活动。按照相关法律法规对检查和调查中发现的问题进行处理处罚，并追究直接责任人的责任。

3. 绩效监督机制

支出绩效即公共支出活动所取得的成绩及产生的效果。支出绩效监督是以提高财政资金的分配与使用绩效为目的。在有效开展支出合规性监督的基础上，按照绩效管理的要求，通过制定明确合理的目标，运用科学的绩效监督方法和一系列的指标，对支出行为过程及其结果进行客观、公正的评价和反馈。对绩效目标的实现程度及效果进行监督，找出实际绩效状况与应当达到的绩效水平之间的差距，从而督促被监督主体达到预期绩效的监督过程。绩效监督的核心是科学、客观、全面地反映财政支出的实际绩效状况，提出进一步提高绩效的方向和方法，促进被监督主体不断提高财政支出效果。因此，支出绩效监督乃是支出管理的深化和延伸。随着支出规模的不断扩大，最大限度地提高资金的使用绩效，将有限的财政资金用在最需要、最有效的地方，与财政增收节支工作同样重要，已成为强化公共支出管理的迫切需要。

12.3.4 完善公共支出的审计监督管理

1. 规范合规性审计内容

在公共财政制度下，审计制度改革应着眼解决三个问题：第一，以支出审计为主。在市场经济条件下，公共财政的最大功能在于通过财政资源配置解决市场失灵问题，而实现财政职能的主要方式就是通过财政支出提供公共产品。因此，在公共财政框架下，财政管理重点必然由收入转向支出，相应的，支出审计工作也要作为财政审计的重点。第二，围绕部门预算执行结果展开审计。在公共财政制度下，部门预算是政府预算的基本组织形式，是财政信息最直接、最全面、最具体的反映。只有对部门预算执行结果深入审计，才能为编制部门预算提供信息参考。因此，既要审计总预算，也必须审计部门预算。第三，逐步实行动态审计。要实现全程式预算跟踪，沿着财政资金聚集、分配、使用、管理的循环轨迹追踪审查，找出财政职能发挥的薄弱环节，有针对性地提出改进意见。

2. 加强绩效审计

我国对财政绩效审计还处于零碎、分散的状态，缺乏完善的绩效审计标准体系，缺乏成熟的绩效审计经验，缺乏具有较高业务素质的绩效审计人员。从目前我国的实践看，开展财政绩效审计应解决好以下问题：

（1）建立绩效审计制度平台。一是政府和财政部门要建立科学的预算定额和支出标准。绩效审计主要是针对制度进行评价的，财政资金只有实行制度化分配，绩效审计才有可能通过对财政运行数据的确认、比较、分析、测算，对财政制度的经济绩效做出评价。二是要制定科学的绩效审计准则。对绩效审计对象、审计目的、审计程序、审计指标体系、审计报告基本形式等做出规定，建立规范的制度体系。三是建立绩效审计工作协调机制。财政绩效审计依赖于政府部门提供足够、可靠的财政运行数据。

（2）把握绩效审计重点。一是把支出管理作为审计重点。财政绩效最终体现为支出效益，因此，绩效审计应着重对支出管理进行审计。二是把公共部门行政管理成本作为审计重点。从绩效角度看，效益和成本是密切相关的，减少成本，必然会提高效益。三是把公共投资建设支出作为审计重点。公共投资建设支出是提供公共产品的重要载体，也是支出效益的重要体现之一。

（3）探索绩效审计方式方法。绩效审计要跳出财政财务支出审计的传统模式，在真实、合法的基础上，着重对一个项目或一个具体事项的效益进行评价。从西方国家开展绩效审计的经验看，绩效审计主要采取调查分析、非统计抽样分析、业务测试、量—本—利分析等方法，我国开展绩效审计不仅要借鉴这些方法，而且要注重审计方法的内在联系性，建立审计调查、综合分析、反馈、后续审计这样一个紧密联系的循环过程。

3. 建立"金财"和"金审"工程联动机制

财政部门"金财工程"的建设和实施，是以财政资金管理业务为主体，为满足财政部门与预算单位之间信息共享的需要，实现对财政资金全过程的即时监控。当前，应该注意加强"金审工程"与"金财工程"两大平台的系统对接，力争尽快能够利用审计软件进行数据分析，在众多预算单位中科学选准审计（调查）对象，及时发现公共支出管理中存在的深层次问题，为促进依法理财、完善内控制度、促进廉政建设发挥积极的作用。

12.3.5 充分发挥社会中介机构监督和舆论监督的重要作用

社会中介机构监督是对公共支出监督的有益补充。财政部门要充分发挥社会中介机构监督和舆论监督的作用。

应坚持公共透明的原则，除少数涉及国家机密的内容外，其他预算都必须向社会公开。包括：预算草案、审议通过的政府预算、预算执行中的问题、财政资金的支出效益等等，让人民能够了解自己缴纳的税收"用在什么地方"、"用得怎样"。人大在组织咨询会、听证会、质询会时，也应对外公开，要利用信息化手段，广泛征求社会各界的意见和建议，让人民参与公共决策，让政府决策能够反映民意。新闻媒体应有效发挥舆论监督作用。

第 13 章

公共支出责任分配及管理体制优化

13.1 公共支出的责任分配与管理体制安排

公共支出责任分配是处理政府间财政关系的起点。以支出责任划分为基础，辅之以政府间收入划分和转移支付等管理体制安排，共同构成了政府间财政关系的制度框架。有关要素的总体关系是：事权划分决定公共支出责任的划分，公共支出责任的划分作为政府间财政关系的基础要素，又影响着政府间财政收入的划分效果和转移支付制度的运行效率。也就是说，首先应科学地划分各级政府间的事权，根据事权分配公共支出责任，然后再遵循市场经济的基本规则，同时考虑支出责任的划分状况，妥善安排财政收入划分，合理设计转移支付制度。

13.1.1 公共支出责任的划分

1. 公共支出责任的内容——划分政府与市场的边界

公共支出是指政府为了向社会提供公共产品而安排的支出。这就涉及区分政府与市场边界的问题，要明确哪些事要由政府做，哪些事由市场做。按照公共财政理论，政府的作用是弥补市场的不足，即"市场失灵"造成的无效率。因此，凡属于社会公共领域的事务，市场不能解决或不能有效解决的，就属于公共支出责任的范围；凡属于可以通过市场机制解决的领域，政府则不应介入。一般来说，政府公共支出的范围主要包括四个方面：国家安全和政权建设领域、公共事业发展领域、再分配领域和公共投资支出领域。具体内容包括：国防、外交、对外援助支出，基础设施建设支出，维持社会秩序（公安、司法等）的支出，教科文卫（基础教育、战略性科技、文化、公共卫生）支出、社会救助支出、支援农业支出，稳定经济（稳定物价、宏观调控）支出、发展国有经济支出、维持政府运转支出等。

2. 公共支出责任在政府间进行纵向划分的原因

现在世界上大多数国家都不只具有一级政府，通常是由多级政府构成的。公共支出责任需要在多级政府之间分配。为什么要将公共支出责任在各级政府之间进行划分呢？为什么不是全部由中央政府提供呢？要回答这个问题，就要考虑公共产品的提供问题。公共支出责任是由于政府提供公共产品而产生的支出责任，因此对于该问题应当从公共产品的需求和供给两个方面来回答。

（1）公共产品的需求方面——公共产品需求的层次性和差异性。

公共产品需求的层次性体现在：有的公共产品是满足全体公众的公共需求，如国防、外交等；而有些公共产品则只满足某个地区的公共需求，如区域的绿化工程。不同层次的公共需求应该由不同层次的政府来满足，这才符合"受益原则"。

公共产品需求的差异性体现在：不同地区对公共产品需求的数量、种类不尽相同。以我国为例，我国幅员辽阔，各地有不同的风土特征和人文环境。因此，各地的公共产品需求有很大的差异，例如浙江舟山的渔民更需要的公共产品是具有极大外部性的灯塔，而内蒙古草原的牧民则更需要公共牧场。这只是个很简单的例子，在实际生活中，各地的差异会复杂得多。如果全部由中央政府通过调查了解，以提供差异化的公共产品，则信息搜寻成本就太高了。

（2）公共产品的供给方面——中央政府和地方政府各自的优势。

中央政府的优势在于具有管理跨区域事务的能力。中央政府在法律的授权下，可以对全国的事务进行干预，可以对全国的经济资源进行调动，可以在一定程度上对地方政府的行为进行指导。因此中央政府具有权力优势。

地方政府的优势在于比中央政府更加了解本辖区情况。地方政府更加接近公众，对于公众的需求及其具体特点更加了解和熟悉。因此地方政府具有信息与管理优势。同时，地方政府行为更容易被民众监督，从而能够更有效地提供公共产品。

因此，中央政府的优势更适合于提供全国性公共产品，而地方政府的优势更适合于提供区域性公共产品。地方政府在因地制宜提供公共产品的同时，也就实现了公共产品的差异化。中央政府与地方政府共同努力就可以更好地完成公共产品需求和公共产品供给的"对接"，这也正是需要在各级政府之间划分公共支出责任的理由。

3. 公共支出责任划分的目标和原则

（1）公共支出责任划分的目标。从上述分析的公共支出责任划分的原因可以看出，公共支出责任划分的目标是为了更有效地满足公众对公共产品的需求。这里的"有效"首先是指公共产品满足居民的消费偏好，其次是指公共产品的成本与收益的"最佳结合点"。对于公众来说，公共产品的成本就是其缴纳的税收、非税收入（收费、政府基金等）等，而收益就是公众在享受公共产品时得到的满足。政府的作用是通过其高效运作，找到以最低的税收成本提供最优质的公共产品的途径。因此，公共支出责任划分的目标有两个：一方面，通过公共支出责任的划分，使政府能够高效地使用财政资金，杜绝浪费和贪腐；另一方面，使政府具有不断提高公共产品质量的内在动力，有所作为。

（2）公共支出责任划分的原则。根据公共支出责任划分的目标，在对公共支出责任进行划分时应遵循以下原则：一是适宜性原则。一些公共产品的属性决定了其天然的归属。国防、外交、货币、海关、邮政等事务，只能由中央政府担当。二是受益原则。属于全国公民共同使用的公共产品和服务，由中央政府来投资、提供、管理和监督；属于成本收益可内部化的区域性公共产品和服务，由地方政府负责提供和监管；属于跨地区的公共产品和服务，由中央与地方政府共同提供。三是效率原则。凡是地方有能力提供的公共产品和服务，由地方政府提供；凡是地方有能力监管的公共产品和服务，尽可能让地方政府监管。中央政府主要提供地方政府无力提供的公共产品和服务，监管地方政府管不了或者管不好的公共产品和服务。

13.1.2　财政收入划分

1. 财政收入的内容

全国总的财政收入包括以下部分：（1）税收收入。是指中央政府与地方政府通过税收形式从公众手中集中的经济资源。（2）非税收入。是指中央政府与地方政府通过税收以外的其他方式，主要指行政性收费、各项基金等形式集中的经济资源。（3）债务收入。是指政府以信用方式，通过负债从公众手中获取的经济资源。

2. 财政收入划分的原则

在市场经济条件下，政府间收入划分遵循固定的基本规则。从理论界的研究看，主要有以下代表性观点：

（1）马斯格雷夫的财权划分原则。马斯格雷夫（R. A. Musgrave）的税收划分七原则是国际上比较公认的划分标准。包括：①以收入再分配为目标的累进税划归中央；②作为稳定经济手段的税收划归中央，具有周期性稳定特征，收入起伏不大的税收划归地方；③地区间分配不均的税收划归中央；④课征于流动性生产要素的税收划归中央；⑤依附于居民居住地的税收划归地方；⑥课征于非流动性生产要素的税收划归地方；⑦收益性税收及收费各级政府都适用。马斯格雷夫的税收划分七原则是从税种的性质入手，以利于收入分配为目标来进行划分的，对应于他归纳的财政的资源配置、收入分配和稳定经济三大职能。

（2）明茨的财权划分原则。杰克·M. 明茨（Jack M. Mintz）提出的税收划分原则包括：①效率原则，即税收划分要尽量减少对市场化配置资源的影响；②简化原则，即应使税制简化，便于公众理解和执行，提高税务行政效率；③灵活原则，即要有利于各级政府灵活地运用包括预算支出、税收优惠等措施在内的一系列政策工具，使税收与事权相适应；④责任原则，即各级政府的支出与税收的责任关系应协调；⑤公平原则，即要使全国各地区间的税种结构、税基和税率大体平衡，使各地居民的税负基本均衡。

（3）塞里格曼的税权划分原则。美国学者塞里格曼（E. R. A. Seligman）提出"效率、适应、恰当"三原则为财政学界的许多学者所推崇。①"效率原则"是以征税效率的高低作为税权划分的标准。例如，对于税基流动性强的税种，征税主体应为中央政府。②"适应原则"是指以税基的宽窄作为税权划分的标准，税基较宽的归中央，税基较窄的归地方。③"恰当原则"是指以税收负担公平为衡量标准，符合公平标准的税种归中央，公平标准不明显的税种归地方。

按照上述原则，成熟市场经济国家一般做出如下的收入划分安排：增值税属于税基较宽的大宗税种，通常作为中央收入，即使地方参与分享，分享比例也较低；企业所得税地区间税源分布不均衡且收入波动性较大，多是作为中央收入；个人所得税作为中央固定收入，有利于发挥收入再分配功能；关税、进口环节税收和资源税等体现国家权益的税种，以及消费税等宏观调控功能较强的税种，通常也纳入中央收入范围；财产税、营业税等税基较为固定的税种，一般作为地方收入。

13.1.3　财政转移支付

转移支付是指为了实现宏观政策目标，财政收入在政府间无偿流动的政府经济行为。这种流动既可以在不同级次政府间流动（纵向转移支付），也可以在同级政府间流动（横向转移支付），通常包括均衡性转移支付、专项转移支付和分类转移支付等形式。

1. 转移支付的必要性

（1）纵向不平衡。所谓纵向不平衡，是指中央（或联邦）政府在初次收入分配中所占比重高于在财政支出中所占的比重，形成财力剩余；而省（或州）及地方政府的收入比重低于支出比重，存在财力缺口。中央（或联邦）政府需要将一定的财力剩余通过转移支付的方式补助给存在财力缺口的省（或州）及地方政府。

（2）横向不平衡。由于财源分布的不均衡，一些地区可能拥有较多的税基，在税收体系相对统一的情况下，各地方政府的收入能力不尽一致；同时，地区间财政支出成本存在一定的差异，有些地区存在高费用因素（如高寒、人口过疏等）或较多的费用需求（如老人、穷人占总人口的比重较高），提供相同水平的公共服务需要不同的财政支出。因此，为了实现公共服务均等化，需要通过转移支付的方式，保证经济发展水平相对较低或支出成本较高的地区政府具有为本地居民提供与其他地区相同公共服务的能力。

（3）特定政策目标。特殊调节可以通过转移支付加以实施。最为典型的是，一些大型公共开支项目或国民经济主干工程，地方政府无力承担或风险太大而缺乏投资兴趣，而从效益角度考虑，中央政府的直接投资又不经济。在此情况下，就需要中央政府对项目建设所需资金给予一部分或全部的支持，从而形成特殊的转移支付。另外，通过设立鼓励性转移支付，可以引导地方政府从事中央政府期望的活动；对一些地区因不可控因素如自然灾害等引起的收入减少或支出增加，上级政府可以给予扶持性转移支付。

2. 转移支付的原则

（1）公平原则。即转移支付制度应当能够促进各级政府间以及同级政府间的公平。这里所说的公平既包括横向公平——地区之间的公平，也包括纵向公平——上下级政府之间的公平。主要是为了调节纵向与横向财力不平衡，通过转移支付，将富裕地区的财政收入转移一部分到贫困地区，将上级财政的资金转移一部分到下级政府（自上而下），或将下级财政的资金转移一部分到上级政府（自下而上），以便各级政府能够履行相应的公共支出责任。

（2）导向原则。即转移支付制度应当与国家的产业政策、地区发展政策结合起来。要通过转移支付将财政资金更多地集中到国家迫切需要发展的地区和行业，并引导更多的民间资金进入这些地区和行业，以便提高资源配置的效率、弥补市场机制的不足、促进经济的发展。

（3）事权原则。凡是地方事权范围的支出，原则上通过均衡性转移支付实施有效均衡，扩大地方政府支出统筹权限，增强地方政府支出责任；凡是中央委托的事务，由中央足额安排；凡是中央和地方共同的事务，明确中央和地方各自所承担的支出比例；对于符合中央政策导向的地方事务，中央财政也可以通过专项转移支付加以引导。

13.2　我国公共支出管理体制的现状剖析

1994年我国实行了分税制财政体制改革。分税制改革以来，财政收入占GDP的比重和中央财政收入占全国财政收入的比重显著上升，中央财政的财力大幅提高，宏观调控能力明显加强；符合市场经济要求的政府间财政关系，特别是中央与省级政府间的财政关系框架初步形成。但是，受客观因素影响，分税制财政体制在运行中还有些不尽如人意的地方。随着经济体制改革的深入，逐步暴露出一些矛盾，具体表现在：政府间事权划分不够清晰、财政资金分配和使用效率不高、局部地区基层财政运行较为紧张、地区间基本公共服务能力差异仍然较大等。

13.2.1　公共支出责任划分

1. 公共支出责任划分现状

现阶段，我国中央政府与地方政府划分公共支出责任的基本情况如下：

（1）中央的事权和支出责任。中央投资和管辖的公共事务主要是：国防、外交外事、海关、对外援助、武警部队、全国性基础设施和公共设施、大江大河治理等跨区域事务，中央政府机关和中央事业单位，国家公检法机关。

属于中央财政的支出范围是：国家政权、外交和中央国家机关运转所需经费，调整国民经济结构、协调区域发展、实施宏观调控所必需的支出，以及由中央直接管理的事业发展支出。具体包括：国防经费、武警经费、外交和援外支出、中央行政管理费、中央统管的基本建设投资、中央直属企业技术改造和新产品试制费、地质勘探费、由中央安排的支农支出，由中央负担的国内外债务还本付息支出，中央负担的公检法支出和文化、教育、卫生、科技等各项事业费支出，以及由中央承担的全国灾难救助支出。

（2）地方的事权和支出责任。地方投资和管辖的公共事务主要是：地方性基础设施和公共设施，地方政府机构和地方事业单位，地方公检法机关和民兵。

属于地方财政的支出范围是：本地区政权机关运转所需支出，本地区经济、社会事业发展所需支出。具体包括：地方行政管理经费，地方公检法支出，部分武警经费，民兵事业费，地方统筹的基本建设投资，地方企业技术改造和新产品试制费，支农支出，城市维护和建设经费，地方文化、教育、卫生等各项事业费，价格补贴支出和其他支出。

（3）中央与地方共同的事权。中央与地方共同承担的公共事务及公共支出责任有：教育、科技、卫生、文化、体育、抚恤和社会福利救济、劳动就业和社会保障补助、对不发达地区援助、灾难救助等。

2. 公共支出责任划分方面存在的问题

（1）中央与地方的权责划分不清晰。《中共中央关于完善社会主义市场经济体制若干问题的决定》指出："按照中央统一领导，充分发挥地方主动性、积极性的原则，明确中央和地方对经济调节、市场监督、社会管理、公共服务方面的管理权责。""根据经济社会管理职责的划分，逐步理顺中央和地方在财税、金融、投资和社会保障等领域的分工和职责。"但从1994年我国实行分税制后的实践来看，中央和地方的权责划分并未明确，中央管理的经济社会事务，除少数领域实行中央垂直管理以外，绝大多数也是地方管理的经济社会事务。中央和地方各级政府的权责界限基本上不清晰，事权范围重叠，职能出现错位，并且稳定性和规范性不足，从而导致管理成本较高。

（2）中央政府与地方政府的责任划分具有一定的随意性。1994年分税制改革以来，政府间事权和支出责任划分领域的改革进展相对缓慢，中央和地方的公共支出责任划分比较粗，各级政府的公共支出责任边界模糊，由此而导致中央与地方责任划分的随意性。具体表现在：

一是中央对地方进行"事权下放"。在我国，上级政府经常凭借其对下级政府的体制制定权，在没有相应财力调整或财力保障不充分的前提下，将一些事权下放到下一级政府，导致一些政府的支出责任缺乏财力保证。如前几年，中央陆续将一些企业的管理权下放地方，这些企业的职工再就业、离退休人员生活保障等支出责任随之调整到地方，加重了地方财政的支出责任。

二是地方对中央进行"政策博弈"。随着我国市场经济多元化利益格局的不断形成，地方政府利益主体的地位得以巩固，而且地方政府追求自身利益的冲动也越来越强。中央的宏观调控在局部领域表现为代表国家利益的中央政府与代表地方利益的主体之间的利益博弈关系。一些地方政府由中央宏观调控政策的执行者变为宏观调控政策的"规避者"，甚至和调控对象结成所谓"利益共同体"，共同对抗中央的宏观调控政策。这种现象发生的原因是多方面的，但中央与地方政府责任划分的随意性无疑为中央与地方政府间的博弈制造了操作空间。

（3）公共支出责任划分法制化程度不够高。我国宪法规定："中央和地方的国家机构职权的划分，遵循中央统一领导下，充分发挥地方的主动性、积极性原则。"但我国的行政事务十分纷繁复杂，宪法没有规定哪些行政事务由中央政府管理、哪些由地方政府管理；宪法未做出明确规定，基本法同样也未提供依据。迄今为止，我国尚未出台类似于《中央与地方关系法》等基本法，没有对中央政府与地方政府的关系加以明确与细化，容易造成中央与地方事权划分的不稳定，这也是中央地方支出责任划分缺乏规范、随意性较强的主要原因。

13.2.2 收入划分

1. 收入划分现状

中央财政固定收入包括：关税，海关代征消费税和增值税，消费税，铁道部门、各银行总行、各保险公司总公司等集中交纳的收入（包括营业税、利润和城市维护建设税），未纳入共享范围的中央企业所得税、中央企业上缴的利润等。

地方财政固定收入包括：营业税（不含铁道部门、各银行总行、各保险公司总公司集中缴纳的营业税），地方企业上缴利润，城镇土地使用税，城市维护建设税（不含铁道部门、各银行总行、各保险公司总公司集中缴纳的部分），房产税，车船税，印花税，耕地占用税，契税，遗产和赠与税，烟叶税，土地增值税，国有土地有偿使用收入等。

中央与地方共享收入包括：增值税中央分享75%，地方分享25%；纳入共享范围的企业所得税和个人所得税中央分享60%，地方分享40%；资源税按不同的资源品种划分，海洋石油资源税为中央收入，其余资源税为地方收入；证券交易印花税中央分享97%，地方（上海、深圳）分享3%。

2. 收入划分存在的问题

（1）共享税规模过大。

实行分税制管理体制，税种设置要与政府层级相适应，使各级政府都能拥有属于自己的主体税种，以利于筹集收入，安排支出。一方面，我国现有20多个税种，明显少于其他国家的税种数目；另一方面，我国有五级政府，是世界上主要国家中政府层级最多的国家。如何将20多个税种在五级政府间划分，在世界上几乎没有先例可言，其难度之大是显而易见的。因此，现行分税制财政体制只能走共享收入的道路。因而，从中央、省、市、县都将规模较大、增长稳定的税种作为共享税，以谋求本级政府收益的最大化。具体表现在：

一是在税种划分总体框架上，中央与地方"共享税"规模不断扩大。1994年分税制改革将增值税、资源税和证券交易印花税作为共享税，营业税和城市维护建设税尽管名义是地方税，但对来自铁道部门、商业银行总行和保险总公司的税收均归中央，这实际上也将营业税和城市维护建设税变成了共享税，从2002年起，又规定中央和地方按照统一比例分享企业所得税和个人所得税。在这种情况下，中央与地方共享税几乎涉及所有的主体税种，在规模上则占到税收总收入的80%以上（见表13-1）。

表13-1   2001—2008年我国主要税收收入情况   单位：亿元

年份	总计	主体税种						主体税种比例（%）
		增值税	营业税	消费税	关税	企业所得税	合计	
2001	15301.38	5357.13	2064.09	929.99	840.52	2630.87	11822.60	77.26
2002	17636.45	6178.39	2450.33	1046.32	704.27	3082.79	13462.10	76.33
2003	20017.31	7236.54	2844.45	1182.26	923.13	2919.51	15105.89	75.46
2004	24165.68	9017.94	3581.97	1501.90	1043.77	3957.33	19102.91	79.05
2005	28778.54	10792.11	4232.46	1633.81	1066.17	5343.92	23068.47	80.16
2006	34804.35	12784.81	5128.71	1885.69	1141.78	7039.60	27980.59	80.39
2007	45621.97	15470.23	6582.17	2206.83	1432.57	8779.25	34471.05	75.56
2008	54223.79	17996.94	7626.39	2568.27	1769.95	11175.63	41137.18	75.87

资料来源：国家统计局：《新中国60年》，第621页，中国统计出版社2009年版。

二是在地方的四个政府层级之间，呈现"一地一策、复杂易变"的多级共享态势。如地方所分享的增值税的25%在许多省以下又是多级共享的；营业税这种地方最大宗的收入也在许多省以下共享。

共享税比重过大的弊端在于：一是影响中央与地方在税收利益与管理权责上的"边界清晰度"，使中央与地方的分配关系难以按分税制改革目标的要求进入规范、稳定的状态；二是使中央税系和地方税系中的主体税种配置受到限制，难以形成相对独立的分级税收体系，不利于分级财政管理体系的建立和有效运作。

（2）基层政府自有收入不足。

由于税收收入划分尚未完全规范化，存在着按税种、行业、税目、比例等多种划分方法，主体税种几乎都被设置为共享税。县乡基层政府税源有限、税收弹性差、税种设计陈旧，一定程度上影响了地方财政的发展后劲。具体来说，主体税种如增值税、所得税是中央和地方共享，中央拿大头、地方拿小头；消费税全部归中央；营业税实行省级和地方共享。真正留给县级及以下的只有房产税、印花税、土地使用税等收入少、征收难的税种。从表13-1提供的数据可以看出，增值税、营业税、消费税、关税、企业所得税五项税收合计金额大约占到了总税收收入的80%；而这些税种主要归中央和省级政府，县乡两级自有财政收入只占全国财政收入的20%左右。

（3）税权高度集中。

1994年的分税制改革侧重于税种收入的划分，在税权方面没有做出明确的规定。税权包括税收的立法权、相关规章政策的制定权和征管权。实行分税制后，我国的前两项税权都集中于中央一级政府，几乎所有的地方税税种的税法、条例以及大多数税种实施细则，都由中央制定和颁发；地方政府仅拥有税收的征管权，即地方具有征收管理权及制定一些具体的征税办法和补充措施的权限。税权高度集中具体表现在：地方没有税收的立法权；除筵席税和屠宰税外，地方没有税种的开征、停征权；地方仅具有十分有限的税率调整权限（城镇土地使用税、车船使用税、房产税、城市维护建设税等地方税实施细则的制定权和解释权，以及在规定税率幅度内具体使用税率的确定权）；税目的确定权限，基本上集中在中央，一些地方税种的具体征税范围或项目的调整权限地方很有限（可以在中央规定的幅度内确定本地增值税、营业税起征点的权力等）。

税收立法权和相关政策制定权集中于中央，所带来的一些问题亟待重视和解决：第一，由于缺乏税收立法权，地方政府仅仅充当中央税收政策的执行者，无法通过税收手段对本级财政收入进行调节，利用税收杠杆调控地方经济发展的能力也大大降低。第二，导致税收政策灵活性差，不能适应各地区的实际情况，从而成为引发地区间政府财力差距不断扩大，不发达地区政府债务不断积累的原因之一。第三，随着经济的发展，目前高度集中的税收管理权影响到县乡基层财政的财政收入，而且也很难与我国各地复杂的经济情况和千差万别的税源情况相适应。既不利于地方政府财力与事权的统一，也不利于地方政府因地制宜地调控配置区域性资源，影响了地方政府组织收入的积极性。更为严重的是，地方税收立法权缺位使得地方政府无法立法征税、开辟新税源、积极组织财政收入，从而在客观上助长了税源日渐贫乏的县乡政府通过收费和摊派等形式来弥补支出的不足。

（4）税收返还和预算外收入的分配不利于提高中央财政集中水平。

1994 年分税制改革的重要目的之一是提高中央财政收入在国家财政中的比重。从体制运行情况看，如果仅就预算内收入而言，中央财政收入的比重确实明显提高，从 1993 年的 22% 提高到 1994 年的 55.7%，尽管此后中央财政收入所占比重呈现一定的波动，但基本上保持在 50% 以上的水平。而同期，中央财政支出所占比重变化并不大，1993 年中央财政支出占国家财政支出的比重为 28.3%，1994 年仅上升到 30.3%，此后基本维持在 30% 左右的水平。因而就预算内收支而言，在中央支出责任没有明显增加的情况下，分税制改革确实使中央政府集中了更多的财力，增强了中央的宏观调控能力。

但如果扣除按照规定必须返还地方的税收返还收入，中央财政实际收入所占比重就降到 46% 左右。如果再将政府性基金及预算外收入等扣除，中央财政收入所占份额不足 40%，明显低于世界上主要国家的收入集中水平。无论是工业化国家还是发展中国家或者转轨国家，无论是单一制国家还是联邦制国家，其中央财政收入所占比重均远高于我国水平。如 2006 年，英国为 91.7%，南非

86%、法国 85.5%，俄罗斯 72.8%，德国 74.2%。中央财政集中水平不足，影响了中央宏观调控能力的提高，限制了中央政府应对不断扩大的地区差距、城乡差距、贫富差距的政策空间和实施效果。同时，从我国现实国情和未来经济社会发展要求来看，一方面，考虑到地区间差异悬殊、民族构成复杂，中央财政必须具有一定的财力权威；另一方面，促进经济发展方式的转变、科学发展观的落实、和谐社会的建立和新农村建设等，也需要中央财政的大力支持。因此，继续提高中央财政所占比重，提高其宏观调控能力，将是下一步财政体制改革中的一项重要任务。

（5）两大税收征管体系职责未理顺。

首先，税种划分方法不统一。1994 年分税制改革将我国税种划分为中央税、地方税和共享税三个大块，并建立了两套税收征管机构进行征收。但是在细分中，划分方法却不够统一（见表 13－2）：既有按照税种来划分的，又有按照行业来划分的，还有按照比例划分的。如营业税本属于地方固定财政收入，却不包括铁道部门、各银行总行和保险公司总公司集中缴纳的营业税；资源税按资源品种划分，将海洋石油资源税划为中央税，其他资源税均划归共享税；企业和个人所得税虽作为共享税，但又将铁道运输、国家邮政、四大银行和国家开发银行、进出口银行、农业发展银行、海洋石油天然气企业的所得税划为中央税。这种交叉重叠的划分方法，导致了中央税和地方税内涵和外延难以准确界定，自然也就使得两大税收征管机构在征收过程中遇到很多实际的困难。

表 13－2　　　　　分税制下各部门、各税种和税收征收管理范围一览表

	税收征收管理范围
国家税务局	增值税；消费税；中央企业所得税；中央与地方所属企业、事业单位组成的联营企业、股份制企业的所得税；地方银行、外资银行和非银行金融机构的企业所得税；铁道部门、各银行总行、各保险总公司等集中缴纳的营业税、所得税、城市维护建设税和教育费附加；海洋石油企业所得税、资源税；外商投资企业和外国企业所得税；证券交易税；对储蓄存款利息征收的个人所得税；中央税的滞纳金、补税、罚款。
地方税务局	营业税、城市维护建设税、个人所得税和教育费附加（不包括上述由国家税务局系统负责征收管理的部分）；地方国有企业、集体企业、私营企业所得税；资源税、城镇土地使用税、耕地占用税、土地增值税、房产税、城市房地产税、车船使用税、车船使用牌照税、印花税、契税、遗产和赠与税（尚未开征）；地方的滞纳金、补税、罚款。
海关	关税、行李和邮递物品进口税；负责代征进口环节的增值税和消费税。

其次，国税与地税职能交叉，征管效率不高。现行分税制由于税收管理权的高度集中以及税种在中央和地方之间划分不彻底，导致了诸如：国税与地税在征管权限上有一定的交叉，征税权与执法权及征管权与收入权也有一定的脱节，存在一些征管"真空带"等问题，削弱了税收征管的力度。属于地方税的税种在原则上应由地方税务系统负责征收，但在具体实施时，国家又规定把部分地方税种交给国家税务局负责征收管理，使责任和权力脱节。如外籍个人所得税、增值税的25%部分，其收入部分或全部属于地方，而征收管理权却属于中央。类似于这样的征管权与收入权的脱节很容易引起国税、地税两局扯皮的现象发生。不仅造成征管范围的错综交叉、操作中矛盾百出，而且还可能导致地方收入的流失。再如：一些形式上划分地方的附加税，是随主税由国税机构代为征管的，如城建税和教育费附加等，这使得地方税体系难以涵盖所有地方税收入，导致地方税征管环节功能缺位，其有效运转也可能受限于来自内部和外部的障碍。

最后，地税实行垂直领导体制后，由于省以下政府无权征税，他们必须依赖同级地税部门提供收入。为了保证必要的财政收入，地方政府不得不动用大量物力财力参与税收的征收，地税工作在某种程度上也因此受到地方政府影响。

（6）省以下分税制改革不够彻底。1994年实行分税制时，原计划先在中央与省之间搭成框架，再逐步在省以下理顺体制、贯彻分税制。但由于共享税规模不断扩大，且地方可供划分的税种十分分散，很难细分，地方政府主体税种不明确，省以下的分税制多是采取形式不一、五花八门的方法划分，其实质是搞成了"一地一策"的共享和分成，越靠近基层，越倾向于采用"讨价还价"的各种包干制和分成制。省市级政府大多对中央划为共享税的几大税种再次实行共享，使本级获得较为稳定且充足的收入，保证本级收入在总收入中占有一定比重。在这样的制度安排下，县乡政府所能获得的税收收入较为有限，屠宰税、农业特产税、农业税的取消，进一步加剧了县乡财政收入比重下降的趋势，加上上级政府转移支付结构不合理和管理薄弱等因素影响，造成了局部地区基层财政运行较为紧张，不仅影响县乡居民享受最基本的公共产品，而且还影响了各地的投资环境，制约了经济发展。

13.2.3 转移支付

1. 转移支付现状

我国现行的政府间财政转移支付制度是在1994年实行分税制财政体制的基础上建立起来的，分为两个层次：中央对省级政府的转移支付和省以下的转移支付。后者在全国尚未统一。中央对省级的转移支付由三种形式构成：

一是税收返还，包括消费税、增值税"两税"返还以及所得税基数返还。其中，"两税"返还额以 1993 年的税收收入为基数逐年递增，具体测算方法是，以 1993 年为基期年，对按照分税制规定中央从地方净上划的收入总额（消费税 + 75%的增值税 - 中央下划收入），如数返还地方；1994 年以后，税收返还在 1993 年基数上逐年递增，递增率按当年各地上划中央增值税和消费税增长率的 30%确定。所得税基数返还属于数额固定的返还项目，具体数额以各地 2002 年所得税收入分享改革时净上划中央的收入确定。2008 年，中央对地方税收返还 4282 亿元。其中，"两税"返还 3372 亿元，所得税基数返还 910 亿元。

二是一般性转移支付。主要是为均衡地区间财力差距，配合国家各项重大减收增支政策的落实，按照均等化原则安排给地方的补助资金，受援政府可自主安排使用。主要项目包括均衡性转移支付、民族地区转移支付、调整工资转移支付、缓解县乡财政困难奖补资金等。其中，均衡性转移支付专门用于弥补欠发达地区财力缺口，选取客观因素测算各地标准收支，对存在收支缺口的地区给予补助，属于典型意义的均等化拨款。2008 年，中央对地方一般性转移支付 8746 亿元，其中均衡性转移支付 3511 亿元。

三是专项转移支付，是中央对地方承担共同事务、中央委托事务和符合中央政策导向事务安排的补助资金，实行专款专用，主要用于教育、科学、文化、农林水等领域。2008 年，中央对地方专项转移支付 9962 亿元。

2. 转移支付存在的问题

作为分税制改革的配套措施，我国逐步建立并完善了政府间财政转移支付制度。客观地讲，转移支付制度对于加强中央政府的宏观调控能力、促进欠发达地区社会经济的发展、实现公共服务均等化等方面发挥了积极作用。但是，制度运行中也暴露出一些问题和缺陷，诸如：转移支付制度的均衡功能仍然不足，难以有效缩小地区间财力差距；一般性转移支付规模过小；专项转移支付设立机制不科学、配套要求不尽规范；转移支付资金分配的规范性和透明度仍需进一步提高；转移支付法制化程度不高，并且缺乏实施细则；缺乏有效的监督机制和绩效评价体系等。具体情况如下：

（1）转移支付结构不尽合理，均等化作用较为有限。

一是均衡性转移支付所占比重偏低。在我国现有转移支付项目中，均衡性转移支付的均等化效果虽最为明显，但在全部转移支付中所占比重却比较低。2002 年所得税收入分享改革后，由于中央财政通过改革将集中的收入全部用于增加对地方的均衡性转移支付，均衡性转移支付比例有所增加，但 2008 年仍只有 15.3%，与地区间财力差距较大的客观国情不相吻合（见表 13-3）。

表 13 – 3　　　　　　　　　　　转移支付结构变化情况　　　　　　　　　　单位：亿元

年份	税收返还	均衡性转移支付	专项转移支付	其他转移支付
2002	3335（45.36%）	279（3.79%）	2401（32.66%）	1337（18.18%）
2005	4144（36.12%）	1121（9.77%）	3517（30.65%）	2692（23.46%）
2008	4282（18.63%）	3511（15.27%）	9962（43.33%）	5235（22.77%）

资料来源：安体富：《中国转移支付制度：现状、问题和改革建议》，载于《财政研究》，2007 年第 1 期；2008 年财政决算报告，财政部网站。

　　二是"两税"增量返还形成地区间财力逆向调节。1994 年的分税制在体制上为了保护地方既得利益，引入了增值税、消费税"两税"返还，确保了新旧体制的平稳转换。但由于"两税"主要分布于财力相对雄厚的东部地区，并且随着地方上划收入的增长而增长，这使得税收返还不具有促使地区间财力差异缩小的功效，制约了转移支付制度均等化的力度和效果，影响了财政资金对贫困地区和弱势群体的转移支付。这种"马太效应"的直接后果是：非但没有缓解各地财政收入的不均衡，反而在一定程度上加剧了这种不均衡。

　　三是专项转移支付比重偏大。目前，专项转移支付已占中央补助地方支出的近一半，约占地方财政支出的 1/5。这种状况会出现一定的制度漏洞。例如，中西部地区、农村地区由于经济基础薄弱，缺乏配套资金。因此，在从中央争取专项资金时，西部往往竞争不过东部；在从省级争取专项资金时，农村往往竞争不过城市。这样一来，就可能导致地区之间、城乡之间的差距进一步拉大。

　　（2）专项转移支付管理机制不够合理。

　　一是设立机制不规范。与均衡性转移支付以实现各地区财政均衡性的原则不同，专项转移支付是以具体支出责任来进行设计和实施的。由于对政府和市场分工以及各级政府之间的经济社会事务的管理责任缺乏明确的界定，因此无从规范转移支付设立机制，很难避免种类繁多、分布面广的情况，导致专款项目分散、数额零星，几乎覆盖了所有的预算支出科目，补助对象也涉及各行各业。据审计署统计，2005 年中央对地方的专项转移支付项目有 239 个，参与中央专项转移支付资金分配的部门多达 37 个。有限的资金分散使用，许多专项转移支付项目所得到的实际资金数量与所需资金数量差距较大，达不到应有的规模效果。

　　二是省以下专项转移支付缺乏约束。按照现行预算编制方法，专项拨款省级财政列补助市县支出，市县财政列上级补助收入。专项拨款下达后，基本上不要求专门就某项资金上报决算。此外，对专项资金是否做到专款专用，上级政府不能及时准确地掌握信息，即使在发现不按原定用途使用专款，甚至违规使用专款问题后，对违反规定的地方政府也没有相应的处罚措施，助长了挤占、挪用等违规使用专项拨款的不正之风。由此导致了资金使用和安排上的随意性，影响了转移支付制度的政策效应。

三是资金使用效率不够高。专项拨款是来自外部的资金，无偿使用且无须偿还，也不需要地方付出任何征税努力，与自行组织的收入相比，是一种收入组织成本更低的资金来源。由于专项拨款的强替代性，各级地方政府出于经济理性，对它有较强偏好，因此便极力争取。同时部分地方政府为了追求机构利益最大化，使财政支出规模不断扩大，甚至超出公共产品的最优产出水平所需要的支出水平，导致了专项拨款的使用效率低下。

（3）转移支付法制化程度较低。受政府间支出责任划分不够明确等多方面因素影响，目前我国还没有对转移支付制度进行专项立法，转移支付的设置标准、结构方式、计算方法、监督机制、绩效考评、问责机制等缺乏必要的法律规范。尤其是专项转移支付方面，虽然许多专款项目都出台了配套的资金管理办法，但缺乏总体层面的统一规范，随意性还比较大。

13.3　我国公共支出管理体制的改革与优化

13.3.1　事权和支出责任划分

1. 国际惯例

在事权划分上，成熟市场经济国家所形成的基本格局是：

（1）国防事务、外交事务。对国防事项的立法权为中央专有，对国防事项的行政权则以属于中央直接管辖为原则，地方所享有的国防行政权，主要限于组织地方武装力量，协助征集兵员，供给部队，负责所辖地域的国防。绝大多数国家将外交事务划归中央专门管理，只有部分联邦制国家允许成员国保留部分外交权。但这类外交权仅以非政治性的外交活动为主，在国家外交活动中，所占比例也不大，而且具有严格的限制条件。

（2）公安、内政、司法事务。中央对事关国家主权的公安事务，如国际关系、出入境管理等，实行专门管理；维护国家安全与秩序的主要工具——警察及其事项，由中央与地方共同管辖。国家机构的建制，由中央决定，中央与地方分别建立；地方机构的建制，由地方决定并建立。关于公民享受基本权利和自由的事项，由中央立法，由中央与地方共同行政。司法体制分为高度集权、集权为主和分权三种类型：在高度集权的司法体制下，所有司法制度都由中央立法并实施，所有司法机关都由中央建制并管理；在集权为主、分权为辅的司法体制下，所有关于司法方面的立法权全部集中在中央手中，所有司法制度、司法机关的建制等均由中央立法并主要由中央实施，地方只是在一定范围内享有司法行政管理权；在分权的司法体制下，一个国家之内实行二元的司法制度，或者同时并存两种司法系统，或者同时并存两套司法法律，或者兼而有之。

（3）经济事务。全国范围的产业事项由中央管理，局部范围的产业事项由地方依照法律规定管理。全国范围内的全程全网的基础设施由中央管辖，局部范围的独立的基础设施由地方管辖。全国范围内涉及国民经济各个领域技术管理方面的制度由中央专门管辖。全国范围内事关国际关系和国家主权的产业部门、行业制度由中央专门管辖。全国范围内的经济事务在国民经济中虽然所占比重不大，但是关系重大的产业部门、行业和产品方面的制度，由中央管辖。在财政金融方面，世界各国都实行以中央集中管理为主、地方协助管理为辅的财政金融管理体制，由国家统一管理信用、银行和货币。

（4）文化教育事务。发展文化事业的方针、政策以及措施由中央决定；文化遗产的保护以由中央立法并执行或交由地方执行为原则；图书馆、文化馆、博物馆等馆藏事业既有由中央立法并执行或交由地方执行的体制，也有由中央与地方共同立法并执行的体制；传播媒介以由中央立法实施或交由地方执行为原则；文化娱乐设施由中央与地方共同立法实施。教育立法方面，有中央与地方共同立法，也有中央和地方分别立法；在教育行政方面，有以地方管理为主的，也有以中央管理为主的。

2. 具体划分建议

（1）明确界定各级政府事权范围。立足单一制政体等基本国情并借鉴国际经验，我国事权划分改革的目标是：中央政府负责国防、外交、外贸、环境、邮政、银行、省际贸易、移民、养老保险等全国性公共事务和外部性较大以及具有规模经济效应的公共事务；地方政府主要负责本行政区域内公共事务，包括交通运输、工业农业、教育、卫生、社会福利、治安和消防等。按照上述思路，主要基本公共服务项目的划分目标如下（见表13-4）：

● 教育：划归地方管理。中央负责制定全国范围内统一的最低教育经费保障标准；除少量的国立大学外，教育事务全部划归地方管理，中央财政将现有教育方面的转移支付一并以基数形式下划地方。今后教育相关经费标准提高所需支出，中央通过加大对地方均衡性转移支付加以保障，实现"学有所教"。

● 公共卫生：由中央、省、县分项分担。中央政府负责制定全国公共卫生服务最低标准，承担全国性的重大疫病和传染病防治工作；省级政府承担辖区内公共卫生服务资源布局和地方性疾病防治；县级政府承担公共卫生机构和医疗机构的基本支出。实现"病有所医"。

● 社会保障：失业保险、基本养老保险由中央负担，实现全国统筹，均衡各地企业负担水平，促进劳动力的跨地区流动，增强养老基金抵御风险的能力，适时将多套保障体系加以归并，构筑普惠的社会安全网。在全国范围内实现"老有所养"。

● 自然资源和环境保护：按照受益范围和外部性原则，结合国家主体功能区规划，中央财政承担国家级禁止与限制开发区域的自然资源保护和环保支出，省级财政负责省级禁止和限制开发区域的环保支出。

此外，适当上收司法、市场监管等职能，以减少地方保护，促进社会公正与统一市场形成。

表 13－4　　　　　　　　　我国政府间事权划分的目标模式

项目	中央	省级	县级
社会保障	养老保险、重特大灾害和事故救助	居民福利和保健政策制定、农村低保、地方性灾害与事故救助	居民福利和保健政策实施与日常管理
义务教育	制定全国最低经费标准	教师工资、校舍建设维护	学校日常管理、教师工资、校舍建设和维护
公共卫生	制定全国标准、全国性的重大疫病和传染病防治	公共卫生服务资源布局、地方性疾病防治	公共卫生、医疗机构建设与运转
外事安全	外交、国防、司法、出入境管理、反恐、禁毒、侨民、港澳台事务	警察	消防、户籍管理
基础设施	国道、主干铁路线等跨区重大基础设施建设	地区性交通基础设施建设维护、跨区交通干线的日常维护	路灯、上下水道等城乡公共设施建设维护
产业经济	宏观经济调控、协调地区间经济发展	区域性经济结构调整和发展规划	执行上级既定经济政策
资源环境	大江大河治理与全流域国土整治、全国性环保重点项目	区域性河流治理与国土整治、环境改善	日常环境监测、报告

（2）按照事权进一步理顺各级政府的支出责任。在理顺事权的基础上，着眼于各级政府支出责任的明确化、规范化和固定化，进一步明确各级政府的支出责任。具体建议如下：

● 国防支出。国防支出属中央政府的支出责任，但军区、预备役和武警部队对地方工作给予了一定支持，从受益范围角度考虑，地方政府应承担一部分支出责任。各级地方政府可根据本级财力情况，对民兵预备役部队训练基地建设给予适当补助。

● 行政管理和社会稳定支出。根据受益范围原则，行政人员、警察、司法机关人员工资应主要由各级政府本级财政承担。维持正常运转的公用经费支出，原则上应由各级政府本级财政全部负担，对于财力较为薄弱的基层政府，上级政府主要通过加大均衡性转移支付的方式给予必要的财力保障。

● 民生领域支出。一是教育。应建立各级政府共同负担的教育投入模式，具体安排可以参考：省级政府应负责本科以上的高等教育支出全部责任；大专教育支出应由省、市政府共同承担，具体比例根据省级财政实际状况而定；技术学校、职业教育、幼儿教育支出主要由市、县政府承担，省级财政给予一定比例的资助；中小学义务教育教师工资应由省、市、县政府按比例共同负担，乡级政府因教师工资上划县级管理，不再承担此项支出责任。二是文体广播和文化事业。文体广播事业是省、市、县各级政府共同承担的职责，但县级政府承担此项职责财力明显不足，因此财政支出责任应以省、市财政负担为主，各级政府本级财政负担为辅。三是卫生。从公平、效率角度考虑，各级公共卫生事业费支出责任应由各级政府本级财政负担为丰，省级财政补助为辅。四是社会保障。养老保险、失业保险由中央负责，促进劳动力的跨区域流动，体现公平与效率。其余的社会保障支出责任应主要由基层政府承担，以充分发挥基层政府了解社保对象的信息优势。比如，对于医疗保险支出，考虑到基层政府更接近保障对象，应由市、县两级政府本级财政承担主要支出责任。对于城市居民最低生活保障支出，由省级财政通过转移支付与市县财政共同承担。其他的财政支出，如救灾救济支出应建立各级财政共同负担的机制。

● 基础设施建设支出。基础设施建设支出责任的划分应根据所建设项目的受益范围来确定。中央财政负责全国范围内跨区域的基础设施项目；受益范围是省、市、县共享的基础设施项目，其支出责任相应由省、市、县共同承担；省级财政主要负责事关全省发展的重点建设项目或跨市（地级）区域的建设项目支出，集中财力办大事，提高财政资金使用效益，同时，取消这些项目的下级配套支出责任，减轻市、县政府负担。市级、县级的基础设施项目支出，主要由市县承担。

● 农林水支出。按照受益范围原则和效率原则，除跨区域或全省性重点农业工程、救灾、防疫等项目支出由省、市负担为主外，其他财政支农资金，如小型农田水利、水土保持、防汛、农技推广、农田基建等，应全部下放到县级管理。

3. 相关配套措施

（1）通过立法确立支出责任划分的法律地位。针对目前中央与地方之间，地方各级政府之间支出责任频繁变动的情况，应尽快通过立法，将公共支出责任的划分方式固定下来。

一是在宪法中规定中央与地方支出责任划分的原则。明确划分中央及地方政府的责权，并以法律的形式加以规范和固定，这是市场经济国家分级财政体制实践的一个共同特征。例如在德国，各级政府事权和支出范围划分的依据就是其联邦基本法。我国也应在宪法中加入中央与地方、地方各级政府之间权责划分的内容。由于宪法是一个国家最高的法律规范，其内容应尽量概括，只需对政府间关系作原则规定。

二是制定《中央与地方政府关系法》。以基本法的形式将中央政府与地方政府的支出责任划分固定下来，尽量减少随意性。在该法律中，一方面要明确中央与地方各自的支出范围，另一方面要明确支出责任调整的权限和程序。使中央政府与地方政府在责任划分方面成为平等的主体。虽然在行政上存在隶属关系，但二者均是在法律授权的框架下履行各自的职能。虽然中央为了承担宏观调控和再分配的职能可能要对地方的经济进行干预，但这种干预必须限定在一定的范围内，而且要以一定的程序和步骤进行。在上述法律规定的范围以外，中央不得随意变动支出责任。

三是制定《地方各级政府关系法总则》，各地政府建立细则，以便通过立法程序将省以下各级政府之间的支出责任划分固定下来。《总则》应体现地方各级政府支出责任划分的总原则，并在全国范围内保持统一；地方政府的细则则要因地制宜，符合各地的实际情况。因为我国国土面积广阔，各地经济发展又极不平衡：东部沿海地区经济发达，县域经济规模大、实力强，县级政府的支出责任可以相应地大些；中西部地区经济欠发达，县级政府可能难以负担太大的支出责任。因此，对不同地区不必强求一致，但总的原则要统一。

（2）对公共支出的使用建立约束机制和问责机制。对公共支出的使用建立约束机制的主要目的是确保一些重点的、关系国计民生的支出项目获得足够的资金支持，同时可以在一定程度上限制政府本身对财政资金的消耗。为实现这一目标，可以尝试将公共支出中用于基础设施建设的资金占总支出的比例作为评价公共支出质量、评价政府运行效率的指标。作为政府部门，一方面要加强自身的建设，科学合理地使用财政资金；另一方面要积极主动地披露自己在一定时期内公共资金的使用情况，接受审计部门对于资金去向的监督与核实，构建"阳光财政"。

对公共支出的使用建立问责机制主要是指当出现公共支出资金损失或资金使用低效时，应该有一种手段对相关责任人进行追究及惩处。这要求在立项之初便要确定主要的责任人及责任单位。相关责任人不能批准了公共支出就"撂挑子"，必须继续对公共支出项目跟进，随时校正出现的偏差与失误。如果最终出现了失误，应当负相应的责任。只有明确了负责人，才会有相关的利益主体对公共支出进行监管，公共支出管理体制的完善才有可能。

13.3.2　收入划分

1. 国际惯例

从各国具体实践看，按照政府间收入划分的基本规则，日本、英国等单一制国家通常将增值税、个人所得税、公司所得税等大宗税种作为中央收入，中央收入比重相对较高；德国、美国等联邦制国家一般将所得税纳入联邦与州等地方政府的共享范围，财力集中水平略低于单一制国家。另外，各国普遍将财产税、车辆税、销售税等作为地方政府收入（见表13-5）。

表13-5　　　　　　　　　　政府间收入划分国际比较

政体	国别	中央（联邦）收入	地方收入	共享收入
单一制	日本	个人所得税、法人税、遗产税、证券交易税等	居民税、财产税、车辆税、土地拥有特别税等	消费税（中央地方分税目共享）
	英国	个人所得税、公司税、资本利得税、印花税、遗产税、增值税、消费税	市政税、营业房地产税	—
	法国	个人所得税、公司所得税、增值税、消费税、关税、遗产税、交易税	房地产税、居住税、财产转移税、专利税、电力税、工资税、娱乐税、汽车牌照税	—
	匈牙利	公司税、消费税、增值税、关税、土地税、商业税等	建筑税、地皮税、地方自治税、旅游税	个人所得税、汽车牌照税
联邦制	德国	关税、矿物油税、烟税、烧酒税、保险税、交易税	遗产税、财产税、机动车辆税、赌场税、其他交通税	公司所得税、个人所得税、增值税、工资税、资本收益税
	美国	关税、社会保障税、特种销售税	财产税、一般销售税、许可证税	公司所得税、个人所得税、遗产与赠与税
	加拿大	关税、汽油与天然气税	财产税、一般销售税、许可证税	公司所得税、个人所得税、社会保险税、投资收入税
	澳大利亚	个人所得税、企业所得税、商品销售税等	工薪税、州财产税、车辆税、土地矿产税、赌博税、保险行业税、财产税	—

资料来源：Roy Kelly, "Intergovernmental Revenue Allocation Theory and Practice: Application to Nepal" Asian Journal of Public Administration, Vol. 21, No. 1.

2. 具体政策建议

（1）优化税制结构，完善税种。我国现行的分税制已经历时 16 年。随着我国市场经济体制的逐步建立和发展，内外经济环境已经发生了改变，税制结构和税种都应当与时俱进。在税制结构方面，应当按照"公平税负，简化税制"的原则对现行税制进行调整，继续做好"两税合并"工作：将内外资企业两套房产税与城市房地产税合并为统一的房产税；将车船使用税和车船使用牌照税合并为车船税；停征部分老税种，如城市维护建设税等；适时开征新税种，如社会保障税、遗产税、赠与税、环境保护税等。另外，要坚持推进"费改税"，逐步将各种政府性收费等预算外收入纳入预算管理。在完善税种方面，对高档消费行业增加消费税的征收；调节营业税，以促进第三产业的发展；推进个人所得税核算方式的改革，从核算分类所得逐步过渡到核算综合所得。

（2）科学合理划分税种收入。应按照各税种的基本属性，根据税收划分的基本原则，在压缩共享税规模的同时，扩大中央税范围，提高中央财政集中水平。一是压缩共享税规模，只保留增值税、个人所得税、印花税作为共享税。将铁道部、各银行总行、各保险总公司集中缴纳的营业税、城市维护建设税划归地方，使营业税、城市维护建设税成为真正的地方税。适时取消"两税"1：0.3 增量返还，增加增值税地方分成比例。二是调整部分税种收入划分。中央税除保留现行的消费税、进口关税、进口增值税、进口消费税外，将企业所得税划归中央税。地方税在维持原有税种不变以外，可将新开征的社会保障税、财产税作为地方税。

（3）适当增大地方政府的税收自主权。应按"中央立法为主，地方立法为辅，中央、地方分税分级管理"的原则划分税收管理权限：对事关全局的税种，立法权、开征停征决定权、税目税率调整权继续集中在中央。对中央、地方共享税，税收立法权、解释权、开征停征权、调整权、减免税权以及税收加征权等，均由中央统一立法。对具有宏观调控功能的个人所得税、企业所得税，其税收的立法权、解释权、开征停征权，应统一由中央掌管，但税收调整权应部分下放给省、自治区、直辖市。这有利于调动地方的积极性，因地制宜地处理好税收问题，充分发挥这些地方税骨干税种调控经济的作用。对具有周期性波动的税种、生产要素基本不变的税种以及带有地方特色的小税种，如筵席税、车船使用税、土地使用税等，其税收的立法权、解释权、开征停征权、调整权、减免权、加征权等在中央统一税则的前提下，赋予地方政府相对独立的自主立法权，以调动地方政府理财的积极性。对于地方具有普遍性的税种，除税收立法权归中央外，地方政府有权决定地方税种的开征、停征、调整税率和减免税；在中央宏观政策的统一指导下，地方政府可对具有区域性特点的税源开征新税。对于省以下政府之间的税权划分，鉴于我国地方政府的实际情况，税收只宜分权到省，省以下政府之间的税权暂不宜下放。另外，地方政府在调节已有税种的税率时，应选择税基比较稳定的税种，以避免调整税率后对要素配置产生重大的影响和扭曲效果；选择对经济周期变化的敏感性较低的税种，以避免对经济体的运行产生重大的影响，同时也可以防止因经济周期波动导致地方财政收入的波动。另外还要注意地理分布均匀，避免产生新的横向不均衡。

（4）撤并两套税务征管体系为一套税务机构。由一套税务机构统一征收中央税、地方税和共享税收。省以下税务机构垂直管理。在税收入库环节自动按税种和分成比例分别入中央库和地方库。加强稽查力度。减少征税成本，提高征税工作效率，减轻纳税人负担。

（5）有选择地赋予地方政府举债权。赋予举债权也是解决公共支出资金不足的一个方案。目前我国地方政府既没有税收立法权，也没有举债权，限制了地方政府在应对财政困难局面时的政策选择空间。有选择地赋予地方政府举债权，可以提高地方政府的筹资能力。但由于举债会带来偿债风险，因此中央要进行约束和管理。首先，要设置获取举债权的门槛。只有经济发展水平达到一定程度的地方才能进行举债。这样一方面可以保证借款主体具有还款能力，另一方面也可以促进地方政府为了获得举债权而加速经济发展。其次，要对债务规模进行控制。可以参考以下控制方式：第一，增量控制，规定每年新增的债务量；第二，余额控制，规定某一时点债务总量不得超过多少；第三，比例控制，规定债务量与 GDP 的比例等。另外，对于金额特别大的举债需求，应当报中央批准，并明确债款用途和还款方案。

13.3.3　政府间转移支付

1. 国际惯例

从成熟市场经济国家的实践看，通常按照受援政府的资金使用条件，将转移支付分为均衡性转移支付（equalization fiscal transfers）、专项转移支付（specific fiscal transfers）和分类转移支付（block grants）。均衡性转移支付（equalization fiscal transfers）也称一般性转移支付（general fiscal transfers）或无条件转移支付，基本目标是通过增强财政困难地区的财政实力，均衡地区间财政差异。对于此类转移支付，拨款者不规定资金的使用范围和要求，受援政府可按照本地实际情况统筹安排使用。专项转移支付（specific fiscal transfers）也称条件转移支付，指附带使用条件的转移支付。转移支付提供者在某种程度上规定了资金的用途，受援政府必须按照规定的方式使用资金。分类转移支付介于均衡性转移支付和专项转移支付之间，拨款者规定了转移支付的大致使用方向，但不对资金使用的细目与具体用途加以明确。

从国际经验看，一国的转移支付结构取决于本国特定国情，并无统一的参照。美国是分权国家的典型代表，但美国是少有的没有建立一般性转移支付制度的国家，联邦政府的转移支付全部以专款和分类转移支付方式下达，州政府的资金自主使用权限受到较大限制；日本是单一制国家，相对集权，但日本的地方交付税（均衡拨款）每年约 15 万亿日元，高于国库支出金（专款）（见图 13－1）。

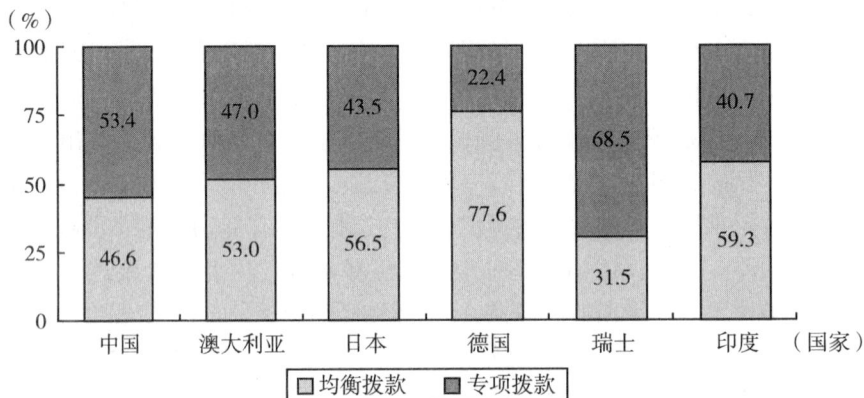

图 13－1　部分国家中央（联邦）转移支付结构

注：中国为 2008 年数据，转移支付中剔除税收返还。其余国家为 2003 年数据。

资料来源：OECD Annual National Accounts Database，May 2006.

2. 具体政策建议

（1）优化转移支付结构。一是对转移支付进行总体规范。首先，简化转移支付的制度安排。目前，财政转移支付的具体种类大致有十几种，既存在固定性的，也存在过渡性的；既存在中央对地方的补助，同时并存地方对中央的体制上解等。从简便易行的角度出发，可以研究把固定性的项目进行归并。在此基础上，综合考虑政府间事权和支出责任划分改革进展，严格按照事权原则对转移支付制度进行总体设计，形成科学规范的政府间转移支付框架。二是提高均衡性转移支付的规模和比例。由于我国各地区之间存在巨大差异，应建立"均衡性转移支付为主，专项转移支付为辅"的转移支付模式。通过加大均衡性转移支付的力度来逐步实现各地区公共服务水平的均等化，实现社会经济均衡发展的目标。中央财政新增财力除了安排本级支出正常增长外，主要用于增加均衡性转移支付，重点帮助中西部地区解决财力不足问题。在坚持总量规模不再增加的基础上，对优化专项拨款结构所节省下来的资金，要重点投入到义务教育、社会保障、农林水、扶贫开发等民生领域和国家重点支持的项目上去。

（2）提高专项转移支付效率。严把专项拨款立项关，建立严格的专项拨款准入机制，同时对已有的专款项目进行清理整合，改变项目分散、数额零星的现状。要突出重点，将资金集中到重大的科技项目、基础设施建设项目、环境保护项目，事前要充分调研，确保资金的使用确实能够增强我国的自主创新能力、改善投资环境、促进可持续发展等，并且要切实做到专款专用。为了确保这一点，一定要建立严格的专项转移支付的申请程序与审批步骤，通过制度的规范避免专项转移支付资金成为"寻租"的目标。

（3）引入转移支付激励约束机制。要通过制度设计防止县乡财政产生依赖思想，通过引入激励约束机制充分调动县乡加快发展、加强管理和增强做大财政收入"蛋糕"的积极性。一方面，要建立县级财政财力最低保障机制。通过科学的测算和分析，核算出县级财政的基本支出水平，对经济较发达的县乡要保护其既得利益，对于困难的县乡要给予补贴，以确保其基本支出需要。另一方面，要建立财政激励机制，引导省级政府加大财力下沉力度，同时鼓励县乡增加自有收入。可以参考将县级财政增收部分以一定的比例作为奖励，对县进行返还，以促进县级财政积极理财，增加收入。

（4）通过立法形式提高转移支付的规范性和透明度。目前，转移支付制度仍以"方案"、"办法"的形式加以规范，随着我国转移支付的规模不断加大，建立明确的法律法规体系十分重要。应加快研究《政府间转移支付法》，清楚阐明转移支付的基本原则、政策目标、接受对象、计算依据、分配方法、信息反馈、监督考核等内容。考虑到目前政府间财政关系法等相关基础性法律尚未出台，应重点加快出台《财政转移支付暂行条例》，条件成熟时，再上升到法律层面。

13.3.4 完善省以下分税制体制

1. 通过"扁平化"改革减少财政层级

（1）大力推行"省管县"财政管理体制改革。"省管县"主要是由"省管县财"代替原来的"市管县财"，实现市县行政不同级，但财政同级，相当于减少了一级财政。其优点体现在：

一是有利于发挥省级财政的调控作用。在我国的一些省份，由于财政积累能力较弱，经济发展水平相对落后，而且县域之间的经济发展水平很不平衡，县（市）级的财政收支矛盾较为突出。实行"省管县"财政体制，有利于省从全局的角度，合理分配财力，统筹考虑解决县（市）级困难和问题，发挥省财政调节县（市）财力差异的职能作用，确保财政困难县（市）继续维持运转的基本需要。对于收入规模较小的县（市），由于其财力不足，有时存在资金调度问题；在以地区为单位调度资金时，由于地区资金总量不大，市本级可调度的资金量较小，市的预算资金调度的回旋余地很有限。"省管县"体制可以使县（市）财政在预算资金调度上有更大的回旋余地，有利于县（市）干部以及职工的工资及时发放和社会保障等重点支出资金及时拨付到位。

二是通过减少财政管理层次来降低行政成本。"省管县"体制由于在管理层次上省直接对县（市），没有中间环节，有利于提高工作效率和政策措施的及时贯彻落实。如在制发文件、开会布置落实工作、对下调度资金方面，省可以一步到位；县（市）在申报项目、反映情况等方面，也可以快速直达到省里。从行政成本上看，"省管县"体制有利于降低行政成本，如在省下发文件和县（市）项目申报等方面，省与县（市）之间都是直达的，不存在市这一中间环节转发转报等问题。同样，开会时，省可以直接开到县（市），这些都有利于减少财政开支，降低行政成本。此外，"省管县"体制能使省补助县（市）的资金直接落实到县（市），避免了中间环节的截留、挤占和挪用，既提高了效率，也避免了腐败。

三是有利于促进县域经济的发展。制约县域经济发展的主要障碍是管理层次多，办事效率低，权力下放不够。要加快县域经济发展，必须为县域经济发展创造良好的外部环境。实行"省管县"实质上是对公共行政权力和社会资源的重新分配，其根本目的是为了促进县域经济的发展。"省管县"后，由于县级财政留成比例增加，可以使县里集中更多的财力来发展县域经济。

但是，可以预见，实行"省管县"也会带来一些新问题。如省级财政管理幅度过宽，管理难度加大，信息不对称问题加重；市县矛盾加重，因触动市级政府和一些部门的利益而导致改革阻力重重；加剧政府间竞争等等。这些问题在进行具体的制度设计时还有待进一步探讨。

（2）深化"乡财县管"改革。"乡财县管"是指以乡镇为独立核算主体，由县级财政部门负责管理乡镇财政资金并监督使用，使乡镇财政资金所有权、使用权与管理权相分离。推行"乡财县管"的目的，一方面是改革财政层级结构，完善分税制；另一方面是解决县乡财政困难。"乡财县管"的主要内容是：

一是预算共编。即县级财政部门按有关政策提出乡镇财政预算安排的指导意见并报同级政府批准，乡镇政府根据县级财政部门具体指导意见编制本级预算草案并按程序报批。二是账户统设。即取消乡镇财政总预算会计，由县财政会计核算中心代理乡镇财政总会计账务，核算乡镇各项会计业务。三是集中支付。即乡镇财政预算内外资金全部纳入预算管理，各项财政收入就地缴入县乡国库，由县财政会计核算中心根据乡镇收入类别和科目分别进行核算。四是采购统办。即乡镇各项采购支出，由乡镇提出申请和计划，经县会计核算中心按照预算审核后，交县采购中心集中统一办理，采购资金由县会计核算中心直接拨付供应商。

"省管县"与"乡财县管"一样，目的是为了通过减少财政层级来理顺省以下各级政府之间的事权与财权划分关系。县级财政负责乡级财政的支出可以提高乡级财政的支付能力，有利于提高农村地区公共产品的供给，改善农村地区的民生状况。但应当注意的是，"乡财县管"只是对现有财力在乡与县之间进行的重新分配和安排，是对支付方式与核算方法进行的改变，并没有增加可用财力，因此，并不能从根本上保障乡镇财政的制度安排。而且，"乡财县管"在一定程度上可以说是财权的上收，因此，一定要避免实行"乡财县管"后乡财政更加困难的情况。另外，"乡财县管"的财政管理体制改革应当同乡村行政管理体制改革结合起来。将撤并乡镇、精简机构、分流人员、合村并组等行政管理体制改革与财政体制改革结合起来，才能更有效地解决乡级政权运转困难的情况，并为建立规范的三级财政管理体制做充分的准备。

2. 明确省以下各级政府的支出责任

对于省以下分税制财政体制改革，在简化财政级次的同时，重点应研究进一步理顺省以下各级政府支出责任划分，同时，加强中央指导和规范力度，对部分基本公共服务项目省以下的事权和支出责任划分做出统一的要求。

（1）省级政府应承担省内的宏观调控职能。在地方政府系列中，省级政府处于顶端，与市县政府形成领导与被领导的关系，承担着促进全省社会经济发展和实施有效行政管理的责任。省级政府的职能范围十分广泛，几乎包括了除国防、外交以外的所有政府职能，特别是在中观层次上承担了重要的经济管理和经济调控职能。考虑到地方管理职能的层次性、效益外溢性以及提供的效率性、公平性和民主性，省级侧重于省内宏观调控、政策制定、行业管理及监督职能，管理由市级（地区）政府管理会影响其他区域经济发展和地方利益、各辖区无法独立承担或完成、涉及全省整体利益、国家授权或委托属于国家基本政策执行中的公共管理事务。省级政府管理职能一般分为社会公共管理职能，公共事业发展管理职能，社会保障管理职能，支持经济发展管理职能，政策补贴管理职能。

（2）市级（地区）政府应承担市内的经济社会事务管理职能。市级政府是介于省与县之间的一级政府。从20世纪80年代初推行市级（地级市）直接管理县级体制以来，市与县也形成了领导与被领导的关系。目前的市级政府承担贯彻执行上级方针、政策和任务的经济社会事务管理责权，制定相应配套政策，保证中央与省级政府目标的实现，提供上级政策实现的条件等。在市与县级政府管理责权划分上，除国家统一确定的公安、工商、质量技术监督、药品监督等行政管理体制外，市、区、街道办事处的管理责权划分应主要在城市规划审批、建设行政管理、市政市容维护、土地与资源管理、价格监督检查、文化市场执法、计划生育管理、社会治安综合治理等几大方面。

（3）应赋予县级政府更大的经济社会事务管理职能。县级政府是政府体系的组织基础，在县与上一级政府划分职能时，公共服务职能应尽量下放到县，有利于充分发挥县级政府的基础性作用，提高管理效率。县级政府主要承担各项政策、方针和任务的具体落实，发展符合自身实际的重点产业与特色产业，维护市场秩序、制裁违法行为。重点要搞好基础教育、社区医疗、卫生与环境维护、社会保障、社会治安与秩序。在城市统一规划、整体发展的大前提下，做好直接面对基层和群众的各项服务，协助市级政府管理好各项事业。

（4）适当弱化乡镇级政府的职能。乡镇政府的职能是提供公共服务和比较简单的管理。在县与乡职能划分中，过去突出乡镇政府的服务职能，重点放在维护社会秩序、推进社会公益事业发展等方面。现在，在合乡并镇的同时，乡政府的某些职能正在向县转移，部分管理职能尽可能由县政府承担，其他一些需要专门知识或技能的或集中统一更为有效的管理，仍由县政府或其派出机构直接承担。

3. 构建科学合理的地方税政府税收体系

省以下分税制改革的另一重点是构建科学合理的地方税政府税收体系。要在地方各级政府之间合理配置税种，确保地方每一级政府都能掌握某个或某些作为自己大宗的、稳定的收入来源的主体税种，从而形成层次比较分明、各有侧重的地方税体系，为各级财政提供稳定的收入来源。按照税收划分的基本原则，建议将现行税制在省、县政府间作如下划分：省级政府收入以营业税和个人所得税为主体税种，辅之以印花税等；县级政府收入以包括房地产税在内的财产税、城市维护建设税和未来开征的环境保护税等为主体税种。

4. 完善省以下转移支付制度

省以下转移支付制度是解决省内财政纵向和横向不平衡的有力手段，要积极加以完善。一是根据本行政区域内纵向和横向财力分布格局和经济发展的均衡程度，结合省级财力状况，确定合理的转移支付规模和结构。二是完善转移支付资金分配办法，鼓励省级政府采用收支均衡模式，通过选取客观因素测算辖区内地方政府标准收支，同时引入鼓励增收节支的激励约束机制，建立健全科学规范的转移支付分配制度。三是建立严格的监管机制，重点要研究建立均衡性转移支付绩效考评办法，选取如财政保障度、财政平衡状况、历史包袱化解情况、工资发放的保障度、保障标准、机关运转情况、中小学就学率、医疗卫生服务改善状况等指标，对有关市县转移支付资金的使用效果进行评价，并采用合理有效的方式导出绩效评价结果。四是加强立法建设，杜绝随意性。在推动中央层面加快转移支付立法进程的同时，指导并鼓励省级政府研究探索通过制定地方性法规的方式；因地制宜地提高省对下转移支付的法制化程度，不仅有利于推动省对下转移支付制度建设，也可为中央制定完善相关法规提供有益的经验。

公共支出管理改革的战略与重点

公共支出管理改革既是社会主义市场经济体制改革的必然产物，同时也对社会主义市场经济体制的建立与完善起着非常重要的推动作用。成功实施公共支出管理改革，有必要从宏观层面规划，有选择地吸收与借鉴国外公共支出管理的成功经验，在结合我国具体国情的基础上不断创新，探寻出具有实际意义的改革路径。

一、国外公共支出管理改革的经验与借鉴

（一）国外公共支出管理改革的简要回顾

从国外公共支出管理发展历程来看，各国在不同历史时期围绕提高公共支出资金的安全性、规范性与有效性进行了一轮又一轮的改革与探索，希冀建立高效率政府，强化公共支出管理。

1. 预算编制方式的变革与创新

（1）分项预算。19 世纪晚期之前，大多数国家均实行分项编制预算。当时编制预算的目的是为了加强支出控制，抑制监管弱化环境下频频增加的腐败行为。分项预算的特点是将未来年度支出根据支出目的一一详尽列出，明确规定某特定机构或单位允许用于员工工资、福利、差旅、设备等各方面的支出数额。通过按照明细条目编制预算，明确限定预算分配过程中各条目支出限额，确保各机构支出不超出其划拨数额，从而防止总支出超出总划拨数额的过度支出现象的发生。

按照明细条目编制的分项预算不仅操作简单，而且条目按照使用用途划分，非常明确，适合不同财政年度之间的比较，因而具有很强的支

出控制能力。但是，分项预算因为其在编制过程中需要列明项目支出原因和用途，无法满足政府因功能扩展而引起的各种要求，也无法说明支出项目实施的效率和效果。注重条目明细的分项预算编制将预算管理部门拖入浩繁的微观管理事务当中，尽管具有较强的监管支出潜力，但是没有突出预算应具有的战略性资源配置作用，也无助于改进公共支出资金的运作管理。

（2）绩效预算。随着政府干预经济功能的增强，支出总量不断上升，支出管理日益复杂，分项预算简单的分类方法已经不能适应预算管理实践发展的需要。复杂的预算管理实践要求能够提高政府部门绩效的新预算。绩效预算20世纪40年代在美国应运而生。它要求联邦政府各个部门对其任务和工作做出描述性说明，对于负责实施的项目要求阐明项目目标，并采用具体的绩效衡量指标进行描述，将政府活动与项目成本联系起来。绩效预算的出现表明政府预算已经从关注机构的预算资源配置转向关注业务活动的预算资源配置，由仅关注预算支出数额转向同时关注支出数额和支出效果。

从管理学角度看，绩效预算具有诸多值得称道之处。但是绩效预算的实施也面临着不少制约因素。首先，因为绩效报告是作为政府拨款的考核基础，会造成政府各部门通过不同途径改变绩效报告的真实性，或通过其他方法影响绩效考核的公允性，从而削弱绩效预算存在的合理性。其次，绩效指标体系的设计、分析工作因各部门工作性质的差异度引发了相当大的工作量，增加绩效预算工作的难度和成本。再其次，许多社会效应大的支出项目的绩效很难量化，评价指标体系无法建立。最后，传统的政府会计系统与绩效预算管理不相适应，需要修正与改革。因此，尽管绩效预算被大多数国家给予很高期望，却在过去的很长一段时期并未得到全面推广，但绩效预算的思想和编制方法已逐渐融入后来的政府预算管理改革之中。

（3）规划项目预算。规划项目预算是一个结合了长期政策规划、短期支出计划与年度预算安排的完整系统，包含了规划、项目、预算三大重要因素。其中，规划不仅包括短期的计划，而且重点在于更为全面、长远的发展计划，需要各机构连年不断的协调配合；项目是指将长期发展计划和短期支出计划具体化后逐个落实的项目方案，是以政府公共事务为基础且能独立执行的支出单元；预算是指将具体的项目方案纳入预算体系，使项目具备合法性。与分项预算相比，规划项目预算提供更多更全面的信息，从资金投入和支出两方面重视项目效果，注重政府规划及其对预算过程的影响。与绩效预算相比，规划项目预算强调政府规划的长期性的同时注重规划目标的分解，兼顾长期性和实际可操作性，打破部门间界限，打破不同层级政府间界限，有利于扩展决策者视角，在更大范围和更高层次上发挥资源配置作用。

然而，规划预算在实施过程中也暴露出一些问题，突出表现在：首先，容易在改革过程中引发政治矛盾。规划预算使得行政部门尤其是预算管理部门掌握了更大的权力，极易导致立法机构的不合作；其次，容易遭受中基层管理者的强烈抵触，因为规划预算是由上而下的预算编制程序，其集权倾向引起基层的担忧；再其次，一些技术问题很难解决，单是为完成方案选择需要搜集的信息资料一项，可能花费的人力物力难以估计，实施成本过高；最后，规划目标设计、规划分解等方面存在很大的不确定性。如何围绕每一目的将规划划分成具体可实现的项目单元存在太多的选择，而且也无法保证在长期内每一目标的划分都能保证其连续性。基于上面种种原因，规划项目预算自 20 世纪 70 年代以后就逐渐被新的管理模式所取代，但其多年期规划、最佳方案选取、政府会计制度和预算资料系统改革等优点，还是值得采纳和借鉴的。

（4）零基预算。零基预算于 20 世纪 70 年代迅速在世界范围内推广开来，其基本特征是不受以往预算安排和预算执行情况的影响，一切预算收支都建立在成本－效益分析的基础上，根据需要和可能来编制预算。零基预算综合了绩效预算的准则和项目预算的技术，对整个预算结构进行全面审核，有利于避免预算中的随意性支出，提高预算支出单位计划、预算、控制与决策的水平。

零基预算具有明显优点，但也存在不少缺陷。首先，零基预算面临决策单元难定义、决策目标难明确、随意制定决策包、项目排序合并难、工作量繁重等技术性障碍；其次，零基预算忽视中长期规划，切断历史联系，难以应对不可预测的突发事件；再其次，零基预算具有浓烈的理性主义色彩，并没有考虑到现实中政治因素对政府预算的重要影响，项目优先排序表中排名靠后本不具有资金分配优先权的项目，经常由于其政治背景，依然足额获取预算资金支持，削弱了零基预算的权威性和严肃性。

（5）新绩效预算。从 20 世纪 80 年代起到现在，绩效预算又在 OECD 成员国中重新兴起。新西兰、澳大利亚、英国、加拿大、美国等先后都实行了以产出和成果为导向的预算制度改革，着手将绩效评估作为削减预算赤字和保障政府部门实现预期目标的重要工具，形成全球范围内的预算制度改革潮流。

总体来看，从早期的分项预算，到绩效预算、规划预算、零基预算，再到近期的新绩效预算，这些预算制度改革都体现了政府建立高效率公共部门的决心和执著追求，从初始阶段仅注重总财力约束、控制支出规模发展，到后来关心支出控制的同时强调战略性资源配置和微观管理效率，到注重实现政府预算的三大层次的目的，反映出预算改革的与时俱进和为力求达到改革预期目标所做的努力。

2. 预算目标导向的变迁

历数世界各国的预算管理制度，以政府预算对成本、投入、过程、产出和成果等要素的重视程度为划分标准，可以分成两大类型：以投入为导向的预算管理模式（简称"投入预算"）与以产出和成果为导向的预算管理模式（简称"产出预算")。总体来看，两种不同导向的预算管理模式各具特点，以投入为导向的预算管理模式在控制支出和满足立法机构要求等方面具有很强的适应性，而以产出和成果为导向的预算管理模式则更注重提高预算管理质量和政府效率，强调预算资源的有效使用。而从世界各国尤其是 OECD 国家的政府预算管理改革历程来看，尽管各成员国改革内容不尽相同，但以产出和成果为导向的预算管理模式已经成为主要的发展方向。

（1）投入预算。投入预算的管理重点是某个预算项目或某个预算单位能够运用的预算资源（包括资金、人员、设备等）。投入预算重视预算资源的投入数量，着重从投入方面监控预算执行过程，而对预算投入的资源所产生的成果和产出表现出较弱的关注度，甚至于不考虑。在投入预算管理模式下，预算单位获取的预算资金数额成为主要的评价指标。

历史上，投入预算经历了从总量投入预算向分项排列预算的演进过程。总量投入预算是一种仅列明各支出单位预算资金总额，而不依照使用用途进行预算资金细分的预算模式，因其操作相当简便而在早期各国政府中大行其道。但是，总量投入预算提供信息过于简单，不利于行政部门和立法机构进一步管理控制各部门和机构的支出。分项排列预算在列明总量资源投入的同时在每笔投入总额下继续细分，按资金使用用途以明细项目的方式列明资金支出结构。分项排列预算为财政管理部门监控预算执行过程提供了非常有效的工具，因而迅速替代了总量投入预算这种简单的预算管理模式。

投入预算的优缺点非常鲜明。其优点是具有很强的支出监管潜力，明确规定投入的用途，确保支出不超过预算支出限额，有利于不同财政年度间的比较，工作量小，编制方法简单。其缺点在于不关注投入资源的使用效果，使预算支出机构将工作重心放在争夺预算拨款上面，而忽略预算资金的使用成效，导致政府机构膨胀、人员增加，公共支出存在大量浪费。

（2）产出预算。与投入预算不同，产出预算重点关注预算资源使用的结果与效果。产出预算中的"产出"既包括预算资源的产出，也包括预算资源的成果。所谓产出，表示政府提供公共服务、公共产品的数量；所谓成果，是指政府部门的活动对社会产生的实际影响或效应。因此，产出预算通过绩效考核体系评定支出机构的行政效率，使得绩效成为各部门和支出机构申请预算并获得资金的正当理由，同时为立法机关、预算管理机构和支出机构了解政府公共支出绩效以及完成预期政策目标和经济任务等方面的情况提供可靠的信息来源。

自 20 世纪 80 年代以来，许多 OECD 成员国掀起了轰轰烈烈的以产出和成果为导向的公共支出管理改革。尽管这些国家都实施从传统投入预算向现代产出预算的公共支出管理转变，但是因为每个国家的具体情况各不相同，各国都有针对性地选取适合自身的转换方法，取得了不错的实践效果。依照改革措施和过程的不同特点，大致可分为两类：以新西兰、澳大利亚、英国等国为代表的完全以产出和成果为导向的预算制度改革和以美国、法国、日本为代表的沿用传统投入预算模式但积极引入绩效管理因素的预算制度改革。

可以说，产出预算是一种比较适应现代市场经济发展的预算管理制度。提高公共资金使用效率是公共支出管理改革的终极目标，所有国家都应朝着这一目标而不懈努力。但是需要注意的是，产出预算的绩效考核必须具备良好的以权责发生制为计量基础的政府会计系统，需要具备相当高超技术的管理人员，同时能够很好地理解绩效考核的内涵和本质意义，在绩效考核工作中灵活应对。唯有如此，才能对公共支出的成本、产出做出全面准确的测评。

（二）国外公共支出管理的经验与启示

随着经济全球化趋势的日益增强，一国综合国际竞争力的强弱很大程度上取决于该国政府公共部门的管理质量和管理能力。而依照法定程序加强政府公共支出管理，改善管理的统一性和有效性，增强政府财政财务管理的责任制和透明度，加强财经纪律，则是大幅度提升公共部门管理质量和管理能力的重要举措。西方市场经济国家在长期的公共支出管理实践中，摸索出一套适应市场经济要求的高度程序化、标准化、规范化的公共支出预算管理制度，对我国正在进行的公共支出管理改革具有重要的借鉴和指导意义。其成功经验和启示主要体现在以下七个方面：

1. 先进的管理理念

西方市场经济国家在长期的公共支出管理实践中，逐步形成了与市场经济相适应的公共管理新理念，指导着公共支出管理的方方面面。首先，法治观念强，法治化水平高。不但严格依法确定政府公共支出预算的编制程序和内容，而且经过批准的预算也要在严格的法律约束和监督下执行。其次，以责任制为目标加强公共支出管理中的"绩效"考评。根据公共部门提供公共服务的特点，先从主观努力和客观结果两个角度定义绩效，再按投入、产出、结果、过程等多项指标对绩效进行客观考评，通过恰当的激励机制增强公共支出管理中的业绩取向，提高公共支出管理效率。再其次，竞争意识、质量意识、合规意识和服务意识不断增强。在管理实践中借鉴私人部门的管理经验，落实责任制并建立有效的监管控制机制。最后，强调政策、规则合理性、公正和绩效的有机结合。

2. 明确的管理目标

西方市场经济国家公共支出管理的主要目标明确定位于严格的财经纪律、合理的资源配置和良好的运作管理三个方面。公共支出管理的首要目标是制定与实施严格的财经纪律。不仅要求支出预算的编制要现实、可靠，而且还建立了一个良好的预算执行体系，通过国库单一账户体系加强对支出过程的控制；通过完整的预算（拨款）会计系统，加强对支出周期的各个阶段实施有效的跟踪和控制，并密切关注各项拨款项目之间的资金动向；通过一套用于管理多年度合同和远期承付项目的系统，及早地预测各种支出趋势和财政风险；通过一套规范的人事管理系统，配备精明强干的管理人员；通过一整套完善且具透明度的竞争性政府采购管理系统，保证政府采购过程的廉洁高效。其次，公共支出管理要实现合理的资源配置。即根据经济发展战略和发展规划，政府的政策重心是对稀缺财政资源进行科学安排，以最大限度地提高财政资源的使用效益和效率。为实现这一目的，需要良好的规划以及政府内部各职能部门之间的协调。最后，公共支出管理要实现良好的运作管理。通过建立健全公共支出的运行机制，设计规范的支付程序以及加强政府部门责任制，提高透明度等措施，实现公共支出管理的节俭、效率和有效性。

3. 完善的管理机制

西方市场经济国家公共支出管理的改善在很大程度上得益于完善的管理机制。包括政策制定中的制度机制和实施中的协调机制，预算执行中的激励机制和事前、事中、事后的监督机制等。比如，通过政策制定中的权力制衡机制来依法确定各级政府及其各职能部门之间的责权利关系；通过建立政府内部政策制定的协调机制来协调政策与预算之间的联系；通过建立适当的激励机制来增加部门和地方管理的灵活度；通过建立健全财政部门内部审计与独立审计机构的外部审计相结合的支出监管体系来加强对预算全程的监督等。

4. 规范的管理控制程序

西方市场经济国家经过多年的实践，已经形成了一套高度标准化、规范化、程式化的管理控制程序。一是预算编制程序规范。年度预算的编制以宏观经济框架的制定为起点，从而保证了财政目标与宏观经济目标的一致性。在预算编制的具体组织方式上，根据资源约束和政府的重点与优先项目安排确定各部门的支出上限，然后采取自下而上、从微观到宏观的方式，由各部门根据确定的上限制定具体的支出规划；通过一系列的讨论、谈判和调解机制，最终实现政策目标和可用资源之间的协调统一。二是支出控制程序严谨。借助国库单一账户制度对政府公共资金的拨付实行严格控制。

5. 科学的管理方法

西方市场经济国家的公共支出管理是建立在良好的公共治理的"四大支柱"（责任制、透明度、预测能力和参与性）之上的。首先，责任制要求各公共支出部门以及政府预算官员有责任在具体规定的质量、成本以及时间安排范围内向公众提供公共物品和服务，有责任定期就资金去向和资金使用效果等问题回答相关机构的质询，并对相关财政事项和他们的行为后果负责。其次，透明度着重强调明晰财政职能和责任、公众获取信息的可能性、预算编制、执行和报告过程的公开操作；对财政预测、财政信息和各账目进行独立审核等。再其次，制定并实施统一而有效的法律法规来增强公共部门对财政资源的预测能力，使预算官员能对公共支出总额及其在各部门之间的配置做出客观的预测。最后，公众参与度高是西方市场经济国家公共支出管理的重要特征。上述四个方面的有机结合，确保了稳健财政发展目标的实现。

6. 扎实的管理基础

近年来，不少西方市场经济国家在不断加大对政府会计和财务报告系统的改革力度，利用国库分类账系统履行会计职能并及时掌握预算执行中的各种信息，以加强对支出预算执行的监管；逐步用修正权责发生制或完全权责发生制来替代现金收付制，使政府会计除了反映现金以外，还能涵盖政府全部的负债和金融资产，为评估政府的完全成本和绩效提供了一个合理的框架。内外结合的管理控制系统的应用对杜绝欺诈、滥用职权、低效以及人为错误等行为起到了预警和防范的作用，保证了各预算主体合理有效地运作。独立的审计系统对确保政府及其实体财务会计信息的真实性和可靠性发挥着重要作用；而专业化的项目评估系统同样对确认和测定政府政策与项目的效果，提高投资效率提供了一条有效途径。

7. 强大的技术支持

信息与通信技术（ICT）的发展，特别是政府的电子服务交付系统（EDS）、国库分类账系统（TLS）以及各国政府采用的信息与通信技术计划，极大地降低了政府公共管理成本，改善了政府的责任制，增强了政府工作的透明度和参与性，提高了公共部门运作的效率和有效性，拓宽了公众获取公共服务的渠道，为高效率地实现公共支出管理目标提供了强大的技术支持。

客观地讲，西方市场经济国家公共支出管理是在西方特定的社会、经济、政治、文化、人文传统等主客观条件下，经过长期的实践逐步提炼出来的；有些措施也只是少数国家在特定发展阶段的特定产物；受各种因素的约束，不一定具备普遍推广的条件。但从这种比较研究中我们却可以发现我国在公共支出管理方面存在的问题和差距，同时也为我们进一步深化公共支出管理制度改革提供了重要的参考依据。

二、我国公共支出管理改革的战略选择

公共支出管理改革是一个庞大的系统工程。公共支出管理作为与国家政治经济制度改革密切相关的一项核心改革，其复杂性是可想而知的。因此，我们需要慎重思考公共支出管理改革的战略因素，将其作为改革"长征"途中的指向标。主要有四个方面：

1. 加强公共支出管理的"四大支柱"

世界银行和亚洲开发银行等国际性机构在研究各国公共支出管理的过程中发现，良好的公共支出管理包含四大要素，也称为"四大支柱"，即责任制、透明度、可预测性和公众参与度。责任制的实施意味着政府官员必须对自己的行为负责；透明度表示相关机构或人员能够以很低的成本获取公共支出各项信息；可预测性来自于明确的政策与法规，以及这些政策法规统一而有效的实施；而公众参与度对于提供客观可靠的信息以及监督政府行为都是必不可少的。

"四大支柱"是一个有机的整体，每一项要素都对其他三项要素产生推动作用，而只有在所有要素有机结合起来的基础上才能构建稳健、良好、可持续的公共支出管理体系。具体来说，如果缺少真实可信的财务信息和对财政绩效的预测能力，公共支出管理中的责任制将成为毫无意义的空谈。责任制是必须的，但如果不明确规定"由谁负责"、"对什么负责"以及"对谁负责"，责任制将无法发挥效用。透明度一旦侵害必要的机密和隐私，也会产生严重的不良后果。而要求所有的人参与全部的管理事务显然是不可能的，把参与性当作反对必要的果断决策的借口更不明智。

2. 完善公共支出管理的"三大功能"

100多年来的改革实践，使世界各国对公共支出管理的功能逐渐形成了共识。即公共支出管理从三个层次上发挥一定的影响力：总财力约束；以战略重点为基础的资源配置和利用；项目和服务提供的效率和效果。换句话说，控制公共支出总额，制订未来资源配置计划和有效管理利用资源已成为公共支出管理的三大功能。总财力约束、根据战略性重点分配资源、运作绩效也就成为这三大功能运作的三个层次，了解这些层次相应的制度安排非常重要，有助于公共支出管理机构对改革进程的战略把握，及时发现改革过程中存在的问题并迅速采取有效的行动。

对于总财力约束的制度安排，既包括借助于正式法律条文对总支出进行的宪法式约束，也包括由行政机构做出的公开承诺。总之，一切公共支出必须按照法律规

定的计划进行。此外，还必须要有测算中期可支付能力的预测技术，建立切合实际的中期支出框架。同时，设定公共支出调整程序，避免因随意调整而带来的对总财力约束的侵蚀。根据战略性重点进行资源分配的制度安排非常具有挑战性，因为预算管理机构和决策机构面临着如何将有限的资源按战略重点配置到互相竞争的需求上去。运作绩效依赖于许多因素，主要包括：在决策过程中赋予政策的合法性，对于政策的高效率、有效执行起着主要作用；对于批准的政策获得资金的可预测性，其中既包括预算年度内也包括上下年度间的可预测性；实施"真正"严格的预算限制，既包括自上而下的限制，也包括自下而上的限制；具有能够促进良好运作绩效的管理环境等。

3. 有效协调公共支出管理的"两个平衡"

良好的公共支出管理应该可以很好地协调权力与责任、灵活性与约束性之间的平衡。这"两个平衡"，是实现公共支出管理三大功能最佳效果的关键。长期以来，政策和计划的制定没有受到实际预算限制的足够约束。由于在政策、计划安排和预算编制中缺乏约束，往往导致支出控制不力。公共支出管理改革所面临的挑战就是依据国家的特殊情况，确定恰当的平衡。

良好的公共支出管理，既要求赋予决策者和管理者适宜的权力使其具有一定的灵活性开展工作，采取有效措施从根本上改进工作成果，同时也需要赋予其恰当的责任使其受到一定约束，从而确保其行动不会偏离正常轨道。引进市场竞争、提高公众参与度、制定机构内部规章约束（如严格而又可预测的预算限制、明确规定战略重点、报告结果的要求及会计和审计标准）、借助立法和司法手段等，都是对决策者和管理者进行约束，以实现与灵活性之间的平衡的常规制度设计。

4. 选择"稳健而有效"的改革策略

按照改革历时长短和改革成效两个标准来划分，可选择的改革战略有四种："快速而有效"的改革战略、"快速而无效"的改革战略、"稳健而有效"的改革战略、"稳健而无效"的改革战略。通常，"快速而有效"的改革战略是每个国家都期望实现但又因现实情况无法实现的理想情形，而"稳健而无效"的改革战略肯定是每个身处改革中的国家力图避免的糟糕情形。在剩下的两种具有强烈现实性的改革战略中，"稳健而有效"的改革战略无疑更具有可持续性，尽管其改革成本仍无法预料。因此，选择"稳健而有效"的改革战略应成为我国公共支出管理改革中的重要原则，这也是理性主义与实用主义的完美结合。

在改革过程中，改革的最佳速度应取决于具体情况，遵循"龟兔"方法[①]：在推进改革的领域方面可以以极快的速度推进，而在建立牢固的制度基础方面应该稳扎稳打，基础条件未具备之前不可贸然推进，以保持改革的持续性。制度基础的建立与完善是一个缓慢的过程，这也决定了制度改革不可能一蹴而就，需要极大的耐心和战略眼光，抓住改革重心，安排好改革次序，持续有效地推进改革。

三、我国公共支出管理改革的重点

在参考借鉴国外经验的前提下，要基于我国公共支出管理的现实情况，全面评价影响改革的关键因素，合理安排改革重点，以最低的成本取得最好的改革成效。

1. 继续深化预算编制与执行改革

我国 1999 年以来推行的部门预算改革已经在预算编制和执行环节取得了很好的效果，但仍有必要进一步深化，提高预算编制质量，硬化预算执行约束。

在提高预算编制质量方面：第一，要保证充足的编制时间。充分的预算编制时间为资料收集、指标测算、项目取舍等工作留出宽裕的空间，有利于提高预算编制的准确性。当然，预算编制时间也不是越长越好，还应当注意预算编制的时效性。第二，要引入财政中长期计划。根据经济发展情况，编制多年期预算，确定中长期的预算支出框架，增强预算的预测能力。多年期预算有利于控制支出总量，使支出部门预先知道未来几年的财政收支总量，便于安排部门支出重点，提高支出效益，有利于财政的可持续发展。第三，要加强政府收支分类细化工作。编制部门预算时，不仅仅对部门支出总量做出规定，还应当对各部门的预算支出项目和内容进行详细规定。细化政府收支分类，有利于清楚全面地反映各部门实际占用的预算资源，提高预算透明度，同时也为预算管理的其他各项工作提供更为丰富的信息来源和分析基础，便于人大对预算的审查和监督。

在硬化预算执行约束方面：第一，要严格控制预算追加与调整。预算一经确定，各项预算支出按照批复的预算科目和数额执行，不得突破预算，不得随意调整挪用，要增强预算的约束性。确属特殊情况，需要在年内执行的新增支出或项目调整，要严格按照《预算法》的有关规定走报批程序。第二，要完善国库集中收付制度。建立预算资金支付动态监控系统，对代理银行与预算单位的资金支付活动实

---

① "龟兔"方法是意大利高速公路当局于 20 世纪 60 年代发明的一个词语，用于描述最优的驾驶员行为：行驶速度是快还是慢，取决于道路状况。

行全程监控；建立资金支付制衡机制和预算单位、代理银行、财政部门的内控管理制度，形成单位间相互制衡以及单位内部岗位间相互制衡的管理制度。建立完善监督管理制度，对预算单位和代理银行实施有效的监督管理。建立国库集中支付投诉机制，解决资金支付中发生的投诉问题。综合运用多种监管方式，强化财政事前、事中、事后监管与约束。第三，要完善政府采购制度。建立健全以《政府采购法》为核心的法律法规体系，理顺政府采购管理体制，建立完善的招投标机制。逐步实现政府采购预算管理和国库集中支付的完整结合，要建立和完善政府采购监督机制。第四，要改革政府会计制度。改革与现行政府预算制度不相适应的会计制度，相应调整会计核算流程、账务处理方法，保证当前预算会计工作与预算管理改革的协调一致；总预算会计部分事项采用权责发生制，正确反映年度结余；将部分政府债务纳入预算会计范围，及时反映政府负债。编制政府财务报告，等时机成熟后，逐步引入以修正的权责发生制作为会计核算基础，完善政府会计与非营利组织会计管理。

2. 增强公共支出管理的法治性与完整性，完善公共支出监督体系

目前我国公共支出管理的法治化水平不够高，预算完整性不足，监督体系薄弱，应当在预算编制、执行环节得到进一步理顺之后，着重于增强公共支出管理的法治性与完整性，加强公共支出管理监督体系建设。

为增强我国公共支出管理的法治性，第一，要尽快推进《预算法》的修订与完善，增强《预算法》的规范性和可操作性，并能体现当前和以后政府预算改革的需要，为改革提供坚实的法律框架。第二，在细化预算编制的基础上，规范各收支部门的收支行为，将各类公共支出管理纳入法制化的预算管理制度约束之下。第三，根据我国预算编制的时间安排，延长预算编制时间，提前编制预算，提前通过预算，使各级政府在新的预算年度一开始就执行正式的预算，强化预算的约束力，增强预算的严肃性。

为增强我国预算的完整性，应当将预算外和制度外资金逐步纳入政府预算管理。要形成一个覆盖政府所有收支的政府预算管理体系，要加大社会保障预算和国有资本或资产预算改革步伐，完善复式预算制度。与此同时，还应当加强对政府债务的监管。

在完善公共支出监督体系方面，要建立健全覆盖所有政府性资金和财政运行全过程的监督机制。强化事前和事中监督，促进监督与管理的有机融合。部门预算管理机构要加强日常业务的监督管理，及时发现问题并解决问题。积极推进监督关口前移，认真开展部门预算编制抽查、重大支出项目评审以及政策调研等工作，强化公共支出的过程监控。运用自查、检查、重点调查等手段，加强对重点部门、行业、资金的监督检查。发挥内部监督的预警和防范作用，进一步建立健全预算编

制、执行和监督相互协调、相互制衡的机制。明确并严格落实财政监督职责分工，建立部门预算管理机构与专职监督机构之间高效顺畅的工作协调机制和信息共享制度。健全监督通报制度和整改落实情况反馈制度。督促部门建立和完善符合财政资金管理原则和要求的内控制度。要严格执行《财政违法行为处罚处分条例》，强化财政违法责任追究。建立健全行政问责制和部门、地区及单位的利益追究机制，加大对违规问题的处理处罚和信息披露力度。要按照《政府信息公开条例》的要求，充分利用报刊、网站等媒体及时公布财政收支统计数据，以及经人大审议通过的政府预决算和转移支付预算安排情况，主动公开财政规范性文件以及有关的财政政策、发展规划等。在预算报告的明细程度和易读易懂方面，要有新进展，要不断提高预算内容披露的详细程度。

3. 不断改革和完善公共支出管理的技术基础设施

公共支出管理目标的实现离不开各种现实的技术工具，政府收支分类体系、政府会计、政府财务报告、公共支出规划与预测、信息和通信技术应用等，共同构成了现代公共支出管理的技术基础设施。

好的政府收支分类可以将每个部门的每个类别的收入和支出全面记录下来，不仅能够满足立法机关的需要，也可满足决策者与管理者的需要。政府收支分类的标准统一、一致，使支出部门和预算单位在执行预算时易于理解和便于执行，可以使财政部门易于管理、监督和控制各类收支的运行。

政府会计和财务报告制度是制定政策、落实责任制、加强财政管理和监督的基础和重要工具。为了更真实、全面、系统地反映政府的财务活动情况及财务状况，提高政府财务信息质量，应首先改进政府会计确认基础，由现金制逐步改为修正权责发生制，使政府会计对象除了反映当期预算资金运动情况及结果外，还能完整反映整个预算资金连续运动的过程及累积结果，使政府财务信息更加真实、完整、可靠，为有效落实财政责任制、沟通政府与社会公众的信息交流、加强监督提供可靠的依据。

编制滚动的多年度支出规划有助于年度预算上限的设定，也有助于提高部门管理的预测能力和公共支出的效益，因此能够改善预算编制水平。为了有计划地安排年度政府预算收支，财政部门要对计划年度和将来几个年度的预算支出进行预测，这是确定预算支出规模、编制政府预算的必要步骤，也是政府经济预测工作中的一个重要组成部分。公共支出的预测，一般是在预计和分析年度预算执行情况的基础上，参照历年支出规律和结合计划年度经济、社会发展趋势，预测计划年度和将来几个财政年度可能达到的程度以及支出需求情况，匡定预算支出的总量，为科学编制政府预算打好基础。这也是加强公共支出管理的一项重要的基础工作。

信息与通信技术是一项工具，有助于提高管理水平。公共支出管理改革涉及预算编制、预算执行等多方面的根本性变革，是一项庞大的系统工程，如果没有现代化的政府财政管理信息系统的技术支持，要想顺利完成这一改革重任是绝对不可能的。因此，加快建立我国的政府财政管理信息系统，既是应对信息全球化和加入WTO所必需，更是实现国家公共管理现代化，促进财政改革和发展的迫切要求。

4. 建立完善以绩效为导向的公共支出管理体系

在前期改革取得一定进展的基础上，将绩效管理理念与方法引入公共支出管理之中，建立完善以绩效为导向的公共支出管理体系。要本着先易后难、积极稳妥的原则，分阶段、分步骤实施，逐步建立科学规范的公共支出绩效评价体系与绩效预算制度。

建立以财政部门为主导的多层次评价体系。财政部门作为负责支出管理的职能部门，具体负责预算编制与执行。以财政部门为主导建立绩效评价体系，有助于改变我国预算公共支出绩效评价工作中存在的碎片化状况。同时，鉴于公共支出绩效评价工作牵涉利益极其广泛，还需要发挥各级政府主管部门及其基层单位、人大、审计部门、民间中介评价组织和社会公众在绩效评价中的积极作用，通过各利益方的共同参与，发现各自的预算目标与偏好，共同协商、共同作用，积极稳妥地推进绩效评价体系建设。

按照支出绩效层次的不同，分阶段逐步推进绩效评价体系建设。支出绩效层次共分四类：项目绩效评价、单位支出绩效评价、部门支出绩效评价、综合绩效评价。鉴于各层次的绩效评价工作难度不同，应将项目支出绩效评价作为切入点，并在此基础上，有序扩大试点范围，选择一些部门进行单位支出绩效评价、部门支出绩效评价的试点工作；在取得成熟经验之后，在政府部门全面开展包括综合绩效在内的绩效评价工作。

建立完善的绩效评价信息系统。公共支出绩效评价工作是一项技术性很强的系统工程，为确保绩效评价工作的顺利进行，需要建立强大的计算机网络系统和完整的基础资料数据库，为收集、查询项目资料以及可持续的支出绩效评价工作提供技术保障。同时，还需要建立完善的绩效评价信息交流与沟通机制，与公众充分互动，使政府在明白公众服务需求的同时也让公众了解政府为推进绩效工作所做的努力以及所需攻克的难点，提高绩效评价过程的透明度，杜绝绩效评价过程中的暗箱操作。

绩效评价结果的运用是公共支出绩效管理中重要的一环，也是绩效管理工作的目的所在。为此，要加强针对公共支出绩效的奖惩制度设计，给提高绩效的部门和组织增加资源的自主分配权，使预算资金优先分配到前期绩效好的组织和部门中，使组织和部门因高绩效的行为得到奖励，管理人员因高绩效的表现受到奖励。

在开展绩效考评试点的同时，在基础条件具备的情况下，可尝试构建政府绩效预算框架体系：对于列入绩效考评试点范围的部门和项目，要求在编制年度部门预算时相应编制年度绩效计划，详细列明绩效目标、绩效指标等内容；同时，在年度终了时提交绩效报告；由部门管理者自行描述绩效计划的完成情况；再由外部机构针对绩效计划和绩效报告进行考评，考评结果在一定范围内予以公开，并与下一年度的预算分配联系起来，建立健全公共支出绩效预算管理制度。

政府绩效预算管理是一个系统工程，涉及政府管理的方方面面，其中很多已超出了财政部门的职责范围，所以需要加强财政部门与其他相关部门的协调配合，共同推进政府绩效预算框架体系的建设。

参考文献

英文部分

1. World Bank, 1997, "The State in a Changing World", *World Development Report*, Washington.

2. World Bank, 1998, *Public Expenditure Management Handbook*, Washington.

3. Jack Diamond, 2000, "Public Expenditure Management", Fiscal Affairs Department, IMF* Conference on Post-Election Strategy Moscow.

4. Asian Development Bank, 1999, "Medium Term Strategic Framework", Manila.

5. —, 1998, *Budget Structure and the Changing Role of the Government*, Workshop in United Nation Budget Reforms in Developing Countries Overview, New York: United Nations.

6. Martin, John, 1996, "Changing Accountability Relations", Paris, OECD.

7. Mackenzie, G. A. and Peter Stella, 1996, *Quasi-Fiscal Operations of Public Financial Institutions*, Washington: International Monetary Fund.

8. Elizabeth Currie, Jean-Jacques Dethier and Eriko Togo, 2003, "Institutional Arrangements for Public Debt Management", World Bank Policy Research Working Paper Series.

9. OECD, 2002, "Debt Management and Government Securities Markets in the 21st Century", Paris.

10. World Bank / International Monetary Fund, 2001, *Guidelines for Public Debt Management*, http://www. worldbank. org/pdm/guidelines. htm.

11. Barry H. Potter, Jack Diamond, 2000, "Building Treasury Systems", Finance & Development, IMF.

12. Barry H. Potter and Jack Diamond, 2000, "Setting Up Treasuries In The Bal-

tic, Russia, and Other Countries of the Former Soviet Union", IMF Occasional Paper.

13. UK DMO, 2002, *Exchequer Cash Management*: *A DMO Handbook*.

14. FMS & Treasury of U. S., 2002, *Cash Management Made Easy*.

15. North, D. C., Weingast, B. R., 1989, "The Evolution of Institutions Governing Public Choice in 17th Century England," *Journal of Economic History*, XLIX,

16. Wildavsky, A., 1964, *The Politics of the Budgetary Process*, Boston: Little, Brown and Company.

17. Commission on Organization of the Executive Branch of the Government, 1949, *Budgeting and Accounting*, Washington, DC, U. S. Government Printing Office.

18. Mikesell, J., 1999, *Fiscal Administration*, New York: Hartcout Brace College Publishes.

19. http://www. whitehouse. gov. /results/agenda/scorecard. html, The Budget of US Government for Fiscal 2005.

译著部分

1. 马斯格雷夫等著，邓子基、邓力平译校：《财政理论与实践》，中国财经出版社 2003 年版。

2. 亚洲开发银行著，张通译：《公共支出管理》，中国财政经济出版社 2000 年版。

3. 艾伦、托马斯著，章彤译校：《公共支出管理：供转型经济国家参考的资料》，中国财政经济出版社 2009 年版。

4. 海曼著，章彤译：《公共财政：现代理论在政策中的应用》，第六版，中国财经出版社 2002 年版。

5. Ali Hashim & Bill Allan 著，章彤译校：《国库参考模型》，中国财经出版社 2003 年版。

6. 维托·坦齐著：《20 世纪的公共支出》，商务印书馆 2005 年版。

7. 罗伯特·D. 李等著：《公共预算系统》，第六版，清华大学出版社 2002 年版。

8. 罗伯特·齐普夫著、褚福灵译：《债券市场运作》，清华大学出版社 1998 年版。

9. 托马斯·D. 林奇著：《美国公共预算》，第四版，中国财政经济出版社 2002 年版。

10. B. J. 理德、J. W. 斯韦恩著：《公共财政管理》，第二版，中国财政经济出版社 2001 年版。

11. 戴维德·纳爱斯著：《公共预算》，经济科学出版社2004年版。

12. 爱伦·鲁宾著：《公共预算中的政治：收入与支出，借贷与平衡》，中国人民大学出版社2001年版。

13. 杰克·瑞宾、托马斯·D. 林奇著：《国家预算与财政管理》，中国人民大学出版社1990年版。

14. 孙克姆·霍姆斯著：《公共支出管理手册》，经济管理出版社2002年版。

15. 珍妮特·M. 凯丽、威廉姆·C. 瑞文巴克著：《地方政府绩效预算》，上海财经大学出版社2007年版。

16. 阿尔弗雷德·D. 钱德勒编：《信息改变了美国：驱动国家转型的力量》，上海远东出版社2008年版。

17. G. 戴维加森等著：《公共部门信息技术：政策与管理》，清华大学出版社2005年版。

18. 普雷姆詹德著：《有效的政府会计》，中国金融出版社1996年版。

19. 财政部预算司和香港理工大学课题组译：《权责发生制预算国际经验》，中国财政经济出版社2001年版。

20. 欧文·E. 休斯著：《公共管理导论》，中国人民大学出版社2001年版。

21. 约翰·格林著：《公共部门财务管理》，经济管理出版社2002年版。

22. OECD：《中国公共支出面临的挑战：通向更有效和公平之路》，清华大学出版社2006年版。

中文部分

1. 谢旭人主编：《中国财政改革三十年》，中国财政经济出版社2008年版。

2. 谢旭人主编：《中国财政60年（上、下卷）》，经济科学出版社2009年版。

3. 项怀诚编著：《中国财政管理》，中国财政经济出版社2001年版。

4. 楼继伟主编：《政府预算与会计的未来：权责发生制改革纵览与探索》，中国财政经济出版社2001年版。

5. 张少春主编：《政府财政支出绩效评价理论与实践》，中国财政经济出版社2005年版。

6. 王绍光著：《美国进步时代的启示》，中国财政经济出版社2002年版。

7. 财政部预算司编著：《绩效预算和支出绩效考评研究》，中国财政经济出版社2007年版。

8. 财政部财政科学研究所编：《中国财经前沿问题讲稿》，经济科学出版社2006年版。

9. 上海财经大学公共政策研究中心著：《2006年中国财政发展报告》，上海财经大学出版社 2006 年版。

10. 高培勇主编：《实行全口径预算管理》，中国财政经济出版社 2009 年版。

11. 邱华炳著：《国库运作与管理》，厦门大学出版社 2001 年版。

12.《中国政府采购年鉴》编辑委员会编：《中国政府采购年鉴（2008）》，中国财政经济出版社 2008 年版。

后　记

自 1983 年大学毕业，我在财政部工作了 26 年。不仅目睹了祖国昌盛的历史进程，而且亲历了改革开放的发展过程。2009 年 11 月，由于工作需要，我离开财政部走上了新的工作岗位。"却顾所来径，苍苍横翠微"，要离开用人生最美好时光为之奋斗的事业，不免恋恋不舍，难以忘怀在财政部工作的朝朝夕夕。回想自己从农村走出来，在党的培养教育下逐步成长，不禁感慨万千。

是良知和本性给予我不断前进的动力。从小在农村长大，高中毕业后上山下乡务农三年，又到工厂务工三年，是改革开放和党的好政策给了我考上大学的机会。年少时艰辛生活的磨炼，使我比较了解民生的疾苦，体味生活的酸甜苦辣。古人云：政之所兴，在顺民心。国务院领导同志在回答网友的问题时说道："如果说把做大社会财富这个'蛋糕'看做是政府的责任，那么，分好社会财富这个'蛋糕'，那就是政府的良知"。我常想，财政资金来之不易，是人民的血汗积累，我们必须为民理好财、管好财——这是我工作的动力。

是与财政的不解之缘给予我做好工作的坚强支撑。1979 年我考入厦门大学经济系财政金融专业，1983 年到财政部财政科学研究所工作、学习，1990 年跟随厦门大学经济学院财政学泰斗邓子基教授攻读财政专业博士学位。是党的多年培养，使我在财政部工作期间经历了财政科学研究所、地方司、预算司、国库司和办公厅等多个司局、多个岗位的锻炼，参与了许多重大政策的制定。在许多工作岗位上，通过工作实践、撰写学术论文、国内外调研和考察报告及翻译专业著作等形式，我以参与者的笔触和思考记录了我国财政改革与发展的轨迹。

是改革开放给予我从事财政预算管理改革的历史机遇。随着国民经济平稳较快发展，我国财政实力日益强大。党中央、全国人大、国务院对财政加强管理的要求越来越高。我有幸在财政预算管理的改革时期，在财政部部党组的领导下，主持或参与了过渡期财政转移支付、部门预算编制改革、国库集中收付制度改革、政府采购制度改革、"收支两条线"改革、政府收支分类改革和政府财政管理信息系统建设等等，亲历了财政预算管理不断加强的过程。

是国外学习的经历给予我开阔视野的机会。1997—2008 年，组织上先后送我到美国特拉华大学学习经济财政管理理论，到耶鲁大学学习行政管理，到英国牛津大学、剑桥大学学习经济社会协调发展，到美国哈佛大学学习公共财政管理和政府领导者能力建设；被派往美国财政部和总统预算管理办公室短期学习和交流；还多次应邀出国参加国际研讨会或考察。不断外派学习和考察的经历，使我对世界经济社会发展理论和国际财经管理先进方法有了一定的了解，进一步认识到我国公共支出管理与目标建设的差距还很大。同时，也深感肩上的担子沉甸甸的，增强了加快财政管理改革的决心和信心。

是领导的关怀和同事们的支持给予我莫大的安慰。财政预算管理改革难度大、时间紧、任务重，在各级领导的鼓励和同事们的支持下，我们借鉴国际经验，结合中国国情，设计改革方案，解决了一个又一个难题，努力开拓财政预算管理改革新局面。同事们团结协作，奋力拼搏，以苦为乐……今天，回想起经常在办公室加班加点的日日月月，虽有些许的苦涩，却也留下了美好的记忆，更无怨无悔。

多年来，一些老领导、老同事、老朋友、中央部委和地方财政厅局的同志，不断地建议我将参与公共支出管理改革的经历、思考和心得以及积累的资料整理出来，使我备受鼓舞。2007 年，围绕《中国公共支出管理与改革》这一重大主题，开始着手整理自己的文稿、手稿、笔记、摘录和各种资料。现在离开财政工作岗位了，这促使我加快这一工作的进度。今天，书稿终于初步成形，既可以作为我从事财政工作 26 年的总结和记忆，也可以为财政改革目标的最终实现尽绵薄之力。

在书稿写作和整理过程中，得到了我的同事和学生的大力支持和帮助。他们是：马洪范、娄洪、杨晋明、彭艳祥、欧阳宗书、万平、项中新、薛伟、黄全明、柳柏树、张锐、韦士歌、杜强、李大伟、杨瑞金、宋其超、刘瑞杰、董仕军、王椿元、赵凌琦、于培娟、张长飞、杨震、乔晓鹏、陈虹伯、刘江文、孙娟。经济科学出版社孔和平社长、罗志荣总编辑、郭兆旭副总编辑等为本书的出版倾注了大量心血。在这里一并向他们表示衷心的感谢！

由于本人水平有限，工作比较繁忙，时间比较仓促，书中难免有疏漏之处，个人的观点也不一定正确，敬请广大读者批评指正。

2010 年 5 月于武汉东湖

图书在版编目（CIP）数据

中国公共支出管理与改革／张通著 . —北京：经
济科学出版社，2010.6

ISBN 978 - 7 - 5058 - 9364 - 1

Ⅰ.①中…　Ⅱ.①张…　Ⅲ.①财政支出 - 研究 - 中国
Ⅳ.①F812.45

中国版本图书馆 CIP 数据核字（2010）第 082094 号

责任编辑：金　梅　莫霓舫
责任校对：杨　海
技术编辑：董永亭

中国公共支出管理与改革
张　通　著
经济科学出版社出版、发行　新华书店经销
社址：北京市海淀区阜成路甲 28 号　邮编：100142
总编部电话：88191217　发行部电话：88191540
网址：www.esp.com.cn
电子邮件：esp@esp.com.cn
北京中科印刷有限公司印刷
787×1092　16 开　22 印张　440000 字
2010 年 6 月第 1 版　2010 年 6 月第 1 次印刷
ISBN 978 - 7 - 5058 - 9364 - 1　定价：41.00 元